JN262478

会社法の論点研究

会社法の論点研究

―附・国際金融法の論点―

泉田栄一著

信山社

はしがき

　私の研究者としてのスタートは，一橋大学名誉教授の故吉永栄助先生のご指導を受けたことに始まる。先生から比較法，企業会計法及び経済法の重要性を教わった。富山大学経済学部助手として採用されて以来今まで比較法的手法を用いて主に会社法を研究してきた。当時大学院生にはスペイン法を専門的に研究しておられた黒田清彦氏（南山大学法科大学院教授）などがいたし，吉永先生のご自宅を訪問するとイタリア法，ドイツ法，フランス法が話題となったので比較法はごく当然のことと感じられた。

　2004年4月に明治大学にも法科大学院が発足したので，今までの研究生活の一区切りとして論文集を出版することにした。法科大学院の授業の準備に時間がかかり，洋書を読む時間を大幅に縮小せざるをえなくなったからである。

　第1章「会社の商号」は，『比較会社法研究（奥島孝康教授記念第1巻）』（成文堂・1999年）に掲載した論文である。商号ということで著書の最初に置くことにした。会社の商号は，明治時代に，ヨーロッパ的議論に拘束されない賢明な選択が行われたことを指摘している。フランス法・イタリア法・スペイン法・ドイツ法・イギリス法を検討している。

　第2章「株式・持分の相続と権利行使者の通知」は，法学新報109巻9・10号（2003年）（加美和照先生古稀記念号）に掲載した論文である。議論が活発に行われていることから，ドイツ法，フランス法，イタリア法及びスペイン法を検討しながら，わが国の解釈論を展開している。

　第3章「取締役の説明義務に関する一考察」は，『現代企業法の理論と課題（中村一彦先生古稀記念）』（信山社，2002年）に掲載した論文である。ドイツの解説請求権を1937年以前，1937年以後，1965年以後に分け，65年後は1999年までの解説請求権に関するドイツの全判例を分析し，日本の解釈論と立法論を展開している。

はしがき

　第4章「株式の相互保有による資本の空洞化の意味」は,『商法学における論争と省察（服部栄三先生古稀記念）』（商事法務研究会・1990年）に掲載した論文である。ドイツ, スイス, イタリア及びフランスの文献で主張された株式の相互保有による資本の空洞化に関する諸学説に検討を加え, 自説を展開している。

　第5章「会社分割―比較法的考察―」は,『現代企業法の新展開（小島康裕教授退官記念）』（信山社・2001年）に掲載した論文である。平成12年にわが国において会社分割に関する初めての立法化が行われたので, EU指令, フランス法, イギリス法, スペイン法, イタリア法及びドイツ法を分析し, わが国の法律はドイツ法に倣ったものであることを明らかにしている。

　第6章「ドイツにおける企業会計法の進展とコーポレート・ガバナンス」は法律論叢76巻6号（2004年）に掲載した論文である。最近のドイツにおける企業会計法の状況を欧州連合の動きとドイツ国内の動きに分けて紹介している。

　第7章「改正商法施行規則について」は, 法律論叢76巻2・3号（2004年）に掲載した論文である。平成14年に商法施行規則が新設されので, それ以前の法律状況から2度の改正までの状況を紹介している。

　附として, 掲載する附第1章以下は, 新潟大学大学院現代社会文化研究科（博士課程）において国際金融法の講義を担当したことから行われた研究の成果である。

　附第1章「欧州連合における銀行規制」は,『現代企業法の理論（菅原菊志先生古稀記念）』（信山社・1998年）に掲載した論文である。沢山の指令が公布され, 錯綜しているので, ローマ条約を紹介した後, 指令を1985年以前に公表されたものと85年以後に公表されたものとに分類し, 相互の指令の関係を明らかにしている。

　附第2章「欧州連合の証券規制」は『社団と証券の法理（加藤勝郎先生・柿崎栄治先生古稀記念）』（商事法務研究会・1999年）に掲載した論文である。欧州連合はユニバーサル銀行制度を採用しているので, 欧州連合の証券市場, 証券投資信託規制及び証券会社規制を紹介している。これは附第1章と密接に関連するテーマである。

はしがき

　附第3章「信用状における提供証券厳正の原則に関する一考察」は『市場経済と企業法（久保欣哉先生古稀記念）』（中央経済社・2000年）に掲載した論文である。ICC信用状統一規則が1993年に改正され，UCC第5章も1995年に改正されていることから，イギリス，アメリカ，ドイツ，フランス，スイス及びイタリアの判例を分析しながら，改正原因と改正後の状況に検討を加えている。

　学部時代には小島康裕先生及び中村一彦先生のご指導を受けた。この機会を利用して心よりお礼を述べたい。また一々御名前を挙げることは控えるが，服部榮三先生主宰の商事法学会に所属した諸先生，三枝一雄先生主宰の明治大学商法研究会所属の諸先生及び堀口亙先生主宰の一橋大学商法研究会所属の諸先生からもご教示を賜った。深く感謝を申し上げる。研究時間を与えてくれた妻をはじめ家族の皆にも感謝したい。そして出版を快諾していただいた袖山貴さん及び編集をして下さった編集工房INABAの稲葉文子さんには厚く御礼を申し上げます。

　なお出版にあたっては原文の誤植を訂正するとともに，著書になるよう編集上の若干の修正を施したことをお断りします。

2005年5月

泉　田　栄　一

目　次

はしがき

第1章　会社の商号 ── 比較法的考察 ── ... 3

1 本稿の目的　*3*
2 わが国の法律状態　*4*
3 フランス法系諸国の規制内容　*5*
　(1) フランス法　*6*
　(2) イタリア法　*8*
　(3) スペイン法　*9*
4 ドイツ法の規制内容　*11*
　(1) 1998年6月22日の商法改正法以前　*11*
　(2) 商法改正法以後　*13*
5 イギリス法の規制内容　*14*
　(1) 沿　革　*14*
　(2) 1985年商号法の規制内容　*15*
　(3) 会社の商号　*16*

第2章　株式・持分の相続と権利行使者の通知 ... 17

1 はじめに　*17*
2 会社の種類に従った規制内容　*19*
　(1) 総　説　*19*
　(2) 小　括　*21*
3 比較法的考察　*22*
　(1) ドイツ法　*22*
　(2) フランス法　*36*
　(3) イタリア法　*41*

目　次

　　　(4)　スペイン法　*43*
　　4　わが国の解釈論　*44*
　　　(1)　準共有の意味　*44*
　　　(2)　株式・持分の共同相続・権利行使者の通知　*47*
　　　(3)　権利行使者の資格・権限・選任方法および解任方法　*52*
　　　(4)　権利の範囲　*60*
　　　(5)　会社の便宜の放棄の可能性など　*63*
　　5　結　び　*66*

第3章　取締役の説明義務に関する一考察 …………………*69*

　　1　はじめに　*69*
　　2　ドイツの1965年株式法制定以前の法律状態　*74*
　　3　ドイツの1965年株式法以後の法律状態　*83*
　　4　結　び　*105*

第4章　株式の相互保有による資本の空洞化の意味 …………*107*

　　1　問題の所在　*107*
　　2　資本の空洞化の理論構成　*107*
　　　(1)　総　説　*107*
　　　(2)　完全資本空洞化説の内容　*107*
　　　(3)　完全資本空洞化説批判　*110*
　　　(4)　一部資本増加説の内容　*112*
　　　(5)　資本の空洞化と株式の取得価格の関係　*118*
　　3　出資の返還禁止の原則との関係　*120*
　　　(1)　総　説　*120*
　　　(2)　ドイツの通説とスイスの学説が採用する出資返還禁止の意味とわが国の見解　*120*
　　4　むすび　*124*

第5章　会社分割 ── 比較法的考察 ── …………………*127*

1　本稿の目的　*127*
　　2　比　較　法　*128*
　　　　(1) 第 6 指令　*128*
　　　　(2) フランス法　*135*
　　　　(3) イギリス法　*144*
　　　　(4) スペイン法　*152*
　　　　(5) イタリア法　*155*
　　　　(6) ドイツ法　*158*
　　　　(7) アメリカ法　*168*
　　3　結　　　び　*175*

第 6 章　ドイツにおける企業会計法の進展とコーポレート・ガバナンス …………………………………………………… *177*

　　1　はじめに　*177*
　　2　欧州連合の動き　*178*
　　　　(1) 指令と国内法との関連　*128*
　　　　(2) 欧州株式会社法　*187*
　　3　ドイツ国内の立法　*189*
　　　　(1) 総　　　説　*189*
　　　　(2) 資本調達容易化法によるコンツェルン決算書およびコンツェルン状況報告書の作成義務の免除　*190*
　　　　(3) コントラック法によるドイツ会計基準委員会の設立　*192*
　　　　(4) コントラック法による監査制度の改正　*193*
　　　　(5) 透明性開示法による改正　*208*
　　　　(6) 貸借対照表法改正法参事官草案　*216*
　　　　(7) 貸借対照表監督法参事官草案　*218*
　　4　ま　と　め　*219*

第 7 章　改正商法施行規則について ………………………………… *221*

　　1　序　*221*

目　次

2　商法施行規則以前の法律状態　*221*

3　企業会計法の改正の経済的背景　*224*

4　商法施行規則　*226*

5　改正商法施行規則　*228*

6　結　　び　*234*

附　国際金融法の論点

附第1章　欧州連合における銀行規制 ……… *237*

1　は じ め に　*237*

2　ローマ条約に基づく規制　*237*

　(1)　総　　説　*237*

　(2)　営業の自由　*238*

　(3)　サービスの提供の自由　*239*

3　派生法による規制（その1）　*239*

　(1)　総　　説　*239*

　(2)　少しの歩み時代に採択された指令　*240*

　(3)　第1銀行指令の内容　*241*

4　派生法による規制（その2）　*243*

　(1)　総　　説　*243*

　(2)　第2銀行指令の内容　*244*

　(3)　支店の会計文書開示指令　*249*

　(4)　健全性の監督　*249*

　(5)　預金保証指令　*256*

　(6)　資金洗浄指令　*258*

5　結　　び　*258*

附第2章　欧州連合の証券規制 ……… *261*

1　総　　説　*261*

2 証券市場規制 *261*

(1) 総　説 *261*

(2) 79年3月5日の証券の証券取引所における上場承認の条件の調整を行う指令 *261*

(3) 80年3月17日の証券の証券取引所における上場承認のために開示すべき目論見書の作成，監督及び配布の調整を行う指令 *262*

(4) 82年2月15日の株式が証券取引所に上場されている会社により開示すべき定期的情報に関する指令 *263*

(5) 88年12月12日の上場会社に対する重要な資本参加の取得及び譲渡の際に開示すべき情報に関する指令 *265*

(6) 89年4月17日の証券の公開申込の場合に開示すべき目論見書の作成，監督及び配布の条件を調整する指令 *265*

(7) 89年11月13日の内部者取引に関する法規の調整に関する指令 *268*

3 証券投資信託規制 *269*

(1) 総　説 *269*

(2) 単一免許制 *269*

(3) 投資信託の義務 *270*

(4) 持分の売出し *272*

(5) 本国による監督 *272*

4 証券会社規制 *273*

(1) 総　説 *273*

(2) 投資サービス指令の内容 *273*

5 結　び *279*

附第3章　信用状における提供証券厳正の原則に関する一考察 …*281*

1 問題の所在 *281*

2 提供証券厳正の原則の根拠 *290*

3 審査基準 *292*

目　次

　　　(1) 厳格充足基準　*292*
　　　(2) ドイツの判例の立場　*298*
　　　(3) 厳格充足基準を原則としながら，解釈にある程度の余裕を認める見解　*300*
　　　(4) アメリカの少数判例の立場　*302*
　4 UCP の「国際的標準銀行実務」と UCC の「標準実務」　*307*
　5 結　び　*309*

会社法の論点研究

第1章　会社の商号
── 比較法的考察 ──

1　本章の目的

　わが国の商号に関する商法の規定は長い間改正されていないが，これをテーマにしたのは，最近フランスとドイツで法律改正が行われ[1]，会社の商号につき自由主義が採用された結果，ようやくわが国の商号に関する規制と同様な状態となったことにより，わが国の規制が一歩先んじていたことを指摘するためである。しかし考察をこれらの国の法に限らずに，イタリア，スペインそしてイギリスの各法も検討している。わが国ではこの分野の比較法的考察が遅れていると考えられるからである。さらに何故ドイツ法系の諸国では，合名会社[2]を「あらわな会社」(offene Handelsgesellschaft : OHG) と呼び，フランス法系の諸国では株式会社[3]を「匿名の会社」(société anonyme : SA) と呼ぶのかも検

---

1)　スウェーデンでは1974年に商号法が制定されている。同法については国際工業所有権保護協会日本部会事務局訳「スウェーデン1974年商号法」AIPPI 32 巻 8 号 29 頁以下参照。

2)　Lyon-Caen et L. Renault, Traité de droit commercial, 5ᵉ éd., 1929, Paris, p. 146 によると OHG はイタリアの古い都市の規約で使用された compagnia palese の表現に由来する。これに対し合名会社は，フランス，ルクセンブルクおよびベルギーでは société en nom collectif, イタリアでは societá in nome collectivo, スペイン（もっともスペイン商法典では compañia colectiva と規定されている）とその植民地であった南アメリカ諸国，（アルゼンチン，ペルーなど）では sociedad coletiva [SC]（但しメキシコでは sociedad en nombre colectivo と呼ばれる），スイスでは Kollektivgesellschaft, オランダでは vennootschap onder firma, ブラジルでは sociedade em nome coletivo ou com firma と呼ばれている。わが国の合名会社の名称はフランス法に由来する。

3)　大陸法系では株式会社を「株式会社」と呼ぶ方式と「匿名の会社」と呼ぶ方式に分けられる。前者の方式を取るのはドイツ・オーストリア，イタリア，スウェーデンおよびデンマークであって，それぞれ Aktiengesellschaft [AG], società per azioni [SpA], aktiebolag [A/B], aktieselskab [A/S] と呼ばれている。これに対し後者の方式と取るのは，フランス，ルクセンブルクおよびベルギーのほか，スペインとその植民地であった国（メキシコ，アルゼンチン，ペルーなど），ブラジル，オランダなどであり，株式会社は sociedad anónima [SA], sociedade anónima, naamloze vennootschap [NV] と呼

討している。これらの国の合名会社にあっては無限責任社員の名前が商号に表れなければならないので「あらわな会社」であり、株式会社では株主の名前が商号に表れなくてもよいので「匿名の会社」であると解釈できるので、両者はちょうどコインの裏と表の関係にあり、その意味でドイツ法系もフランス法系も共通の土台に立っていたこと、しかし最近の改正で会社の種類を商号に表示させることにしたフランスとドイツでは社員の名前が商号に表れなければならないか否かの議論は意義がなくなったことを指摘したいと思う。

　最初に日本法における会社の商号の沿革を考察する。次いでフランス法系の諸国の規制を分析し、その後ドイツ法の規制に検討を加える。最後にイギリス法の規制内容を紹介する。イギリス法の考察は付け足しであるが、わが国で紹介が行われていないので、短い紹介でもそれなりの意義があると考えるからである。

2　わが国の法律状態

　明治23年商法、いわゆる旧商法は、第3章で商号を規制していたが、会社の商号については各会社の箇所で定め、① 合名会社の商号には総社員又はその一人又は数人の氏を用い会社なる文字を付すべきとし（75条1項）、社員の退社した後でも従前の商号を続用することができるが但し退社員の氏を商号中に続用しようとするときは本人の承諾を受くることを要すると定め（76条）、社員に非ずして商号にその氏を表することを承諾し若しくはそれを表するに任せ又は会社の業務の執行に与かり又は事実社員たるの権利義務を有する者は社員と同じく連帯無限の責任を負うと規定していた（113条）。また、② 合資会社の商号には、無限責任社員である場合を除き社員の氏を用いることができないこと、合資会社なる文字を付すべきこと（139条）、③ 株式会社の商号には株主の氏を用いることができないこと、商号には株式会社なる文字を付すべきこと（173条）を定めていた。即ち、フランス法系にならい、人的会社の商号には社員の名前が表れ、株式会社の商号には表れないとされていたのである。

　　ばれる。わが国はドイツ方式を採用している。

これに対し現行法のような規制になったのは明治32年商法、いわゆる新商法からである。会社の商号に関する規定を「便宜上」17条にまとめ、さらに合名会社の商号には会社に代えて合名会社を表示するよう改められた。改正理由は、会社の種類を明らかにし、商事会社以外の会社の名称と容易に区別せしめる便があることおよび現在でも合名会社とするものがすこぶる多いので甚だしき不便を生じることがないことであった[4]。この結果後述するようにドイツ法とフランス法が何十年も回り道をした後ようやく達した法律状態を、日本法はこの段階で成し遂げていたのである。

旧商法76条本文は当たり前の規定であることから新商法では削除され、但書は、退社員が使用を止めるよう請求しなければその使用を承諾したものと認めることが「頗ル便宜」であることを理由[5]に、現行商法92条となり、他方旧商法113条は、商号自由主義に変わった後にも修正を受けて維持され（新商法65条[6]）、昭和13年の改正[7]を経て現行83条となっている。

3　フランス法系諸国の規制内容

フランス法系として(1)フランスのほか(2)イタリアおよび(3)スペインの規制を紹介する。フランス法系の特徴としては、会社の商号を示すのに個人商人の商号とは異なる用語を使用していること、その上、人的会社と物的会社では用語が異なるか、異なっていたということを指摘できる。即ち、フランス語では人的会社と物的会社を示すためそれぞれ raison social と dénomination sociale、イタリア語では ragione sociale と denominazione sociale、スペイン語では razon または firma social と denominación、ポルトガル語では razão social と denominação social という用語が使用されている。

---

4)『商法修正案理由書』（明治31年・博文館）16頁。
5)　前掲書67, 68頁。
6)「社員ニ非サル者ニ自己ヲ社員ナリト信セシムヘキ行為アリタルトキ其者ハ善意ノ第三者ニ對シテ社員ト同一ノ責任ヲ負フ」と規定された。誤認行為を一々列挙することは煩雑で、遺漏の恐れがあり一方、主観的に第三者が非社員を社員と信じるときには規定を適用すべきことを理由とする（前掲書62頁）。
7)　改正理由は規定の文字が広汎に失する憾みがあり、善意の第三者なる文字の意義はやや明確を欠く嫌いがあることである（古瀬村邦夫『新版注釈会社法(1)』301頁参照）。

(1) フランス法

フランス商法典には商号一般に関する規定はない[8]。かっては raison social —— 即ち無限責任社員の名前 —— は人的要素の会社の商号に共通な特色であり、合名会社（商法20条および21条）、合資会社（商法23条2項）、株式合資会社、有限会社（1925年3月8日法11条）の商号は raison social であるのに対し、株式会社（商法29条および30条）のみは raison social でないとされていた[9]。1966年会社法は raison social と dénomination sociale の区別を維持した。即ち、66年会社法11条は、「合名会社の商号（raison social）は、すべての社員の名前をもって、又はその末尾に《et compagnie》の語を付した一人若しくは数人の社員の名前をもって構成される」と規定し、25条は「（1項）合資会社の商号（raison social）は、すべての無限責任社員の名前又はその一人若しくは数人の名前をもって構成し、いずれの場合もその末尾に《et compagnie》の語を付さなければならない（2項）。有限責任社員は、会社の商号中に自己の名前を表示したときは、会社の債務につき無限かつ連帯の責任を負う」と規定していた。つまり法律は、第三者が全無限責任社員の身元を正確に知るために、各社員の名前を商号に表すことを原則とするが、他の社員が存在することを示すために《et compagnie》の語を付けて一人又は数人の社員の名前を商号に使用する慣習を容認した[10]。

ここで注目すべき点は、物的会社の商号と異なり、人的会社では、商号に会社の種類が示されていなかったということである。このことから、会社の種類を商号に用いることを義務付ければ第三者はそれによって無限責任社員の存在を知りうるから、raison social である必要はなくなり、逆に社員が有限責任で

---

[8] 商号と営業名（nom commercial）を混同してはならない。各商人の姓は氏名権であり、譲渡不能であるが、営業財産（fonds de commerce）の要素としての営業名は無体財産権の対象であり、譲渡可能である。Juglard et Ippolito, Cours de droit commercial, vol. 1, 10e éd., 1992, Paris, n° 151 等。1985年7月11日法により改正される前の1967年3月23日デクレ8条1項は、「raison social と異なる営業名は会社により利用されうる」と定め、それは会社により自由に選択された空想的名称でもよいとされていた。Lemeunier, La réforme des sociétés commerciales (décret du 23 mars 1967), 1968, Paris, p. 24.

[9] Wahl, Précis théorique et pratique de droit commercial, 1922. Paris, n°s 495 et s.; Lyon-Caen et L. Renault, op. cit., n° 149.

[10] Hémard-Terré-Mabilat, Sociétés commerciales, t. 1, Paris, 1972, p. 226.

ある会社の種類を示せば社員の名前を商号に使用することを認めてもかまわないことになる。

その結果1985年7月11日の法律により会社法11条は改められ「合名会社は商号（dénomination sociale）により表される。商号には一人又は数名の社員の名前を入れることができ且つ《合名会社》の語が直前又は直後に付けられなければならない」と規定された。また1989年12月31日の法律により合資会社にも同様の改正が行われ，会社法25条は「合資会社は商号（dénomination sociale）により表れる。商号には一人又は数名の社員の名前を入れることができ且つ《合資会社》の語が直前又は直後に付けられなければならない」と定めるに至った。そのため依然として社員でない者の名前を商号に用いることはできないが，合資会社の商号に有限責任社員の名前を用いてもこれによって無限責任を負うことはないと解されるようになった[11]。この改正によりフランスでは会社の商号は全てdénomination socialeに統一された。

会社法34条3項は「（有限）会社は商号（dénomination sociale）により表れる。商号には一人又は数名の社員の名前を入れることができ且つ《有限会社》の語又は《S. A. R. L》の頭文字及び会社資本の表示が直前又は直後に付けられなければならない」とし，70条は，「（1項）株式制の会社は，商号（dénomination sociale）により表れる。商号には会社の形態及び資本の額が直前又は直後に付けられなければならない。（2項）一人又は数人の社員の名前は商号に入れうる。但し株式合資会社では，有限責任社員の名前は入れることができない」と定めている。dénomination socialeに自然人の名が含められていても，それはraison socialではなく，dénominationは空想的言葉（例えば春）でもかまわない[12]。

かくしてフランス法系の母国であるフランスはraison socialとdénomination socialeの区別を放棄したが，それ以前には社員の責任と商号とは関連性を有していたのであり，わが国の旧商法との類似性を確認することができる。

---

11) Jung, Firmen von Personenhandelsgesellschaften nach neuem Recht, ZIP 1998, 677, 680.
12) Juglard et Ippolito, Cours de droit commercial, vol. 2, 9ᵉ éd., 1992, Paris, n° 402.

(2) イタリア法

イタリア民法典2563条以下には商号（ditta）の規定があるが，会社の商号に関しては2567条に別段の規定があり，「（1項）会社の商号（ragione sociale 及び denominazione sociale）は本編5章及び6章で規制される。（2項）しかし2564条の規定は会社の商号にも適用される」と定めている。2564条は商号の混同に関する規定である。

2292条は，「（1項）合名会社は，会社関係の表示とともに一人又は数人の社員の名前で構成された商号（ragione sociale）の下に行動する。（2項）会社は，退社員又は死亡した社員の相続人が同意する場合には，商号に退社員又は死亡した社員の名前を維持することができる」と定め，2314条は，「（1項）合資会社は，合資会社の表示とともに少なくとも一人の無限責任社員の名前で構成された商号（ragione sociale）の下に行動する。但し2292条2項の規定の適用を妨げない。（2項）名前が商号に含まれることに同意する有限責任社員は，第三者に対して会社債務につき無限責任社員とともに無限且つ連帯して責任を負う」と定めている。

他方，2326条は，株式会社の「商号（denominazione sociale）は，どのように構成されようと，株式会社の表示を含んでいなければならない」とし，2463条は，株式合資「会社の商号（denominazione sociale）は，株式合資会社の表示とともに少なくても一名の無限責任社員の名前で構成される」とし，2473条は，有限会社の「商号（denominazione sociale）は，どのように構成されようと，有限会社の表示を含んでいなければならない」と定めている。

他の会社の場合には法形態を商号で明らかにすることが要求されているが，合名会社の場合には会社関係を表示すれば足りるから，社員の名前の後に「e Co.」と表示されれば足りる[13]。株式会社及び有限会社の商号では，空想的な名称でもよく，社員の名前が含まれていても差し支えない[14]。法形態が表示

---

[13] Graziani, Diritto delle società, 5ª éd., 1963, Napoli, pag. 136. ; Ferri, Delle società, 2ª ed., 1972, Bologna/Roma, pag. 324 ; Auletta e Salanitro, Diritto commerciale, 8ª ed., Milano, 1993, pag. 129.（A. Rossi e G. Bianchi や A. Rossi e soci のような商号も可能である）

[14] Graziani, cit., pag. 190. ; Frè, Società per azioni, 1972, 4ª ed., Bologna/Roma, pag. 5（株式会社につき）. ; Santini, Società a responsabilita limitata, 1971, 2ª ed., Bologna/Roma, pag. 26 e segg（有限会社につき）。

されるので，第三者が誤解するおそれがないからである。

イタリアでは合資会社の商号に会社の種類が表示される点で前述したフランスの旧規制とは異なり，後述するスペインの場合も同様である[15]。

(3) スペイン法

スペイン商法典にも商号に関する規定はないが[16]，同法126条は，「(1)合名会社は，全社員，これらの者の幾人か又は一人の社員の名前の下に活動しなければならない。これらの後の二つの場合には，表される名前に《y Compañia》という語を付加することを要する。(2)当該集合名が商号（razón o firma social）を構成する。それには会社に現在属していない者の名前を含めることができない。(3)会社に属していないでその名前を商号に含める者は，刑事責任を別にして，連帯責任を負う」と規定し，146条は，「合資会社は，全社員，これらの者の幾人か又は一人の社員の名前の下に活動しなければならない。これらの最後の二つの場合には，表される名前に《y Compañia》という語及びあらゆる場合に《合資会社》という語を付加することを要する」とし，147条では「(1)当該集合名が商号（razón o firma social）を構成する。それには会社に現在属していない者の名前を含めることができない。(2)有限責任社員がその名前を商号に含めるか又は含めることに同意すると，会社の局外者に対し，有限責任社員の地位を有する者が有する以上の権利を取得することなく，業務執行者と同様の責任を負う」と規定している。従って人的会社には商号真実の原則（Principio de la veracidad de firma）が採用されており，社員の変更は商号の変更となりうる[17]。なお，商法153条は株式合資会社の商号につき「全無限責任社員，それらの数人若しくは一人の名前と共に razón social 又は《株式合資会社》若しくはその略語《S. COM. por A》の必要な表示と共に客観的 denominación を利用することができる」と定めており，razón social と de-

---

15) 合資会社の場合に会社の種類の表示を欠けば企業登記簿に登記できなくなるとする見解と有限責任社員は有限責任を享受することができなくなるとする見解とが対立している。Fiale, Diritto commerciale, XII ed., 1998, Napoli, p.253 参照。
16) 営業名 (nombre comercial) は，1988年商標法 (Ley de marcas) 76条乃至81条で規制されている。なお R. Uria, Derecho mercantil, 22ª ed., 1995, Madrid, págs. 107 y 108 参照。
17) J. Garrigues, Curso de derecho mercantil 6ª ed., 1972, Madrid, p.308.

nominación の選択制を採用している。

　他方，1989 年の株式会社法 2 条は，（ 1 項）（株式）「会社の商号（denominación）には必ず《株式会社》の表示又はその略語《S. A.》が表れなければならない。（ 2 項）他の既存会社の商号と同様の商号は採用できない[18]」とし，1995 年の有限会社法 2 条は「(1)（有限）会社の商号（denominación）には必ず《有限責任会社》,《有限会社》の表示又はその略語《S. R. L.》若しくは《S. L.》が表れなければならない。（ 2 項）他の既存会社の商号と同様の商号は採用できない」としている[19]。なお 1989 年の商業登記規則（Reglamento del registro mercantil）360 条以下には会社の商号（denominación）に関する規定があり，商号に，法律，公序又は善良な風俗に反するような用語又は表現を用いること（同規則 369 条）や，会社の種類又は性質につき誤解を生じさせるような用語又は表現を用いること（同規則 371 条）などを禁止している。

　株式会社又は有限会社の商号は純粋に空想的であってもよく，社員の名前又は以前に社員であった者の名前又は名前の組み合わせを含むこともできる[20]。

(4) 小　　括

　以上の考察の結果，人的会社では少なくとも一人の無限責任社員の名前は商号に表れなければならないということがフランス法系では強行的であったことが明らかになった。株式会社では社員の名前を表す必要がないから匿名の会社なのである。社員の名前と人的会社の商号の関連性を，フランスを除く諸国では今でも有しているのであるが，当該関連性は，合名会社の商号に会社の種類

---

18)　1951 年株式会社法 2 条も 89 年株式会社法 2 条とほぼ同一であるが，1 項に「その略語《S. A.》」が定められていなかった。しかし 51 年法の下でも S. A. の略語が認められ，それが普通であったので，実質的な改正ではない。これに対し商法典旧 152 条は株式会社の商号に客観的且つ企業目的に合った denominación を要求していたので，51 年株式法は実質的改正であった。

19)　1953 年有限会社法 2 条は「（ 1 項）会社は客観的 denominación 又 razón の下に活動しなければならない。それにはあらゆる場合に《有限責任会社》又は《有限会社》の表示が付け加えられなければならない。（ 2 項）有限であれ無限であれ他の既存会社と同一の denominación 又 razón は採用れることができない」と定めていた。

20)　Uria, Ibid., págs. 221 y 451. 個人名の利用は，人的会社が物的会社に組織変更したり，個人企業の法人成りの場合にしばしば利用されている。そこで旧 razón social や個人企業の名前を株式会社又は有限会社の商号として維持することを認め，便宜を与えている。

の表示が義務付けられていないことと関連するのであって，razion social と dénomination sociale の区別は極めてフランス的な議論であると考える。

4　ドイツ法の規制内容

ドイツ商法の特色は，商号が詳細に商法典（17 条乃至 37 条）で規定されていること，個人商人の商号と会社の商号を含めて商号（Firma）という単一の用語があること，人的会社であるか物的会社であるかで区別されないことである。これらは，日本法と同一である。

(1) 1998 年 6 月 22 日の商法改正法以前

1998 年 6 月 22 日の商法改正法[21]で商号に関する規制が改正されているが，改正前の商法は——わが国の商法は採用しなかったが——原始的商号に関し商号真実主義（Der Grundsatz der Firmenwahrheit）を採用し，従って合名会社と合資会社の商号に関しても社員の名前と会社形態の認識を本質的要素としてきた。会社形態の認識も要素とする点でフランス法系とは異なっている。19 条は，合名会社と合資会社の商号につき次のように規定していた。

「(1)　合名会社の商号は，会社の存在を示す付加文と共に社員の少なくとも一人の名前又は全社員の名前を包含しなければならない。

(2)　合資会社の商号は，会社の存在を示す付加文と共に少なくとも一人の無限責任社員の名前を包含しなければならない。

(3)　名を付ける必要はない。

(4)　無限責任社員以外の者の名前は，合名会社又は合資会社の商号に入れる

---

21)　法律の正式名称は，Gesetz zur Neuregelung des Kaufmanns- und Firmenrechts und zur Änderung anderer handels-und gesellschaftsrechtlicher Vorschriften (Handelsrechtsreformgesetz-HRefG) vom 22. Juni1988 (BGBl. IS. 1474) である。商人概念等の改正も行われているが，商号に限って紹介する。商号に関連する報告者草案については ZIP1996, 1445，政府草案については ZIP1997, 942 を参照されたい。新法の紹介については Bydlinski, Zentrale Änderungen des HGB durch das Handelsrechtsreformgesetz, ZIP1998, 1169 ; Jung, Firmen von Personenhandelsgesellschaften nach neuem Recht, ZIP1998, 677 ; K. Schmidt, Das Handelsrechtsreformgesetz, NJW1998, S. 2161 を参照されたい。

ことができない。

 (5) 自然人が無限責任社員でないときには，商号は，21条，22条，24条又はその他の規定に従って継続されるときにも，有限責任を表示する名称を含まなければならない。このことは，無限責任社員が他の合名会社又は合資会社であって，そこでの無限責任社員が自然人であるときには，適用されない。」

 5項は，1980年7月4日の法律で追加された規定であって，ドイツでは日本の商法（55条参照）と異なり，いわゆる GmbH & Co. KG 等[22]の企業形態が認められていることに伴う規定である。

 これらの規定の存在のため合名会社および合資会社の商号はいわゆる人的商号（Personenfirma）に限られていた[23]。

 これに対し「株式会社の商号は原則とし企業の目的から採られなければなら」ず，「それは『株式会社』なる表示を含まなければならない」（株式法4条1項）。同様に「株式合資会社の商号は，原則として企業の目的から採られなければならない。それは『株式合資会社』なる表示を含まなければならない」（株式法279条1項）。株式会社又は株式合資会社の商号は原則として定款の企業目的（株式法23条3項2号，278条3項参照）から採られるから，通常は，物的商号（Sachfirma）であり，例外的に人的商号（Personenfirma）又は混合的商号（人名を補足的構成要素とする物的商号）も許されるが[24]，物的商号は単なる空想的な表示であってはならないと解されていた。従って人的会社の商号は人的商号に限られ，物的会社は物的商号を原則とする意味で社員の名前と商号は関連し，フランス法と共通の土台を有していたのである。

---

[22] GmbH & Co. KG については拙稿「GmbH & CO. とわが商法上の問題点」『富大経済論集』21巻2号152頁以下（1975年），大原栄一「西ドイツにおける閉鎖会社としての有限合資会社（GmbH & Co. KG）」『現代商法学の課題下（鈴木竹雄先生古稀記念）』1251頁以下（1975年）など参照のこと。

[23] 許容される商号の例については Münchner Kommentar Handelsgesetzbuch, Band 1, 1996, §19 に詳しい。会社の存在を示す付加文で足りるから，A，B及びCが社員であるとき「A & Co.」，「A, B & Co.」などは許される。これに対し「A, B & C Co.」や「A & B」という商号は許されない（通説）。前者では更に別な社員がいるように思われ，後者では社員が二人しかいないように思われるからである。もっと後者の商号につき Karsten Schmidt, Das Handelsrecht, 4. Aufl., 1994, S.368 および App, Firma einer Offene Handelsgesellschaft, BB1988, 778 は，許容されると主張していた。

[24] Hüffer, AktG, 3. Aufl., 1997, München, §4 Rn 14 など。

他方有限会社の商号は当初人的会社の商号と株式会社の商号の折衷的方法を採用しており，有限会社法4条は以下のように規定していた。

「(1) 会社の商号は企業の目的から採るか又は社員の名前若しくは会社関係の存在を示す付加文と共に少なくとも一人の社員の名前を包含しなければならない。社員以外の者の名前は商号に入れることができない。(以下省略)」

(2) 会社の商号はいかなる場合にも『有限責任』という付加的表示を包含しなければならない。」

(2) 商法改正法以後

98年改正は商号の全面改正ではなく，商号形成法のみの改正であるが，改正のポイントは，「既に普通法に含まれていたが，19世紀になかんずくフランスの影響の下に放棄された自由商号主義（Der Grundsatz der freien Firmenbildung）への回帰[25]」であるから，原則の見直しであって，その影響は大きい。

まず個人商人の商号を定めていた商法18条は次のように改められ，全ての商号に適用される規定となっている。

「(1項) 商号は，商人の特性表示に適していてかつ識別力を有していなければならない。

(2項) 商号は，関係取引界にとって本質的である営業関係を迷わしうる表示を含むことができない。登記裁判所の手続では，誤りに導きうるものだけが，それが明らかなときに，顧慮される」。

改正法は，商号に，①商人の特性表示と②識別力（なお30条参照。同条は改正を受けていない）そして，③企業の営業関係の非誤解性のみを要求するように改めている。③については，「営業の種類若しくは範囲に関する誤解可能性」（旧18条2項）から，「関係取引界にとって本質的である営業関係」の誤解性に改められている。

また19条は次のように改められている。

「(1項) 商号は，21条，22条，24条又はその他の法律の規定により継続されるときにも，以下のものを含まなければならない。

---

25) Jung, ZIP 1998, 677, 678 ; Bydlinski, ZIP 1998, 1169, 1175.

1 個人商人の場合には,『登記商人』,『登記女商人』又はこの表示の一般的に理解可能な略語,特に『e. K.』,『e. Kfm.』又は『e. Kfr.』

2 合名会社の場合には『合名会社』の表示又はこの表示の一般的に理解可能な略語

3 合資会社の場合には『合資会社』の表示又はこの表示の一般的に理解可能な略語

(2項)合名会社又は合資会社において自然人が人的責任を負わないときには,商号は,21条,22条,24条又はその他の法律規定によって継続されるときにも,有限責任を示す表示を含んでいなければならない。」

人的会社の商号には強行的に法形態が商号の構成要素として要求される一方,無限責任社員の名前の表示は要求されなくなり,純粋な物的商号および空想的な商号が一般的に許容されるようになった。旧19条4項は学者の反対[26]にもかかわらず意識的に削除されたから,誤解を招かない限り,非社員の名前を会社の商号に入れることや合資会社の場合に有限責任社員の名前を商号に用いることは許容される。雅号や芸名も同様である[27]。

なお,上述の改正の結果,株式法4条,279条及び有限会社4条も改正され,株式会社,株式合資会社及び有限会社の商号は,それぞれ株式会社,株式合資会社若しくは有限会社の表示か「その表示の一般的に理解可能な略語」を含まなければならないと改められている。

5　イギリス法の規制内容

(1) 沿　革

イギリス法は商号自由主義を採用している。1890年 partnership act（なお同法4条は partnership の名を firm-name と呼ぶ）にも,1907年 limited partnership act（limited partnership の名も firm-name である）にも特定の商号を要求する規定はない。他方1916年には商号登記法（the registration of business names

---

[26] Kögel, Entwurf eines Handelsrechtsreformgesetzes, BB 1997, 793, 796 f.; Karsten Schmidt, HGB-Reform im Regierungsentwurf, ZIP 1997, 909, 915.

[27] Vgl. Jung, ZIP 1998, 677, 681f.

act)が制定された。同法は,登記制度を採用し,特定の個人商人および商事組合(firm)の商号(business names)は登記すべきとし(5条),これに違反した場合には罰金を科すと共に(7条),その間になされた契約は訴又はその他の訴訟手続で実施することができないとした(8条)。また登記が行われると登記所から登記証明書(certificate of registration)が発行され,これを主たる営業所の見える位置に展示すべきとすると共に(11条),業務用書簡には名前を記載すべきものと定めていた(18条)。しかし,多くの商号は登記されず,登記制度の維持には費用がかかることから[28],同法は1981年に廃止され,これに代わって1981年会社法(companies act 1981)が制定された。同法28条以下は従来の登記制度に代えて商号を開示する制度を採用した。1985年商号法(Business names act 1985)は,これを引き継ぎ,単行法として制定されるに至っている。

(2) 1985年商号法の規制内容

(a) 本法は,大ブリテンに営業所を有し且つ以下の名前——即ち,① partnershipの場合には,本法が許す付加以外の付加のない,個人である全社員の姓及び法人である全社員の法人名から構成されていない名前,② 1985年会社法の下で解散しうる会社(company)の場合には,本法が許す付加以外の付加のない,会社名(corporate name)から構成されていない名前——で大ブリテンにおいて営業を行う者に適用される(1条1項)。本法が許す付加とは,partnershipの場合には,個々の社員の名(forenames)若しくはこれらの名のイニシャル又は2以上の個々の社員が同じ姓の場合にはその姓の終わりの"s"の付加であり,またいかなる場合であれ,事業は前所有者を継承して営まれていることを単に示す付加である(同2項)。

(b) 本法が適用される者は,明瞭な文字であらゆる事業用書簡等において,partnershipの場合には各社員の名前,会社の場合には会社名,及び事業に関係する書類サービスが実施される大ブリテン内の住所を記載することを要し(4条1項(a)),事業が行われる建物内で,そのような名前及び住所を含む掲示

---

28) Current Law Statutes Annotated 1985, c. 7/1 general note.

が顧客又は供給者によって容易に読まれうるよう目立った位置に掲げられなければならない（同(b)）。本法が適用される者は，名前と住所が事業用書簡に記載されること及び，次項の要求があったなら，名前と住所を要求する者に直ちに書面による通知を行われることを保証しなければならない（同2項）。本店に全社員の名簿を有する20人以上の社員を有する一定のpartnershipには，4条1項(a)の規定の適用がないが（4条3項），この場合には誰でも営業時間の間当該名簿を調べることができる（4条4項）。4条1項違反又は4条4項に違反した調査の不当拒絶は罰金を科される（4条6項・7項・7条）。契約の時に4条1項又は2項に違反していた者により起こされた権利を実施するための訴訟手続は，原告の違反のため追及することができない契約に基づく請求権を原告に対して有していること又は違反のため財務上の損失を被ったことを被告が証明すると，却下される（5条1項）。

(3) 会社の商号

会社の商号（company names）については1985年会社法25条ないし34条に規定がある。公開会社（public company）の商号は，──ウェールズを除く──public limited companyの語で終わらなければならず（25条1項），（公開会社でない）株式有限責任会社又は保証有限責任会社の商号は，特定の場合を除き，最後にlimitedを有していなければならない（同2項）。私的保証有限責任会社は商号の一部にlimitedの用語を使用しないことができる（30条）。国務大臣の意見によれば，登記された会社の商号が業務の性質を誤解させ，公衆を害するおそれがあるときには，商号の変更を命令することができる（32条）。

第2章　株式・持分の相続と権利行使者の通知

1　はじめに

　共同相続の場合の権利行使者に関しては，近時，最高裁判決が続いたことから[1]，主に株式会社の株式および有限会社の持分との関係で活発な議論が展開

---

1) 最高裁判決として［**1**］最判昭和45年1月22日民集24巻1号1頁（小室直人・上野康男・判批・民商63巻4号90頁，柳川俊一・判例解説・法曹時報22巻7号178頁（『昭和45年度（上）最高裁判所判例解説民事篇』22頁））。［**2**］最判昭和52年11月8日民集31巻6号847頁（［12］の上告審。岩原紳作・判批・法協96巻2号（1979年）109頁，神崎克郎・民商79巻3号99頁，米津昭子・判批・判評236号155頁・上田宏・会社判例100選（4版）40頁，上田明信・金判547号52頁，早川勲・法律のひろば31巻5号74頁，柿崎栄治・法学43巻1号135頁，平田浩・判例解説『昭和52年度最高裁判所判例解説民事篇』308頁，平手勇治・判例解説・判タ367号59頁），［**3**］最判昭和53年4月14日民集32巻3号601頁（榎本恭博・判例解説『昭和53年度最高裁判所判例解説民事篇』166頁，出口正義・会社判例百選（第5版）200頁，龍田節・民商80巻1号108頁，丸山秀平・法学新報86巻7・8・9合併号355頁），［**4**］最判平成2年12月4日民集44巻9号1165頁（畑肇・私法判例リマークス1992〈上〉102頁，吉本健一・判評397号55頁，尾崎安央・判批・判タ975号（会社判例と実務・理論Ⅱ）29頁，尾崎安央・判批・法律のひろば45巻11月号61頁，青木英夫・金判883号40頁，大杉謙一・判批・法協109巻5号905頁，中島弘雅・民商106巻3号（1992年）365頁，大野正道・法教131号106頁，大野正道・会社判例100選（5版）28頁，加藤哲夫・法学セミナー440号126頁，岡野谷知広・判批・法学研究65巻3号107頁，篠原勝美・判例解説・法曹時報44巻8号219頁，永井和之「株式の共同相続と商法203条2項」金法1307号4頁，山下郁夫・判批・平成3年度主要民事判例解説166頁），［**5**］最判平成3年2月19日判時1389号140頁（吉本健一・判評397号55頁，同・法セ448号124頁，青木英夫・金判883号40頁，尾崎安央・判批・判タ975号（会社判例と実務・理論Ⅱ）29頁，永井和之・金法1307号4頁，中島弘雅・判批・民商106巻3号（1992年）388頁，加藤修・判批・平成3年度重要判例解説92頁，山下郁夫・判批・平成3年度主要民事判例解説166頁），［**6**］最判平成9年1月28日判タ936号212頁（前田雅弘・判批・私法判例リマークス1998〈下〉104頁，片木晴彦・判評466号60頁，荒谷裕子・判批・平成9年度重要判例解説（ジュリ1135号）101頁，青竹正一・ジュリ1164号147頁，柴田和史・判批・会社判例百選（6版）190頁，大野正道「企業継承における最高裁平成9年判決の意義」税研84巻82頁，大野正道「商法203条2項と最高裁第3小法廷判決── 平成9

されている[2]。本稿は，この議論に触発されて，最初に，株式・持分の共同相続の場合に会社の種類によって権利行使者の指定方法に相違があるのか考察し，

年1月28日判決までの軌跡」判タ937号72頁，大野正道・判批・判タ975号（会社判例と実務・理論Ⅱ）33頁，寳金敏明・判批・平成9年度主要判例解説170頁），[7] 最判平成11年12月14日金判1087号15頁，判時1699号156頁，判タ1258号1頁，裁判所時報1258号1頁（片木晴彦・判批・平成11年度重要判例解説99頁，加藤勝郎・判批・法律のひろば53巻8号74頁，河内隆史・判批・金判1101号（2000年）62頁，青竹正一「株式・有限会社持分の共同相続と社員権の行使再論（上・下）―― 最高裁平成11年12月14日判例の検討」判評496号180頁，497号187頁）。

下級審判例として，[8] 津地判昭和38年1月24日下民集14巻1号60頁，[9] 東京地判昭和45年11月19日下民集21巻11＝12号1447頁（米津昭子『下級審商事判例評釈昭和45-49年』127頁，内海健一・商事677号36頁，大野正道・ジュリ547号114頁），[10] 徳島地判昭和46年1月19日下民集22・1＝2号18頁（有限会社の持分に関する。西島梅治・判批・判評152号38頁，田中啓一・判批・ジュリ554号107頁，久留島隆・判批・『下級審商事判例評釈昭和45年-49年』143頁），[11] 東京高判昭和48年9月17日高民集26巻3号288頁（[9] の控訴審。青竹正一・判批・ジュリ636号146頁），[12] 東京地判昭和50年2月20日下民集26巻1＝4号191頁（上柳克郎・判批・商事816号57頁），[13] 高松高判昭和52年5月12日民集32巻3号609頁（[10] と同一事件の別訴控訴審），[14] 東京地判昭和60年6月4日判時1160号145頁（小林俊明・判批・ジュリ921号（1988年）99頁，木内宜彦・判評326号53頁，尾崎安央・判批・税経通信41巻2号（1986年）248頁），[15] 大阪地判昭和61年5月7日判時1243号122頁（加藤修『下級審商事判例評釈昭和60年-63年』146頁，小林俊明・判批・ジュリ965号93頁），[16] 名古屋地判昭和62年9月17日民集44巻9号1173頁（[4] の第1審），[17] 福岡地小倉支判昭和63年8月9日金判876号18頁（[5] の第1審），[18] 名古屋高判平成元年1月30日民集44巻9号1180頁（[4] の控訴審），[19] 福岡高判平成元年4月13日金判876号17頁（[5] の控訴審），[20] 大阪高決平成3年4月11日判時1400号117頁（島村雅之・判例解説・平成4年度主要民事判例解説186頁），[21] 大阪地判平成9年4月30日判時1608号144頁，[22] 東京地決平成13年3月8日金判1136号28頁（[23] の第1審）および [23] 東京高決平成13年9月3日金判1136号22頁がある。そのほか永井和之「商法203条2項の意義」『現代企業法学の課題と展開（戸田修三先生古稀記念）』（文眞堂・1998年）206頁は，判例集未登載の名古屋地判平成7年5月22日，名古屋高判平成8年1月31日を紹介している。

2) 大野正道「企業承継法と最高裁第3小法廷判決 ―― 商法203条2項に関する判決の検討」『商事法の展開 ―― 新しい企業法を求めて（竹内昭夫先生追悼論文集）』（商事法務研究会1998年）209頁，滝澤孝臣「相続と株主権の行使」『商法と商業登記（味村最高裁判事退官記念論文集）』（商事法務研究会1998年）625頁，込山芳行「機能資本家（支配株主）と商法203条2項」『近代企業法の形成と展開（奥島孝康教授還暦記念第2巻）』（成文堂・1999年）171頁，名島利喜「商法203条2項の見直し」富士大学紀要34巻1号91頁（2001年），青竹正一「株式・有限会社持分の共同相続と社員権の行使(1)-(4)・完」判評491号-494号（2002年），河内隆史「株式の共同相続に伴う株主権の行使」『現代企業法の理論と課題（中村一彦先生古稀記念）』（信山社・2002年）259頁。

次いで，株式・持分の共同相続の場合の権利行使者の指定方法に関し簡単な比較法的考察を行った後，従来唱えられた論点を整理し，これに対する管見を披瀝したいと思う。

2　会社の種類に従った規制内容

(1) 総　説

本節では，研究の前提として，株式または持分の共同相続があった場合に[3]，会社との関係で権利行使者を指定することが必要か，会社の種類ごとに考察を加えることにする。

活動中の合名会社および合資会社にあっては無限責任社員の個性が重要であるため，わが国では無限責任社員の死亡は退社原因とされている（商法85条3号，147条）。したがってその相続人は，無限責任社員の持分を相続しないで，持分払戻請求権（商法89条）のみを相続する[4]。

これに対し，清算中の会社の場合には，会社が営業中に負った債権・債務の迅速な処理のみが問題で，社員の個性を問題とする必要はなく，残存する社員に先行する持分の払戻を認める必要もないので，相続人は無限責任社員の持分を相続するという立場を採用し，相続人を清算事務に関与せしめて，財産整理を公平に行わしめるよう保障している[5]。そして商法は，人的会社の場合持分単一主義を採用していることから，遺産分割までの処置として[6]，会社の便宜のため，「清算ニ関シテ社員ノ権利ヲ行使スベキ者1人ヲ定ムルコトヲ要ス」

---

3) 本稿は，通説である社員権説に立ち共益権も相続の対象となるという前提で議論を進める。
4) 合名会社の持分以外に遺産がない場合に，家庭裁判所が持分払戻請求権を各相続人の法定相続分に応じて分割したことは，相当である，としたものに東京高決昭和37年4月17日家庭裁判月報14巻10号128頁がある。
5) 蓮井良憲『新版注釈会社法(1)』（有斐閣・1985年）581頁。
6) 権利行使者の指定は遺産分割までの処置と解するのが，久保欣哉・判評417号58頁など通説である。これに対し岡本善八「合名会社清算持分の相続」同志社法学14巻1号（1962年）32頁は，商法144条を，相続人が多数に及ぶ場合の清算手続の渋滞を避ける趣旨と解し，分割後にも権利行使者を定めれば，他の社員は社員権を行使しえない意味も含むとする。しかし分割後にも拘束力を認める合理的理由は見あたらない。通説が正当であると考える。

とされている（商法144条，147条）。このことは，死亡した社員の共同相続人の全員が社員であるときにも異ならない[7]。

もっとも，活動中の会社の場合，無限責任社員の死亡に対して退社しか認められないとすると，会社および相続人にとって不都合な場合がありうるので，商法85条3号は任意法規であるとされ，相続人は無限責任社員の持分を相続する旨の定款の定めは適法であると解されている[8]。そして，このような定めが定款でなされていて，共同相続が行われる場合には，明文の規定はないが，共同相続人の中から権利行使者を選出することを要する，と解するのが通説である[9]。

これに対し，合資会社の有限責任社員の持分（商法161条1項），有限会社の持分（有限会社法8条2項）および株式会社の株式は常に相続の対象となりうる。そしてこれらの共同相続の場合には，遺産分割までの処置として，「会社の事務処理の便宜を考慮し[10]」，明文で，社員または株主の権利行使者を指定することを要し，指定のない場合には共有者の1人への通知または催告で足りるとされている（商法161条2項，203条2項・3項および有限会社法22条）[11]。

---

[7] 最判平成4年1月24日民集46巻1号28頁（蓮井良憲・判批・民商106巻6号129頁，同・判批・平成4年度重要判例解説112頁，久保欣哉・判批・判評417号56頁，長野益三・判批・平成4年度主要民事判例解説184頁，出口正義・法教144号110頁）。疑問とする学説として田中誠二『3全訂会社法詳論下巻』（勁草書房・1994年）1253頁がある。なお，商法144条の解釈として，裁判所選任清算人の選任請求権（商法122条）および保存書類（商法143条）閲覧請求権は，権利行使者を定めなくても，各清算人が行使しうるとする説がある（岡本・前掲注6）37頁）。

[8] 片山義勝『会社法原論』（中央大学・1917年）165頁など。大判大正13年3月26日新聞2253号18頁，大判昭和2年5月4日新聞2697号6頁。

[9] 國歳胤臣「合名会社の社員を相続するということ」民商5巻4号（1937年）45頁，小町谷操三「合名会社の死亡と相続人の地位」『会社法の諸問題（松本先生古稀記念）』（有斐閣・1951年）455頁，久留島隆「会社持分の共同相続と権利行使者の選任・解任」法学研究47巻3号（1974年）54頁，服部栄三「合名会社の社員の地位の相続」『現代家族法大系4』（有斐閣・1980年）353頁。

[10] 判例［4］・河内・前掲注2）263頁など通説。

[11] これらの規定の沿革は以下の通りである。

① 明治23年商法121条2号は，合名社員の死亡を退社原因としていたが，但書で「社員ノ地位ニ代ハル可キ相続人又ハ承継人ナキ時ニ限ル」としていた。明治32年現行商法は但書を削除した。ちなみに明治23年商法98条2項は「社員ノ相続人又ハ承継人ハ契約ニ於テ反対ヲ明示セサリシトキハ其社員ノ地位ニ代ハルコトヲ得但総社員ノ承諾ヲ得ルニ非サレハ業務ヲ担当スル権利ナシ」とされていた。

(2) 小　括

　以上の考察より，わが国では株式および持分の「共同相続の場合の権利行使者」に限って見ると，すべての会社において，ほぼ同様な規制が行われている

---

　② 現行商法144条は昭和13年改正で新設されたが，立法理由は不明である。
　③ 明治32年商法117条1項は，「有限責任社員ハ無限責任社員ト異ナリ單ニ出資ヲ為シ利益ノ配當ヲ受クル止マリ曾社ノ業務ヲ執行シ又ハ代表スルコトヲ得サルモノナルヲ以テ其社員カ假令死亡スルモ之ニ因リテ退社セシムルノ必要」がないことを理由に（『日本近代立法資料叢書21 商法修正案参考書』（商事法務研究会・1985年）51頁），有限責任社員の死亡は退社原因とならないとした。昭和13年商法改正により117条1項は161条1項になり，2項が追加された。追加理由は，従来はこのような規定がなかったので，「其の數人の相續人が曾社に對してどういう權利を持つて居り，又どういう義務を負擔して居るかということに就いて，一般原則に依り決する外はなかつた。それで權利義務の關係が，各自分擔主義といふやうなことになつて，甚だ複雜になつて來ると大變不便であるから」，この点に関し203条を準用することにしたのである（田中耕太郎『改正商法及有限会社法概説』（有斐閣1939年）124頁）とされている。
　④ 明治32年商法146条1項は，「株式ヲ數人ノ共有トスルコト許ストキハ其共有ノ株式ハ想像的ニ分割セラルルモ此想像的分割ハ現行商法177条（筆者注。規定は「株式ハ分割又ハ併合スルコトヲ得ス」である）ニ所謂分割ナル語ニ包含スルヤ將タ之ヲ包含セス即チ同條ニ所謂分割トハ現實的分割ノミヲ指スヤ解釋上疑アリ而シテ若シ同條ノ分割中ニハ想像的分割ヲ包含セス即チ株式ノ數人共有ヲ許スモノトセハ株主総曾ニ於ケル議決權ノ數ヲ計算シ利益ヲ配當ヲ又解散ノ際残餘財産ヲ分配スルニ當リテ錯雜ヲ來スノミナラス其他各般ノ場合ニ於テ種々ノ不都合ヲ生スルヲ免レス然レトモ全ク共有ヲ禁スルトキハ亦不都合ヲ生シ殊ニ法律ノ規定ニ依リテ或株式カ當然數人ノ共有ニ歸スヘキ場合ノ如キハ其法律ノ規定ノイミニ依レハ數人ノ共有ニ歸スヘキ株式ナルニモ拘ハラス他ノ法律カ其共有ヲ禁スルカメニ其株式ハ遂ニ歸スルニ所ナキニ至ルコトナキヲ保セス故ニ株式ハ之ヲ共有ト為スコトヲ許スモ一方ニ於テハ共有者ヲシテ株主ノ權利ヲ行フヘキ者1人ヲ定メシテ……両極端ヨリ生スル不都合ヲ避ケ甚タ便宜ナルヘシ」という理由で（前掲『日本近代立法資料叢書21』66・67頁），株式が共有になったときは権利行使者1人を定めることを要するという規定を新設した。志田鉀太郎『日本商法論第2編会社上巻』（有斐閣・1901年）803頁は，「各自ニ其權利ヲ行ハシムルトキハ統一ヲ缺キ錯雜ヲ生ス会社ノ機關ノ組織ニ参与セシムル場合ニ於テ特ニ其弊害ヲ見ル故ニ」と説明している。昭和13年改正で146条1項は203条1項となり，2項が追加された。2項が追加された理由は，権利行使者が定められていないとき，共有者に対する会社の通知・催告を一々数人の者に対して行うわけにいかないとか（田中耕太郎・前掲書151頁），「株金払込義務の履行の為の催告については203条3項（現146条2項）と民法第434条との規定に依つて，共有の場合の権利行使者の定めのないときには共有者の1人に対する催告を以て足ることは現行法上も学説判例の認めてゐるところである」が，「然し株金払込の催告以外の通知又は催告に付ても，共有の場合に於て権利行使者の定ないときには右と同様の取扱を為すのが妥当である」（奥野健一ほか『株式会社法釈義』（厳松堂・1939年）86頁）からであるとされている。

ことを確認することができる。すなわち、相続が開始されると、被相続人の財産は相続人に包括承継されるが（民法896条）、遺産分割が行われるまでは、相続財産は相続人の準共有に属し（民法898条、264条）、各共同相続人はその相続分に応じて被相続人の権利・義務を承継するので（民法899条）、それまでは権利・義務がバラバラに行使されると、会社と株主・社員間の法律関係が混乱するので、これを阻止するため暫定的に権利行使者を指定させることにより、会社の便宜を図るという意図の下に、パラレルな規制が行われている。パラレルな規制が行われている以上、異なる解釈を行う合理的な理由がない場合には、会社の種類が違っても同様の解釈を行うのが論理的であるということになる。

従って、例えば、① 株式が未成年の子とその親権者を含む数人の共有に属する場合において、親権者が未成年の子を代理して商法203条2項にいう株主の権利行使者を指定する行為は、これを親権者自身と指定するときであっても、民法826条にいう利益相反行為にあたらないと解されているが[12]、これは人的会社・有限会社の持分の場合にも当てはまる。また、② 権利行使者が総会において共有者の合意に反する議決権行使をしたとしても、共有者間の合意は内部関係にすぎないので、決議の効力には影響せず、権利行使者の他の共有者に対する債務不履行責任が生じるにすぎないというのが判例・通説[13]であるが、これも同様に解すべきことになる。

3 比較法的考察

(1) ドイツ法

(a) 1998年6月22日の「商人・商号法の新規制およびその他の商法・会社法規定の改正のための法律」(Gesetz zur Neuregelung des Kaufmanns-und Firmenrechts und zur Änderung anderer handels-und gesellschaftsrechtlicher Vorschrift) に

---

12) 判例 [**2**]・通説（岩原・前掲注1）114頁、神崎・前掲注1）104頁、米津・判批・判評236号157頁、上田宏・前掲注1）41頁、上田明信・前掲注1）53頁、早川・前掲注1）74頁、柿崎・前掲注1）137頁、平田・前掲注1）312頁、平手・前掲注1）60頁など）である。
13) 判例 [**3**]・榎本・前掲注1）178頁、丸山・前掲注1）364頁、名島・前掲注2）97頁など通説。ドイツでも株式法69条につき同様の解釈が採用されている。Lutter, Kölner Kommentar zum Aktiengesellschaft, 2. Aufl., 1988, §69Anm. 19.

第2章　株式・持分の相続と権利行使者の通知

より改正される前の商法は，合名会社は社員の非常に人的な団体であるから，「会社契約より異なることが生じない限り」，社員の死亡は会社の解散原因（旧131条4号。合資会社の無限責任社員についても同じ。161条2項）であると規定していた。即ち，相続人は普通の清算会社の社員となった。そのため，社員の死亡により会社が解散するときには，死亡社員の相続人は残存社員に遅滞なく死亡を通告し，遅れる危険があるときには，残存社員が準備できるまで，被相続人により行われた業務を継続する義務を負うものとされていた（旧137条1項）。解散を免れるには，会社契約に①継続条項（Fortsetzungsklausel）もしくは②承継条項（Nachfolgeklausel）を定めるか，または相続人を含む清算人全員で継続決議を行う必要があった。その結果，会社契約でこのような条項を定めない人的会社はなくなり，実務では原則と例外が逆転した[14]。①継続条項は，相続人を排除して，「残存社員間」で会社を継続する旨の定めであり，極めて稀にしか利用されなかった。会社契約にこのような定めがあると，社員は死亡の時に退社したことになった（旧138条）。②承継条項とは，相続人全員または特定の相続人と会社を継続する旨の定めであり，前者は単純承継条項（die einfache Nachfolgeklausel）と言われ，後者は変態承継条項（die qualifizierte Nachfolgeklausel）と言われた。このほか，③第3者（相続人であることを要しない）に入社権を付与する入社条項（Eintrittsklausel）もあった。入社条項は，当然，持分の相続と無関係である。入社条項は承継条項ほど利用されなかった[15]。

しかし1998年の上記法律は，企業の継続を重視し[16]，「別段の契約規定がない場合には」合名会社の死亡を会社の解散原因から，退社原因に変更したことから（新131条3項1号），136条ないし138条は削除されている。相続人は

---

[14] Rüthers, Die privatautonome Gestaltung der Vererbung des Anteils an einer Offenen Handelsgesellschaft durch eine beschränkte Nachfolgeklausel, AcP, 1968, S. 283, 265 ; Stötter, Die Nachfolge in Anteile an Personengesellschaften auf Grund Gesellschaftsvertrages oder Erbrechts（Ｉ），DB1970, 525, 526.

[15] Ulmer, Gesellschafternachfolge und Erbrecht, ZGR1972, 195ff., 324ff. は，承継条項と入社条項の相違について手際のよい分析を行っている。変態承継条項は，様々な法律問題を提供した。本テーマと関係しないので詳論を控えるが，ドイツでは人的会社の持分の相続に関するたくさんの論文やモノグラフィーが公表されている。

[16] Vgl. Gustavus, Neuregelungen im Gesellschaftsrecht nach dem Handelsrechtsreformgesetz, GmbHR1998, 17, 20.

ただ持分払戻請求権を有することになった（商法105条3項，民法738条）。従ってドイツは，法律上は，98年改正でようやく日本法と同じ規制となっている。もっとも「会社契約で，社員の死亡の場合，会社はその相続人と継続しうることが定められているときには，各社員は会社に留まることを，その者に従来の利益持分をそのままにしながら有限責任社員の地位が認められ，また被相続人の出資のその者に属する部分がその者の有限責任社員の出資として認められることに，かからしめることができ」（139条1項），「残りの社員が相続人のこの提案を認めないときには，相続人は，解約告知期間を遵守することなく会社から退社すると述べる権限がある」（同2項）とする規定は，維持され続けている。

(b)ドイツでは，人的会社の会社契約で持分の相続を認めるときには，相続共同関係（Erbengemeinschaft）が持分を相続するのではなくて，相続人が持分に応じて自動的に社員となると考えられている。即ち，ドイツ大審院1886年3月17日判決は[17]，普通ドイツ商法典123条2号（「会社は死者の相続人と共に継続する，と契約が規定していないときには，社員1人の死亡により，会社は解散する」）に関連するが，複数の相続人が一緒になって1社員の地位につくという上級地方裁判所の考えは，「合名会社の本質に反する」と傍論（obitar dictum）で判示し，ドイツ大審院1912年2月7日判決も[18]，上記ドイツ大審院1886年3月17日判決を引用した上で，「相続人は全体で1社員として現われるのではなくて，各共同相続人が独立の相続人として現われる」と判示した。連邦通常裁判所1956年11月22日判決は，「合名会社は原則として人的労働共同体（persönlichkeitsbezogene Arbeitsgemeinschaft）かつ常に人的責任共同体（persönlichkeitsbezogene Haftungsgemeinschaft）であることを考慮すると，相続共同関係は社員になりえない」ので，合名会社の会社契約に従った持分の相続性を認めるには「相続財産の形態での全体承継の一般に理解された相続法の規制を放棄しなければならず」，「死者の持分に関しては最初から特別の権利承継が生じ」，「従って共同相続人は相続財産に対する参加に応じてその持分を直接分割して取得し，それ故被相続人の死亡の際には自動的にそのようにして取得した持分に応じて社員になる」と判示し[19]，以後同様の判示が繰り返されてい

---

17) RG, Urt. v. 17. 3. 1886, RGZ16, 40.
18) RG, Urt. v. 7. 2. 1912, JW1912, 475.

る[20]。学説もこの見解を支持している[21]。この点で株式会社の株式・有限会社の持分と根本的に異なる。株式会社の株式・有限会社の持分には相続法がそのまま適用される。即ち，相続財産は社員の死亡により法律に基づき自動的に相続人共同関係のものとなる（民法2032条1項）。その法的性質は合有である[22]。相続人共同関係が解消し，株式・持分が相続人によって共有されるときには，民法741条以下が規定する持分による共同関係（Bruchteilgemeinshaft）になる。合有的共同関係（Gesamthandsgemeinschaft）であれ，持分による共同関係であれ，共同権利者はそれ自体社員ではない。共同権利者は，部分的所有者である他の共同権利者と合わされることによって統一的1株式・持分の権利者になる[23]。

(c) 1998年改正前商法は，合資会社の「有限責任社員の死亡は会社の解散にならない」（旧177条）と規定していたが[24]，新規定は「有限責任社員の死亡

---

19) BGH, Urt. v. 22. 11. 1956, BGHZ22, 186 = NJW1957, 180.
20) BGH, Urt. v. 10. 2. 1977, NJW1977, 1339 ; BGH, Beschl. v. 6. 10. 1992, NJW1993, 1265 など。
21) 通説とも言われる（Merkel, Die Rechtsnachfolge beim Tode eines Gesellschaftes einer offenen Handelsgesellschaft, BB1956, 835, 836）が，細かく見て行くと反対説（例えばBörner, Die Erbengemeinschaft als Gesellschafterin einer offenen Handelsgesellschaft, AcP1966, 426など）も少しながら存在している（具体的な反対者の名称についてはUlmer, ZGR1972, 195, 198（Fn15）参照）。通説は，①人的会社は人的労働・責任共同体であること，②相続人共同関係は取引上単一体として現われることができないこと，③社員は無限責任を負わなければならないこと，④商法139条は各相続人が社員になることを前提としていること，を理由として挙げている Köbler, Die Erbengemeinschaft als Kommanditistin, DB1972, 2241, 2242.
22) 通説。例えば Palandt, Bürgerliches Gesetzbuch, 55. Aufl., 1996, § 2032, Anm. 1.
23) Winter in Scholz Kommentar zum GmbH-Gesetz, 9. Aufl., 2000, § 18 Rdnr. 12.
24) 合資会社の共同相続人の共同代理人に関しては Hueck, Der gemeinschaftliche Vertreter mehrerer Erben in einer Kommanditgesellschaft, 125ZHRl がある。この論文は大野教授により自説の根拠付けとして利用されている。私は大野説に対する反論の資料として使用するので，少し長くなるが私なりに論文の要点を整理して紹介しておく。傍線は注意を喚起するため，私が付けたものである。

人的会社の社員の死亡の場合，会社契約で相続人が社員になると定める方法が実務では通例である。しかしこの方法では不都合が生じる場合があるので，その予防に様々な方法が採られる。その1つに相続人が共同代理人を選任する代理条項（Vertreterklausel）がある。代理条項は，有限責任社員にのみ適している（S. 4）。代理条項は株式法63条・有限会社法18条と同じ目的を追求しているが，本質的相違がある。資本会社の規制は，法律に基づき，真の権利共同関係（eine echte Rechtsgemeinschaft）が存在しているが，代理条項では，全相続人が各々社員であり（S. 5），民法741条の意味の持分による共同関係は存在してない。「共同相続人共同関係が存在していれば，従って民法2038条（1

の場合会社は異なる契約上の規定がなければ相続人と共に継続される」(新177条)と表現を改めている。(b)で述べたように,合名会社の会社契約で持分の相続を認めるときには,相続人が持分に応じて自動的に社員となるとすれば,有限責任社員が死亡した場合,相続共同関係それ自体が有限責任社員になるのか,それとも,死者に代り,共同相続人の数に等しい数の有限責任社員が生じるのか問題とされるのは当然ということができる。ドイツ大審院1929年3月15日判決は[25],「この問題は,商法177条からのみ決定できる」。「相続人は共同関

> 項「相続財産の管理は相続人の共同の権限である」。2項「743条,745条,746条,748条の規定は適用される」),745条(1項「共有物の性質に相応する秩序正しい管理と利用は多数決で決められることができる。多数決は持分の大きさに従って計算される」)から出発できれば,管理については多数決が決定的と考えることができる。しかし代理条項ではそうでないので,742条以下(共同関係に関する規定)の適用はない。「この点で代理条項は,甚だ本質的に,株式法63条,有限会社法18条と相違している」。「それ故これらの規定をすぐには類推できない。むしろ合資会社の相続人は,従位組合(Untergesellschaft)(民法上の意味の組合)または組合類似の関係で結合している」。「民法上の組合には,別段の定めがなければ,決定は全員一致でなされなければならないという原則が有効である」から,共同代理人の選任方法につき会社契約に定めがないときには,相続人の全員一致が必要である,と解される (S. 13)。「相続人の間には組合関係が存在しているから,相続人は,組合関係から生じる義務に基づいて他の相続人に対し,力の限り適当な代理人の選任に協力する義務がある。それ故,全員一致でないときには,代理人に著しい疑いがなく,客観的に考えて代理にもっと適している別の人を推薦できないなら,少数派の相続人は,多数派が推薦した代理人の選任に賛成する義務があり」,「緊急の場合には当該義務の履行を訴えられる」(S. 14)。会社には代理人選任請求権はない (S. 15)。代理人の資格にも契約自由の原則の適用がある。会社契約に規定がないときには,相続人は他の社員の同意がなくても社員でない者を代理人に任命する権利がある (S. 16f.)。代理人は議決権を裁量で行使できるか,相続人の同意を要するかという問題は,外部関係(代理人と合資会社との関係)と内部関係(代理人と相続人の間の関係)と分けて考える必要がある。外部関係では,代理条項の目的より,代理人は無制限の代理権を有していると解される (S. 18)。これに対し,内部関係では契約で定まる。契約に定めがないときには,平常業務(die laufenden Angelegenheiten)に属する事項は,代理人は独断で代理権を行使できると考える。共同代理人は会社から業務を教えられ,商法166条の監督権を主張できる唯一の者であるからである。平常業務には商法116条2項の日常的でない業務の決定も含まれる (S. 20)。これに対し,平常業務でない事項(会社契約の変更)については,共同代理人は相続人の指図を求め,それに従う義務を負い,その違反は損害賠償義務(民法708条)を引き起こす,と考える (S. 21)。会社契約に特段の規定がなければ何時でも相続人は代理権を撤回することができる(民法168条)。代理人の解任には全員一致を要するか,多数決でよいか,それとも1人の相続人でできるかという問題については,「中間の解決が代理条項とそれ故に大抵利害関係者の推定的意思に相応し,それゆえ疑わしいときには望ましいものとみなすことができる」(S. 22)。

係を断念するよう強制されないので，相続人共同関係は有限責任社員として登記される以外にない」。「この場合相続人共同関係は有限責任社員の性質を持ち得ないという原則に対する商法177条に基づく不可避な例外である」とした。しかしドイツ大審院は1943年9月9日の決定において，商法177条は有限責任社員の死亡が会社の解散にならないと述べているだけなので，有限責任社員の地位の特殊性は合名会社の場合と異なる評価を認めることができないとして，判例変更を行った[26]。連邦通常裁判所1972年4月20日判決はこの結果を確認している[27]。学説も，有限責任社員となるのは，相続人共同関係ではなく，個々の相続人であると解している[28]。

(d) 1937年株式法63条，およびそれをそのまま引き継いだ1965年株式法69条は，「1項　1株式が数人の権利者に帰属するときには，これらの者は当該株式に基づく権利を1名の共同代理人によって (durch einen gemeinschaftlichen Vertreter) のみ行使できる。2項　これらの者は当該株式の給付につき連帯債務者として責任を負う。3項　会社が株主に意思表示をなさなければならないときには，権利者が会社に共同代理人を指定しなかったとき，1人に対し表示することが十分である。1人の株主に数人の相続人がある場合には，相続が開始してから1ヶ月を経過した後に発せられる意思表示にのみそれは有効である」と定め，有限会社法18条は，1892年以来「1項　持分が数人の権利者に不可分に (ungeteilt) 帰属しているときには，これらの者は当該持分に基づく権利を共同して (gemeinschaftlich) のみ行使できる。2項　これらの者は持分になされるべき給付につき連帯して責任を負う。3項　会社が持分の所有者に行うべき法行為 (Rechtshandlungen) は，共同権利者の共同代理人が存在しない限り，それが1人の共同権利者に対して行われても，有効である。1人の社員の数人の相続人に対しては，本規定は，相続が開始してから1ヶ月を経過した後行われた法行為に関してのみ適用される」と定めている[29]。従って若干

---

25) RG., Urt. v. 15. 3. 1929, RGZ123, 366.
26) RG., Beschl. v. 9. Sept. 1943, DR1943, 1228.
27) BGH, Urt. v. 20. 4. 1972, DB1972, 1283, 1284, BGH, Urt. v. 4. 5. 1983, NJW1983, 2376.
28) Strohn in Ebenroth・Boujong・Joost, Handelsgesetzbuch Kommentar, Bd. 1, 2001, §177 RdNr. 8. 反対 Köbler, Die Erbengemeinschaft als Kommanditistin, DB1972, 2241ff. 同論文は判例の立場を批判している。

の表現の相違を除けば，株式法と有限会社法とでは同一のようにも見えるが，全く同じという訳ではないので，注意を要する。

即ち，有限会社法18条1項の「不可分に」という用語は余計であるとされているので[30]，株式法と有限会社法の1項における相違点は，①株式法では共同代理人を指定する方法しか認められてないのに対し，有限会社法では，「持分に基づく権利を共同してのみ行使できる」とされているので，共同代理人を指定する方法が強制されておらず，共同代理人の指定を会社契約（定款）が定めていないで[31]，当事者間でもその旨の契約をしていなければ，権利の行使に全共同権利者の一致を要する，即ち，共同相続人が一致しないときには，権利は行便できないということにある[32]。株式法の規定は強行的であるが，

---

29) そのほか有限会社法17条3項は「会社契約で，持分の一部の他の社員への譲渡および死亡した社員の持分の相続人間での分割につき会社の承認を要しないと定めることができる」との定めをなしている。日本にはこのような規定がないが契約自由の原則により同様の結果となるであろう。ドイツに特有な議論としては合名会社または合資会社の財産に持分または株式があった場合に，株式法69条または有限会社法18条が適用されるか否かという問題がある。通説は否定説を採用しているが，肯定説（Schwichtenberg, Gemeinschaftliche Berechtigung bei Geschäftsanteilen bzw. Aktien, die zum Gesellschaftsvermögen einer OHG oder KG gehören, DB1976, 375）も存在している。

30) Schilling/Zutt, in Hachenburg Gesetz betreffend die Gesellschaft mit beschränkter Haftung, Großkommentar, Bd. II, 7. Aufl., 1979, §18 Rdn. 3, Winter, a. a. O. (Fn. 23), §18 Rdnr. 4 など。

31) Wiedemann, GmbH-Anteile in Erbengemeinschaft, GmbH-Rundschau, 1969, 247, 250 は有限会社の定款における相続人の共同代理人の強制的な指定の可能性を検討している。その際次のように述べている。Heuck により主張され，判例・学説で受け入れられた合資会社の有限責任社員の共同代理人の見解（本稿注24の見解）は有限会社にも有効と考えられそうであるが，「それにもかかわらず，有限責任社員の相続人の地位と有限会社の社員の相続人の地位は根本的に異なっている（grundverschieden）」（傍線は筆者挿入）。「有限責任社員は代理人強制にもかかわらず自らが人的会社の社員である」，「有限責任社員にはいかなる別の権利団体も存在していない」。これに対し「有限会社では全く異なる。ここでは有限会社の持分は共同相続関係それ自体に帰属している」。「定款は社員権の行使に関する規定を含みうるが，別の共同体または別の団体（相続人共同関係を指す。筆者注）の意思形成に関してはできない」。「議決権行使を共同相続人の全員一致の決議または全員一致の代理人に基づかせる条項は，団体（有限会社を指す。筆者注）の自治を超えるであろう」。

この関係で，定款は権利共同関係内の意思形成に関与できないので，権利者の決議は常に全員一致で行うという定款規定は無効であり，代理人は無制限の代理権を有するという規定も同様であるとする Schilling/Zutt, a. a. O. (Fn. 30), §18 Rdn. 17. の見解は注目されてよいと私は考える。

有限会社法の規定は任意規定であると言われる[33]所以である。また，②有限会社では，各共同権利者は社員総会・決議に参加する権利を有していることを意味している。そのように解さないと，有限会社では共同代理人を指定する必要はないので，共同権利者は共同で権利を行使することができなくなってしまうからである[34]。さらに，③一般原則に従って共同権利者の多数または1人が外部に共同関係のため有効に行為できる場合であっても，有限会社法18条の枠内では会社に対し可能でない。その意味で18条は特別規定である[35]。即ち，内部関係では多数決（例えば共同関係の管理行為。民法2038条，744条ないし746条）でよい場合であっても，対会社関係では明文規定のため全員一致が必要とされるのである。

(e) 上述のような相違はあるが，株式法69条1項と有限会社法18条1項は，複数の権利者の存在から生じる不便から会社を保護する共通の目的を有し[36]，

---

32) Fischer/Lutter, GmbH-Gesetz, 11/Aufl., 1985, §18 Rn3.
33) 株式法につき Hüffer, Aktiengesetz, 5. Aufl., 2002, §69 Rn1；有限会社法につき Baumbach-Hueck, GmbH-Gesetz, 17. Aufl., 2000, §18 Rn 1.
34) Schilling/Zutt, a. a. O. (Fn. 30), §18 Rdn. 19；Baumbach-Hueck, a. a. O. (Fn. 33), §18 Rn 4. Wiedemann, GmbH-Rundschau, 1969, 247, 248ff. は，相続人共同関係の過半数がその決議を実施する権利はないという文献の一部で主張されている見解を批判し，有限会社の持分の相続人共同関係は「原則として過半数決議で有限会社の持分の管理を行うことができる。過半数は議決権の行使を決定することができ，自ら又は選任した代理人を通して社員総会に現れうる。同じことは，有限会社のその他の管理権・監督権の行使，提案権，解説請求，取消訴訟等に有効である」(S. 249) と述べ，また，「そうでないと，共同相続人が一致しないときには，持分に基づく権利は有限会社法18条により行使できないので，共同代理人の任命は持分の通常の管理に属する」とするベルリン上級裁判所の判決を説得的でないとし，次のように述べている。「株式法69条と異なり有限会社法18条は代理を要求しないで，意思表示の統一だけを要求している。相続人の過半数は自ら決議を実施できるから，有限会社の社員総会でもその決議を表現し，議決権を行使できる。なぜ過半数は，緊張が増大する，決定を補足的に1人に統合することを強制されるのか。有限会社は全共同権利者の参加を許すときには，閉鎖的過半数の出現が確実である。従って全相続人が社員総会に出席し，過半投票に争いがないなら，相続人共同関係は代理人を要せず，議決権を行使するのに，有限会社法47条3項の書式も必要としない」と。)
35) Schilling/Zutt, a. a. O. (Fn. 30), §17 Rdn. 20.
36) 株式法につき Lutter, a. a. O. (Fn. 13), §69 Rn. 2 (本文で述べた理由の他に，1株式は数人の共有になりえないという以前支配的であった誤解を是正する使命もあるという)；Hüffer, a. a. O. (Fn. 33), §69Rn1, 有限会社法につき Schilling/Zutt, a. a. O. (Fn. 30), §18Rdn. 1；Baumbach-Hueck, a. a. O. (Fn. 33), §18 Rn. 1；Winter, a. a. O. (Fn. 23), §18Rdnr. 1.

社員と会社との間の関係のみを規律している[37]。1株式（持分）が複数の者に物的に帰属していることが必要であるが，帰属の種類・帰属の原因を問わないので，持分による共同関係であれ，合有的共同関係であれ同じように適用され，共同関係が，法律行為によって創造されたものであるか，法律によって創造されたもの（例えば相続共同関係）であるかも重要でない[38]。これらの規定は，共同権利者の内部関係を規律してはいないので，共同代理人をどのように選任するかは，その団体の内部関係と合意によって決まる。多数説は，例えば民法741条以下の持分による共同関係であれば，共同代理人の選任は管理行為に当たるので，民法2038条2項1文により多数決で決まる。相続共同関係の場合も何も変わることはなく，そのような共同相続人の合意はその上民法2038条1項2文で暗示されているとする[39]。後述するように連邦通常裁判所1967年

---

[37] 株式法につき Lutter, a. a. O. (Fn. 13), §69Rn. 6. 有限会社法につき Schilling/Zutt, a. a. O. (Fn. 30), §18Rdn. 3, und 16. Baumbach-Hueck,, a. a. O. (Fn. 33), §18Rn3. Winter, a. a. O. (Fn. 23), §18Rdnr. 2.

[38] 株式法につき Lutter, a. a. O. (Fn. 13), §69 Anm. 4 ; Hefermehl-Bungeroth, in Geßler-Hefermehl-Eckardt-Kropff, Aktiengesetz, Bd. I, 1984, §69 Anm. 6, 有限会社法につき Rowedder, in Rowedder・Fuhrmann・Koppensteiner・Lanfermann・Zimmermann, Gesetz betreffend die Gesellschaft mit beschränkter Haftung (GmbHG), Kommentar, 1985, §18 RdNr. 1 など。この点わが国には相続財産の1体性を強調する見解がある（畑・前掲注1）105頁など）が，ドイツ法の観点から考えると，奇異に見えなくもない。

[39] Rowedder, a. a. O. (Fn. 38) §18RdNr. 4 und 6 ; Winter, a. a. O. (Fn. 23), §18Rdn. 8 und 21 ; Baumbach-Hueck, a. a. O. (Fn. 33) §18Rn5. 大野正道「株式・持分の相続準共有と権利行使者の法的地位」『鴻常夫先生還暦記念八十年代商事法の諸相』（有斐閣1985年）249頁（同『企業承継法の研究』（信山社1994年）130頁所収）は，共同相続人全員一致説がドイツの通説であると述べ，その注59において，根拠として Heuck と Wiedemann の文献を挙げている。しかし Heuck, ZHR125, S. 14 の見解は，本稿注24で示したように，有限会社と全く無関係である。また Wiedemann, Die Übertragung und Vererbung von Mitgliedschaftsrechten bei Handelsgesellschaften, 1965, S. 395 は，代理人の解任を論じているだけである。ちなみに Wiedemann, GmbHR1969, 247, 251 は，「有限会社において相続人を有効に代理するのに，代理人がどのくらいの過半数を所有しなければならないかは，投票の対象に従う。最も単純には会社のためになるのは総代理であるが，相続人には危険がないではない。なるほど代理人はここでも内部関係において，「強行的委任」を有している，という命令を遵守しなければならないが，相違は委託者の負担になる。実務では，おそらく過半数権能において民法745条1項と同様の代理権が当を得ている。そのときには有限会社の社員も，相続人の過半数も，個々の共同相続人による突然の撤回から保護されている」と説き，決して全員一致説を採用してはいない（注34も参照のこと）。また大野教授以外でドイツ文献に依拠して解釈論を展開する青木

12月14日判決も[40]，多数説と同じように，共同代理人の選任には多数決が必要であると解している。他方，連邦通常裁判所1959年9月24日判決は[41]，「相続人が共同相続人に与える代理権は法的意味では一つの統一的代理権 (eine einheitliche Vollmacht) ではなく，多数の代理権 (eine Vielzahl von Vollmachten) であり」，「代理権のこの種の撤回は，全相続人が共同で行う民法2038条の意味の管理行為ではなくて，撤回は，各人が有効に自己に表明できる個々の共同相続人の事柄である」ので，共同相続人は単独で代理権を撤回できるとしている。これに対し Hachenburg/Schilling/Zutt は，「共同代理人の資格が法律から生じないときには，共同代理人は，会社に対し，全共同権利者によって代理権を与えられなければならない[42]」としつつ，代理権の撤回については一般規定が決定的であるとし，「相続人共同関係の場合には共同代理人の解任もただ共同関係の決定（それ故民法2038条）によって行われることができ，個々の共同相続人によっては行うことができない（反対 BGHZ30, 391, 396ff.）という Wiedeman の見解は正しい[43]」と述べている。

共同権利者の代理権の範囲に制限を加えることができるか否かについて見解が対立している。Lutter[44]は，決定的なことは，具体的場合に株式会社に対する統一的意思形成が保証さていることであるとし，時間的（例えば営業年度）

教授も，全員一致説がドイツの通説とは述べていない（青木・前掲注1）44頁参照）。

40) BGH, Urt. v. 14. Dezember 1967, BGHZ49, 183.
41) BGH, Urt. v. 24. September 1959, BGHZ30, 391. 本件では，個人の破産の関係で被相続人の営業の相続人による継続の有無と商法52条（「支配権は営業所有者の死亡により消滅する」）の適用の有無が問題とされている。
42) Hefermehl-Bungeroth, a. a. O. (Fn. 38), §69Anm. 27 は，「株式の共同所有者は共同代理人に共同で法律行為によって代理権を与えなければならない」と説いているが，同じ趣旨であると解される。共同代理人の指定でなく，共同代理人に対する代理権の授与が問題とされていることに注意すべきである。
43) Schilling/Zutt, a. a. O. (Fn. 30) §18 Rdn. 23. 引用された Wiedemann, GmbH-Rundschau, 1969, 247, 251 の見解は次の通りである。「有限会社18条およびそれに倣う株式法69条（両者はこの点で一般相続法を変更している）は，合手の者をそれ以前には存在しない単一体に結合する。いずれにせよ合手の者に共通に属する持分の領域のために，共通機関が創造される。従って共同代理人は相続共同関係の代理人であって，相続共同関係により任命され，解任されるのであって，個々の共同相続人によって解任されない」。
44) Lutter, a. a. O. (Fn. 13) §69Anm. 18. 同旨，有限会社につき Schilling/Zutt, a. a. O. (Fn. 30) §18Rdn. 23 ; Winter, a. a. O. (Fn. 23), §18Rdnr. Anm. 21 ; Rowedder, a. a. O. (Fn. 38), §18RdNr. 3.

だけでなく，対象別（例えば新株引受権のみ）の代理権の制限も認める。これに対し，Hüffer[45]は，時間的制限を肯定するが，法文は個々の権利としていないこと及び代理権を分ける特別の理由がないことを理由に，内容および対象による制限を否定している。もっとも後者の立場に立ったとしても，共同代理人は，株式・持分そのものを処分することはできない[46]。

株式・持分に基づく権利には，社員権に基づくあらゆる権利が含まれると解すべきか否かについては見解が分かれている[47]。後述する(f)(ロ)の判例およびそこで引用された文献に注目すべきである。

(f)日本と異なり，判例は多くない。わが国の解釈論の参考となりうる判例3件のみを紹介することにする。

(イ) 連邦通常裁判所 1967 年 12 月 14 日判決（BGHZ 49, 183）

（事実）Kおよびその婿Dは被告Y有限会社を設立し，その持分は各々50%であったが，共に故人である。Kの相続人は，娘A（被告会社の訴訟参加人），S（原告の訴訟参加人）（相続分は各々5分の1）および4人の孫（原告X，L〔原告の訴訟参加人〕，GおよびHで，その相続分はX・Lが各5分の1，GおよびHが10分の1）である。GおよびHは同時に父Dの相続人でもある。Aおよびその夫（Otto）は1941年以来55年までY会社の業務執行者であった。56年の総会でY会社の解散とAの清算人任命が決議された。Y会社は63年にその不動産を売却し，その代金よりOttoに残りの報酬として24,000マルク，OttoとAに年金として25,000マルク，清算人報酬としてAに7,000マルク，Aの

---

45) Hüffer, a. a. O.（Fn. 33）§69Rn4；Hefermehl-Bungeroth, a. a. O.（Fn. 38），§69Anm. 31und 32. 但し Hefermehl-Bungeroth は，内部的には制限を課すことができ，その違反は代理を無効にしないで，損害賠償のみを引き起こすとする。

46) Hefermehl-Bungeroth, a. a. O.（Fn. 38）§69Anm. 30. なお Lutter, a. a. O.（Fn. 13），§69Rn. 20 und 23参照。

47) 通説はあらゆる権利を含むと解している。Hefermehl-Bungeroth, a. a. O.（Fn. 38），§69Anm. 35；Lutter, a. a. O.（Fn. 13）§69Rn. 22, Hüffer, a. a. O.（Fn. 33），§69Rn5. 有限会社法につき Schilling/Zutt, a. a. O.（Fn. 30），§18Rdn.18, Baumbach-Hueck, a. a. O.（Fn. 33），§18Rn4, Fischer/Lutter, a. a. O.（Fn. 32）§18Rn3. Rowedder, a. a. O.（Fn. 38），§18RdNr. 2 も，管理権（議決権，動議の提出，有限会社法51条aの解説請求権・帳簿閲覧権，解散の訴え・取消の訴え・無効の訴えの提起権）と財産権（利益配当請求権・残余財産請求権）は，共同で行使されなければならないが，共有者は，独立の社員であるから，社員総会参加権を有し，従って招集を受ける権利も有するとしている。

持分とGおよびHの持分に各々24,000マルクを支払った。A，GおよびHが参加した63年の総会で，Aの免責の決議がなされた。Xは，決議無効確認の訴えを起した。LG，Xの請求認容。A控訴。控訴手続中の66年に総会が開催され，それには弁護士Pが参加している。控訴裁判所，控訴棄却。A上告。
（判旨）上告棄却。

①GおよびHはY会社に2度資本参加している。1度はDの血族に属し，他はKの血族に属している。従ってこれらの者は，Dの共同相続人としてだけでなく，Kの共同相続人としても招集されなければならなかった。それが行われていないので，63年の決議は無効である（即ち，社員が他の持分についても共同の権利があるときには，共同権利者の招集のための招集は，社員としても共同権利者としても招集されたときにのみ，十分である）。

②「上告は，「数人の共同権利者が一致しないときには，その権利の行使は可能でない」というSchilling (in Hachenburg, GmbHG §18Anm. 10)の所見から，共同代理人の選任にも全員一致が必要と結論する。これは正しくない。共同代理人の選任は共同行為を可能にするが，そのような行為を必要としない。なぜなら有限会社法18条1項は，共同権利者がその権利をバラバラに行使することのみを阻止しようとしているが，共同代理人の選任について一致が達成されない場合に，数人に共同で帰属する持分に基づく権利を麻痺させようとはしていないからである」。「民法2038条によると相続財産の管理は相続人に原則として共同的に帰属する（同条1項1文）。民法745条1項1文を準用する2038条2項1文によると共同の目的物の性質に相応する整然とした管理及び利用は投票の過半数により決議できる。弁護士に66年の社員総会の代理権を与える提案の場合それが問題である」。「会社財産の処分を内容とする決議に協力する資格を代理人に与える議決権の代理権の授与も過半数で与えることができるかどうかは未解決である。なぜなら本件では代理権は63年の決議を確認することも，承認することも目的としていなかったからである」。

③「控訴裁判所は，多数派は民法745条1項に従って表明された過半数決議を直ちに実施できるという判例および文献で支配的な見解に従っている」。「この見解は疑問がないわけではない」。Kの持分につき相続人に一致がないので議決権が行使されないと，63年の訴えを起こされた決議はD血族の投票によ

り行われたということになる。「遅滞が危険であるとき，即ち，判決が余りにも遅く下されそうで，共同権利者の一致がないため既成事実が生じるときには，少数派は決議された処置の実施を阻止し，多数派を損害賠償請求権に制限することはできない。従って多数派は緊急の場合には民法745条1項に表明された過半数決議を実施できなければならない」。

④Aは免責の投票ができないという事実から，K相続共同体は議決権を行使できないということになるときには，意味に反するであろう。「ツェルナー (Die Schranken mitgliedschaftlicher Stimmrechtsvollmacht bei den privatrechtlichen Personenverbänden, S. 274/75) は，正当にも，1社員権の複数の権利者のうち1人に議決権排除の前提が存在するときには，議決権の行使を一般的にその持分につき排除することはできず，議決権禁止の目的が議決権の全体的排除を要求するかどうかを問わなければならないという見解を主張している」。

⑤弁護士Pは代理権の書面がなくても代表権限があった。議決権の代理に書面を要するとする有限会社法47条3項に対するさらなる例外は，「代理権が，全利害関係人が出席し，代理権の適法性が論じられ，代理権に対して述べられた疑いに根拠がなく，ただ口頭で与えられた代理権を承諾しないことにいかなる保護価値ある利益もないときには」認められなければならない。

(ロ) 連邦通常裁判所1989年6月12日判決 (BGHZ108, 21, NJW1989, 2694)

(事実) 原告（母及び娘）は夫と父の相続人である。父は被告Y₁有限会社の資本の67.78%を所有していた。被相続人の遺言で，遺言執行者が定められ，遺言執行者と3人の者からなる助言者団 (Beirat) が形成されるべきものとされ，遺言執行者は自己契約の禁止（民法181条）から解放されていた。86年に社員総会で助言者団の免責が決議された。原告は，遺言執行者（被告Y₂）は自己および他の助言者の免責投票はできないとして，決議の取消訴訟を起した。LGおよびOLGともに請求棄却。原告上告。

(判旨) 請求認容。「原告は有限会社法18条の規定にかかわらず訴訟を1人で提起することが許された」。「民法2038条1項2文によると，各共同相続人は他の共同相続人の協力なしに必要な保存処置を行うことができる。訴訟の提起によってのみ相続財産に属する権利が維持できるときには訴訟の提起もそのようなものに属することができる」。このような場合には「民法2038条1項2文

は，相続人は相続財産をただ共同でのみ処分しうるという民法2040条（1項「相続人は相続財産をただ共同してのみ処分することができる」筆者挿入）に優先する」。「共同関係法が個々の共同権利者による権利行使を許す場合でも，有限会社法18条はそれを排除しているという見解が主張されている（Hachenburg/Schlling/Zutt, Scholz/Winter）。しかしこれは正しくない。有限会社法18条は，持分の権利が個々の共同権利者によってバラバラに行使されることのみを阻止しようとしている。ただ共同相続人の1人またはその一部が権利を有効に全共同相続人のため行使するときには，そうではない（Wiedemann, GmbHR1969, 247, 249 ; Roth, GmbHG, 2. Aufl., §18Anm. 3. 1)」。

(ハ) カールスルーエ上級地方裁判所1994年4月15日判決（GmbH-Rundschau1995, 824）

（事実）Sの死亡に伴い，配偶者JSが，有限会社の持分の唯一の所有者（15万マルク）になった。JSはその持分の8万2,500マルクを所有し，残りは各2万2,500マルクの3持分に分割し，原告X，被告Yおよび妹LH（LHの死亡に伴いその子供MN・TH）に譲渡した。MN・THはその持分をXに譲渡している。MN・THを除く当事者の間で合名会社が設立された。Xは，区裁判所（登記裁判所）に，相続人共同関係の決議に基づいて，有限会社の業務執行者として登記のための民法181条の制限の免除と本店変更の申出を行ったが，Yは決議において反対した。区裁判所はXに訴訟提起を命じ，判決が出るまで登記手続を中止した。そこでXはYを相手に訴訟を起した。ＬＧ請求棄却。X控訴。控訴裁判所，一部認容。

(判旨) ①ＪＳの死亡後，8万2,500マルクの有限会社持分は，X，Y，MNおよびTHから構成される相続人共同関係に移転した。「相続人共同関係の合名会社への有限会社持分の譲渡行為は，特別財産の担い手が同一の自然人のときでも，必要である。その上有限会社の持分の譲渡の場合には，有限会社法15条3項（「社員による持分の譲渡には公証形式で締結された契約を要する」）により形式が必要である」（その違反は無効）。

②「相続財産の管理措置に関する限り，相続人は過半数で投票することができ，それを社員総会の枠内で相続人共同関係のための統一的投票と評価すべきということから本裁判所は出発する」。「有限会社法18条の枠内でも，平常業

務の場合，合手的自己行為の原則を破る民法2038条2項，745条の評価は適用されなければならない（BGHZ49, 192 ; Lutter/Hommelhoff, GmbHG, 13/Aufl. 1991, §18 Rn. 8)」。「全共同相続人が出席し，過半数決議に何の疑いもなければ，過半数投票を直接統一的投票とみなすことができる（Scholz/K. Schmidt, GmbHG, 7. Aufl., §47Rn.15)」。「民法2038条2項，745条の意味の相続財産の秩序正しい管理には，相続財産の性質と全相続人の客観的・合理的利益に相応し，少数者の正当の利益を無視しないような措置が属する（例えばStaudinger/Huber, BGB, 12/Aufl.1986, §745 Rn. 5)。この前提は，民法181条の制限からの業務執行者の免除については満たされない」が，「本店の移転に関しては，それを秩序正しい管理措置とみなすことにいかなる疑問もない」。

(2) フランス法

(a) 1966年会社法のもとでは，民法1868条の適用がある場合を除き，合名会社の社員の死亡（21条1項）および合資会社の無限責任社員の死亡（24条）は法律上当然の会社の解散原因であった。しかし，解散は定款の条項で排除することができ，このような条項は非常にしばしば利用されていた[48]。また「会社が継続する場合において，かつ社員の1人または数人の相続人が親権から解放されていない未成年者であるときは，その者は被相続人の相続財産を限度として会社債務につき責を負う。この場合においては，会社は，社員の死亡から1年以内に，その未成年者を有限責任社員とする合資会社に組織変更しなければならない。その組織変更が行われないときには，会社は解散する」(21条2項）とされていた。他方，合資会社の有限責任社員の死亡により会社は解散せず（32条1項），「無限責任社員の1人の死亡にかかわらず，その相続人との間で会社が継続することが定められている場合において，相続人が親権から解放されない未成年者であるときは，その者は有限責任社員となる」とされていたが（32条2項），1967年7月12日法律第671559号により，2項に「死亡した社員がただ1人の無限責任社員であり，かつ，その相続人がすべて親権から解放されない未成年者であるときは，死亡から1年内に，新たな無限責任社員の

---

[48] Ripert-Roblot, Traité de droit commercial, Tome 1, 13ᵉ éd., 1989, n°791, p. 620.

補充の手続または会社の組織変更の手続をとらなければならない。この手続を怠るときは，会社はこの期間の満了の日に法律上当然に解散する」という第2文が付加された。

その後1978年7月3日のデクレ78-704号により会社法21条は形式上全面改正され，「1項　会社は，本条の規定の適用がある場合を除き，社員の1人の死亡によって解散する。2項　社員の死亡の場合において，会社は相続人と共にまたは生存社員のみで継続することが定められている場合には，本規定が適用される。但し社員になるのに相続人は会社により承認されなければならないとの定めはその限りでない。3項　会社は，生存配偶者，1人もしくは数人の相続人，または定款によりもしくは定款が遺言を認めるときには遺言により指定されたその他の全ての者と継続することが定められている場合も同様とする。4項　会社が生存社員とともに継続するときには，相続人は会社の債権者たるにとどまり，被相続人の社員権の価額に対してのみ権利を有する。相続人が社員となるため会社により承認されなければならないと定められ，かつその承認が拒絶された場合には，同様にその価額に対し権利を有する。5項　会社が3項で定められた条件に従い継続するときには，その条項により利益を受ける者は，付与された社員権の価額を承継する。6項　本条で定められた全ての場合において，社員権の価額は民法1843-4条に基づいて死亡の日に決定される。7項（旧2項が7項に移されている。省略）」とされている。

2000年9月18日オルドナンス2000-912号に添付された新商法（2000年9月21日官報）221-15条は，旧会社法21条の規定をそのまま引き継ぎ，222-10条は旧会社法32条の規定をそのまま引き継いでいる。

(b) 1966年会社法以前にも，「株式が共有されているときには，共有者は株式に付着した権利を行使する1人の受任者を任命することで合意しなければならない。合意がなければ，共有者の1人は，共同の計算で株券に付着した権利を行使する権限を有する暫定的管理人の任命を裁判所に請求する資格がある。緊急の場合にはその措置は即決審理裁判官により命令できる[49]」とされ，しば

---

49) J. Escarra-E. Escarra-J. Rault, Les sociétés commerciales, t. 3, 1955, n°1011. (Bastianによると) 1905年6月14日リエージュ裁判所判決 (Liege, 14 juin 1905, *J. des soc.* 1907, 312) は既にこのような請求を認めている。① Req., 23 juin 1941, *J. des soc.*, 1943. 209,

しば定款はこのような解決をはっきりと規定していた。1966年会社法163条2項は、このような実務を確認し、「共有株式の共有者は、その中の1人または共有者以外の1人の受任者により総会で代理される。共有者間で意見が一致しないときには、受任者は共有者の請求に基づき裁判所で指名される」という規定を新設した。1967年3月23日のデクレ137条2項は、この規定を受けて、「会社法163条2項に定める条件で株式共有者の代理を委託された受任者は、即決審理にもとづく商事裁判所長の命令により指名される」と規定した。法文の表現より、受任者の選任には共有者の全員の一致が必要である[50]。また、受任者は、株主である必要はない[51]。受任者の選任請求を行うことができるのは共有者であるから、株式会社からの選任請求は認められない[52]。共有者の1人が個人的利害関係のために議決権がないときには、共有株式に基づく議決権は行使できず、当該株式は定足数および多数決の計算に算入されない[53]

---

note Bastianは、株式の共同相続のケースである。株主総会で共有者を代理する管理人の選任につき合意が得られない場合に、議決権行使の権限を有する暫定的管理人を任命するのは裁判所の権限であり、緊急の場合には、即決審理裁判官の権限である、とされている。本件では目的に従って総会に提案される措置の間で区別をし、裁判所に意見を求め、あらかじめ特別の承認を得る義務が暫定的管理人に課されている。裁判所は、総会の出席は管理行為（acte d'administration）の性質を有し、総会決議は管理行為のときと処分行為（acte de disposition）のときがあるが、処分行為の場合には管理人に権限がないと考えている。② Cour d'appel de Paris, 14 mai 1949, *Gaz. Pal.*, 1949. 2. 230 = *Rev. Soc.*, 1950, 401 では、二つのグループの敵対関係が会社を危機に落としかねない状況にあるときに、即決審理裁判官による暫定的管理人の任命が肯定されている。③ Cour d'appel de Besançon, 13 juillet 1951, *Gaz. Pal.*, 1951. 2. 357 では、有限会社内の紛争で、会社の活動が麻痺しているときに、会社の利益を著しく害しかねない状態を終わらせるため、会社の暫定的営業を保証し、財産目録を作成し、会計帳簿も付ける限定的任務を有する暫定的管理人を任命することは、適法とされている。従って暫定的管理人の選任という方法は必ずしも共有に限定されないように思われる。

50) note Guyon, *Rev. Soc.*, 1977, 274. なおフランスでは株主総会における議決権行使は民法456条（1項「後見人は未成年者の代理人としてあらゆる管理行為を単独で行う」）の意味の管理行為と考えられている。Michel Storck, Les groupements de copropriétaires d'actions, *Rev. Soc.*, 1983, 294, 312.

51) J. Hémard, F. Terré et P. Mabilat, Sociétés commerciales, Tome II, 1974, n°106 ; Michel Storck, Les groupements de copropriétaires d'actions, *Rev. Soc.*, 1983, 294, 313.

52) Cass. com., 15 novembre 1976, *Rev. Soc.*, 1977, 272, note Guyon ; *Rev. trim. dr. com.* 1979, p. 262, obs. R. Houin.

53) Ripert-Roblot, Traité de droit commercial, TomeI, 13ᵉ éd., 1989, n°1152, Réponses des Ministres aux questions écrites des membres de l'Assemblée National et du Senat, *Rev.*

(会社法103条4項。新商法225-40条第4項)。受任者が選任されないときには，共有者は投票に参加できない。共有者は，株主総会に招集され，また会社文書を閲覧する個別的権利（droits individuels）を有する[54]。共有者は当然被相続人（de cujus）の相続人として行動することもできる，とされている[55]。かくして，株式の共有の場合，個々の共有者に株主資格が与えられるのか（A説），共有の全体に与えられるのか（B説），それとも共有者も共有も株主ではない（C

Soc., 1975, p. 333.

54) Cass. com., 5 mai 1 981, *Rev. Soc.*, 1982, 95, note Viandier. もっとも各共有者は，記名株式の場合には手紙または書留により総会に招集される権利を有し（67年デクレ125条2項。従って総会出席権も有する。Viandier, *Rev. Soc.*, 1982, 97)，168条（新商法225－115），169条（新商法225－116条）および170条（新商法225－117条）に定める書類の閲覧権を有する（会社法171条1項。新商法225－118条）ことについては明文の規定がある。そこで Cour d'Aix-en-Provence, 29 avril 1980, *D.* 1983, IR p. 69, note Bousquet は，「書類の閲覧および総会招集に関する規定は，共有株式の共有者に単独で行為し，かつ会社法226条による鑑定人の選任を得ることも許さない，会社法266条で規定された株券不可分の原則に対する制限的な例外を構成する」と判示している。他方，Civ. 6 fevrier 1980, *Rev. Soc.*, 1980, 521, note Viandier；*D.* 1981, IR36, obs. J. -C. Bousquet；*R. D. C.*, 1980, p. 353, nº 3, obs. E. Alfandari et M. Jeantin, は，不動産組合（société civile immobilière）に関する事件であるが，「死亡社員の共同相続人は，組合が相続人と継続すると規定されているときには，組合員資格を有する。しかし，その行使は，共有に固有な規制により制限されるので，自由に社員権を行使することができるということにはならない。組合の解散を請求する行為は単純な管理行為の範囲を超えるので，相続人は組合の解散を請求できない」と判示している。そこで，これらの判例の評価が問題となる。Y. Flour, La qualité d'actionnaire et l'indivion, *Rev. Soc.*, 1999, p. 569, 573 は，Cour d'Aix-en-Provence 高等裁判所の上記理論は極端に制限的で，1980年の破棄院の判例と合致しない。破棄院は，不動産組合の解散請求は処分行為であるから，共同相続人が1人で請求することができないと判示したのであり，その解決は，持分不可分の原則ではなくて，民法815－3条の全員一致の原則に基づいている。従って会社の運営において株主に認められる権利と株主が株式につき行使する権利とは区別される，と評価している。Michel Storck, *Rev. Soc.*, 1983, 308 は，学説と判例は株式の不可分の原則を根拠に共有者の株式資格を否定していたが，破棄院は社員資格と権利の行使を分離し，もはや株式に不可分の原則に準拠していないと評価する。

55) Cass. civ., 25 mai 1992, *Rev. Soc.*, 1993, 581, note Didier では，持分の売買において故人が被った詐欺を理由に持分の譲渡の無効を請求するときには，共有者は死者の相続で受け継いだ持分の所有者の資格で行為しないで，死者の包括承継者の資格で行為しているので，民法815－3条（「共有物に関する管理行為および処分行為は共有者全員の承諾を必要とする」）に従って行為できるとされている。Didierのコメントによると，相続人は会社に対してでなく，持分の買主に対して行為しているから，共同受任者を任命する必要がない訳である。

説)のか論じられている。これを論じる実益は,①株式譲渡の承認条項の適用,②取締役の任命(資格),③記名株式の株主名簿への記載,および④株主権の行使の際に存在する[56]。破棄院の判例の影響もあり,A説が今日のフランスの通説であると推測される[57]。

2000年新商法225-110条第2項は,1966年会社法163条2項の規定をそのまま引き継いでいる。

(c) 1966年会社法以前に,社員が死亡した場合,相続人が配偶者でも死者の子孫でないときには,生存社員がその持分を取得する場合を除き,有限会社は残存社員と共同相続人の間で継続すると定める定款の有効性が問題になった際に破棄院は,これは将来の相続契約であるが,民法1868条は,会社に関し,将来の相続契約の禁止の一般原則を破っていると述べて,無効とするのを避けていた[58]。1967年7月12日法律第67-559号により追加された1966年会社法67条の2第2項(新商法223-41条第2項)は,有限会社の持分は,相続により自由に移転する,即ち,社員の死亡によって解散しないと定めた。持分は相続により当然に相続人に移転するが(なお会社法44条1項[59]=新商法223-13条第1項参照),社員は死亡した社員の相続人を常には知っているわけではないので,定款に定める条件に従って承認された後でなければ,配偶者,相続人,

---

56) Michel Storck, *Rev. Soc.*, 1983, 294, 307.
57) Y. Flour, *Rev. Soc.*, 1999, p. 571 はA説を採用している。Michel Storck によると,各共有者は会社または第三者に株主資格を対抗できるが,特定の株式の所有者ではないので,株式会社の取締役になることができず(会社法95条参照)原則として共同で会社の業務に参加しなければならない。もっとも閲覧権と総会に招集される権利は各共有者に認められ,会社の管理(contrôle)を単独で行使する可能性を有している(保存行為。民法815-2条第1項参照)。しかし議案提出権(会社法160条),監査役の忌避の申立て(225条),鑑定人の選任(226条)などの少数株主権は共有全体で計算する必要がある。これらの保存行為は共有全体の名前で,共有全体の計算で行われなければならない(Michel Storck, *Rev. Soc.*, 1983, p. 308, 309)。記名式の共有株式は共有の名前または全共有者の名前で譲渡簿に記載される (p. 314)。
58) Cass. Ch. reunies, 28 avril 1961, aff. Gattelier-Vignon, *D.* 1961, 698, note Besson, ; *R. D. C.*, 1961, 859, obs. Rodière.
59) 会社法44条は,相続による有限会社の持分の自由相移転性に対する定款の制限を,被相続人の死亡の前に既に社員でなかった相続人の会社による承諾についてのみ許している Com., 28 octobre 1974, *D. S.* 1975., 209, note Guyon ; *Rev. Soc.*, 1975, 251, note Randoux. 従って既に社員であった相続人に定款に従って持分を売るよう請求できない。

直系尊属または直系卑属は社員となることができないと定款で定めることができる[60]（会社法44条2項＝新商法223−13条第2項）。この場合には諾否決定の期間は3ヶ月以内で且つ承認のための要件は，社員の過半数でかつ資本の4分の3以上にあたる持分を有する社員の同意である。これより長い期間または重い要件は無効である。承諾をしないときは会社は持分を取得するか，資本を減少して持分を買い取らなければならない。これらの措置を期間内に行わないと社員の承諾がなされたものとみなされる，とされていた。2000年新商法223−41条第2項は規定をそのまま承継している。

(3) イタリア法

①イタリア民法2284条は，組合（società semplice）につき，「組合契約に別段の規定がある場合を除き，組合員の1人が死亡した場合，他の組合員はその持分を当該組合員に払戻さなければならない。但し，組合の解散またはこれらの相続人の承諾を得て相続人と組合を継続することを選択した場合にはこの限りでない」と規定しているが，この規定は合名会社および合資会社に準用されている（民法2293条・2315条）。②民法2347条は，株式会社に関する規定であるが，「1項 株式は不可分である。株式の共有の場合には，共有者の権利は1名の共同代理人により行使されなければならない。2項 共同代表者が任命されない場合には，会社から共有者の1人になされる通知および宣言は全員に対して効力を有する。3項 株式の共有者はその株式から生じる義務につき連帯して責任を負う」と定め，③2482条は，有限会社に関する規定であるが，「1項 設立証書に別段の規定がある場合を除き，2437条2項および3項の規定が遵守されている場合には，持分は死亡による承継または譲渡の場合には可分である。2項 会社持分が数人の共有になる場合には，2347条が適用される」と定めている。株式には株式不可分の原則が採用されている一方，有限会社には，条件付であるが，持分不可分の原則が採用されていない点が注目に値する。

---

[60] Cass. comm. 28 février 1972, *Rev. Soc.*, 1973, 100, note Bouloc では，有限会社の定款が社員の死亡による直系卑属への持分の移転は，社員の承認条項によらないと規定し，かつその移転が無効請求の前に社員総会の議事録で確認されているときには，その直系卑属は，その会社の決議の無効訴訟を提起する資格がある，とされている。

イタリアでは、株式不可分の原則は、有価証券の不可分の一般原則と一致し、それは、株式は会社資本の一部に等しいという制度の自然な帰結であると説かれているが[61]、株式不可分の原則の論理的結果として、共有者の名前で行為し、共有者に与えられた権利・義務の行使を主に会社のために統一する共同代理人の任命の必要性が生じる。共同代理人に適用される規定は、共同委任 (mandato collettivo) なのか、共有 (comunione) なのかについては見解が分かれている[62]。共同委任であれば、共有者の全員一致により選任または解任されることになり（民法典1726条「委任が数人の者により単一証書でかつ共同の事柄のためになされているときには、撤回は委任者全員により行われなければ、効力を有しない。但し正当な理由がある場合にはこの限りでない」参照）、共有であれば、単純過半数で選任・解任されることになるからである（民法典1105条2項「通常の管理行為に関しては、持分の価額に従って計算された当事者の過半決議が少数の反対者に対し拘束的である」参照）。

株式会社の取締役は、共有株式の共同代理人であるときには、民法典改正前2372条2項（「取締役および会社の従業員は総会において社員を代理することがで

---

[61] Frè-Sbisà, Della società per azioni, tome1, 6 ed., 1997, p. 224.

[62] Santini, Commentario del Codice civile, Società a responsabilità, limitata, art. 2472-2497 bis, 2 ed., 1971,, p. 153 e segg. : Cottino, Diritto commerciale, Volume 1, Tomo 2, 2ed., 1987, p. 355 参照。Santini は、有限会社の持分は物権でないという理由で、共同委任説を採用しているが、株式については共有説に立っている。Cottino は、このような区別を行うことなく、共有説を支持している。共同委任説の例として App. Trieste, decr. 22 novembre 1957（判決文は Casi e materiali di diritto commerciale, 1, società per azioni, 1974, p. 220 に掲載されている）が挙げられ、共有説の例として Trib. Napoli, 18 aprile 1950（判決文は Casi e materiali di diritto commerciale, 1, società per azioni, 1974, p. 229 に掲載されている）が挙げられている。

　上記トリエステ高等裁判所1957年11月22日決定は、A（185持分を所有）、その後妻B（5持分）、先妻の子C（5持分）、後妻の子D（5持分）からなる有限会社において、Aが遺言を残さないで死亡し、その2日後にCが共同代理人に選任されたが、その後仲違いが発生したケースである。これに対し、上記ナポリ裁判所1950年4月18日判決は、合資会社の事件である。有限責任社員が死亡したが、定款には、持分は不可分で、かつ1時的共有の場合には、社員権は共同代理人により行使されなければならないとの規定があったので、共同相続人は全員一致で代理人を選任したが、その後、持分の8分の7の所有者は、8分の1の所有者である共同代理人の代理権を撤回し、他人を選任したことから、民法典1723条2項（「受任者または第三者の利益においても付与された委任は委任者による撤回により消滅しない」）の適用があるのか争われている。

きない」)にもかかわらず,株主総会において議決権を行使することができる[63]。また,株式または有限会社の持分の共有者は,会社を訴えるのに共同代理人を指名する義務はなく,直接会社に対し訴訟を起すことができるのであって,このような場合には,民法典2347条1項の制限は及ばない[64]。

(4) スペイン法

1885年商法によると,合名会社および合資会社は,本質的に人的性質の会社であるから[65],「定款が死亡した社員の相続人が会社を継続するか又は生存社員の間で存続する明白な条項を含んでいない場合には,無限責任社員の1人の死亡」により解散する(222条1号)。1989年株式会社法66条は「1項 株式は不可分である。2項 株式の共有者は社員の権利を行使するため1人を任命しなければならず,また株主の地位から生じる全ての債務につき会社に対し連帯して責任を負う。(3項省略)」と定め[66],1995年有限会社法は5条1項で「会社資本は不可分でかつ累積する持分に分けられる」としつつ,35条は,株式会社法と同様に,「1持分以上が共有される場合,共有者は社員の権利を行使するために1人を任命しなければならず,またその地位から生じるすべての債務につき会社に対し連帯して責任を負う。(3文省略)」と規定している。

わが国では,閉鎖的会社の相続の場合に権利行使者の指定さえできない現実を前にして,立法論として商法203条2項に「譲渡制限対応会社を除く」とい

---

[63] Tribunale di Firenze, Decreto 8 gennaio 1948, Foro it., 1948, I, 547 ; Foro it., 1949, I, 515 con nota di Ascarelli. 反対説(L. Tonni)も存在するようである。現行民法典2372条4項では,「代理権は会社の取締役,監査役および従業員に与えることができず,その子会社にも,子会社の取締役,監査役および従業員にも与えることがきない」と改正されているので,相応の修正が必要か検討する必要がある。

[64] Cass., 26 marzo 1964, n. 679, Foro it., 1964, I, 1443 ; Marocco-Morano-Raynaud, Società a responsabilità limitata, 1992, p. 334ss. にも判決文が掲載されている。

[65] Uria, Derecho mercantil, 28 ed., 2001, p. 205. 実務では継続と存続の二つの条項が良く利用されている。最高裁(1959年3月31日判決)は,相続の明白・単純な承認により相続人は会社契約に由来する権利・義務および責任を承諾し,当然に会社の社員になる,と判示しているとのことである。

[66] Uria, Ibid, pág. 300 は,規定は,証券は不可分であるから,それが流通能力を失わない点で株主の利益になると同様,株式の可分性は非常に消極的配当の取立て,議決権の計算等を複雑にするから,会社のために機能していると説明している。

う1文を追加すべきとの見解が主張されている[67]。しかし比較法的考察から明らかなように諸外国にはこのような立法例がない。にわかには賛成しかねる。さらに，この説を前提として，譲渡制限会社に203条の適用を排除するとするならば，ドイツ有限会社法のように，共有持分権者は共同してのみ権利を行使できると定めるべきであるという提案がなされている[68]。しかしドイツの政府草案では，上記提案とは逆に，共同行使を廃止し，共同代理人による行使のみにすることが考えられている[69]。上記提案は，現状を悪化させるだけのように思われる。従って立法論をしいて挙げるとすれば，フランス法のような裁判所による権利行使者の指定制度を定めるか[70]，株式または持分の相続の場合に議決権の不統一行使を認めることである。

4　わが国の解釈論

(1) 準共有の意味

合名会社または合資会社の無限責任社員が死亡した場合，前述したように，定款に別段の定めがなければ，無限責任社員の持分払戻請求権を相続することになるが，この場合相続人は法定相続分に応じた具体的な持分払戻請求権を承継するのか，それとも遺産分割の協議が成立するまでは抽象的権利を承継するに過ぎないのか問題となる。この問題は，株式または有限会社の持分では，各

---

67) 込山芳行「同族的小規模閉鎖会社における株式の共同相続」『保住先生古稀記念企業社会と商事法』（北樹出版 1999 年）162, 164 頁。
68) 青竹・判評494号（前掲注2）189頁。
69) Vgl. Schilling/Zutt, a. a. O. (Fn. 30), §18 Rdn. 2.
70) 青竹・判評494号（前掲注2）189頁は，このような規定を設ける必要があるという。イタリアでも共有説を採用すると，民法典1105条4項（「共有物の管理に必要な措置がとられないか，過半数が構成されないか，または採択された決議が実施されない場合には，各参加人は裁判所に提訴することができる」）の適用があることになるので，裁判所に共同代理人の選任を請求できる（Cottino, op. cit (nota 62)., p. 356参照）。従ってフランス法と同じ規制が採用されていると言えなくもない。名島・前掲注2）100頁は，「株式が数人の共有に属するときは，共有者は，共有者の中から，持分の価格に従いその過半数をもって，株主の権利を行使すべき者1人を指定しなければならない。指定することができない場合には，裁判所は，共有者の請求によって，権利行使者を指定することができる」という立法論を提案されておられる。しかし権利行使者を共有者に限定している点および過半数による選任を明文化する必要があるといえるかは疑問である。

相続人の相続分に応じて株式・有限会社の持分が当然に分割帰属するかという問題になる[71]。

無限責任社員の持分払戻請求権については，遺産分割の協議が成立するまでは，各相続人は，遺産に属する個別の財産の上に当然に法定相続分に応じた具体的権利を取得するものではなく，遺産全体について各相続人の法定相続分に応じた抽象的・潜在的持分を有しているに過ぎないとした下級審判例がある[72]。当該判例は，その根拠として次の3点を挙げている。第1に，法定相続分は，その後の遺産分割基準の出発点にすぎず，変更不可能な絶対的なものでないこと，第2に，法定相続分により分割帰属すると解すると，金銭その他の可分債権は相続開始と共に法律上当然に分割されたものとして，遺産分割の対象から除外されてしまい，遺産が可分債権しか存しない場合には，早く債務者に請求した者が勝つ結果を招来・是認することになり，特別受益もしくは寄与分を考慮して具体的に各相続人間の公平を図ろうとする民法906条，903条ないし904条の2の制度趣旨は没却され，各相続人の実質的公平を確保しようとする相続法の理念が損なわれるだけでなく，一部の相続人からの相続分に応じた請求に対して債務者がこれに応じた後，法定相続分と異なる遺産分割がなされた場合には，債務者をも巻き込んだ深刻な法的紛争を惹起し，遺産分割手続の軽重を問われ兼ねないこと，および第3に，遺産として存する現金について「相続人は，遺産の分割までの間は，相続開始時に存した金銭を相続財産として保管している他の相続人に対して，自己の相続分に相当する金銭の支払を認めることはできない」（最判平成4年4月10日判時1421号77頁）のに，その金銭を獲得するための法的手段に過ぎない可分債権につき相続開始時に当然に相続分により

---

[71] 遺産分割協議成立以前の遺産の共有（民法898条参照）の法的性質については共有説，合有説および折衷説の対立がある（これについては於保不二雄「共同相続における遺産の管理」『家族法大系Ⅶ』（有斐閣1962年）97頁，西島梅治・判批・判評152号40頁，蓮井良憲・判批・民商106巻6号136頁など参照）。しかしこの概念的論争は実益があるとは思われない。ちなみに最高裁は金銭その他の可分債権については当然分割帰属説を採用してきたが（最判昭和29年4月8日民集8巻4号819頁，最判昭和30年5月31日民集9巻6号793頁），反論が有力に主張されている（椿寿夫・判批・家族法判例百選第3版（1980年）190頁参照）。
[72] 神戸地判平成8年3月12日判タ922号286頁。預金債権・預託金債権の返還請求につき同様の見解を採用する判例として東京地判平成7・3・17金法1422号38頁がある。

分割されるものと解するのはその法的扱いにつき法的均衡を失することである。

他方，株式については，準共有説を採用するのが通説[73]・判例[74]であるが，当然分割帰属説を採用する説もないではない。準共有説は，①株式・持分を可分給付を目的とする債権と同一視することは困難なこと，②仮に可分債権と解しても整除できない端数の株式が生じうる場合があること，③株券は分割株数に対応して存在するとは限らないこと，および④当然分割帰属説を認めると，会社を承継しない相続人の立場が強くなり，いわゆる「ゴネ得」にもなりかねないことなどを根拠とする。

これに対し出口正義教授は，株式については，持分複数主義を根拠に，当然帰属説を採用する一方，合名会社については，持分単一主義を根拠に，当然帰属説を否定するユニークな見解を主張している[75]。次のように説く。

①合名会社の社員の地位は1個であるから，例えば2人で2分して各自が会社に対し半分ずつ社員権を行使することは認められない（持分不可分の原則）。従って「商法144条は持分単一主義および持分不可分の原則により当然のことを定めているにすぎない」。これに対し，株式については持分複数主義をとるのが通説である。株式には株式不可分の原則があるため，可分ではないが，相続株式が複数存在するときには可分である。②「株式の共同相続の場合には，株式不可分の原則という特殊性があるため，整除できない端数の株式についてだけ商法203条2項が適用されると解しても何ら不合理ではなく，別段の不都合も生じない」。③株券が分割株数に対応して存在しない場合には，名義書換と同時に持株数に対応した株券の分割請求を認めれば不都合は生じないし，株券が発行されていないときには，そもそもこのような問題は生じない。

この説に対しては次のような正当な批判が加えられている。①持分が一つであるということは，分割が不可能であるということではない。このことは，合

---

[73] 大野・前掲注39)236頁，青竹・判評491号167頁注2)，大杉謙一・前掲注1)917頁など。なお永井和之・『現代企業法学の課題と展開』（前掲注1）208・209頁参照。
[74] 判例［2］〜［6］，［9］，［14］，［21］。根拠を示すものとして［10］，［11］，［15］。
[75] 株式に関しては出口正義「株式の共同相続と商法203条2項の適用に関する1考察」筑波法政12号67頁（1989年）（『株主権法理の展開』（文眞堂 1991年）341頁所収）。合名会社の持分については「合名会社の社員持分の共同相続と権利行使者の指定」法教144号110頁。込山・前掲注64)153頁は，公開会社につき当然分割説を採用している。

名会社の持分の一部譲渡が認められている（商法73条）ことからも明らかである。株式（持分）不可分の原則と持分単一主義はその意味で性質を異にするものである[76]。②出口説では，株式会社の場合，遺産分割協議によらず分割承継が可能で，合名会社の場合には遺産分割協議を先行せしめるべきという不自然な結果になるので，持分単一主義であるか複数主義であるかで準共有か当然分割帰属かを区別するのは妥当でない。相続人間の株式・持分の準共有は民法の規定（898条，264条）から必然的に導き出されるのであって，商法144条も203条も，それを前提としていると考えるべきである[77]。

なお，前述のようにドイツ法では社員権の共同相続につき人的会社と資本会社とでは異なった扱いがなされている。わが国もこれに倣うべきか問題となるが，その必要がないように思われる。

(2) 株式・持分の共同相続・権利行使者の通知

(a) 商法203条は，共同相続の通知も，権利行使者の通知も，特に規定してはいない。しかし当事者間で権利行使者を決めても会社に通知しなければ意味がないので，権利行使者を通知する必要がある。また，3項は，共同相続の通知はあったが，権利行使者の通知がない場合を前提としているので，共同相続の通知を仮定することも必要である。権利行使者の通知は，共同相続の通知と同時か，権利行使者が定まってから，共同相続の通知とは別にその後に行われる。決して権利行使者の通知が相続の通知の前になされることはあり得ない。このように理解することが正しければ，①共同相続の通知[78]および権利行使者の通知を行う者は誰か，通知の内容，通知の方法および通知の時期が問題になるとともに，②共同相続の通知または権利行使者の通知と株主名簿または社員名簿の名義書換請求との関係が問題となる。

---

76) 久保・判評417号59頁注7）。なお小町谷・前掲注9）455頁，服部・前掲注9）353, 354頁，久留島・前掲注9）58頁など参照。
77) 久保・判評417号59頁注7）。
78) 共同相続の通知と権利行使者の通知は観念的に区別すべきである。同旨，稲田俊信「共有株式・持分の権利行使に関する諸問題——共有相続を中心に——」日本法学63巻4号（1998年）88頁。反対　大野正道『中小会社法の研究』（信山社1997年）145, 146頁。商法144条も，同じように考えるべきである。

(b) ドイツでは、相続により被相続人の財産が相続人に包括承継される（民法1922条1項）ので、株式の相続の場合、株主名簿の記載がなくとも、会社に対し株式の共同所有者とみなされ[79]、有限会社の持分の相続も、有限会社法16条に基づく会社に対する申出は不要である[80]。これは、法律行為に基づく取得（譲渡）の場合にのみ株主名簿の名義書換（社員名簿の名義書換の申出）を要し、相続の場合には要しないとされているからである[81]（2001年1月改正前株式法68条3項、2001年1月改正後株式法67条3項、有限会社法16条参照）。それゆえそれを補うものとして相続の事実の通知が法定されていると理解することができる。この場合には譲渡に基づく名義書換と異なり、株券の提出を要しない[82]。ところがわが国では、ドイツと異なり、相続による株式（有限会社の持分）の移転は商法206条1項（有限会社法20条）の「株式（持分）の移転」に含まれるので[83]、「株式（持分）数を一括し、相続人全員の名前が記載され

---

79) Hefermehl-Bungeroth, a. a. O.（Fn. 38）§Anm. 12.「記名株式の場合の株主名簿だけで決定されることに対する例外は相続の場合に有効である。この場合被相続人の名簿上の地位は名義書換なしに相続人に移る。従って、数人の相続人に関するときには、それらの者は株主名簿に記載されていなくても株式会社に対し株式の共同所有者とみなされる」。

80) Winter, a. a. O.（Fn. 23）§16Rn. 29 ; Lenz, Vererbung von GmbH-Geschäftsanteilen, GmbHR2000, 927, Schilling/Zutt, a. a. O.（Fn. 24）, §18Rdn. 13.

81) 株式法につき Lutter, a. a. O.（Fn. 13）, §16Rn. 52 und 53, 有限会社法につき Winter, a. a. O.（Fn. 23）, §16Rdnr. 29 ; Rowedder, a. a. O.（Fn. 38）, §15RdNr. 62 ; Lenz, GmbHR2000, 927.

82) 2001年1月18日の記名株式および議決権行使容易化のための法律（Gesetz zur Namensaktie und zur Erleichterung der Stimmrechtsausübung（Nahmensaktiengesetz-NaStraG）. BGB1 I S. 123）により記名株式制度が改正されている。「記名株式が他人に移転するときには、その旨、会社に届出られなければならない。株券が呈示され、かつ移転が証明されなければならない。会社は、その移転を株主名簿（Aktienbuch）に記入する」と規定していた改正前68条3項は削除され、これに相当する新規定として、67条3項（「記名株式が他人に移転するときには、通知および証明に基づいて株主名簿（Aktienregister）において抹消および新記入が行われる」）が制定されている。新規定では株券の呈示は不要である。Hüffer, a. a. O.（Fn. 33）, §67Rn18.

83) 大判明治40年5月20日民録13輯571頁、大判明治45年4月24日民録18輯419頁、大判大正7年4月8日民録24輯630頁、大判昭和6年5月16日法律新聞3281号7頁、大判昭和9年6月19日法律新聞3725号9頁、名古屋高判昭和32年6月17日下民集8巻6号1120頁（有限会社の持分に関する）、東京高判平成7年2月27日東京高等裁判所（民事）判決時報46巻1－12号4頁。被相続人が占有していた株券の占有は、特別の事情のない限り、相続人に移る（最判昭和44年10月30日民集23巻10号1881頁）。株式

る」ことにより，名義書換が行われるのでなければ，名簿を基準としない権利を除き，会社に対し社員たる地位を主張できないし，会社もその通知者を当該株式（持分）の株主（社員）として扱うことがきないと解されてきたため[84]，何となく相続の通知と同時に名義書換請求が行われると考えられて来たように思われる[85]。しかし，相続の通知ないし権利行使者の通知と名義書換とは別個の行為である[86]。そうすると，名義書換後の相続の通知は無意味であるから，相続の通知→名義書換→権利行使者の通知と相続の通知→権利行使者の通知→名義書換とが起こりうる手順であり，相続の通知の意味が問われなければならない。これに答えている唯一の学説は，稲田教授の見解であって，相続の通知は単なる観念の通知であり，名義書換請求と無関係であるとされる[87]。これに対し共有名義への名義書換の場合には，「共有関係を明らかにするにすぎないので」，株券の呈示は不要であるする説がある[88]。しかし共有関係を明らかにするにすぎないことが株券の呈示の不要には結びつかないように思われる。なぜなら株券の呈示がなければ，相続人が株主にとどまっていることの証明を欠くし，株券の所有者の記載の変更が行われないので名義書換と言えないと思われるからである[89]。私は，稲田説に従いたい。その根拠は，第1に，

の譲渡制限がなされていても，相続は譲渡に当たらないので，取締役会の承認を要しない。なお有限会社法20条は，社員名簿の記載・記録を会社だけでなく，第三者対抗要件としているが，相続により相続人は当然に有限会社の社員となると考えられるので疑問である。立法論としては第三者対抗要件を削除すべきである。

84) 松岡誠之助『新版注釈会社法(3)』（有斐閣1986年）157頁，松田二郎＝鈴木忠一『条解株式会社法上巻』（弘文堂1951年）113頁，谷川久「26事件」『商事判例研究昭和25年度』（有斐閣1950年）149頁，蓮井良憲『基本法コンメンタール会社法（第6版）』（日本評論社1998年）175頁など。個々の問題については「株式の相続と名義書換手続等」『株式の相続に伴う法律と税務』（別冊商事法務67号1983年）32頁以下に詳しい。ドイツでも，記名株式の場合，株主名簿に共同権利者の名が記載されていることが（Barz in Großkom. AktG §69Anm. 4；Hefermehl-Bungeroth, a. a. O. (Fn. 40), §69Anm. 12；Lutter, a. a. O. (Fn. 13), §69Rn. 6；Hüffer, a. a. O. (Fn. 33), §69Rn2)，有限会社の場合には会社に申出（有限会社法16条）がなされ，社員名簿（有限会社法40条）に記載されていることが，適用の前提とされているが（Rowedder, a. a. O. (Fn. 38), §18RdNr. 2；Fischer/Lutter, a. a. O. (Fn. 32), §18Rn. 2)，相続の場合は除かれる。
85) 大野・前掲注78)145, 152頁参照。
86) 吉本健一・判評397号59頁注12)注1)。
87) 稲田・前掲注78)89頁以下。
88) 青竹・判評494号注2)7頁，河内・前掲注2)269頁。

稲田説は, 法律による包括承継という現象にマッチした構成であることである。遺産分割がなされると当然名義書換を行うことを要するが, これは共同相続人間で抽象的な相続分の譲渡が行われたことから説明できる。他方, 遺産分割がなされるまでは, 被相続人の地位の延長として, 相続の通知に基づいて共有関係のみが株主名簿に記載される。しかしこれは名義書換ではないので, 相続の通知に株券の呈示は不要であり, 株券上の株主の名前の書換は行われない。また, 相続の通知は株主名簿の閉鎖期間中でも可能である。なぜなら, 相続は包括承継であり, 譲渡によって新たな権利を取得した場合と同じようには考えることができないからである。第2に, 特定の共同相続人が株券を占有し, 他の共同相続人による共有名義への名義書換請求の提案に協力しない事態などを考えると, 稲田説は妥当な結果を導き出すことができる。第3に, 権利行使者の通知のみを要求する法文にも合致することである。第4に, この説を採用すると, 権利行使者でもない共同相続人が, 名義書換が行われていないのに, 会社訴訟を提起することができる等の理由を包括的に説明することが可能となるからである[90]。

(c) 共同相続の通知は名義書換請求と異なると解するのが正しいなら, その通知の内容は, 被相続人の社員たる地位, 共同相続の発生並びに通知をした共同相続人の氏名及び住所である[91]。共同相続人の範囲を証明する戸籍謄本の

---

89) 合名会社および合資会社の場合, 株主名簿 (社員名簿) に相当するものがないが, 社員の氏名・住所は定款の絶対的記載事項 (商法63条1項3号, 148条) および登記事項 (商法64条1項1号, 149条1項) であるので, 共同相続人の氏名等は, 定款に記載されると同時に, 登記される必要がある。共同相続人は未だ独立した社員でないので, 共同相続人たる趣旨と権利行使者の氏名等を併記することを要するとする説があるが (久留島・前掲注9) 65頁), 権利行使者の指定は会社の便宜のために過ぎないので, 権利行使者の氏名等の併記は不要と考える。

90) このような見解に対しては, 従来の判例・通説と異なり過ぎるとの批判が予想される。しかし注83に挙げた判例にこの見解を当てはめても不都合は生じないし, 共同相続の遺産分割までのごく限られた, 今まで必ずしも十分に解明のなされていなかった領域の法の継続形成であるから許容されると考える。

91) 稲田・前掲注78) 90頁は員数を通知の記載事項としているが, 共有にある旨で十分であると考える。権利行使者の指定届の提出はこの段階では不要である。反対, 大野・前掲注78) 145頁。権利行使者の指定届がないことを理由に会社は受理を拒否できない。同旨, 田中誠二『3 全訂会社法詳論上巻』(勁草書房1993年) 305頁。なお商法224条ノ5第3項第2号参照。

添付は必要であろう。共同相続人の氏名・住所が会社に通知されるので，権利行使者の通知がなければ，相続の通知で会社に連絡された共同相続人の1人の住所に会社は通知または催告を行えばよいことになる。被相続人の社員たる地位は，株式会社の場合，被相続人が所有する株式の種類・数，株券があれば株券番号で表示され，有限会社の場合には出資口数で示されるであろうが，同一性が確認できる程度の内容があれば足りるであろう。他方，権利行使者の通知は，共同相続の株式・持分につき権利行使者が選任された旨，当該権利行使者の氏名および住所である。いずれの通知も，その手段を問わない。内容証明郵便が普通であろうが，普通郵便，口頭，電話または会社の承諾を得れば電子情報処理組織を使用する方法（商法204条ノ2第2項の類推適用）でもよい。

(d) 相続の通知は相続分の保全行為にあたるので（民法252条但書・264条），権利行使者を定めていなくとも，共同相続人は単独で通知をなしうると考える[92]。権利行使者の通知も同様である[93]。これに対し権利行使者の決定の通知は，共有者全員によることが原則として必要であるが，権利行使者が会社に対し自己が有効に選任されたことを証明することができるなら，権利行使者自身による通知も認められるという説がある[94]。しかし結果の通知まで全員一致を要求する根拠はないように思われる。権利行使者は，選任された時点で会社に対する権利行使者の通知が委任されたと解されるので，権利行使者自身による通知も認められる。権利行使者の通知には権利行使者指定書の添付が必要である[95]。権利行使者の決定の通知時期についても規定がない。株主名簿閉

---

[92] 共有株主の1人として自己への（法定相続分についての）名義書換を単独でできるとする説（大森政輔「株式の相続に伴う法律問題(2)——株主の死亡から遺産の分割まで——」商事948号53頁，田中誠二・前掲注91)305頁，永井・金法1307号8頁注1），同・前掲注73)216頁，坂田桂三『現代会社法第4版』（中央経済社1999年）197頁，込山・前掲注65)149頁，山田攝子「株式の共同相続」判タ789号（1992年）8頁，河内・前掲注2）269頁，山田泰彦「株式の共同相続と相続株主の株主権」早稲田法学69巻4号（1994年）192頁）と，現行法では不可能であり，立法論として考えてもよいとする説（青竹・ジュリ636号148頁注1），出口正義・会社判例百選（第5版）201頁，大塚龍児・判批・判評248号189頁，尾崎・税経通信41巻2号253頁注1））とが対立している。私の見解は結果的には前説と同じことになる。

[93] 同旨，青竹・判評494号184頁注1）。

[94] 永井・前掲注73)213，214頁。

[95] 大野・前掲注78)145頁は，全共同相続人の連名を要するとしているが，私見によると，

鎖期間中でも，株主総会（社員総会）の当日でも可能であると考える[96]。権利行使者の通知を受けた場合，会社は権利行使者を株主名簿に記載することを要しないが[97]，記載しうるのみならず，記載しておくことが便宜である。

(e) 会社が正当の理由がないのに相続の通知または権利行使者の通知の受理を拒否した場合には，本来到達すべかりし時に到達されたものとみなされる[98]。

(3) 権利行使者の資格・権限・選任方法および解任方法
(a) 資　格

権利行使者は社員であることを要するか否かについて，必要説と不要説とが対立している。

必要説[99]には，共有者以外の者から権利行使者を選任できるとすると，その者が共有者全員の代理人ということになり，そうなると本人なる共有者全員に権利行使をさせないことはできないことを理由とする説と[100]，権利行使者は共有者としての利害が関係してくるので，代理人のように他人のためにだけ権利を行使する者ではないことを理由とする説[101]とがある。

不要説[102]は，①第三者が選任され，その者が権利行使者として会社に通知

　後述するように選任に過半数説を採用すべきであるから，署名を拒否する者がいる場合には，過半数の署名で足りると考える。
96) 稲田・前掲注78)90頁は，株主総会当日の総会場の入口でなすこともできるという。この説に賛成するが，委任状の提出又はそれに代わる情報の提供（商法239条2項・3項，有限会社法41条）が必要か否かについては将来の検討事項にしたい。
97) 松田＝鈴木・前掲注84)113頁，木内・判評326号53頁注1），青竹・判評494号7頁注1），河内・前掲注2)263頁。ドイツでも同様に解されている Barz in Großkom. AktG §69Anm. 7；Rowedder, a. a. O. (Fn. 32), §18RdNr. 4.
98) 同旨，青竹・判評494号184頁注1）。判例［10］（25頁）は，権利行使者が社員名簿に記載されていなくとも，会社が権利行使者届を受理しているかぎり，通知の効力は発生すると判示しているが，正当である。
99) 松田＝鈴木・前掲注84)113頁，八木弘「株式の共有」『民事法学辞典上巻』238頁（有斐閣1960年），田中誠二＝吉永栄助＝山村忠平『4全訂コンメンタール会社法』（勁草書房1984年）423頁，米津昭子『新版注釈会社法(3)』（有斐閣1986年）51頁，大隅健一郎＝今井宏『会社法論上巻第3版』（有斐閣1991年）334頁，蓮井良憲『別冊法学セミナー基本法コンメンタール会社法Ⅰ（第6版）』（日本評論社1998年）175頁，青竹・判評493号164頁注1）など。
100) 米津・前掲注95)51頁，早川・前掲注12)76頁。
101) 青竹・判評493号164頁，名島・前掲注2)95頁。

されれば，その者しか権利行使できないということになるに過ぎないので，第三者を権利行使者とすることを妨げないこと[103]，②紛争が生じたときに中立的な第三者を選任することが適当であること[104]，および③共同相続人が全員外国に居住しているような場合には，不要説の方が権利行使者が代理人を選任する迂遠な方法より適当であること[105]を根拠として挙げている。

必要説の根拠は薄弱のように思われるので，不要説を支持する。ただし，定款で議決権行使の代理人を株主に限定している会社にあっては，その定款の効力をどのように解するかによるが，有効説によると，権利行使者は議決権を行使できないことになろう。

(b) 権利行使者の選任方法と解任方法

(イ) 民法によると，共有物の変更，処分行為は共有者全員一致を要するが（民法251条），共有物の管理行為は，持分の割合に従って過半数で決することを要し，保存行為は各共有者が単独でなしうる（民法252条）。そこで権利行使者の選任・解任はこのどれにあたるか問題とされ，争われている。

第1説は，①権利行使者の選任行為は，「広汎かつ重要な権限を包括的に委託する1種の財産管理委託選定行為」であるから，個々の権利行使をその都度行う管理行為とは次元を異にしていること[106]，権利行使者は自己に有利な権利行使ができるので，「少数持分権の利益が全く顧みられない危険が大きく」，全員一致が得られない結果生じる議決権が行使できない「棚ざらし」状況も，現行の共同相続制度に伴う必然的欠陥ともいうべきもので，仕方がないとする

---

102) ドイツでは不要説が通説である。株式法につき Hefermehl-Bungeroth, a. a. O. (Fn. 38), §69Anm. 21 ; Lutter, a. a. O. (Fn. 13), §69Rn. 17 ; Hüffer, a. a. O. (Fn. 33), §69Rn4. 有限会社法につき Schilling/Zutt, a. a. O. (Fn, 30), §18Rdn. 23, Fischer/Lutter, a. a. O. (Fn. 32), §18Rn7, Rowedder, a. a. O. (Fn. 38), §18RdNr. 3 ; Baumbach-Hueck, a. a. O. (Fn. 33), §18Rn5 ; Winter, a. a. O. (Fn. 23), §18Rdnr. 21. フランスでは権利行使者が株主である必要がないことが明文で規定されている。
103) 木内・判評326号56頁注1)。
104) 大野・前掲注39)258頁，青木・金判883号46頁注1)。
105) 河内・前掲注2)264頁。
106) 判例［10］（本件では「総意をえた上でなければ代表権の行使をしない」いう決議書が作成されていたという特殊事情があったことに注意すべきである），西島・判評152号41頁注1)，内海・商事677号37頁注1)，青木・金判883号44頁注1)，田中誠二・前掲注91)305頁，畑・前掲注1)105頁。

ほかないこと[107]，あるいは，相続財産は特別財産として全一体的に管理されなければならないので，通常の共有物の管理とは異なり[108]，共有物の処分行為に準じた行為と考えられることが合理的であると考える。したがって，②権利行使者の選定は全員の合意によることが必要であり，③特段の約定がない限り，「相続人相互間の信頼関係が破綻したときは，なお被選定者たる地位を維持継続せしめることは有害無益であるから[109]」，他の相続人の1人において何時でもその解任を行うことができ（民651条），民法544条の適用がない，とする[110]。

　第2説は，①②については，第1説と同じであるが，③については，民法544条の適用を認め，解任には共同相続人の全員一致が必要であるとする[111]。そのように解する根拠は，選任が全員一致であるので解任も同様であること，および1人で解任できるとするとその地位は不安定であって，権利行使の成果は多く期待できないことである。

　第3説は，選任は共同相続人の全員一致を要するが，解任は多数決でたりるとする[112]。西ドイツ法を参照したといわれるが，大野教授の独自の見解であることは後述する通りである。

　第4説は，権利行使者の選任は相続財産たる社員権の管理行為にあたるので相続分に応じた過半数で選任・解任ができるとする[113]。①「代表者を選定し，

---

107) 西島・判評152号41頁，尾崎・税経通信41巻2号253頁注1)，同・法律のひろば45巻2号63頁注1)，同・判タ975号30頁注1)。
108) 畑・私法判例リマークス1992上105頁注1)。
109) 内海・商事677号37頁注1)。
110) 木内・判評326号56頁注1)は，相続人間の共有株式に対する利害状況を捨象して考えることができないが，少なくとも閉鎖的な会社では全員一致を要する，とする。
111) 久留島・前掲注9)64，65頁。
112) 大野・前掲注39)257頁。大野・判タ975号35頁は，最高裁の過半数説が1人歩きすることに注意を払うべきであるという。なお江頭憲一郎『株式会社・有限会社法（第2版）』（有斐閣2002年）107頁は大野説を妥当という。
113) 榎本・前掲注1)175頁以下。北沢正啓『会社法（第5版）』（青林書院1998年）144頁，前田庸『会社法入門（第8版）』（有斐閣注1)2002年）206頁，青竹・判評493号4，6頁注1)，前田雅弘・前掲注1)107頁，片木・判評466号62頁注1)，永井・前掲注73)212頁，荒谷・前掲注1)102頁，出口・前掲筑波法政12号81頁以下注75)，河内・前掲注2)267・268頁，同・金判1101号65頁，稲田・前掲注78)84頁，小林・前掲注1)102頁など。判例では［6］，［7］，［13］および［14］がこの説を採用している。岡

その者に権利を行使させるのは，会社側の事務取扱いが煩雑になるのを避けるため，会社側からみて便宜的な手段に頼るだけのものにすぎないのであり，社員は，それによって自分の社員としての利益を実現し，増大させるものにほかならない」から選任は管理行為と解されること[114]，②「商法203条2項の権利行使者は，会社との関係において議決権行使，配当の受領等の株式の権利を行使するにつき準共有者全員を代表する者にすぎず，株主が準共有者全員であることには何等変わりがないこと，第三者との関係においては，準共有株式についての処分権その他何等の権限を取得するものはないことを考慮すれば，その指定行為の性質は，準共有物の管理行為と解するのが相当である」（判例[**14**]）こと，③権利行使者の選定に全員一致を要するとすると，「1人でも反対すれば全社員の行使が不能となるのみでなく，会社の運営にも支障を来すおそれがあり，会社の事務処理の便宜を考慮して設けられた規定の趣旨にも反する結果とな」（判例[**6**]）り，あまりにも硬直な解釈であり，会社の運営からみても実際的ではないこと[115]，④「議決権行使の結果が会社の経営に重大な影響を及ぼすのは，会社の株主構成，準共有株式の全株式に占める割合，各株主の意思等権利行使者の指定行為以外の事情に左右されるからに外ならず，この故をもって権利行使者の指定行為の性質を準共有物の変更又は処分行為とみることは，事の本質を見誤る」こと（判例[**14**]），を根拠とする。

この説は，議決権行使の方法をめぐり，さらに以下のように分類することができる。

a説は，権利行使者が自己の判断に基づいて議決権を行使できる，とする[116]。

本・前掲注6)34頁は，商法144条にもとづく権利行使者の選定をにつき，相続人の頭数による過半数による選任を主張している。

114) 権利行使者の指定行為を管理行為とする説として大森政輔「株式の相続に伴う法律問題(1)」商事947号6頁，平手・前掲注1)60頁，平田・前掲注1)311頁，神崎・前掲注1)422頁，龍田・判批・民商80巻1号117頁注1)，米津・前掲注99)50頁，上田宏・前掲注1)40頁，早川・前掲注1)77頁がある。

115) 荒谷・前掲注1)102頁は，全員一致説は，遺産分割協議を優先すべきであると主張するが，その決着には時間がかかることを考えると，相続人間のいわば内輪揉めのとばっちりを他の持分権者が被ることになり，円滑な会社運営を妨げる片棒を担ぐことにもなりかねないとする。正当な批判であると考える。

116) 稲田・前掲注78)84頁は，商法203条2項を共同相続人団体の代表者の選定規定と解されることを根拠とする。木内前掲注1)・56頁も包括的授権説を採用している。判例

b説は，商法203条は権利行使者の会社に対する権限を定めたにすぎないのであって，内部的権限を定めたものではない。権利行使者は自由に株主権を行使できるわけではなく，内部的取決めによる。内部的取決めがないときには，共有株式の変更や処分にあたる場合（株式買取請求権行使など）は，共有者全員の同意が必要であるし（民法251条），株主権行使が管理行為にあたる場合（議決権行使など）には，共有者の多数決でどのように行使するかを決定し（民法252条本文），その方針に基づいて，権利行使者は議決権を全持分につき統一的に行使することが前提とされている[117]，とする。また，各共有持分は全体に及ぶから，「他人ノ為ニ株式」（商法239条ノ2第2項）を有するとは言えないので，議決権の不統一行使はできない，とする[118]。この説を採用した場合，内部的取決めまたは決定に反して行使された議決権の効力が問題となるが，このような権利行使も会社との関係では有効と解されている[119]。

　c説は，共有者間の利害の公平という観点からは代表者による議決権の不統一行使を認めるべきであるとする[120]。

　なお第4説に立った場合，全共有者に参加の機会が与えられていることを要するか否かが問題となるが，要すると考えられている[121]。

---

　　［3］はこの立場を採用していると解される。ドイツのHüfferの見解はこの説に相当する。
117) 岩原・前掲注1)228頁，前田弘雅・前掲注1)107頁，永井注73)218頁以下。ドイツのLutterの見解は，この説に相当する。
118) 前田弘雅・前掲注1)107頁，片木・判評466号63頁注1)，河内・前掲注2)269頁，加藤勝郎・前掲注1)76頁。なお龍田・判批・民商80巻1号117頁注1)，大隅＝今井『会社法論中巻（第3版）』（有斐閣1992年）55頁，畑・前掲注1)105頁，河本一郎『現代会社法（新訂第7版）』（商事法務研究会1995年）335頁，石井照久『会社法』（勁草書房1967年）242頁参照。ドイツではRowedder, a. a. O. (Fn. 32), §18RdNr. 2が議決権の不統一行使を否定している。
119) ［3］，榎本・前掲注1)頁178頁，龍田・前掲注1)108頁，前田雅弘・前掲注1)107頁，青竹・判評494号9頁注2)，河内・前掲注2)268頁。Lutter, a. a. O. (Fn. 32), §69Rn. 19 ; Hefermehl-Bungeroth, a. a. O. (Fn. 34), §69Anm. 32. なお片木・判評466号63頁注1)は，権利行使者が共有者の合意に反した議決権行使をしていることを会社が知っている場合には，権利行使者の議決権行使を無効と解している。賛成したい。
120) 永井・前掲注73)219頁，出口・判批・会社法判例百選（5版）201頁。もっとも出口教授は，1株を数人で共有するような場合には，株式不可分の原則からしてb説によるのが妥当である，としている。そのほか青木・前掲注1)46頁，山田泰彦・前掲注92)197頁，三東三司「議決権の不統一行使」商事382号（1966年）5頁も肯定説を支持している。ドイツではWinter, a. a. O. (Fn. 22), §18Rdnr. 18が不統一行使を肯定している。

第5説は，権利行使者の選任・解任方法は，権利行使者にどのような内部的権限を与えるかによって定まり，裁量権を与えない場合（全額の利益配当を一括して受領する権限・議決権を他の共有者の意思を忠実に反映するように —— 賛否に応じて不統一に —— 行使する権限だけを与える場合）には，相続人の過半数をもって選任し解任できるが，裁量権を与える場合（自己の判断にもとづく全議決権の行使の権限・共有株式の譲渡の権限を与える場合）には，共同相続人の全員一致で選任しなければならず，また1人の相続人の請求によっても解任できる，とする[122]。

第6説は，権利行使者の指定を保存行為と解する[123]。

(ロ) 第3説は，比較法的考察の結果，共同相続人一致説がドイツの通説であると理解している点などで誤りを犯しているだけでなく，Heuck の説を誤解し，Heuck の見解に反する見解を日本の解釈論と主張していると評価せざるを得ない。ドイツでは Wiedemann の見解[124]を待つまでもなく，有限責任社員の相続人と資本会社の社員の相続人の地位は，根本的に異なることが意識されている。Heuck もまた，資本会社の共同代理人の規定と人的会社の代理条項の間には本質的相違があることを意識している。Hueck によれば，資本会

---

121) 判例［21］，永井・前掲注73)212頁，青竹・判評493号5頁注1）。同旨稲田・前掲注78)85頁。本文で紹介したドイツの連邦通常裁判所判例とカールスルーエ上級地方裁判所判例は，全共同相続人に連絡が行き，全員が出席し，その過半数で決めることを前提としているように見える。
122) 田中啓一・ジュリ554号109, 110頁注1）。
123) 上田明信・金判547号53頁注1）。
124) 注31参照。大野・前掲注39)249頁は「かくして民法典2032条以下の相続人共同体の規定は，共同相続人による事業の継続には適しないので，合名会社の規定が準用されることになる」と述べられているが，BGHZ17, 299 がそのような指摘をしていない。該当箇所を訳出すると以下の通りである。「企業を継続するため，当事者が合名会社を設立したか否かを決定する必要はない。なぜなら，ここで決定されるべき事件において，企業の財産に属する目的物に関しては，当事者相互の法律関係には合名会社に有効な法命題がいずれにせよ準用されなければならないからである。当事者は労働力を投入することによって相続された企業を17年にわたり活動中の企業として継続したことにより，当事者間に存在する相続共同関係をその経営に関してはその本質において作り変えた。……相続人が，企業を継続し，それから生計を支払うために，全労働力を相続財産に属する商事企業に捧げる限り，それらの相互の関係はより会社法的特徴を帯びる」。さらに注56で引用されている Wiedemann, Die Übertragung und Vererbung von Mitgliedschaftsrechten bei Handelsgesellschaften, 1965, S. 384 を確認したが，本文と全く無関係であった。

社の場合，共同関係（共有）の規定の適用が問題となる一方，人的会社（合資会社）の場合には，相続人が各々社員であるため，組合の規定の適用が問題となるのであって，全く根拠規定が異なるのである。従って，有限会社の持分の相続人共同体が，従位組合または組合類似の関係を形成するはずはなく，従って共同代理人の選任が従位組合の業務執行者の選任と理解されるはずもないのである[125]。大野論文で引用された Hueck の見解は，全て合資会社の有限責任社員の代理条項に関して展開されたもので，有限会社とは無関係である。しかるに大野教授は合資会社の代理条項を「有限会社の共同代理人と大筋において異ならない[126]」と勝手に決めてしまったため，人的会社のために展開された議論をわが国の資本会社の解釈に展開するという致命的な誤りを犯している。その結果ドイツの資本会社法の解釈論が日本に正しく紹介されてもいない。大野論文は，氏が説くように「わが国における企業承継法に関する学術論文の嚆矢[127]」であっただけに，その弊害は大きかったように思われる。商法203条2項は，決して共同相続人団体を認めたものでも，その団体の代表者を定めたものでもないものと解する[128]。

---

125) 大野・前掲注39)249頁と本稿注24)を対照されたい。なお鷹巣信孝「株式の「共有」－共有と合有・補論2」佐賀大学経済論集28巻3号47頁以下（1995年）は，株式の共有を組合と理解し，自発的に形成される場合には本来の意味の活動単一体として，権利行使者を構成員全員の合意で選任しなければならないが（解任には正当な理由と他の組合員全員の合意が必要であるという。なお民法672条1項・2項参照），共同相続の場合には，「共同事業を含む法律関係の形成が法律によって擬制される」ので，一般の組合における業務執行と同じように過半数の多数決で選任される（民法670条1項参照）という。しかし遺産分割までの暫定的状態を「共同事業を遂行するための活動単一体」と考えなければならない理由を私は理解することができない。

126) 大野・前掲注39)253頁注56)，同「ドイツ有限会社法における企業承継」『企業承継法の研究』320頁注7。

127) 大野・前掲注2)210頁。

128) 反対 大野「株式・持分の相続と企業承継法」法教126号（1991年）57頁，稲田・前掲注78)84頁，坂田・前掲注92)197頁。稲田教授は，商法の規定は，共同相続人団体を認めたものである。その権利行使者の選定は，この団体の代表者の選定であり，決して代理人の選任ではない。従って，権利行使者は代表者として自己の意思に基づいて全株式を行使することができ，代理人の如く委任者の意思に拘束されない，と主張される。比較法に見てみると Wiedemann のような見解（注43参照）があるにはあるが，商法203条2項は「共同者相互（内部）の代表者選定行為自体を規定したものではなく，右内部関係の法的性質についてはこれを別個に検討すべきものである」（判例［10］26頁，

民法252条にいう保存行為とは，共有物の現状を維持する行為である[129]。権利行使者の決定・通知をしないと権利行使が不可能となるという意味では保存行為の性質がないわけではないが，権利行使者の通知が現状維持を主目的とするとは考えられないので，第6説に反対する。

(ハ) 第1説，第2説，第4説および第5説は，権利行使者の選任が共有物の「処分行為」に該当するか，それとも「管理行為」に該当するかを問題にする点では，ドイツ法やイタリア法と基礎を同じくし，正当である。第1説には，権利行使者の選定は「つねに共有持分の本質に変更を生じ共同相続人の持分権に変更を生じ，その財産的価値の減少を生じる危険を包含するものであるから，処分行為に準ずる[130]」としたものがあるが，権利行使者の選定が，「つねに共有持分の本質に変更を生じ共同相続人の持分権に変更を生」ずるとは解することができないので，「その財産的価値の減少を生じる危険を包含する」ことが第1説の主張のコア部分である。第1説および第2説は，少数者を保護するためには，少数者に拒否権を認める必要があり，そのために財産的価値の減少が生じる危険がない場合であっても権利が棚ざらしになってかまわないと考える。このような硬直的考えを採るのは，選任を包括的な代理権の授与と結び付けて考えるためであるが，しかし「1名[131]」の権利行使者の選任が即包括的な代理権の授与を意味すると解さなければならない理由はどこにもないように私には思われる。その意味で，第4説中のb説・c説および第5説は正しい方向を指している。具体的事案の事実認定によるが，第4説中のb説と第5説とではそんなに大きな相違が生じないであろう。私は，包括的代理権の授与は危険を伴うので，権利行使者の選任と同時に権利行使者に対し包括的代理権を授与する（これはとりもなおさず処分行為に準ずることになろう）のは例外であると考えるので，原則として権利行使者の選任を管理行為に準じるものと考える。指定

畑・前掲注1）105頁）とする見解の方が正しいと考える。
129) 川井健『注釈民法(7)』（有斐閣1968年）326頁，山田攝子・前掲注92) 7頁。
130) 西島・前掲注1）147頁。
131) ドイツで議論されているものに共同代理が認められるか否かがある。通説はこれを肯定している。株式法につき Lutter, a. a. O.（Fn. 13），§69Rn. 18 ; Hefermehl-Bungeroth, a. a. O.（Fn. 38），§69Anm. 22 ; 有限会社法につき Winter, a. a. O.（Fn. 23），§18Rdnr. 21. わが国でも同様に解することは許されよう。

行為は株主権の行使を可能にするのであって，株主全員の利益になるし，商法・有限会社法の規定は，ドイツ連邦通常裁判所が述べているように，一致がえられない場合に権利を麻痺させようとはしていないからである。権利行使者が選定された後に，総会の招集通知が権利行使者に対してあり，権利行使者が会議の目的たる事項を共同相続人に伝えた上で，当該総会における議決権行使の代理権を授与してもらうと考えるべきである。その意味で第4説中b説を支持する。協議の結果不幸にして一致が得られない場合には，ドイツの連邦通常裁判所が指摘するように，緊急の場合に限って，権利行使者は過半数の意見を行使できるとすれば，第1説が強調する少数派の不利益も大幅に解消されるのではないであろうか。

問題は議決権の不統一行使を認めるべきか否かである。利益考量の観点から考えると，これが認められるようにも見えるが，1株が共有された場合などに議決権行使を統一させ，議決権の計算の煩わしさから会社を解放しようという立法趣旨を考慮すると，やはり立法を待つ必要があるように思われる。

(4) 権利の範囲

判例は，株主・社員の権利の中にすべての権利が含まれるが[132]，特段の事情がある場合にはその限りではないとしている[133]。学説の多数説も判例と同様である。

---

132) 具体的判例は本文を参照のこと。学説でこの見解を表明するものとして大隅＝今井・前掲注99)334頁，米津・前掲注99)51頁などがある。株式併合の異議催告手続の請求につき判例［2］が存在している（現行商350条3項・216条1項参照）。また決議取消の訴えにつき判例［9］［11］参照。なお東京高判平成7年2月27日東京高等裁判所（民事）判決時報46巻1－12号4頁は，権利行使者を定めていない株式の共有者全員のために当該株券を保管している会社に対して，共有者の1人の持分の譲渡を受けたと主張する者から，持分の確認並びに名義書換の請求がなされた場合に，会社は，権利行使者を定め，それとともに名義書換手続をなすべきことを求めることができることを理由に，名義書換請求を拒むことができる，と判示している。

133) 判例の構成に賛成する学説として，岡野谷・前掲注1)108頁，「新しい傾向を代表するもの」として「高く評価する」者として大野・会社判例百選（6版）24頁，理由づけに多少問題があるとしつつ賛成する者として，中島・民商106巻3号368頁注1)がある。加藤修・平成3年度重要判例解説94頁は「具体的妥当性を有するいたしかたない立論であり」「極めて例外的場合に関する」という。判例を擁護する立場からの適用範囲を拡大する説に対する批判については篠原勝美・前掲注1)229，230頁を参照されたい。

判例［4］は，初めて，1人会社の株主の死亡後，権利行使者の指定・通知が行われていないのに，共同相続人のうちの1人を取締役に選任する旨の株主総会決議がされたとしてその旨の登記がなされた事情を「特段の事情」と認定し，このような場合には，共同相続人は，右決議の不存在確認の訴えの原告適格を有するとした。その際1共同相続人に原告適格が肯定される理由として，「会社は，本来，右訴訟において，発行済株式の全部を準共有する共同相続人により権利行使者の指定及び会社に対する通知が履践されたことを前提として株主総会の開催及びその総会における決議の成立を主張・立証すべき立場にあり，それにもかかわらず，他方，右手続の欠缺を主張して，訴えを提起した当該共同相続人の原告適格を争うということは，右株主総会の瑕疵を自認し，または，本案における自己の立場を否定するものにほかならず，右規定の趣旨を同一訴訟手続内で恣意的に使い分けるものとして，訴訟上の防護権を濫用し著しく信義則に反して許されない」ことを挙げている。

　判例［5］は，Y会社発行済株式の40％とB会社の発行済株式の63％を所有していた株主が死亡し，遺産分割が未了であるにもかかわらず，B会社を消滅会社，Y会社を存続会社とする登記がなされた事情を特段の事情と認定し，共同相続人に決議の不存在を原因とする合併無効の訴えを起す原告適格が認められると判示した。その根拠は，判例［4］と同様，訴訟上の防御権の濫用である。

　判例［6］では，Aは二つの有限会社（被告Y_1・Y_2会社）の全持分の所有者であった。その法定相続人は妻と2人の子供（原告。その相続分合計10分の9）およびAが訴外Bとの間に生まれた非嫡出子であるC（相続分10分の1）である。Bは，Aから生前贈与または遺贈を受けたと主張し，社員総会を開催し，Bを代表取締役に選任し，登記を行ったうえ，代表者として行動している。なお遺言書の効力をめぐって訴訟係属中である。原告は，社員総会決議不存在確認の訴えを提起した。最高裁は，権利行使者の指定に過半数説を採用した上で，「BないしCが協議に応じないとしても，Aの相続人間において権利行使者を指定することが不可能ではないし，権利行使者を指定して届け出た場合にY_1会社らがその受理を拒絶したとしても，このことにより会社に対する権利行使は妨げられないものというべきで」あり原告適格が認められる特段の事情がないと判示した。

判例 [**20**] では，発行済株式総数1万株中5500株が共同相続された。共同相続人の1人が株主総会も取締役会も開催された事実がないのに，代表取締役の就任登記がなされているとし，総会決議不存在確認請求訴訟を本案として，代表取締役・取締役の職務執行停止および職務代行者選任の仮処分申請がなされた。その後会社の定款に従って適法な株主総会が開催され，適法に代表取締役も選任されている。このような事情のもとでは，「特段の事情」が認められないとしている。

他方，下級審判例 [**22**] は，遺産分割協議が未了で，権利行使者の指定がなされていない場合にも，法定相続分が4分の3の共同相続人による，株主総会議事録（商法263条2項）および計算書類・附属明細書・監査報告書の閲覧・謄写（商法282条2項）の仮処分請求を認め，[**23**] は [**22**] と同一事件において，「共有物の管理に関する事項として，自らを権利行使者と定めて，本件仮処分を求めた」と構成することによって，会計帳簿の閲覧・謄写（商法293条ノ6第1項）の仮処分請求も認めている。

これに対し，学説の第1説は，株主の権利の中には，株式数に比例して行使すべきものとそうでないものとがあり，決議取消の訴えを提起する権利のように1株の株式を有すれば提起できるものについては，相続分の割合で1株以上の株主となる相続人は提訴権を有する[134]，とする。第2説は，監督是正権は権利行使者を定めていない共有者も保存行為として単独で行使できるとする[135]。第3説は，議決権・配当請求権・残余財産分配権（および累積投票権・提案権）を除く他の株主権は1本化する必要がないから，権利行使者の指定・通知がなされていない場合の全ての準共有者，さらには指定・通知がなされていても他の準共有者には総会決議の効力を争う原告適格が認められる，とする。

---

134) 田中誠二・前掲注91)305頁。
135) 坂田・前掲注92)197頁，田中誠二など・前掲注99)423頁（但し名義書換がなされていることを前提とする），本間輝雄『新版注釈民法27』（有斐閣1989年）106頁（同），永井・金法1307号8頁注1），河内・金判1101号66頁注1）。判例［4］の1審・2審の見解（[16] [18]）はこの立場を採用している。また吉本・判評397号188頁注1）は「会社訴訟一般について，共同相続による株式の準共有者に訴え提起権を認める解釈が検討されるべきであろう」とされる。なお決議不存在確認の訴えは株主に限定されず，確認の利益を有する限り誰でも提訴できるとする説（菱田政宏・判批・商法の判例第3版73頁）に立つと，当該訴えについては同様の結果となる。

第2章　株式・持分の相続と権利行使者の通知

原告適格を商法203条2項により一律に制限すると，権利行使者以外の共有者の利益がしばしば害されることになることなどを根拠とする[136]。

思うに，商法・有限会社法の規定は，共同相続によるバラバラの権利行使の阻止のみを目的とし，権利を麻痺させることを目的としてはいない。最高裁の信義則違反という理論は，相続株式を抜きにしての総会決議の成立が不可能であることが，その論理の不可欠な前提をなしており，その射程は狭い[137]。共有の保存行為に準ずるものは単独で行使することが許されており，私見によると，前述のように相続の場合名義書換を経なくても会社に対し株主（社員）資格を主張できるのであるから，バラバラの権利行使により会社に不都合が生じるものを除き，共有相続人に広く権利行使を認めるのが妥当であると考える。そこで，詰めが必要ではあるが，基本的には第3説に賛成したい。共同相続の名義書換がなされていることを前提とすると，単独の行使を認めても，事実上救済を閉じる結果になることに留意すべきである。第3説は，比較法的に見ても前述の考察より明らかなようにドイツ・イタリアで支持されており，根拠があると考える。

商法203条3項は通知・催告を問題としているので，利益配当の支払のような実質的なものには適用がない。そこで代理人の指定がないときには，会社は利益配当などは供託をするほかないと解するのが通説である[138]。

(5) 会社の便宜の放棄の可能性など

(a) 権利行使者の指定は会社の便宜のためのものであることについて異論がない。しかし，権利行使者の指定および会社に対する通知を欠くとき[139]，会社

---

[136] 大杉・前掲注1)914頁以下。
[137] 吉本・判評397号58頁注1)，山田攝子・判タ789号7頁注92)。
[138] 松田＝鈴木・前掲注84)114頁，大隅＝今井，前掲注99)334頁，田中誠二ほか・前掲注99)423頁，永井・金法1307号7頁注1)。
[139] 会社は，法定相続分による分割承継を前提として，株主名簿を勝手に作成することはできないのは当然である。そのような株主名簿に基づき行使された総会決議は，決議方法に瑕疵があるとして決議取消原因となる（判例 [15]）。議論は，普通，株主名簿・社員名簿に共有・共同相続関係が記載されていることを前提としているが，最判昭和30年10月20日民集9巻11号1657頁の趣旨より考えて，会社から共同相続人全員の同意による議決権行使を認める場合には，必ずしも株主名簿・社員名簿に共有・共同相続関係が

は指定の便宜を放棄することができるか否かについては見解の対立がある[140]。肯定説に立つときには、さらに、会社が便宜を放棄した場合の共同相続人の権利の行使方法はどのようなものかが問題となる。

第1説は、権利行使者の通知規定は会社の便宜のためのものであるから、会社が、その便宜を放棄し、会社の側から、準共有を認めることは許されるとする。この場合の権利行使の方法については以下のように見解が分かれている。

a説は、共有者全員による一致を要する、とする[141]。

b説は、出席した共同相続人は相続分に応じた議決権の行使ができるとする[142]。①共同相続人が代表者によらないで議決権を行使する場合には、共同相続人の全員が出席しなくてもよく、出席した共同相続人の相続分に応ずる部分のみが出席したと考えることが適当であり、②権利代行者を選任する場合の共同相続人内部の意思決定の方法に関しては、相続分に応じて賛否をそれぞれ計算し、それをそのまま反映させる方法が妥当であるから、これを組み合わせて、共同相続人は自己の相続分だけでの議決権を行使しうる、とする。①の理由として、遺産の共有は組合共有とちがって早晩解消されるべき運命にあること、1人でも欠席すれば全員が欠席したと考える説では1人の反対者が総会に出席しないことによって他の共同相続人の出席および議決を無意味にすること、および共同相続人の過半数または1人でも出席すれば全員が出席したとするほ

記載されていることを要しないと解する。同旨 青竹・判評497号189頁注1)。

140) 権利行使者を通知しなければ、共有者全員が共同しても、会社が認めない限り、株主の権利を行使することができないのか否かについても争いがある。肯定説として大隅＝今井・前掲注99)334頁、蓮井・前掲注99)176頁、永井・前掲注73)211頁、否定説として青竹・判評496号184頁注1)がある。否定説は、同時同一内容の行使の場合は、各共同相続人の相続分を問題とする必要はなく、会社の事務処理が煩雑になることもないと考えられることを理由とする。否定説に賛成する。

141) 判例［7］。米津・前掲注99)52頁、榎本・前掲注1)178頁、青木・前掲注1)46頁、畑・前掲注1)105頁、永井・前掲注73)211頁、大隅＝今井・前掲注99)334頁、加藤勝郎・前掲注1)76頁。判例［10］は、共有者全員による同時同一行使による以外議決権行使をなしえないとする。判例［13］も参照のこと。ドイツでは Hefermehl-Bungeroth, a. a. O. (Fn. 38), §69Anm. 38 ; Lutter, a. a. O. (Fn. 13), §69Rn. 24 がこの説を採用している。大野・前掲注78)147頁は、さらに限定を加え、このような扱いは閉鎖会社にのみ認められるとする。しかし閉鎖会社に限定する理由は特にないと考える。同旨青竹・判評496号184頁注1)。

142) 田中啓一・判批・ジュリ554号109頁以下注1)。同旨山田攝子・前掲注92)9頁。

ど共同相続人の一体性を強調する必要がないことが挙げられている。②の理由は、有限会社にも議決権の不統一行使を認めることが適当であることである。

c説は、議案によって区別し、合併・営業譲渡・解散・株式の譲渡制限に関する定款変更などの議案のように、議決権が株式の内容を変更する場合は、株式の処分行為に準ずるので、全員の承諾が必要であるが、それ以外の議案に関する議決権行使の場合には、相続分に応じて議決権が個別的に帰属し、相続分に応じた個別的な議決権の行使も肯定されてしかるべきであるとする[143]。全員の出席による共同行使にこだわると、自己の意思を貫徹できない相続株主は総会への出席を拒絶することで、これに対処する可能性があり、また全員の一致にこだわると1人の相続人の反対によって、相続株式全体の権利行使に空白が生じる場合があることを根拠とする。

d説も、共同相続財産の管理は、変更行為にあたれば共同相続人全員の同意を要し（民法251条）、管理行為にあたれば相続分の価格の過半数で決めることを要する（民法252条本文）ので、決議事項が合併・営業譲渡・解散などは変更行為として全員の承諾が必要であるが、そうでない場合には相続分の価格の過半数で決めることができるとする[144]。

第2説は、会社は会社に認められた上記便宜を放棄できない、とする。そのように解する実質的理由として、203条の規定は、共同相続人団体を認めた規定であり、権利行使者は、代理人ではなくて、その団体の代表者であることを挙げる[145]。しかしドイツでは、当該株式が特別財産の一部（民法上組合、相続財産、合有財産）で、且つ株式のために法律（遺言執行）または契約（婚姻契約、組合契約）で既に代表権が与えられているときは、その者が共同代表者であるが、それ以外のすべての場合において、社員は共同で法律行為により相応の代理権を与えなければならないと解されている[146]ところを見ると、にわかには

---

143) 山田泰彦・前掲注92)194頁以下。
144) 青竹・判評497号188頁以下注1）。同族的・閉鎖的会社の株式の大部分または過半数が共同相続されている場合には、共同相続人の支配権の帰すうを左右し、少数持分権者の持分権の内容に変更・影響を及ぼす可能性があることを理由に、管理行為でなくて、変更行為にあたるので、共同相続人全員一致の同意を要するという。
145) 稲田・前掲注78)80, 83, 84頁。
146) Lutter, a. a. O. (Fn. 13), §69Rn. 15.

第2説に賛成することができない。

第1説中b説・c説は傾聴に値するが,反対する。1で論じる問題につき当然帰属説を採用すれば,この説は根拠を有するが,私は当然帰属説を採用しないので,遺産分割前には自己の相続分の議決権行使はできないと考えるからである。私はd説を支持する。

(b) 片木教授は,1人会社の株式が共同相続人に相続される場合には,相続人間で議決権行使の方法について合意がなされた時点で,議決権の行使が成立したと考え,権利行使者の選定がないとの抗弁を認めるべきでない旨を主張されておられる[147]。Wiedemannがだいぶ昔に,相続人共同関係が有限会社の全持分の所有者であるときには,有限会社法18条の意味はなくなるので,相続人の利益が社員総会への個別的な招集を要求する。さらに有限会社法46条・53条のような過半数関係の全規制は,相続人共同関係に移すことが可能である,と主張しているが[148],これと同じような思考をとるものである。ドイツでは,Rowedderが「相続人は直接社員になり,1人会社から多数の社員を持つ会社になり,従って45条以下(社員の権利—筆者挿入)が適用されなければならないという,Wiedemannによって主張された非常に興味深い見解は,民法の体系とも有限会社法の体系とも調和しない」と批判しているが[149],具体的事案によっては片木・Wiedemann説が適用される余地があると考える。

5　結　び

ドイツの学説が誤って伝えられ,長い間その誤りが指摘されることもなかったことに驚きを禁じ得ない。判例評釈を通して誤りが拡散しているので,学界の認識を改めるには時間がかかりそうであるが,最高裁の見解は,ドイツの学説・判例と比較して決して新しい傾向を示すものではない。今ではこの問題に関するドイツの文献の量と比べわが国の文献の量の方が多い状態であるが,本稿で紹介したようにドイツの議論は不明瞭な部分があるもののまだわが国の解

---

147)　片木・判評466号63頁注1)。
148)　Wiedemann, GmbHR, 1969, 247, 253.
149)　Rowedder, a. a. O.(Fn. 22), §18RdNr. 6.

釈論の参考となる多くの素材を提供しているように思われる。相続の通知については稲田説に賛成したが，このような解釈でよいのか御批判をいただければ幸いである。加美先生には公私にわたりご指導をいただいた。この機会を利用し心よりお礼を申し上げたい。

第3章 取締役の説明義務に関する一考察
―― ドイツ法の示唆するもの ――

1 はじめに

　周知のようにドイツ株式法は，株主の解説請求権（Auskunftsrecht）を定めており（131条・132条），わが国の昭和56年会社法改正法の制定の際に参照された[1]。同年改正により取締役の説明義務が明文化され（商法237条ノ3），これに関する判例も現在では21件を数え，判例評釈を通して法律問題もある程度明らかになって来ている[2]。しかしドイツの判例の数をわが国のそれと比較

---

1) ドイツとの比較的考察については，菅原「株主の解説請求権の法律的考察」『企業法発展論（商法研究Ⅱ）』448頁以下，山村『株主の説明請求権』6頁以下，末永『会社役員の説明義務』1頁以下，森本「会社役員の説明義務の機能と限界」『法学論叢』116巻1～6号545頁以下，同「会社役員の説明義務の目的――西ドイツの議論との比較」商事977号2頁以下が詳しい。ドイツの株主総会の規制と実態については森本「西ドイツの株主総会」『株主総会のあり方』3頁以下を参照されたい。
2) 事件ごとの判例と判例評釈は以下の通りである。
① 東京建物事件（〔1〕東京地判昭和60・9・24判時1187号126頁，〔2〕東京高判昭和61・2・19判時1207号120頁，〔3〕最判昭和61・9・25商事1090号92頁。判決〔1〕の判例評釈として神崎「取締役の説明義務」商事1060号2頁，中村(一)『会社法判例の研究』75頁，山村・金商738号46頁，北村・商事1188号26頁，尾崎・法セ375号77頁，西尾(信)・判タ37巻9号14頁，岩瀬・慶応大学法学研究64巻6号121頁，中曽根・早稲田法学62巻1号187頁がある。判決〔2〕の判例評釈として神田・ジュリ970号102頁，末永・『株主総会の法理』71頁，沢野・会社判例百選〔6版〕62頁がある。判決〔3〕の判例評釈として戸川・名古屋大学法政論集120号427頁，中村(一)『会社法基本判例』81頁，今井「株主総会における説明義務」商事1092号2頁，坂井・長崎県立国際経済大学論集21巻2号65頁，奥島・法セ32巻4号92頁がある）。
② 日立製作所事件（〔4〕東京地判昭和62・1・13判時1234号143頁，〔5〕東京高判昭和62・5・28資料版商事39号86頁。判決〔4〕の判例評釈として末永・前掲注2)87頁，内田・昭和62年度主要民事判例解説214頁，松井・金商771号50頁，丹羽・税経通信42巻13号228頁，神前・ジュリ954号122頁がある）。
③ ブリヂストン事件判決（〔6〕東京地判昭和63・1・28判時1263号3頁，〔7〕東京高判昭和63・12・14判時1297号126頁，〔8〕最判平成4・10・29民集46巻7号2580頁。

すると前者の数が圧倒的に多く[3]，そこで論じられている内容も，参考となる

判決〔6〕の判例評釈として河本・ジュリ906号38頁，加美・金商794号39頁，中村（一）『会社法判例の研究』99頁，森本・判評356号222頁，末永・前掲注2）153頁，前田（重）・昭和63年度重要判例解説95頁，石山・税経通信44巻1号250頁，大杉・ジュリ976号109頁，水沼・判タ706号238頁，奥島・法セ402号120頁がある。判決〔7〕の判例評釈として久保利・JICPAジャーナル1巻1号52頁，末永・前掲注2）171頁，別府・法律のひろば44巻4号74頁，前田（重）・昭和63年度重要判例解説95頁，石田・金商828号47頁，須藤・判タ735号252頁，森・法セ414号106頁，青竹・法学教室103号96頁がある）。

④　ヤマトマネキン事件判決（〔9〕京都地判平成元・8・25判時1337号133頁，〔10〕大阪高判平成2・3・30判時1360号152頁。判決〔10〕の判例評釈として加美・金商877号41頁，黒沼・ジュリ1026号143頁，村岡・判タ790号174頁，永井『平成会社判例150集』（以下単に『150集』として引用）84頁がある）。

⑤　野村証券事件判決（〔11〕東京地判平成元・9・29判時1344頁163頁，〔12〕東京高判平成2・7・3資料版商事78号100頁。判決〔11〕の判例評釈として中村（一）『会社法判例の研究』87頁，末永・前掲注2）101頁［判決〔12〕の判例評釈を含む］，米山『150集』80頁がある）。

⑥　大トー事件判決（〔13〕大阪地判平成元・10・4資料版商事68号111頁。本件判例評釈には末永・前掲注2）122頁がある）。

⑦　九州電力事件判決（〔14〕福岡地判平成3・5・14判時1392号126頁。この判決の判例評釈として河本・商事1252号2頁，落合・ジュリ1085号103頁，末永・前掲注2）134頁，高橋・九州産大商経論叢33巻4号111頁，早川『150集』86頁がある）。

⑧　東京電力事件判決（〔15〕東京地判平成4・12・24判時1452号127頁。この判例評釈として小林・青山法学論集35巻3・4合併号137頁，三木・判タ852号186頁，別府・私法リマークス1994（上）120頁，加美・判評417号221頁，坂本・金商925号51頁，三木・判タ852号186頁，込山『150集』82頁がある）。

⑨　日本交通事件判決（〔16〕松江地判平成6・3・30資料版商事134号101頁，〔17〕広島高裁松江支部判平成8・9・27資料版商事155号48頁，〔18〕松江地判平成7・2・15資料版商事155号84頁，〔19〕広島高裁松江支部判平成8・9・27資料版商事155号104頁。〔17〕の判例評釈として石山『150集』88頁がある。）

⑩　佐藤工業事件判決（〔20〕東京地判平成8・10・17判タ939号227頁）。

⑪　南都銀行事件判決（〔21〕奈良地判平成12・3・29金商1090号20頁）。

　紙面の関係で以下では括弧の数字と頁数で判例を引用する。なお説明義務違反を主張したものの，株主資格が否定され，損害賠償請求が認められなかった事例として東京三洋電機事件判決（東京地判昭和60・12・12商事1071号40頁）が，同様の理由で決議取消の訴が否定された事例として丸共事件判決（東京地判昭和63・1・28資料版商事47号88頁，東京高判昭和63・6・28資料商事52号54頁）がある。

3）　現行株式法131条および132条に関する判例として連邦通常裁判所の判例については以下の3件がある。

〔1〕　BGH, Urt. v. 29. 11. 1982, BGHZ 86, 1 = DB 1985, 1836, 1836, DB 1983, 273, 277, AG 1983, 75 = NJW 1983, 878

〔2〕　BGH, Urt. v. 9. 2. 1987, BGHZ 101, 1 = AG 1987, 344（原審判決〔29〕，控訴審判

第3章　取締役の説明義務に関する一考察 —— ドイツ法の示唆するもの ——

決〔**33**〕）
〔**3**〕　BGH, Urt. v. 15. 6. 1992, AG 1992, 450,（第一審判決〔**43**〕，控訴審判決〔**50**〕）
　　なお，BGH, Urt. v. 19. 6. 1995, AG 1996, 462,（SSI 事件：第一審判決：LG Ingolstadt, AG 1991, 24, 控訴審判決；OLG München I, AG 1991, 358, 上告審判決；BGHZ 122, 211 = AG 1993, 422, SSI II 事件：差戻し後の原審判決：OLG München 1, AG 1994, 418). 本件は，株式法131条と関係はなくはないが，主として293条4項の解説請求権と253条の決議無効の問題に関するので，存在のみを指摘しておく。
　　連邦憲法裁判所判例として次の2件がある。
〔**4**〕　BVerfG, Beschl. v. 20. 9. 1999, AG 2000, 72,（Scheidemandel AG 事件）
〔**5**〕　BVerfG, Beschl. v. 20. 9. 1999, AG 2000, 74,（Daimler-Benz AG 事件。第一審判決〔**68**〕，控訴審判決〔**73**〕）。
　　下級審の判決ないし決定として以下の84件の判例がある。
〔**6**〕　LG Heilbronn, Beschl. der KfH. v. 6. 3. 1967, AG 1967, 81, mit Am. von Henn.
〔**7**〕　LG Frankfurt/Main. Beschl. v. 16 Mai 1966, AG 1968, 24.
〔**8**〕　LG Dortmund, Beschl. v. 5. Juni 1967, AG 1967, 236.
〔**9**〕　OLG Düsseldorf, Urt. v. 16. Nov. 1967, AG 1968, 19.
〔**10**〕　OLG Düsseldorf, Beschl. v. 28. Nov. 1967, AG 1968, 23.
〔**11**〕　OLG Hamburg, Beschl. v. 11. April 1969, AG 1969, 150.
〔**12**〕　OLG Hamm, Beschl. v. 11. April 1969, AG 1969, 295.（株式合資会社に関する）
〔**13**〕　OLG Celle, Beschl. v. 9. 7. 1969, NJW 1969, 2054.
〔**14**〕　OLG Karsruhe, Beschl. v. 10 März 1969, AG 1969, 296.
〔**15**〕　OLG Hamburg, Beschl. v. 12. Dez. 1969, AG 1970, 50.
〔**16**〕　OLG Hamburg, Beschl. v. 6 Nov. 1970, AG 1970, 372.
〔**17**〕　KG, Beschl. v. 11. Feb. 1972, AG 1973, 25 = DB 1972, 1914.
〔**18**〕　OLG Karlsruhe, Urt. v. 30, Mai 1972, AG 1973, 28.
〔**19**〕　Bay ObLG, Beschl. v. 8. 5. 1974, AG 1974, 224.
〔**20**〕　Bay ObLG, Beschl. v. 17. 12. 1974, AG 1975, 78.
〔**21**〕　Bay OLG, Beschl. v. 25. 6. 1975, AG 1975, 325, mit Am. von Wälde.
〔**22**〕　LG München 1, Beschl. v. 10. 3. 1980, AG 1981, 79,（Paulaner AG 事件）
〔**23**〕　OLG Bremen, Beschl. v. 20. 10. 1980, AG 1981, 229.
〔**24**〕　OLG Frankfurt, Beschl. v. 18. 2. 1982, AG 1981, 232,（Deutsche Bank AG 事件）
〔**25**〕　OLG Frankfurt, Beschl. v. 22. 7. 1983, AG 1984, 25 = DB 1983, 2184,（Deutsche Bank AG 事件）
〔**26**〕　LG Dortmunt, Beschl. v. 26. 8. 1983, AG 1984, 83,（RWE 事件）
〔**27**〕　LG Frankfurt, Urt. v. 22. 2. 1984, AG 1984, 192.
〔**28**〕　OLG Celle, Urt. v. 7. 9. 1983, AG 1984, 266,（Pelikan 事件）
〔**29**〕　LG Frankfurt, Urt. v. 4. 7. 1984, AG 1984, 296,（Deutsche Bank AG 事件）
〔**30**〕　LG München 1, Beschl. v. 1. 4. 1985, AG 1987, 26.
〔**31**〕　OLG Köln, Beschl. v. 26. 4. 1985, AG 1986, 24,（有限会社に関する）
〔**32**〕　LG Dortmund, Beschl. v. 25. 10. 1985, AG 1987, 21,（RWE 事件）
〔**33**〕　OLG Frankfurt, Urt. v. 15. 4. 1986, AG 1986, 233,（Deutsche Bank 事件。〔**29**〕

の控訴審判決）
〔**34**〕 LG München 1, Beschl. v. 16. 4. 1986, AG 1987, 185.
〔**35**〕 OLG Düsseldorf, Beschl. v. 22. 7. 1986, AG 1987, 22 = DB 1987, 2512,（RWE 事件）
〔**36**〕 LG Dortmund, Beschl. v. 9. 1. 1987, AG 1987, 190.
〔**37**〕 LG Dortmund, Beschl. v. 19. 2. 1987, AG 1987, 189,（RWE 事件）
〔**38**〕 LG Mainz, Beschl. v. 13. 7. 1987, AG 1988, 169,（Kupferberg & Cie KG a. A. 事件。株式合資会社に関する）
〔**39**〕 OLG Düsseldorf, Beschl. v. 5. 11. 1987, AG 1988, 53,（RWE 事件。〔**37**〕の抗告審決定）
〔**40**〕 LG Frankfurt, Urt. vom 15. 2. 1989, AG 1989, 331,（Nestlé Deutschland AG 事件）
〔**41**〕 BayObLG, Beschl. vom 28. 4. 1989, AG 1989, 97,（有限会社に関する）
〔**42**〕 OLG Karsruhe, Beschl. vom 29. 6. 1989, AG 1990, 82（Asea Brown Boveri AG 事件）
〔**43**〕 LG Mannheim, Urt. v. 23. 10. 1989, AG 1991, 26,（ASEA BBC AG 事件）
〔**44**〕 OLG Zweibrücken, Beschl. v. 11. 12. 1989, AG 1990, 496.
〔**45**〕 LG Berlin, Beschl. v. 17. 1. 1990, AG 1991, 34,（Springer/Kirch 事件）
〔**46**〕 LG Köln, Beschl. v. 2. 4. 1990, AG 1991, 38.
〔**47**〕 LG Braunschweg. Urt. v. 6. 4. 1990, AG 1991, 36,（VW-Devisenskandal 事件）
〔**48**〕 LG Köln, Beschl. v. 2. 4. 1990, AG 1991, 38,（ddp 事件）
〔**49**〕 LG Frankfurt, Urt. v. 6. 11. 1990, AG 1991, 206,（Deutsche Bank AG 事件。なお〔**33**〕参照）
〔**50**〕 OLG Karlsruhe, Urt. v. 7. 12. 1990, AG 1991, 144,（〔**43**〕の控訴審判決）
〔**51**〕 LG Köln, Beschl. v. 6. 2. 1991, AG 1991, 280,（Deutsche Depeschen-dienst AG 事件）
〔**52**〕 OLG Düsseldorf, Beschl. v. 17. 7. 1991, AG 1992, 34 = DB 1991, 2532,（Deutsche Depeschen-dienst AG 事件）
〔**53**〕 OLG Frankfurt, Beschl. v. 24. 2. 1992, AG 1992, 460.
〔**54**〕 LG Düsseldorf, Beschl. v. 25. 3. 1992, AG 1992, 461,（Feldmühle Nobel AG 事件）
〔**55**〕 OLG Stuttgard, Urt. v. 7. 5. 1992, AG 1992, 459.
〔**56**〕 OLG Stuttgard, Urt. v. 8. 5. 1992, AG 1992, 460.
〔**57**〕 BayObLG, Beschl. v. 21. 5. 1992, AG 1992, 457,（Nold/Allianz 事件）
〔**58**〕 OLG Frankfurt, Beschl. v. 21. 8. 1992, AG 1992, 461.
〔**59**〕 LG Berlin, Besch. v. 22. 4. 1993, AG 1994, 40,（Allianz AG Holding 事件）
〔**60**〕 LG Frankfurt, Urt. v. 7. 6. 1993, AG 1993, 520,（Diskus Werke AG/Naxos-Union AG 事件）
〔**61**〕 LG Berlin, Beschl. v. 24. 6. 1993, ZIP 1993, 1632,（Allianz AG Holding 事件）
〔**62**〕 LG München 1, Beschl. v. 24. 6. 1993, AG 1993, 519,（Allianz AG Holding 事件）
〔**63**〕 LG Frankfurt a. M., Beschl. v. 4. 8. 1993, AG 1994, 39,（Commerzbank AG 事件）
〔**64**〕 KG, Besch. v. 26. 8. 1993, AG 1994, 83 = ZIP 1993, 1618 mit Am. von Wenger,

点が多いように思われる[4]。そこで，本稿では，第一に，ドイツの立法史を簡

(Siemens AG 事件)
- [65] OLG München, Urt. v. 12. 11. 1993, AG1994, 375.
- [66] LG München 1, Beschl. v. 13. 1. 1994, AG 1994, 380.
- [67] OLG Hamburg, Beschl. v. 24. 2. 1994, AG 1994, 420.
- [68] LG Stuttgard, Urt. v. 27. 4. 1994, AG 1994, 425, (Daimler-Benz AG 事件)
- [69] LG Berlin, Urt. v. 26. 5. 1994, AG 1995, 41.
- [70] KG, Besch. v. 30. 6. 1994, AG 1994, 469 = ZIP 1994, 1267, ([61] の控訴審決定)
- [71] BayOblG, Beschl. v. 8. 9. 1994, AG 1995, 328.
- [72] LG Bonn, Urt. v. 14. 9. 1994, AG 1995, 44.
- [73] OLG Stuttgard, Urt. v. 15. 2. 1995, AG 1995, 234, (Daimler-Benz AG 事件。[68] の控訴審判決
- [74] KG Berlin, Beschl. v. 24. 8. 1995, ZIP 1995, 1585 = AG 1996, 131, (Allianz AG Holding 事件)
- [75] KG Berlin, Beschl. v. 24. 8. 1995, ZIP 1995, 1590, (Allianz AG Holding 事件)
- [76] KG Berlin, Beschl. v. 24. 8. 1995, ZIP 1995, 1592 = AG 1996, 135, (Siemens 事件)
- [77] BayOblG, Beschl. v. 30. 11. 1995, AG 1996, 180, (Allianz AG Holding 事件。[62] の控訴審判決)
- [78] KG. Urt. v. 31. 1. 1996, AG 1996, 421, (VIAG AG 事件)
- [79] BayOblG, Beschl. v. 20. 3. 1996, AG 1996, 322, (Markt-und Kühlhallen AG, München 事件)
- [80] OLG München 1, Beschl. vom 26. 4. 1996, AG 1996, 327.
- [81] OLG München 1, Beschl. vom 24. 7. 1996, AG 1996, 518.
- [82] LG Heiderberg, Urt. v. 7. 8. 1996, AG 1996, 523, (Sheidemandel AG 事件)
- [83] BayOblG, Beschl. v. 23. 8. 1996, AG 1996, 516.
- [84] BayOblG, Beschl. v. 9. 9. 1996, AG 1996, 563, ([66] の控訴審決定)
- [85] LG Berlin, Urt. v. 2. 12. 1996, AG 1997, 183, (Brau und Brunnen AG 事件)
- [86] OLG Braunschweg, Urt. v. 29. 7. 1998, AG 1999. 84, (VW AG 事件)
- [87] LG München 1, Beschl. v. 4. 9. 1997, AG 1999, 138, (Vereinte Versicherungs AG 事件)
- [88] OLG Dresden, Beschl. v. 1. 12. 1998, AG 1999, 274.
- [89] BayOblG, Beschl. v. 22. 3. 1999, AG 1999, 320, (ERC Frankona Rückversicherungs AG 事件)
- [90] BayOblG, Beschl. v. 14. 7. 1999, AG 1999, 131, (株式合資会社に関する)

なお，66年1月以後下された37年株式法112条に関する判例として，①LG Mainz, Urt. v. 1. 7. 1966, BB1966, 917, ②BGH, Urt. v. 30. März 1967, AG 1967, 200 = DB 1967, 940, ③OLG Zweibrücken, Beschl. v. 28. 4. 1967, AG 1967, 235, ④OLG Hamburg, Urt. vom 10. Mai 1968, AG 1968, 190, ⑤OLG Koblenz, Urt. v. 13. 10. 1967, BB 1967, 1265 (①の控訴審判決), ⑥OLG, Düsseldorf, Urt. v. 16. Nov. 1967, AG 1968, 19 及び⑦OLG Hamburg, Urt. v. 10. Mai 1968, AG 1968, 190. がある。

4) Groß, Informations-und Auskunftsrecht des Aktionärs, AG 1997, 97 は，株式法上の

単に概説し，第二に，ドイツの現行株式法の規制内容と判例を紹介しながら，若干の問題について，わが国の判例と学説をドイツのそれと比較し，解釈論と立法論を展開したいと思う。

2 ドイツの1965年株式法制定以前の法律状態

これに関しては既に多くの研究がなされているので，簡単なアウトラインを示すにとどめる。

(イ) 旧商法典には解説請求権の規定はなかった。約12万マルクを契約による利益持分と賞与に計上する利益処分案に対し，取締役会・監査役会及びその他の使用人の「三つのグループの各々に」配分される額と監査役会の賞与の計算方法について質問をし，計算方法は説明されたが，具体的な額については説明を拒否されたことから，総会決議の取消の訴を提起した事件において，ライヒ最高裁判所1913年4月22日判決（RGZ 82, 182 = JW 1913, 742）は，取締役会が質問に答えないなら，質問をした株主は「会社の最高機関」としての総会にその質問決議をするよう提案すべきであり，これが可決されると，取締役会の回答義務は法的義務になると解することが，「株式会社の本質（Grundwesen）」から導かれる，「個々の株主が，総会の反対の意思に無関係に，株主が必要と考えたあらゆる質問の回答を要求することが許され，無回答は決議の取消事由となるなら，株主に経営者を麻痺させる手段が与えられる」（186頁），「株式会社にとって解説請求を単独株主権とする考えは断固として否決さ

「全」情報義務との関係で株主の情報権と解説請求権を「機能的に」考察することが必要であるとしているが，時間的・枚数的制限のために株式法131条及び132条の解説請求権（取締役の説明義務）のみを扱う。わが国では取締役と監査役が説明義務を負うが，ドイツでは，株式会社の組織構造がわが国と異なるので，取締役会だけが負い，監査役会は負わない（Groß, AG 1997, 99 など通説。Trescher, Die Auskunftspflicht des Aufsichtsrates in der Hauptversammlung, DB 1990, 515f. は通説を批判する）。前者を理解するには，わが国に紹介されていない共同情報権（Kollektives Informationsrecht）と単独情報権（Individuelles Informationsrecht）の違いを認識する必要がある。本文の後半で簡単に触れることにする。監査役会会長に向けられた個人的質問は会社の事務に関しないとの判例がある。OLG, Stuttgart, AG 1995, 234［235］．なお，ドイツ有限会社法51条a及び51条bは，株式法と類似の解説請求権制度を定めているが，株式法のそれと異なり，必要性の要件を定めていない。

れなければならない。この種の権利は熟慮を経た理由よりただ全く限られた数において認められている（第二株式法理由書参照）。その数を恣意的に拡大することは許容できない」（187頁）として，解説請求権を株主の固有権と判示した原審判決を棄却した。その後のライヒ最高裁判所判例はこの立場を踏襲した（RG Urt. v. 16. Juni 1922, RGZ 105, 40 など）。これらの判例の判旨は必ずしも明確なものでなかったため，わが国ではどこにウエイトを置いて読むかで，一般的解説請求権を否定したが，単独株主権としての質問権を否定していないと評価する見解と[5]，判例は一般的解説請求権と質問権とを区別しておらず，単独株主権としての質問権を否定したと評価する見解[6]が生じている。本文引用の

5）菅原・前掲注1）462頁以下。ライヒ司法省草案理由書（第一草案）は，「総会での解説請求の新規定は，総会での解説請求に対する単独株主の権利を疑いがないようにしている。それによって現在の法律状態の明確化が達成される。目下支配的なライヒ最高裁判所の判例まで遡る法律実務は，解説が与えられるべきか否かの決定を総会の多数にさせているが，しかし，単独株主の解説請求に対する固有権を否定しないで，多数決によるそのような固有権の侵害の場合にはその取消を認めている」(Nord, Ist das Auskunftsrecht des Aktionärs Zubehör des Stimmrechts? in ZBH 1933, 35 より引用)］と述べている。また Barz, Grenzen des Auskunftsrechtes des Aktionärs, BB 1957, S. 1253 は，説明を取締役会に主張しうる権限のある機関は，監査役会と一責任解除という枠の中で一総会である。総会は取締役会の説明報告の受取人である。それ故総会は，それに本質的であると思われる解説を，多数決で要求することができる。この一般的な法命題から生じる解説請求権それ自体は，株式法112条とは無関係である。後者の解説請求権は，会社の事務に対する株主の共同決定権であって，総会の決議によっても制限されることはできない。それゆえ，ライヒ最高裁判所は，112条と根本的に関わった若干の判例（RGZ 167, 151）で，総会が十分と表示しても，株主の解説請求権は終わらないと主張していると述べているが，この説は菅原説を根拠付けるように思われる。なお，わが国の通説（竹内『会社法の理論Ⅲ』190頁，前田重行『株主総会の研究』200頁以下など）は，質問権を会議体の一般原則上当然その構成員に認められる権利であると考えるため，この点に関するドイツの議論に余り関心を示してこなかった。妥当な態度とは言えない。

6）末永・前掲注1）24頁以下。ドイツでこのような立場に立つ見解として Reinicke, Das Auskunfsrecht des Aktionärs, in Beiträge zur Aktienrechtsreform, 1959, S. 118ff., Ebenroth/Minoudis, Die strukturelle Ausgestaltung des Auskunftsrechts im deutschen und griechischen Rechtskreis, AG 1970, 354, ［356］などを挙げることができる。この説によれば，質問権が単独株主権として認められたのは，37年株式法からであるということになる。Ebenroth/Minoudis によると，単独株主権とされなかった実質的理由は，①解説請求権に関連した多数の取消訴訟により会社の活動が麻痺することを恐れたこと，②競争者が営業の秘密を調べるために単独株主権を濫用する可能性に気づいていたことおよび③会社の利益保護のために特定の回答が拒否されなければならないか裁判所が決定を下すことは荷が重すぎると考えられたことに基づく（AG 1970, 357)。

文献しか読んでいないので最終的結論は控えるが、後者の見解が素直な理解である。しかしドイツでも見解が分かれており、前者を誤りと必ずしも断定できないように思われる。それはともかくとしてドイツではライヒ最高裁の立場につき賛否両論に分かれたが、反対説が多数説となった。例えば、Horrwitz[7]は、16年に、ライヒ最高裁の判決は根拠がないとし、「討議権（das Recht auf Debatte）は議決権の付属物であり、解説請求権（das Recht auf Auskunft）は、討議権の付属物（ein Zubehör）である。総会は原則としてある株主が討議に参加することの可否について決議する権利がないように、その者が元来与えられるべき解説を請求しうることの可否について決議する権利もない。……株主の解説請求権が原則として肯定されるべきであるとすると、その行使それ自体だけで会社の利益に反するとして除去されることは許されず、むしろ、その特別な利用が会社の利益を害する場合にのみ排除されることが許される」と主張し、Brodmann[8]も、28年に、「解説請求権は、……議決権の自明な添え物（selbstverständliches Korollar）である。会社の事務において決定する権利には必然的に、適切な決定のために必要な解説を受ける請求権が結び付いている。それは各株主の単独株主権である」と述べている。他方 Pinner[9]は16年に、法的根拠を示すことなく、「ライヒ最高裁判所が上述の諸判例で採る方法は、……多数派に対し少数派の武装を解除する目標に向かっている。……現行法のこの解釈は是認されることができない」と批判している。これに対し、Nord[10]は、33年に、解説請求権は議決権の付属物であるという見解は、議決権の過大評価と他の諸要素の過小評価に基づいている。株主は資本提供者として先ず第一に会社の関係を知らされることに利益を有するのであって、会社の経営者は他人資本を管理しているのであるから、資本を委託した者に必要な解説を与えなければならないのであって、無議決権株式に解説請求権が認められるのもこの

---

7) Horrwitz, Recht des Aktionärs auf Auskunft in der Generalversammlung, JW 1916, S. 887, [888f.].

8) Brodmann, Aktienrecht, 1928, S. 343f.

9) Pinner, Die Minderheitsrechte der Aktionäre und das Reichsgericht, JW 1916, S. 988 [991].

10) Nord, Ist das Auskunftsrecht des Aktionärs Zubehör des Stimmrechts?, ZBH 1933, S. 35ff.

第3章　取締役の説明義務に関する一考察──ドイツ法の示唆するもの──

ためであり，付属物理論は真実の一部しか述べていないと主張した。

それ故質問権は議決権に付属するという理論は，当時としてはライヒ最高裁の判決を覆すための理論としての意義を有していた。しかし議決権付属物理論では，議決の対象にならない事項に質問が及ぶことを説明できないし，無議決権株式に質問権が肯定される理由も説明できないことになるので，ドイツの今日の通説は付属物理論を放棄している[11]。他方，株主企業所有者理論も，無限定な解説請求に連なるので，これも支持されていない[12]。

---

11) 解説請求権は，議決権の付属物ではなく，共同管理権の本質的流出物である（Nitschke/Bartsch, Über Bedeutung und Umfang des Auskunftsrechts, insbesondere im Zusammenhang mit Entlastungsbeschlussen, AG 1969, 95, [97], Erkhard, in Geßler/Hefermehl/Kropff, AktG, 1974, §131 Anm 30 und 35, Henn, Handbuch des Aktienrechts, 1984, S 298f., Barz, Aktiengesetz, Großkomm. 1973, §131 Anm 2.）。LG Köln, AG 1991, 38 は，解説請求権は，決議されうべき議事日程のために存在する議決権の付属物ではなく，単に書類が提示される議事日程の場合にも存するので，代理人はこれらの事項につき質問するための特別な代理権を要しないと判示し，OLG Braunschweig, AG 1999, 84, [88] も「解説請求権は，社員権とそれとともに表れる共同管理権の流出物」と判示している。松井・判批・金商771号53頁は，質問権を総会における株主の報告聴取権及び議決権に「付随する権利」という。これに対し森本・前掲『法学論叢』116巻1～6号555頁は「議決権の補助制度としてのみ理解してはならない」との正当な指摘を行っている。ドイツの表現を日本流に言い換えれば「質問権は，社員権から流出する」ものである。ドイツで議論された問題は，解説請求権が独立した権利なのか，補助権（Barz, BB 1957, 1253, Boesebeck, Auskunftserteilung außerhalb der Hauptversammlung, AG 1963, 91 等）なのか，そのような議論は意義がない（Reinicke, a. a. O., S. 119, Fußnote 10, Gadow-Heinichen, Aktiengesetz, Großkomm., 2. Aufl. 1961, §112 Anm. 1, Barz, Aktiengesetz, Großkomm., §131 Anm 2.）のかということであり，最近では，議決権としての情報権が認められるか否か（肯定：LG München 1, AG 1197, 327, [328], 否定：Groß, AG 1997, 97, [101 und 103]）という議論である。

12) Fischer, Die "Grundrechte" für den Einzelaktionär und für Minderheiten DB 1958, S. 1263ff. は株主は会社の実質的所有者であることを根拠に，単独株主権たる無条件の解説請求権を主張した。この見解に近いわが国の説は吉田「新商法下の株主質問権の範囲」商事981号102頁であり，企業所有者たる株主の質問権は，企業活動全般にわたるが，商法237条ノ3はその範囲を制限したと評価する。これに対し Reinicke, a. a. O., S. 120 は，株式を取得することにより株主は会社の機関に従うことになるので，この見解は説得的でないと批判し，わが国の学説も，菅原・前掲注1）482頁は，このような見解は組合員や人的会社の社員と同じ地位を株主にも認めようとするもので不当と批判している。今日のドイツでは，社員権と並んで存在する株主の持分所有権または資本の投資家としての性質から解説請求権が派生するものではないと解するのが通説といえよう。Hüffer, AktG, 3. Aufl. 1997, §131 Rn 2.；Saenger, Zum Auskunftsanspruch des Aktionärs über Minderheitesbeteiligungen, DB 1997, S. 145, [148] など。但し最近の下級審判例に株主

㈥　1937年株式法112条は，学説の多数説を採用し，「各株主に要求により株主総会において審議の目的たる事項と関係のある会社の諸事務に関して解説が与えられなければならない。解説義務はコンツェルン企業との関係にも及ぶ」（1項）と定め，解説請求権を強行法的な単独株主権とした。そして「解説は良心的且つ忠実な回答の諸原則に従わなければなら」ず（同2項），「会社若しくは参加会社の優越的利益又は民族及び帝国の共同の利益が要求する限りにおいてのみ解説を拒否することができる。取締役会はこの要件が存在するか否かを義務的裁量により決定する」（同3項）と定めた。従って裁判所の審査の対象となるのは，解説拒絶が裁量権の濫用に該当するか否かに限られた。[13] その判断の際に，理由全部が開示されると，会社の秘密が損なわれることになるので，包括的な理由を開示する必要はなかった（BGH, Urt. v. 7. April 1960, BGHZ 32, 159, [168]）。

1項は，「各株主は，議決権行使の権限があるか否かとは無関係に，解説請求の権限があるので，解説請求権は，議決権の単なる結果とみなされ得ない。解説請求権はむしろ法律により，あらゆる他の株主権と同様に，独立の，各株主に株式に基づいて帰属する権利として承認されている」，「なるほど，解説を行うことは，株主にとって大抵総会における投票のための手がかりを得て，そのようにして決議に関する自主的判断を形成する手段であろうが，そのことは必要ではない[14]」と説明された。これは，無議決優先株に，議決権を除き，普通の株主と同様の権利（総会参加権や解説請求権等）が認められている（同116条1項）という事情があるためである。従ってドイツの観念をそのまま受け入れるとわが国でも，解説請求権は，総会参与権の1内容をなし，議決権と並列的に存在する固有権として株主に保障されているという結論になる[15]。

　企業所有者理論に近い説を採用するものが出てきたことについては後述する。

13) BGHZ 32, 159, [168]. もっとも BGH, Urt. v. 23. 11. 1961, BGHZ 36. 121 は，株主に対する会社の利益の考量の際には裁量を認めるが，そうでない場合には裁量を認めない立場を採用している。なおわが国では，説明の必要性・説明の拒否の存否の判断には取締役の経営上の判断の原則の適用があり，明らかに不合理な判断と認められない限り，その判断を誤りとして総会決議取消事由とすべきでないとする見解が唱えられているが（並木「取締役の説明義務の範囲と判断」『現代商事法の重要問題』126頁），同見解は，わが国の議論をドイツの37年法段階のレベルに引き戻すものであって，妥当でない。

14) Schlegerberger-Quassowski, Aktiengesetz, 1937, S. 491.

第3章 取締役の説明義務に関する一考察 —— ドイツ法の示唆するもの ——

しかしわが国ではドイツと異なり，無議決権株には，代表訴訟提起権は[16]認められるが，議決権がないので，出席し討論に加わる権利を有しておらず，従って質問権もないと解する見解が今日では多くなって来ている[17]。比較法的に見ると，無議決権株式に質問権を認めるか否かについて規制は一致していないので政策の問題である[18]。否定説も肯定説も理由付けは可能である。ド

---

15) 山村・前掲注1)188・9頁，末永・前掲注1)207頁。
16) 岩原『新版注釈会社法(5)』329頁は，決議内容の瑕疵については決議取消訴権を認め，北沢『同(6)』427頁は代表訴訟提起権を認める。決議取消訴権を否定するのが従来の多数説（例えば北沢『会社法（5版）』190頁，神崎『商法Ⅱ（会社法）（3版）』145頁，丸山『株式会社法概論（3訂版）』120頁，宮島『会社法概論（補正版）』128頁）であるが，岩原説に賛成したい。
17) 例えば，鈴木竹雄＝竹内昭夫『会社法（3版）』232頁，北沢・前掲注16)189頁，稲葉『改正会社法』139頁，神崎・前掲注16)145頁，森本・前掲『法学論叢』116巻1～6号553頁，久留島「株主総会における会社役員の説明義務」『改正会社法の基本問題』119頁，丸山・前掲注16)119頁など。ドイツ株式法では議決権を除くその他の権利はこれを有すると明文で定められているが（140条1項），わが国では，無議決権株主は総会招集通知を受けないとの規定（商法232条4項）があることを根拠とする。他方，無議決権株主も総会参与権があるから質問権を有するとする説も有力である。（田中（誠）『3全訂会社法詳論上』533頁，菅原『新版注釈会社法(5)』244頁，加美『会社法の現代的課題』136頁，宮島・前掲注16)128頁，石田「株主の質問と役員の説明」金商651号61頁，末永『会社法』73頁など）。ドイツには他主占有の優先株20株に解説請求を認めた判例がある（LG München 1., AG 1987, 26.）。
18) ① イギリスではRe Mackenzie & Co., Ltd [1916] 2Ch 450がこの問題を扱っている。本件事案は以下の通りである。基本定款では，優先株と普通株の各権利と特権は付属定款に定められるとされ，付属定款は，会社が優先配当を6月にわたって行わないのでなければ優先株主は投票の権限がないと定めていた。会社に損失が生じたので，資本減少案を全ての株主に送り，付属定款では優先株式に総会の投票権はないが，計画を承認することを聞くことはうれしいと回状は結んであった。これに答えて1947株の優先株主は計画を承認し，2210株の優先株主は計画に反対し，残りの1143株の優先株主は中立の回答をした。15年の2回にわたる総会で資本減少が決議された。第1回の総会には優先株主の誰も総会に出席しなかったが，決議の前に計画に反対する株主の書面が総会で読まれた。第2回の総会の招集通知は，優先株主に送られず，誰も総会に出席しなかった。資本減少を確認する請願（petition）に対し，1889株の優先株主が，付属定款所定の承認を受けておらず，優先株主は総会に招集されておらず，計画は優先株主にとって不公正であるとして，反対し，訴訟になった。裁判所は，「これらの事情の下では，第一に，優先株主は投票権限のない総会に招集されなければならないとの規定が付属定款にないということ，そして第二に，優先株主は招集される資格があっても，本件における省略は，各優先株主が総会でなされようとしているものの正確な完全な報告を用意されたから，とるにたりないと考える」と判示した（458頁）。従って付属定款に別段の定めがなければ，議決権を有しない社員は，総会に招集される必要はなく，それに出席する権利も有

イツでは，総会に出席するには届出を要し（株式法123条），出席者名簿に記載されなければならないので（株式法129条），無議決権株主も総会招集通知を受け取った後，同じ手続きを取ると，総会に出席できるシステムになっているから，無議決権株主に総会出席権を認めても支障はないが，仮に無議決権株主に総会出席権を認める説を認めるにしても，わが国の規制は出席に対する配慮が全くなされていない。私が会社の顧問弁護士なら，仮にある説を採用して敗訴しても総会決議は取り消されるとはまず考えられないので，会社に負担のかからない方法を採用しなさいと助言するであろう[19]。反対が推測されるので，

しないと解されている（Pennington's Company Law, 6th. ed., 1990,. p. 622）。

② アメリカでは優先株主に議決権が認められるか否かは，会社法，契約であるところの会社の基本定款，付属定款の解釈問題であり，別段の規定がなければ議決権が認められるが，議決権を排除する明文規定があれば，議決権がないというのが判例であるが（Mililspaugh v. Cassedy, 181 N. Y. S. 276, [280ff.] ; Hazel Atlas Glass Co. v. Van Dyk & Reeves, 8F. 2d. 716, [722], Personal Industrial Bankers, Inc. v. Citizens Budget Co. of Dayton, 80F. 2d. 327, [328f.], certiorari denied McConnaughey v. Personal Industrial Bankers, 298 U. S. 674 ; Allen v. Montana Refining Co. 227 P. 582, [586] ; Rice & Hutchins, Inc. v. Triplex Shoe Co. 147A. 317, [3246], Triplex Shoe Co. v. Rice & Hutchin, 152 A 342, [351]），質問権まで論じた判例を見つけることができなかった。

③ フランスでは無議決優先株（actions à dividende prioritaire sans droit de vote）は1978年7月13日法で認められるようになった（会社法269条以下）。同株式は，「総会参加権（droit de participer）及び議決権，当該株式の権利委譲（chef）」のみが明文で剥奪されている（同269条－1第2項）。従って総会参加権はないとはいうものの，それ以外の権利，例えば書類閲覧権（同170条）や役員責任追及訴権（同245条）等はこれを有している。(Juglardt-Ippolito-Dupichot, Les sociétés commerciales, 2e vol. 10e éd., 1999, p. 389.)。

④ イタリアでは無議決権株主に総会参加権（il diritto d'intervento all'assemblea. なお民法典2370条参照）が認められるか否かについては見解が分かれている。肯定説を採る者としてDe GregorioとCampobassoが，否定説を採る者としてFerriとPecatoreがいる（Fiale, Diritto delle società, VI ed. 1998, p. 193）。なお貯蓄株式（azioni di risparmio）を新設した1974年法（legge n. 216/1974）の下では，貯蓄株式に総会参加権は認められないと解されていたが（1条／14条5項参照。なお，Nobili/Vitale, La Riforma delle società per azioni, 1975, p. 420参照），1998年法律命令（D. L）145条で改正され，総会参加権が認められるように改められている。

⑤ スペインでは無議決権株式（acciones sin voto）は1989年会社法で認められるに至った（同90条）。同株式には「議決権を除き」普通の株式と同じ権利が帰属するので（同92条1項），質問権は勿論のこと総会招集権（同100条）も有すると解されている。黒田清彦『新スペイン株式会社法の研究』122頁～124頁。

19) 単位未満株主に質問権を認める見解がある（末永・前掲注1）177・195・196頁）が，昭和56年附則18条1項に反し賛成できない（通説）。端株にも質問権は認められない（通説）。

法制審議会の委員が消極的になるのは理解できるが，今日のようにグローバル化した社会ではグレー・ゾーンを無くするのが法律家の責務である。無議決権株の発行枠が拡大されているので，ドイツの行き方も捨てがたいと考えるが，来るべき改正作業の際には，どちらの説を採用するにせよ，それが明らかになるよう条文の表現を修正すべきであると考える[20]。

当時解説は議事日程の目的たる事項に限定されていなかったので，議事日程の通知に含まれていなくても，会社の事務が審議の目的たる事項と関係する限り，解説を要し，その関係は狭く解すべきでないとされていたから（BGHZ 32, 159, [168f.]. 通説)，解説請求権の範囲は相当に広いものであった[21]。そのため，どのような場合に権利の濫用の禁止（民法242条）の適用があるかということと，審議事項の適切な判断に必要な知識を提供するという解説請求権の目的に基づく内在的限界の有無が論じられるようになった[22]。65年株式法は後述す

---

20) わが国では総会当日にならないと出席株主がわからない制度であるため，九州電力事件では受付付近での資格確認が問題となった（注2 判決〔**14**〕)。ドイツではこのようなトラブルは起こり得ない。ドイツでも環境保護団体は存在している。このような株主が総会保護のための警備員投入費用を総会で質問した事例において，株主の観点からは，総会実施の責任機関が安全措置を強調しすぎると考えるときにも，質問拒否は正当と判示されている（LG Dortmund, AG 1987, 189.)。なお，東京三洋電機事件判決では，外国人が総会に出席できなかったため法律問題となったが，ドイツ方式では，このような問題も生じない。ドイツの制度は無記名株券が主流であることに起因するが，合理的制度である（同旨，森本・前掲『株主総会のあり方』注1）11頁以下）と考えるので，改正作業の際には同制度を検討する価値があると思う。

21) わが国の現行法の解釈に，37年ドイツ株式法の通説・判例の立場を採用する者として末永・前掲注1）183・198頁がある。なお BGH, Urt. v. 30. 3. 1967, AG 1967, 200 = DB 1967, 940. 942. は，締結した契約書を読み上げる請求も解説請求権に入ることを認めている。

22) 権利濫用に関する議論は，もっぱら利己的利益を追求する場合にそれがあるのか（RGZ 167, 157 など)，利己的利益が信義則から是認できないほどにまさるとあるのか（Barz, BB 1957, 1255)，それとも利己的利益のない純粋に嫌がらせ的振る舞いで十分なのか（Gadow-Heinichen, a. a. O., §112 Anm. 6) という争いである。なお BGHZ, 36, 121, [135ff.] 参照のこと。②内在的限界肯定論者は，通説（例えば v. Gleichenstein, Zum Auskunftsrecht des Aktionärs, AG 1958, 255, [256]）と反対に，質問者は質問理由を原則として明らかにする必要はないが，質問が審議事項との関係が即座には認められない場合には，株主は関係がある旨を明らかにすべきで，これが行われない場合には取締役会は解説を拒否することができると主張した（Gadow-Heinichen, a. a. O. §112 Anm. 3. これに近い見解として Barz, BB 1957, 1254.)。

るように、前者を131条3項1号で定型化し、後者を131条1項で明文化した。また、3項前段はナチスの影響を看取でき、同後段は「自己の事件の裁判官」となることを意味するから、批判を受け、65年株式法はこれもまた改正した。

解説義務は、総会を著しく遅らせることなく必要な手がかりを提供しなければならないような問題も含むので（RG, Urt. v. 12. 6. 1941, RGZ 167, 151, [169f.]）、総会の間必要な職員を待機させておくことが取締役会の責務であるが[23]、相当の準備を要する質問の場合には、信義則上、質問を行う株主はそのような質問を総会前に取締役会に知らせ、必要な準備を与えることが必要であり、そうでなければ拒否は許される。これに該当するか否かは事案ごとに信義則に従い判断されると解されていた（BGH a. a. O. 通説）。従ってこの点はわが国の現行法と実質上相違がなかった。この状態は65年株式法になっても同様である[24]。

---

23) 65年株式法にも同趣旨の判例がある。(LG München 1, AG 1987, 26.)。
24) BayObLG, AG 1975, 325 によれば、総会の時点で取締役会が回答できない場合に、解説請求権はその限界を発見する。そこで、事前通告を要しないが、事前の調査がなければ複雑な問題の回答は期待できないので、事前に通告するのが往々（manchmal）行われている。Semler in MünchHdb AG, 1988, §37 Rn 16. OLG Düsserdorf, AG 1992, 34 では、質問が行われるとの覚書のある膨大な質問目録が事前に会社に送られており、Selmerの指摘を裏付ける。ドイツでも解説請求権は総会で実際に行使されない限り、生じない（OLG Celle, AG 1984, 266 ; LGKöln, AG 1991, 38.)。答えられていない質問がないか株主に質問がなされたとき、最初に提出した質問を繰り返さないことは、質問の推断的放棄とみなされる。(LG Mainz,, AG 1988, 169. 同旨, Reuter, Das Auskunftsrecht des Aktionärs-neuere Rechtsprechung zu §131 AktG, DB 1988, 2615, [2616].)。

わが国では、1括回答の有効性とその法的性質が学説で争われた。注2判決〔1〕は1括回答を説明義務の履行行為と把握しているのか必ずしも明確とは言えなかったが、判決〔2〕、〔3〕、〔10〕、〔11〕、〔14〕および〔15〕は、質問事項書の事前送付は、調査を要することを理由に当該事項につき説明を拒絶することを制限する効果しか有せず、株主が総会の場で実際に質問をしない限り（野村証券事件では代理人が出席したが、質問をしなかった）、説明義務は生じないとの立場を採用している。ドイツの通説・判例と同一であり、私もこれに従うが、中村（一）教授の見解（『会社法判例の研究』80頁・93頁）に近いと思われる見解も存在している。この見解によれば、総会前に又は総会中に提出され、総会で回答されない書面の質問は、少なくとも短い形式で口頭で繰り返すか（Hüffer, AktG §131 Rn. 8)、読み上げられなければならない（LG Köln, AG 1991, 38)。但しドイツでもこれに反対する説が存在している。判決〔16〕（111頁）は、議長が事前に提出された質問事項を朗読させた上、取締役をして一括回答させた事案につき、報告事項の追加とみるべきではなく、「原告らが本件質問事項書に記載の質問及び口頭での補足質問を含め質問権を行使した」と解しているが、妥当であると考える。

3 ドイツの1965年株式法以後の法律状態

(イ) 現行法である1965年株式法は[25]、若干の変更と共に37年法を踏襲した。

(a) 重要な改正の第一は、解説に「議事日程の目的たる事項の適切な判断のため必要である限り」（必要性の要件）との限定を加えたことである（131条1項）。

まず、バイエルン上級地方裁判所1999年3月22日決定は[26]、「株式法131条1項により与えられた権利の意味と目的」を、「株主を議事日程の目的たる事項を判断することができるようにし、それ故総会参加権の適切な行使に必要な具体的情報を提供すること」と解し、「株主は権利の行使にとって本質的な事情を知っているときにのみ社員権を意味深く行使できる」と述べている。しかしその権利の範囲については、論者によって異なっている。Großは、株主総会は議決機関であって、監視機関ではなく、株主の情報権は総会の適切な議

なお商事法務研究会が毎年公表している「株主総会白書」を検討してみると、総会の前に質問状が送られて来ない会社が多くなって来ており（84年版白書：63.5％→99年版白書：90.8％)、2通以上の質問状を受けた会社も減少しているが、巨大会社と小会社とでは違いが見られ、小会社では質問状がほとんど送られてこないのに対し、巨大会社では半数近くが送られてきている。

25) その後、①1985年12月19日の会社法の同等化のためのヨーロッパ共同体理事会第4、第7及び第8指令を実施するための法律（貸借対照表指令法）2条により、131条1項に3文（「会社が商法266条1項、276条または288条に基づく軽減を適用するときには、各株主は、年度決算総会においてこれらの規定の適用のない形式の年度決算書が提出されるよう請求できる」）が追加されている。年度決算書の提出請求は、株式法132条の意味の解説請求として取り扱われる。OLG Düsseldorf, AG 1992. 34f. = DB 1991, 2532. それは、総会で年度決算書が確定しなくても認められるが、その性質上、提出請求と並行した、完全な形式での年度決算書に関係する質問に対する解説請求権は存在しない。そう解さなければ、同じ請求が2重の形式で主張されることになるからである。LG Köln, AG 1991, 280. また、②1990年11月30日の銀行及びその他の金融機関の年度決算書及び連結決算書に関するヨーロッパ共同体理事会指令を実施するための法律（銀行貸借対照表指令法。BGBl. I S. 2570）第2条により、3項の拒否事由に6号が付加されると共に、4項に3文が追加されているが、趣旨に変更はない。Vgl. Decher, Information im Konzern und Auskunftsrecht der Aktionäre gem. §131 Abs. 4 AktG, ZHR 158 (1994), 473ff. insbesondere 485f.

26) BayObLG, AG 1999, 320. 同旨 BayObLG, AG 1996, 180, [181], BayObLG. AG, 1996, 322, [323], LG AG Heidelberg, 1996, 523, BayObLG, AG 1996, 516, BayObLG, AG 1996, 563.

決権行使のための補助権であるので，包括的な説明請求権を意味するものではないと主張する[27]。第2説は，特に決権行使のためのものであるが，その他の権利を行使するための情報の入手も含まれるとする[28]。このように議論が分かれる理由は，ドイツでは無議決権株式にも質問権が認められているため，これをどのように評価し，構成するかという問題が絡むからである。無議決権株式に質問権があるか否かの上述したわが国の学説の争いは，ここでもドイツの学説のどちらを選択するかという形で発露する。通説は，総会における報告事項についての合理的な理解または決議事項についての議決権行使の合理的な判断の資料の入手のために認められたと解するのに対し[29]，質問権を自主的

---

[27] Groß, AG 1997, 99f. 解説請求権を一般的に株式所有の判断のための補助とするのは広すぎると指摘する Zöllner, in Kölner Komm. z. AktG, 1983, §131 Anm 2 はこれに近い。Burgard, Die Offenlegung von Beteiligungen bei der Aktiengesellschaft, AG 1992, 41, [46]; Fußnote 69 の記述より Hefermehl 及び Lutter もこの見解に属すのではないかと推測される。; Möhring, Buchbesprechung von Baumbach-Hueck: Aktiengesetz, NJW 1969, 1473, DERS., Buchbesprechung von Aktiengesetz, NJW 1973, 1172.

[28] Hüffer, a. a. O., §131 Rn 1 は，議決権が前面にあるが，取消権と少数株主権の行使も問題であるとする。Semler, MünchHb AG, §37 Rn 2 は，解説請求権は株式と結合した共同管理権であり，第一に議決に用いられなければならないが，議決権とは無関係に株主に帰属するという。BGH, AG 1983, 75, [80f.] は，解説拒否権は総会から取締役の義務違反行為を隠すための道具ではないので，「企業に投資された資本の管理についての説明を要求する株主の基本法的に保護された権利」の侵害に終わらないためにも，業務執行の適正性に対する客観的に理由付けられた疑いが存在し，取締役会がこれを知っているか又は知らなければならず，且つ監査役会の有効な関与が期待できないときには，回答が会社に不利と主張できないと判示し，LG München 1, AG 1987, 185, [186] は，「解説請求権は，企業に投資された資本の管理についての説明を要求する株主の基本法的に保護された権利に基づいている（BGH, AG 1983, 75, [80]）。株主は，会社の状態，経営者の能力を知り，会社の将来の見込みを評価できるときにのみ，権利（特に議決権）と会社の株式をもっと取得するか，株式を売る可能性を意義深く利用することができる」と述べている。株主以下の文章は Eckardt in : Geßler/Hefermeh, AktG, §131 Anm 1 と全く同一である。なお森本・商事注1）4頁も参照のこと。

[29] 並木・前掲注13）117頁，加美・前掲注17）142頁，内田・昭和62年度主要民事判例解説215頁，丹羽・判批・税経通信42巻13号230頁など。判例として注2判決〔17〕50頁。わが国で問題となっているのは，報告事項も説明義務に含まれるか否かである。含まれると解するのが通説で（稲葉・前掲注17）139頁，元木『改正商法逐条解説（改訂増補版）』98頁など。判例として注2判決〔14〕138頁），正当と考えるが，回答を拒否しても取消の訴の対象となりえないので，含まれないとする説もある（吉田・商事981号4頁）。報告事項にかかる説明義務違反は，決議の瑕疵と直接関係しないが，利益処分決議等に間接的に影響を与えることがあり得ると考える。ドイツでも決議事項でなくとも

第3章 取締役の説明義務に関する一考察 —— ドイツ法の示唆するもの ——

監視機能の一環としての一般株主の経営者に対する直接的なコントロールを図るためのものと解したり[30]，投資判断の資料を得ることを目的とすると主張する見解がある[31]。しかし解説請求権は，会社の利益のためだけでなく[32]，自己の利益のために行使することができるので，審議と無関係であったり，権利濫用にならない限りで[33]，監視のための資料や投資判断の資料を得る目的

解説請求権は認められるとするのが通説・判例（① OLG Hamburg, AG 1969, 150, [151], ② KG, AG 1973, 25 [26], ③ LG München I, AG 1987, 185, [186], ④ OLG Karlsruhe, AG 1990, 82, ⑤ OLG Karlsruhe, AG 1991, 144, [147], ⑥ KG, 1993, 1618. [1619], ⑦ KG, ZIP 1994, 1268）である。争われているのは，報告事項の解説請求権の範囲は，決議事項のそれより狭いか（Zöllner, in Kölner Komm., §131 Anm 22），同じであるか（Eckhardt, in Geßler/Hefermehl/Kropff, a. a. O., §131 Anm 30.）ということである。

30) 新山「企業の『自主的監視制度』強化の論理と商法改正法の現実」法時53巻10号，33頁，38頁。
31) 末永・前掲注1) 195・196頁。
32) Godin-Wilhelmi, Aktiengestez, 3. Aufl, 1967, §131 Anm. 1 は，解説請求権を会社の利益のために行使すべきと主張しているが，狭すぎるとして，多くの学者から批判された。
33) ドイツの旧株式法では権利の濫用を議論する意義は大きかったが，65年法では大抵の場合，必要性の要件を満たさないか，拒否権行使の要件に該当するため，濫用論は実際上の意義をほとんど有しないものに変化している（Zöllner, in Kölner Komm. §131 Anm. 44., Semler, MünchHdb AG, §37 Rn 28）。とはいうものの，拒否事由は限定列挙と解されているので（通説），権利濫用による拒絶が許されるか否かが議論されている。拒絶できないとする説（Eckardt in : Geßler/Hefermeh, AktG, 1974, §131 Rn 132 など）もあるが，肯定するのが多数説（Barz in Großkomm. §131 Anm. 12, Hüffer, AktG, §131 Rd. 33. など）である。① OLG Hamburg, AG 1970, 372 は，識見のある株主が会社と無関係な利益がなければ同じ解説を求めないであろうときには濫用（民法242条）がおそらく存在するとし，② OLG Frankfurt, AG 1984, 25, [26] は，もっぱら又は圧倒的に利己的な目的を追求するときには存在するとし，③ OLG Karlruhe. AG 1990, 82 は，信義則に従った考慮の場合株主の行動が是認されえないほどに本分と異なった目的の追求が圧倒的であるときに存在する（同旨，Eisenhardt, Gesellschaftsrecht, 8. Aufl. 1999, S. 323f.）とし，④ BayObLG, AG 2000, 131, [132] は，事柄に即した解明を向けられていない，もっぱら又は圧倒的に利己的な目的を追求するときには存在すると判示している。なお BGH, Urt. vom 22. 5. 1989, AG 1989, 399 は合併決議取消の訴の提起に権利濫用を認めている（Kochs Adler AG/Dürkoppwerke GmbH 事件）。また OLG Frankfurt. AG 1991, 206, [207] は，著しく利己的に請求権もなく，当然には請求もできないような給付を会社にさせる目的で取消訴訟を起こす場合には権利濫用がある，と判示している。わが国では質問権の濫用の問題は余り論じられて来なかったが（大隅＝今井・『会社法論中巻（第3版）』88頁は株主たる利益と関係のない純個人的利益のためになされる場合を権利濫用とし，今井・商事1092号7頁は個人的不満の解消を目的とするような場合には権利濫用とし，河本・商事1252号5頁，落合・判批・ジュリ1085号106頁は，九州電力事件の動議は権利濫用によっても基礎付けられるとする），上述のように，ドイツでは論

でも権利行使が許されているのであって[34]，これらを主目的と解すべきではないと考える。

65年法が必要性の要件を新たに加えたのは，上述のように37年法が無限定であったため，その反省に立って「解説請求権の濫用」を防止し，「総会の秩序ある進行を担保」するためである[35]。わが国では，「株主権一般の行使，さらにいえば株主として利益確保に必要であれば，議題の合理的判断のために必要な事項であり，株主は説明を求めうる」として，日本の方が質問権の行使要件が緩やかとする説があるが[36]，通説および判例は，上述した質問権の趣旨よりドイツと同様に必要性の要件を肯定しており[37]，正当である。間口を広げるだけで総会が活性化すると考えるのは幻想であると考える。

改正の結果ドイツ現行法では，旧法とは異なり議事日程との単なる緩い関係では不十分[38]であり，必要性の要件を満たすことが必要であると解されている。注3で挙げた判例の多くは必要性の有無と回答拒否の正当性の有無を判断したものであり，わが国の研究の格好の素材を提供している。ミュンヒェン第一地方裁判所86年4月16日決定（LG München 1, AG 1987, 185, [186]）が示すように必要性の要件を前提とした「上で」，それを広く解するか，狭く解する

じるのが普通であるので，濫用要件を検討する際にはその議論は参考となる。わが国では，濫用があった場合，必要性の要件に該当しないから拒否できるという説と1項の「其の他の正当の事由」に該当する，とすると説が考えられるが，前説が正当であろう。

34) ①OLG, Düsserdorf, DB 1991, 2532, [2533] = AG 1991, 34, [35] およびKG Berlin, AG 1996, 131, [134] は，濫用にならない限り，質問の動機は問わないと判示し，②LG München 1, AG 1981, 79, LG München 1, AG 1987, 185 [186] およびLG Berlin, AG 1991, 34 [35] は，解説請求権を，エゴイスティクに行使でき，株式所有の判断に利用できるとする。通説でもある。Schlaus, Eine Zwischenbilanz zum Aktiengesetz 1965, DB 1972, 374, 376, Semler, in : Münch Hdb AG, §37 Anm 28. 質問者が質問により投機のような別の動機を追及しているか否かを問わない。

35) Begr. RegE,. Kropff, §131, S. 186, 慶応大学商法研究会『西独株式法』211頁。

36) 末永「取締役等の説明義務」『特別講義商法Ⅰ』196頁，203頁。

37) 森本『新版注釈会社法(5)』134頁，大隅＝今井・前掲注33)87頁など。注2判決〔9〕，〔10〕，〔15〕など。これに反対する判例は見受けられない。必要性のない質問は，会議の目的たる事項に関しないものとして説明が拒否される（今井・商事1092号6頁など）。

38) Oppenhoff, Fragerecht und Informationsanspruch des Aktionärs und GmbH-Gesellschafters im Konzern, AG 1985, 117, [121] など。判例として OLG Düsseldorf, AG 1968, 23, [24], OLG Düsseldorf, AG 1987, 21, [23], LG München 1, AG 1994, 380, KG, AG 1996, 421, [423].

かが争われているのである。同決定は，株式所有の判断のために解説請求権を行使できると述べた後で，次のように判示している（以下は重要部分の意訳である）。

「(上記立法趣旨) よりベルリン上級地方裁判所 (DB 1972, 1915) は，以前の法律状態では通説に相応したこの前提（必要性－筆者注）を『広く且つ狭くなく』考えるための余地はもはやなく，むしろ必要性の存在に対し厳格な要求が置かれたと結論した。……むしろ解説請求権はただ『原則的質問』または『重要な特定の個々の取引』にのみ及ぶ，と。なるほどこの見解を Gessler/Eckardt（§131 Rdnr. 33）と Kölner Kommentar（§131 Rdnrn. 23 und. 33）は余りに狭いと見なしているが，必要性の判断の際に『狭く理解すべきでない』という Gessler/Eckardt の見解（a. a. O.）は，Barz（§131 Anm. 10）によって－本裁判所は Barz の見解を適当と考えるが－否定されている。……この見解は，必要性が，濫用を阻止し，総会の秩序ある進行を担保するために，立法者によって意識的に強化として解説請求権の前提に挿入されたから，『必要性』の法律要件の解釈にも適用できないと考える」と。

必要性の範囲については上述のように見解が分かれているが[39]，その判断

---

39) 解説請求権の範囲を余り狭く考えるべきでなく，広く解すべきであるとする見解として Baumbach-Hueck, Aktiengesetz, 13. Aufl., §131 Anm. 7., Burgard, AG 1992, 41, [46] と OLG Hamburg, AG 1969, 150（ビール・アルコールを含まない飲料製造業でのビールの生産能力は質問の対象となる）があるが，多数説（Zöllner, in Kölner Komm. §131 Anm. 23, Joussen, Auskunftspflicht des Vorstandes nach §131 AktG und Insiderrecht, DB 1994, 2485 など）と多くの判例は厳格に解している。KG, AG 1973, 25, [26], OLG Düsseldorf, AG 1987, 21, [23]（相対的に厳格に解すべきとする），LG München 1, AG 1987, 185, [186], OLG Düsseldorf, AG 1992, 34, [36]（「むしろ限度を超える解説請求を避けるために，厳格な基準が置かれなければならない」）KG, AG 1996, 421, [423]. OLG Hamburg, AG 1994, 420. OLG, 1994, 39, [40] は，取締役会および監査役会の構成員の免責が議事日程である総会における寄付金の質問に対し，89年度の寄付金総額は205万7千ドイツ・マルクで（ちなみに貸借対照表利益は2億6,700万マルクである），2名の最大受領者は26万5,000マルクと20万マルクと回答したが，それ以上の回答を拒否した事案において，文献では，質問の必要性（Erforderlichkeit）と目的適合性（Sachgemäßheit）が議論の前面にあること，株式法120条2項2文により免責は，取締役会および監査役会の構成員に対する賠償責任の放棄に繋がらないので，法的には意義が少なくなったことを指摘し，少なくとも寄付金の総額に対する請求は認められるが，申立人の陳述は本質的に寄付金の慣行に対する一般的批判であるので，より詳細な回答は免責の問題に影響を及ぼさないとして請求を棄却している。KG, AG 1973, 25 は，株式法131条の解説請求権は312条の

については,会社の関係をただ一般的に公知の事実に基づいて知り且つ判断できる客観的株主の観点からなされるべきことについては一致している[40]。わが国の通説・判例もこの立場と同一であり[41],正当と考える。必要性の要件のため,ドイツではさらに,質問株主は質問の理由を述べる必要はないが,議長が質問を適当でないと異議を唱えたときには,質問の理由を説明しなければならないとする学説・判例があり[42],わが国でも同様に解すべきであると考える。上述した決定は,さらに次のように判示している。質問が不明瞭であるということは拒否事由になりえない,疑いと誤解を解き明かすのは,取締役会の責務であるからである[43]。しかし,必要性の要件により質問にも要件が置かれるのであって,「年度決算書及び営業報告書により与えられた情報に関連

従属報告書に含まれた個々の事項に及ばないと判示した。これを批判する者としてBunte, Auskunftsrecht der Aktionäre bei berichtspflichtigen Vorgängen?, AG 1974, 374ff.

40) Eckardt in : Geßler/Hefermeh/Kropff, AktG, §131 Rn 10, Barz, in Großkomm. §131 Anm. 10, Spitz/Dieckmann, Verbundene Unternehmen als Gegenstand des Interesses von Aktionären, ZHR 1994, 447, [459]), Reuter, DB 1988, 2620 など。古い判例では客観的基準によるとしか述べていなかったが(OLG Hamburg, AG 1969, 150, KG, AG 1973, 25, LG München 1, AG 1981, 79, [81], OLG Düsseldorf, AG 1988, 53, [54], OLG Zweibrücken, AG 1990, 496), OLG Bremen, AG 1981, 229 が,「会社の関係を一般的に公示された事実のみに基づいて知り且つ判断できる客観的に考える株主の観点から判断されるべきである」と判示してからはこの表現が定型的に用いられるようになっている。OLG Düsseldorf, AG 1987, 21, [23], OLG Frankfurt, AG 1986, 233, [234], LG Berlin, AG 1991, 34, [35], OLG Frankfurt a. M., AG 1994, 39, BayObLG, AG 1996, 180, [181], BayObLG, AG 1996, 516, BayObLG, AG 2000, 131. これに対し KG 1993, 1618, [1619], KG, AG 1994, 469, KG, 1996, 131, OLG Braunschweig, AG 1999, 84, [88] は「合理的平均株主」, OLG Hamburg, AG 1995, 40, [**43**], KG 1993, 1618, [1619]. OLG Hamburg, AG 1994, 420, LG Heidelberg, AG 1996, 523, [524] は「合理的に考える株主」, BayObLG, AG 1996, 322, [323], BayObLG, AG 1996, 563, BayObLG, AG 1999, 320 は「客観的に考える(平均)株主」, KG, AG 1996, 421, [424] は「客観的に判断する株主」という表現を使用している。

41) わが国の注2判決 [**10**](154頁), [**14**](139頁), [**16**](112頁) および [**18**](95頁)は「合理的な平均的株主」と判示し, [**15**](131頁), [**17**](50頁) および [**19**](105頁)は「平均株主」と判示している。

42) Barz, in Großkomm. §131 Anm. 10 など。OLG Hamburg, 1969, AG 1970, 50.

43) OLG, Hamburg, AG 1970, 50, [51]. 会社が総会で質問に特定の意味を与えたときには,抗告審において,質問に多義的として異議を唱えることができないとした判例がある。OLG Hamburg, AG 1970, 372. 注2判決 [**4**](146頁)は,質問が「明瞭である場合にのみ」説明義務は生じると解しているが,不明瞭な質問は,取締役が意味を問うた後という限定が付くと考える。

第3章　取締役の説明義務に関する一考察 —— ドイツ法の示唆するもの ——

し，それをさらに押し進めるものでなければならない」。「特定の地域」の飲食店の購入額に対する回答は，「貸借対照表の個々の項目，営業報告書又は取締役会の営業政策をよりよく評価するために必要とはみなすことができない」。また，株主が総会で50を超える質問を提出した場合には[44]，株主に制限の機会を与えるために，少なくとも回答は即座に期待できないという理由をのべて拒絶されるべきであると判示している（LG München 1, AG 1987, 185, [188f.][45]）。質問が合理的理解と合理的判断の提供を目指すものである以上，取締役も株主もその実現に協力すべきであると解するので，わが国でも同様に解すべきであると思う[46]。またドイツでは，回答は口頭で行われるのが原則であるが，口

---

44) Eckardt in : Geßler/Hefermeh/Kropff, AktG, §131 Rn 40 は，一つの議題に300の質問をする者は，必要性の枠を放棄し，回答を要求できないとする。OLG Frankfurt, AG 1984, 25, [26] は，自己株式の個々の取得と売却の説明の必要性を疑わないが，概略5,000の取引を含み，25,000の報告を要するときには，制限されるとする。ちなみに37年法に関する判例であるが，契約書を読むことの請求は，4時間10分かかる場合には実施不可能であるが，約2時間かかるのであれば実施可能と判示した判例がある。OLG Hamburg, AG 1968, 190. また KG, ZIP 1994, 1267, [1274] では，株主が，昨年(a)25万マルク未満10万マルク以上の所得，(b)25万マルク以上，5万マルク未満の所得，(c)5万マルクの所得のあった Allianz AG Holding とその100％子会社の従業員数を質問した事件で，「個々の国で全く異なる所得関係にある会社の200を超える内外の子会社に直面して，要求された報告がどうして議事日程の判断のために重要なのかわからない」として拒否を正当とし，その控訴審である BayObLG, AG 1996, 181, [183] も，このような請求に総会の間に回答することは取締役会に期待できないから，拒否は正当とし，「取締役会は相当の準備にもかかわらず，総会の間に要求された解説をなすことができないときには，解説請求権は排除される」と判示している。ちなみに上記 OLG Frankfurt, AG 1984, 25 の原審である LG Frankfurt, AG 1984, 296 では，質問の数が多いため回答が被告の裁量に委ねられたので，初め週ごとに摘要を回答した。しかし総会から不満の意見が表明されたので，回答は打ち切られ，その代わりに回答の準備リストを，他の参加者も閲覧できるとして，原告に閲覧するよう申し出たが，原告はこれを拒否した。リストには，原告が質問した理由が記載されていなかったが，営業報告書にはある程度の記載がなされていたので，それで十分であると判示していた。

45) Vgl. Reuter, DB 1988, 2616

46) 131条1項の「会社の事務」は広く解釈され，会社と会社の活動に関係するあらゆるものを含むと解するのが判例（LG Heidelberg, AG 1996, 523, [524], BayObLG, AG 1996, 322, [323], BayObLG, AG 1996, 516, [517], BayObLG, AG 1996, 563, [564] など）・通説（Großfeld/Möhlenkamp, Zum Auskunftsrecht des Aktionärs, ZIP 1994, 1425 など）である。しかしこのことはこの概念が無意味であることを意味しない。BayObLG, AG 1996, 563, [565] では，金融機関としてその寄託有価証券の顧客に，異なる株式会社の様々な議題に，どのような議決権行使を推奨したのか等の株主の質問は，会社の事務に含まれ

頭で説明するより，早く且つ確実に知ることができるときには，他の株主にも同様の機会が保障される限り，例外的に準備した記録を総会の間質問株主の閲覧に供する方法によることも許されると解されている[47]。わが国でも同様であるべきであると考える。

(b) 重要な改正の第二は，解説が拒絶された者に議事録で異議をとどめる権利を認めたことである（5項）。異議をとどめた者は総会決議の取消の訴の権限を有することになる（245条1号）。しばしば役員は，解説拒絶が株主の票決に影響がなかったことを確認する総会決議を行わせ，同決議が取消事由を取り除くのか議論されたため，「解説の拒絶を理由とされる取消のためには，解説の拒絶がその決議に影響しなかった旨総会又は株主が表示したこと，又は表示することは，重要でない」（243条4項）という規定が新設されている。4項は，因果関係のみなし規定ではなく，総会または株主の表示は取消事由を消滅させるものでないということのみを意味している[48]。解説請求の不当拒絶がなかったなら客観的に判断する株主が異なる決議をしたというように，総会決議と解説請求の不当拒絶との間に因果関係があると，総会の取消事由になるというのが判例である[49]。不十分な回答に満足した者が後から回答が不十分であるとして取消の訴を提起することは信義則に反する[50]。ある議題の違法な回答拒

ないと判示した。このようなことが議論される背景には，わが国の会社法では定められていない，株券を寄託している株主に対する金融機関の提案制度（株式法128条参照）がある。Groß, AG 1997, 104f. も後者の判例と同じく「会社の事務」に独自の要件としての意義を認める。

47) BGH, AG 1987, [247f.], Groß, AG 1997, 104.
48) OLG, Frankfurt, AG 1991, 206, BGH, Urt. v. 22. 5. 1989, NJW 1989, 2689, [2691]. わが国の注2判決 [**16**]（121頁）および [**18**]（102頁）も因果関係論を使用し，「説明義務違反は，さ程重大なものとはいえず，……説明義務の範囲内で回答していたとしても，右決議の賛否の判断を左右するような問題が露呈した可能性は存しない」として，裁量棄却を言い渡している（判決 [**17**]・[**19**] も同じ）。
49) BGHZ, 36, 121, [140], BGH, AG 1987, 344, OLG Düsseldorf, AG 1968, 19, [20], OLG Celle, DB 1972, 1816, [1820], LG Frankfurt, AG 1984, 192, [194], LG Frankfurt, AG 1984, 296, [298], LG Frankfurt, AG 1993, 520, [521], OLG Stuttgart, AG 1995, 234 など，なお LG Berlin, AG 1997, 183, [184] も参照。通説（Semler, MünchenHb, AG §37 Anm. 44 など）もそうであるが，最近の学説の中には，因果関係論を採用しないで，侵害された規範の重要性により判断する説も現れて来ている（Hüffer, a. a. O., §243 Anm. 13.）。この検討は別稿に委ねる。

第3章 取締役の説明義務に関する一考察 —— ドイツ法の示唆するもの ——

否は，当該議題に関する決議の取消事由になるに過ぎない[51]。

(c) 重要な改正の第三は，解説を拒絶された株主のために解説強制手続を新設したことである（132条）。

37年法の下では，解説が拒否された場合，解説を求める訴を提起することができたが[52]，① 通常の民事訴訟法の手続が採られるので，時間がかかると共に，② 裁判所は取締役会の裁量権の濫用のみを判断するという限定的権限しかなかったので，① 非訟事件手続にすることにより迅速に解決させるとともに，② 裁量権の濫用だけでなく，拒否事由の該当性の有無を客観的に判断させようとしたものである。この手続では，131条1項の前提が存在するか否かと3項の拒否事由が存在するか否かのみが決定される[53]。決定は，解説が拒否された総会の後2週間以内（除斥期間）に行われる申立に基づいて行われる（同2項2文[54]）。申立権者は，総会決議取消の訴と異なり，議事録に異議

---

50) LG Braunschweig, AG 1991, 36, [37].
51) BGH, AG 1992, 450, [453], OLG Karlsruhe, AG 1991, 144, [147], OLG München, AG 1994, 375, [376]. わが国の注2判決 [**15**]（131頁），学説も同様な見解を採用しており（河本・商事1252号4頁，落合・ジュリ1085号105頁など），正当と考える。
52) BGH, Ur. v. 7. April 1960, BGHZ 32, 159, [161]. 65年法の下では解説を求める訴は許されないと解されている。Semler, in MünchHb AG, §37 Anm. 31.
53) 取締役会が行った解説の正当性が審査の対象となるか否かについては争いがある。否定説が多数説である。Baumbach-Hueck, a. a. O., §132 Anm 2, Henn, a. a. O. S., Eckardt in : Geßler/Hefermeh/Kropff, AktG, §132 Rn 27, Zöllner, in Kölner Komm. §132 Anm 5, OLG Dresden, AG 1999, 274, [276], LG Köln, AG 1991, 38. この見解によると，不正な解説は罰則（株式法400条1・2号）の対象となり，場合により総会決議取消の訴の事由に該当することになる。これに対し，肯定説は，真正な解説でなければ制度は無意味となり，法律の目的と合致しないことを理由に挙げる。Semler, in MünchHdb AG, §37 Anm. 35.
54) ① 申立には弁護士強制がない。OLG Dresden, AG 1999, 274. なお法律相談法（Rechtsratungsrecht）1条1項違反者の株式法132条の訴訟行為が問題となった事件で，排除は，将来に向かってのみ効力を有し，秩序違反が確定するか明らかな場合にのみ考慮される。違反者が行った訴訟行為は有効である。他の株主を132条の手続で代理する株主は，同法の「他人の」法律業務を行っていないと判示されている。BayObLG, AG 1992, 457, [458]. ② また管轄権のない裁判所に対する申立であっても（本件ではライプチヒ地方裁判所の管轄であったが，ドレスデン地方裁判所に申し立てた），それが期限内に行われたものであれば，有効な申立である。OLG Dresden, AG 1999, 274f. ほぼ同旨：OLG Celle, JNW 1969, 2054, [2055] = AG 1969, 328, [329]. テレファックスの申立が期限内であれば，裁判所の機械が故障していたため，期限経過後に印刷されたとしても期限を遵守したものと見なされる（本件では，4日に総会が終了し，株主がテレファックスで申立を行っ

をとどめた者であることを要しないが（2項1文[55])，総会欠席者は申立権を有しない。資格株主は，解説強制手続の権限を与えられていなければ，申立権を有しない[56]。事件は会社の本店所在地の地方裁判所，場合により判例を統一する必要上，地区統括の地方裁判所の専属管轄である（1項[57]）。手続では，総会で提出された質問のみが顧慮される[58]。「株主は，株式法132条に基づく手続では，取締役会が総会で与えられなければならなかった解説を強制する可能性のみを有する」ので，「解説強制手続でなされた申立が，総会において行われた解説請求に内容的に一致するか判断されなければならないときには，厳格な基準が置かれなければならない[59]」。決定に対しては，裁判所が，根本的な重要性のある法律問題の解明が期待しうる場合に限り，即時抗告を許容することができ，この場合に限り，即時抗告が許される（3項[60]）。請求価額は通

たのは期限ぎりぎりの18日の23時40分であった。しかし機械が17日から21日まで故障していたので，裁判所が申立を知ったのは21日以降であった）。BayObLG, AG 1995, 328.

55) LG Mainz, AG 1988, 169, 170. 申立の取り下げの撤回は，民事訴訟法580条，581条の前提が満たされるとき，および裁判所又は相手方により引き起こされた錯誤に基づくときには，許される。LG München 1, AG 1987, 26f.

56) BayObLG, AG 1996, 563. 従来の通説は資格株主も申立権を有すると解していたが，近時の通説（Hüffer, AktG, 3. Aufl., §245 Anm. 11 など）に従い判例を変更している。

57) バーデン・ビュルテンベルク州ではマンハイムとシュットガルトの地方裁判所に，バイエルン州ではミュンヘンⅠ，ニュールンベルク・フュルスの裁判所に（抗告裁判所はBayObLG），ヘッセン州ではフランクフルト裁判所に，ニーダーザクセン州ではハノーバー裁判所に，ノルトラインーウェスト・ファーレン州ではデュッセルドルフ，ドルトムント，ケルン裁判所に（抗告裁判所は OLG Düsseldorf），ラインラントープファルツ州では，即時抗告のみが，その上 OLG Zweibrucken に集中されている。Vgl. Semler, in MünchHdb AG, §37 Anm. 31. Fußnote 88.

58) LG München I, AG 1993, 519.

59) BayObLG, AG 1996, 181, [182]

60) OLG Düsseldorf, Beschl. v. 25. 3. 1974, AG 1974, 227. 即時抗告の決定は地方裁判所の専属事項である。BayObLG, Beschl. v. 22. 12. 1966, AG 1967, 170. 制限が恣意的であるときを除き，地方裁判所は即時抗告を制限することが許される。OLG Karlsruhe, AG 1969, 296, OLG Düsseldorf, AG 1987, 22, [23]. 会社が総会で質問に特定の意味を与えたときには，抗告審において，株主の質問にもはや多義的として異議を唱えることができない。OLG Hamburg, AG 1970, 372. この手続では非独立の付帯抗告（unselbständige Anschlußbeschwerde）は許される。KG, AG 1973, 25, BayObLG, AG 1996, 563, [564.]. 抗告訴訟における弁護士報酬は原則として BRAGO118条が定める最高報酬評価（10/10）である。OLG Frankfurt/M., AG 1992, 460, [461]. なお LG Heilbronn, AG 1967, 81, [83] も参照のこと。

常1万ドイツ・マルクであるが，複数の質問に対する回答拒否などの特別の場合には増額される。裁判所は誰が費用を負担するのか決定する（5項[61]）。決定が既判力を持つようになると，決定は取締役会により商業登記所に申告されなければならないが（3項，99条5項），公告は行われない。株主勝訴の場合にはその選択で，次の総会か，総会外でも，取締役会は回答をする必要がある（132条4項）。後者が選択された場合には，総会外での解説となるので，取締役会は次の総会で請求があれば再び回答を行わなければならないことになる（131条4項）。決定は強制執行できる（132条4項。民事訴訟法880条参照[62]）。

ドイツでは文献・判例を読む限り，わが国より総会は機能しているという印象を受ける[63]。演説権（Rederecht）の制限が論じられているのもその左証であろう[64]。強制解説手続が迅速に行われているのか，疑問を表明する見解も見受けられるが，注3で示したドイツの決定の数が示すように，この制度は機能していると評価してよいと思われる。昭和56年改正商法の際にはドイツのこの制度に関するデータも蓄積されておらず，わが国にはドイツには存在しない総会屋が存在し，大企業の利益供与禁止（商法497条）違反が摘発され続けていることを考慮すると，この制度の導入は，当時としては時期尚早であった

---

[61] ①申立には根拠がなかったので，費用は申立人の負担であるが，質問は部分的に相互に関係しているので，個々の質問に1万ドイツマルクの原則額ではなくて，その額の半分とするのが適当とした決定がある。LG Frankfurt/Main, AG 1968, 24, [25]. また，②手続が，後の解説により解決したときには，決定の場合の推定的敗訴者が費用を負担するとした決定がある。LG München 1, AG 1987, 26. ③申立人が複数の申立をしているときには，原則額によらず，増額される。OLG Stuttgart, AG 1992, 460. ④5項7文の「手続の費用」とは裁判費用のみを意味する。KG, Beschl. v. 13. 3. 1969, AG 1969, 149.

[62] 解説を行わないため取締役会構成員に罰金刑を課した事例として Bay ObLG, AG 1975, 78 がある。

[63] 「株主総会白書」昭和56年（81年）版では，90.6％の会社が議案に対し発言した株主はいなかったが（商事922号45頁），平成5年（93年）のその数は91.2％であまり変わりはない。もっとも資本金1千億円超の会社ではその数は67.8%と下がり，発言者が若干多くなっている。

[64] Vgl. Quack, Beschränkungen der Redezeit und des Auskunftsrechts des Aktionärs, AG 1985, 145ff., Eisenhardt, a. a. O., S. 326. LG Frankfurt, AG 1984, 192 は，緑の党の党員で，市会議員である株主が合計で30分も演説し，保安要員により総会の演台から降ろされ，警察に連行され，総会への立入禁止が言い渡された後，釈放された事件である。議長は，総会の適切な実施が不可能なときには，演説時間を制限し，発言を禁止する権限があると判示している。

と考えられる。しかしこの制度も合理的な制度であることは疑いない。時間とお金をかけて取消の訴を起こし，勝訴してもその結果がでるまでに数年かかり，それから総会で回答されても，株主にとってはその情報が全く無意味になっている事態が予想されるからである。ドイツの決定の多さを考えると，わが国では回答に不満だが，時間・お金をかけても上述の事態となるとしてあきらめている株主がいるのではないかと推測される。しかし平成9年の改正で利益供与に関する罰則と適用範囲が強化され，総会屋も減少傾向にある[65]。必要性の要件が判例・学説で確立した以上，総会屋の動向を見ながらこの制度導入のタイミングを考えても良い時期にきているのではないかと私は考える。「真の『質問』」（注2判決〔4〕146頁）に応える制度を準備しなければ総会の形骸化はもっと進むことが考えられるし，今日のようにグローバルな社会となってくると法整備が高いか否かが外国資本を調達する際に影響を及ぼすと考えられる。金融機関のジャパン・プレミアムや貸借対照表の日本基準の付記と言った事態と同様の現象に総会を追い込むべきではないと考える。

ドイツでは上述のように解説強制手続が採られた結果，決議取消の訴との関係が問題となった。前もって解説強制手続を起こすことを要するか否か学説が分かれたが，連邦通常裁判所が，解説強制手続を前もって起こさなくても，取消の訴を提起できるとする説に賛成してからは，この説が通説・判例となっている[66]。解説強制手続が既判力を有するようになると，そこで確定した法律効果が基礎となるので，それは，拘束的効力を有することになる[67]。

(d) 第四に，37年法が定めた拒絶事由の表現を「理性的商人的判断に従えば，少なからざる不利益が生じる恐れ」と改められたほか（同3項1号），新しい拒絶事由が追加されたことである（同3項2乃至5号）。これらの事由は限定列挙と解するのが通説・判例である[68]。取締役会は総会で回答拒否の理由を

---

65) 株主総会白書によれば，会社が「動向をマークする株主」の人数も減少傾向にある（平成11年には全くいないとした会社が25.9％）。それでも資本金が1千億円を超える4社は150人超をマークしている（商事1544号53頁）。平成12年改正で利益供与の禁止は子会社の計算にも拡大されている。
66) BGH, AG 1983, 75. LG Manheim, AG 1991, 26, [28]. LG, Braunschweig, AG 1991, 36, [37].
67) OLG Stuttgard, AG 1992, 459.

示す必要があるか否かについては見解が分かれている[69]。拒否理由を上述した強制解説手続で追加することもできる[70]。拒絶事由を援用するには，回答により不利益が生じるのがもっともであると考えられる若干の事実（einige Plausibilität）を会社は具体的に示す必要がある[71]。この種の不利益が存在するか否かは，一方では解説の有用性と他方では解説によって会社に発生する可能性のある損害を考慮して決められるべきか否かについても争いがある[72]。

(e) そのほか，第五に，解説の及ぶ範囲が「コンツェルン企業に対する関係」から「結合企業に対する株式の法律上および営業上の関係」に及ぶと改められている（131条1項2文）。一つは，結合企業の概念（15条）の新設に伴うものであるが，解説請求権の範囲が拡大されている。また，「関係」は「法律

---

68) Steifert, Zum Auskunftsrecht des Aktionärs nach neuem Aktienrecht, AG 1967, S. 1, BayObLG, AG 1996. 322, [323] など。かっての通説的見解は，3項の拒否事由は，企業契約を議題とする総会で認められる解説請求権（株式法旧2934項，新293条g3項）には適用されないと解していた。BGH, AG 1992, 450, [454] は，この問題に最終判断を下していない。今日では適用されると解するのが通説ではないかと思慮する。Vgl. Emmerich/Sonnnenschein, Konzernrecht, 5. Aufl. 1993, S. 238, a. a. O., 6. Aufl., 1996, S. 198.

69) 不要説：OLG Hamburg, AG 1969, 150, [151], LG Köln, AG 1991, 38, Eckardt, Gessler/Herfermehl/Kropff, a. a. O., §131 Anm. 80, 必要説，Zöllner, in Kölner. Komm. §131 Anm. 86, Baumbach-Hueck, §131 Anm. 12, OLG Karlsruhe, AG 1991, 144, [148]. 必要と解しても，その違反が取消事由となるわけではないので，BGH, AG 1987, 344, [345] は，議論があることを指摘してはいるが，どちらの説を採用するのか明らかにしていない。Selmer, MünchenHb AG, §37 Anm. 30 も，同様の理由では，議論は実際的意義を有しないとしている。なお旧法では裁量権の濫用の有無を裁判所が判断できるよう，理由を示す必要があると解されていた（BGHZ 32, 159, [168]）。

70) OLG Hamburg, AG 1969, 150, [151], LG Köln, AG 1991, 38. 変更もできる。Selmer, a. a. O., §37 Anm. 30, 裁判所は，会社によって主張されなかった理由を調査する義務を負っていない。KG, ZIP 1994, 1267, [1272], Selmer, a. a. O., §37 Anm. 36.

71) OLG Hamburg, AG 1994, 420, OLG Düsseldorf, AG 1992, 34, [35f.], KG, ZIP 1994, 1267, [1272]. 学説として Großfeld/Möhlenkamp, Zum Auskunftsrecht des Aktionärs, ZIP 1994, 1425, [1427]. OLG, Karlsruhe, AG 1990, 82 は，「不利を与えることの単なる適性が決定的であるが，具体的事件との関係で，確実に類する蓋然性が与えられなければならず，多かれ少なかれ僅かな可能性は問題にならない」と判示している。Vgl. Hüffer, a. a. O, §131, Anm. 株主は損害不発生の立証責任を負わない。株主は会社の状況が分からないから，このような立証責任を負うとすると株主は保護されない結果になるからである。OLG, Karlsruhe, AG 1990, 82, [83].

72) 肯定説：Zöllner §131 Rdnr 35・36, LG Heidelberg, AG 1996, 523, [525], BayObLG, AG 1996, 322, [323]. 否定説：Eckardt, Gessler/Hefermehl/Kropff, a. a. O., §131 Anm. 86, Godin/Wilhelmi, a. a. O., §131 Anm. 8, Semler, a. a. O., §37 Rdnn 25.

上および営業上の関係」に改められ,「結合企業の状況」には及ばないことが明らかにされている。結合企業における営業上の出来事が会社の状況または会社のこの企業に対する関係に影響しうるほど重大であれば,それは「会社の事務」に当たることになるので,解説請求権の対象となる[73]。2文は1文の確認規定たる意義を有している[74]。

(f) 第六に,「ある株主に株主たる資格に基づいて総会外で解説を行った場合には,たとえその解説が議事日程の目的たる事項の適切な判断のため必要でない場合も,他の各株主にその要求により総会においてその解説が与えられなければなら」ず,取締役会は,自己負罪になる場合を除いて,解説を拒否できないという規定が新設されている(4項[75])。第六の改正点は,旧法でも株主平等原則より同様に解するのが多数説[76]であったので,実質的改正を意味するものではない。総会外で解説を行っても,次の総会まで解説しなくて良いから,その間に情報が価値を失っている場合があるし,次の総会で質問がなければ解説する必要がない。総会外の解説が総会で繰り返されなければ,株主平等

---

73) RegEntb. Kropff., S. 185(慶応大学商法研究会『前掲』212頁), Spitze/Diekmann, ZHR 158, 453, KG 1996, 516, [517] など。コンツェルン子企業の監査役と顧問の報酬からの取締役会構成員の総所得は,会社の事務に該当する。OLG Düsseldorf, AG 1988, 53f. なお17の100％子企業と一つの95％子企業の営業結果に対する解説請求は,131条および337条4項により求められるとした判例がある。OLG Hambrug, AG 1994, 420. この判例は,337条4項が「コンツェルン企業の状況」にも及ぶ点で,131条1項2文より広い,と明言している。これに対し,KG, ZIP 1993, 1618, [1620] は,結合企業の法律上および経営上の関係には,結合企業の経済的状態も含まれるとする(同旨Zöllner, Kölner Komm. §131 Anm. 29, Decher, ZHR 158, 491.)。

74) 通説(Ebenroth, Die Erweiterung des Auskunftsgegenstandes im Recht der verbundenen Unternehmen, AG 1970, 104, [105f.], Spitze/Diekmann, ZHR 158, 448ff. など)・判例(OLG Bremen, AG 1981, 229, [230])

75) ①LG Düsserdorf, AG 1992, 461, 解説を総会外でしたか否か,誰に,どのようにしたかという質問は,解説請求ではないので,4項の適用はない。また,②取締役会が支配企業に事実上のコンツェルン関係の枠内で与える情報にも適用がない。LG Dusserdorf, AG 1992, 461, [462]. さらに,③従属企業が支配契約に基づき親企業にその指図に基づいて与える解説にも4項の適用はない(LG München I, AG 1999, 138f.)。

76) v. Gleichenstein, AG 1958, 257, Schleyer, Übertragende Umwandlung-verfassungs-und gesetzwidrig?, NJW 1960, 1552, [1556]. 批判的な見解として Boesebeck, Auskunftserteilung außerhalb der Hauptversammlung, AG 1963, 89ff. なお Karenke, Zum Auskunftsrecht des Aktionärs, AG 1968, 280ff. 参照(株主平等の観点から65年法を分析している)。

原則違反とはみなされない[77]。

131条は総会決議による解説請求を許容しているか否かについては，議論がある。肯定説は，総会は最高機関であって，会社の利益の最終判定者であることを根拠とする[78]。これに対し，否定説は，総会の権限は法律に列挙されており，131条3項で定める拒否事由が存在するときにも，解説しなければならないとするのは不当であることを根拠としている[79]。

(ロ) 判例の数が多いのでドイツに特徴的な若干の判例のみを紹介することにする。

(a) ドイツでは株主団体が活動している[80]。これに関連した判例が2件ほど存在している。① LG Heilbronn, AG 1967, 81 は，株主団体は，質問権を有し，従って解説請求権の追及権も有する，と判示したのに対し，② OLG Hamburg, AG 1970, 50 は，登記済社団形態の株主団体 (IFA) は，行為能力がないので，解説強制手続において構成員の手続の代理人として現れることができないと判示し[81]，見解が対立している。

(b) 発言時間の制限を理由に総会決議取消の訴が提起され，憲法問題にまでなった事件として《ダイムラー・ベンツ株式会社事件判決》がある。本件では総会は10時10分に開始された。議論が開始されたのは11時40分頃である。発言予定者が多いことから，午後3時50分以後回答も含めて10分に制限したが，6時30分以後は更に短縮し5分とし，一度発言した者は3分に制限している。原告は7時45分に発言をし，5分経過したところで発言を中断され，1分の延長が認められた。1分を経過したところで，発言台の引渡を拒否した

---

77) Vgl. Seifert, AG 1967, 1f. ; Henn, Die Gleichbehandlung der Aktionäre in Theorie und Praxis, AG 1985, 240. [244 und 248]

78) Barz, BB 1957, 1253 など。わが国で肯定論に立つ見解として末永・前掲注1・174頁がある。

79) Eckardt in : Geßler/Hefermeh/Kropff, AktG, §131 Anm 23, Zöllner, in Kölner Komm. §131 Anm 10, Baumbach = Hueck, a. a. O. §131 Rdnr 5, Semler, MünchHdb AG, §37 Anm. 4, Henn, a. a. O., (Fußnote 11) S. 300. なお，Barz, Großkomm. AktG, §131 Anm. 3 参照。

80) 森本「ドイツ有価証券所有保護同盟について」商事752号2頁以下参照。

81) 同旨 Eckardt in : Geßler/Hefermeh/Kropff, AktG, §132 Anm 20, Semler, MünchHb AG, §37.

ところ,会場から退出させられた。発言時間を制限する権限を有するのは,総会ではなく,議長であり,真夜中を越えて翌日まで総会を続けることは許されないので,発言時間を制限することは株式法上適法であり,同規定は憲法(基本法14条1項)に違反しないとされている[82]。

(c) 連邦通常裁判所まで争われた事件の一つに《ドイツ銀行事件判決[83]》がある。本件(83年度)総会において原告株主は,償却,価値修正並びに引当金及び自己株式に関したくさんの質問を行った。取締役会は,3年前に一つの秘密準備金は公開準備金になったが,残りは秘密準備金のままであると回答したが,それ以上の回答は拒否した。自己株式取引については81年の最初の4週間については説明したが,残りについては準備された相応のリストを閲覧するように申し出た。原告は閲覧をしないで,決議に異議をとどめ,取消の訴を提起した。論点となったのは,①回答が秘密準備金の開示に連なり会社に少なからざる不利益が生じるので回答拒否は許されるか,②他の会社に対する資本

---

82) ① LG, Sttuttgart, AG 1994, 425, ② OLG Stuttgart, AG 1995, 234, ③ BVerfG, AG 2000, 74. 結論は同じであるが判決①と判決②の判旨は異なる。①はわが国の議論と同じく,議長には発言時間の制限,発言禁止,会場退去の権限を有し,行使は適法であったとする。②は,発言時間の制限を議長ができるか疑問であるが,議題である免責決議がなされているので因果関係がないから,適法であるとする。ちなみに,②は,因果関係論を批判し,取消原因として株主に対する瑕疵の重大性を問題にする少数説は法律と一致していないとし,多数説を前提としている。

  わが国では,東京電力事件注2判決〔15〕が議長の質疑打ち切りと発言時間の制限等の問題を扱い,大トー事件判決〔13〕は議長の秩序維持及び議事整理権限の行使としての計算書類の内容に関する質問の制限ないし禁止を扱い,佐藤工業事件判決〔20〕は退場命令を扱っている。

83) 銀行の質問権のために株式法は特別規定を定めていない。Rasch, Die Auskunftsrecht der Banken in ihren Hauptversammlungen, AG 1966, 205f. しかし信用制度法(KWG)26条aは秘密準備金を認め(株式法施行法36条参照),形式命令(FormblattVO)4条は株式法157条1項の総額主義を制限し,株式法施行法17条1項は同項を信用機関に適用していないという一般企業に見られない規制を行っている。そこで質問が秘密準備金に関連すると,回答の拒否という問題が金融機関では生じる。本文で扱った事件のほかドイツ銀行事件には①79年度の総会を扱う OLG Frankfurt, AG 1981, 232 と②82年度の総会を扱う OLG Frankfurt, AG 1984, 25 = DB 1983, 2184 がある。①の事件では,1株主が本件と同様の償却,価値修正,引当金等の質問をし,②の事件では自己株式取引の質問をしている。裁判所は,①では,回答が秘密準備金の開示につながり,会社に不利となることを理由に回答拒否を正当とし,②では,個別報告だけで数時間を要することを理由に回答拒否を正当と判示している。

参加の記載方法,および③自己株式取得の理由の回答の必要性である。地方裁判所とフランクフルト上級地方裁判所は,原告の請求を棄却したが,連邦通常裁判所は,①の回答拒否は正当としたものの,②と③については原告の上告を認めた[84]。

(d) 連邦通常裁判所まで争われたもう一つの事件に《ASEA BBC 株式会社事件判決》がある[85]。被告会社(BBC Mannheim)はスイスのバーデンにある BBC Brown Boveri 株式会社(BBC コンツェルンの基幹会社。以下 BBC Baden という)の支配に服する企業契約を締結していた。ところが,BBC Baden は,コンツェルンの根本的機構改革をすることにし,スウェーデンの電気企業(ASEA ABB)と各50％参加の共同持株会社(ABB ASEA Brown Boveri 株式会社)を設立し,被告会社に対する株式を共同持株会社に全部譲渡し,BBC Baden,被告会社および共同持株会社との間で変更契約を締結した。そこで被告会社は88年の株主総会で企業契約の変更決議を基本資本の99％以上で可決した(株式法295条1項参照)が,2人の株主が,当該決議の無効と取消を求めた。その理由の一つは株式法293条4項および295条2項の説明義務の不履行であった。LG Mannheim は,他の株主の解説請求が拒否されても,また,強制解説手続(株式法132条)の申立を事前に行っていなくとも取消の訴を起こすことができるが,質問は決議能力のない議題のときになされているので,株主は取消の権限はなく,仮に質問が決議事項である議題のときになされたとしても,原告は,因果関係を証明していないとして原告の請求を棄却した[86]。その控訴審である OLG Karlsruhe は,①コンツェルン賦課額の回答拒否という瑕疵があるが,「この議事日程の説明は,次の議事日程に移ることにより終

---

84) 第一審では,2名の株主が総会決議の取消の訴を提起した。その内の1名が控訴・上告した。注3〔2〕の諸判決参照。
85) 注3〔3〕の諸判決。上告に至らなかったもう一つの事件として判決〔42〕がある。後者の事件では判決〔3〕と同じ総会において,女性の株主が,BBC Baden に対し支払ったコンツェルン賦課額を質問したが,拒否され,強制解説手続の申立をした。地方裁判所が会社の拒否を正当としたので,これに対し株主が即時抗告をした事件である。カールスルーエ地方上級裁判所は,議題1は決議を要しない事項であるが,議題1の適切な理解のためにコンツェルン賦課額の回答は必要であり,解説は不利との会社の主張は不十分として原告の請求を認容している(AG 1990, 82f.)。
86) LG, Mannheim, AG 1991, 26, [28f.]

了している。株主が拒否された解説がその点でも重要と考えるのであれば，この議題（次の議題－筆者注）の説明の枠で，その者または他の株主によって提出された解説請求を繰り返すことが，その者により要求されなければならない[87]」が，要求しなかったので，因果関係が切断されていると判示した。他方，②被告株式の補償の質問は議題に関連しているので，回答拒否は違法であるが，多数株主は説明がなくても事情を知っていたので，因果関係は切断されるとして請求を棄却した[88]。連邦通常裁判所は，上記①は認めたが，②については，「客観的に判断する株主」がそのような事情を知っていたかが決定的基準であり，局外株主は知らなかったから，因果関係の切断を認めることができず，決議は無効である，と判示した[89]。

(e) 日本の九州電力事件に相当する事件として一連の《RWE事件[90]》がある。RWE（ライン・ヴェストファーレン発電所）は巨大な電力会社である。1株主が質問権を行使している。様々な質問をしているが，骨子のみを紹介する。①83年判決は，取締役の職務に関連する従たる給与は例外的に解説請求権の対象となる場合もあるが，本件では議題の適切な判断のため必要でないと判示している。②85年判決によれば，電気の売上高，取締役会構成員の職業訓練などを質問している。判決は，質問は議論を引き起こすことであるが，「解説請求権の道具はそのために立法者により創造されたものではない」，「解説請求権の目的に背く質問は原則上重大であるから，即時抗告を認め」（AG 1987, 22）ると判示している。③即時抗告を受けた地方上級裁判所は，「株主は総会において他の株主を『味方につけ』，既に確定している決心を納得させるため

---

87) OLG Karlsruhe, AG 1991, 144, [147]. Godin/Wilhelmi, AaO., §131 Anm. 2 は，質問した株主が回答前に総会から退出しても，質問は存続し続ける，と考えるのに対し，Zöllner, Kölner Komm. §131 Anm. 79 は，その者が退出したなら，他の株主が質問しない限り，回答しなくてよいとする。ただし他の株主が回答を期待して，自らは質問を繰り返さないことが考えられるので，回答する意思がないときは，遅滞なく総会に知らせるべきであると主張している。地方上級裁判所の見解は，Zöllnerの見解に従ったもので，私は正当と考える。そうでないと議事が進行しないからである。

88) OLG Karlsruhe, AG 1991, 144, [148]

89) BGH, AG 1992, 450, [454f.]

90) ①LG Dortmund AG 1984, 83, ②LG Dortmund AG 1987, 21, ③OLG Düsseldorf, AG 1987, 22, ④LG Dortmund AG 1987, 189, ⑤OLG Düsseldorf, AG 1988, 53.

だけでも解説請求をすることができる」が、「『必要性』のメルクマールには相対的に厳格な要件が置かれなければならない」(AG 1987, 23) として即時抗告を棄却している。④86年判決によれば、顧客別の売上げ割合、取締役会構成員の付随活動と総所得などが質問されているが、いずれも請求が棄却されている。これに対し、⑤87年のデュッセルドルフ上級裁判所判決はRWE取締役会構成員の子会社の領域での活動（構成員は22の子会社、18の関連会社に職を占めている）による総所得の質問につき、株主は、企業に投資された資本の管理について説明を要求する原則として保護された権利を有しており、役員の免責との関連から回答は必要であるとして即時抗告を認めている（AG 1988, 54)。

(f) 最後に開示指令に関連する七つの判例がある。①ベルリン地方裁判所93年4月22日決定 (AG 1994, 40) と6月24日決定 (ZIP 1993, 1632) は、同じAllianz持株会社の92年度総会での回答拒否が問題であったが、「議決権の少なくとも10％を有する他の上場会社に対する資本参加」および「少なくとも1億マルクの市場価値を有するコンツェルンと関係のない会社に対する資本参加」に関する情報については、株主に解説請求権があると判示してから、同様の判例が96年にかけて立て続けに下され、学説で問題となった[91]。

同裁判所によると、他の資本会社に対する相当の資本参加は、「合理的に考える平均的株主が投資判断するのに客観的に必要な情報である。なぜなら、会社の収益および収益の見込みは、資本参加している……企業の事情によって決定的に影響されるからである」(AG 1994, 40)、そして「上場会社に対する重要な資本参加と譲渡の際に開示すべき情報に関する1988年12月12日の理事会指令（いわゆる透明性指令）」が定める議決権持分の10％は、「資本参加の開示に関する株主の意見形成に必要とみなされうる解釈基準」を形成している。解説請求は、「この大きさに基づいて当該株式の市場価値を容易に推論できるから」、その額面価額と議決権に及ぶが、「簿価と相場との差額の場合会社の秘密準備金が問題で、会社はそれを開示する義務はないので」簿価には及ばない。

---

91) Hüffer, Minderheitsbeteiligungen als Gegenstand aktienrechtlicher Auskunftsbegehren, ZIP 1996, 401, [402] によれば、ベルリン上級地方裁判所に反対の立場を採用したフランクフルト地方裁判所の決定が2件あるとのことである。これらの決定は未読。

さらに，株主の「誠実な意思形成に必要な」情報である限りで，「上述の原則を類推して」上場会社の株式の市価が少なくとも1億マルクであるコンツェルンに属していない財産管理会社の資本参加にも及ぶ（AG 1994, 41）。

② ベルリン上級地方裁判所も三つの決定を下している。その一つは，(i)前記6月24日決定の即時抗告に対する決定（ZIP 1994, 1267）であり，もう一つは，(ii) Allianz の93年度総会を扱う95年8月24日の決定であり（AG 1996, 131），そして(iii) 93年8月26日の決定は，Siemens（電気機械会社）の92年総会を扱っている（ZIP 1993, 1618）。いずれも地裁の決定を認める。

(i)の94年6月30日決定によると，合理的平均株主のためには，解説が「客観的観点からも株主に既に伝達されている知識の議事日程の判断のための本質的な補充として評価されうることが，補足的に，必要である」。「指令の目的は，真の欧州資本市場の発生に信頼の強化を通して寄与するために，開示の相応の指示により投資者の保護を改良することであるのに対し，解説請求権は総会の議事日程の適切な判断のために必要な事務に関する株主の情報を目的としている。このことは，株主に与えられるべき解説の内容の修正をも正当化する」。そこで会社は，当該会社が直接におよび（または）結合企業を通して間接に所有しているいわゆるドイツ株式インデックス[92]（DAX = Deutsche Aktienindex）に含まれている会社に対する持分とコンツェルンに属さない上場会社に対する20（上記持分を除く）の最大持分の額面価額を回答する義務がある。回答すべき持分は，会社の決算日に個々の会社の少なくとも基本資本又は議決権の10％に相当するか又は少なくとも1億マルクの上場価値を有する資本参加である。その際会社又は結合企業の計算で第三者によって所有されている持分も計算に入れられなければならない。「欧州共同体指令に挙げられ且つ経営学の見解によれば金融・成果経済的企業評価のために必要なデータを考慮すると，合理的に考える平均的株主は，この種の情報をその投資の判断のために必要と考える。なぜなら，その者は，それにより会社に投資した資本の利用と同時に取締役会の行為を監視することができる」からである（ZIP 1994. 1269ff.）。

(ii)の決定によると，「株主は株式に基づく社員権の一部として常に同時に財

---

[92] DAX 会社は，株式資本が10億マルク以上の会社である。例えば Deutsche Bank, Dresdner Bank, Daimler Benz, RWE, Veba 等である。AG 1993, 1619. AG 1994, 1270.

産権を有しており，資本投資家としての性質において財産状態，金融状態及び収益状態に関する情報を要求することができる」(AG 1996, 132)。

そうこうしている内に上記指令は，94年7月26日の第二金融市場促進法（〔有価〕証券取引法〔WpHG〕BGBL I 1994, 1749ff.）により国内法化された（95年1月1日施行）[93]。

③ バイエルン上級地方裁判所は96年8月23日の決定で，「株主は総会で社会より劣るものに置かれることは許されない」として，（有価）証券取引法（21条）の制定により10％基準は古くなったので，結合企業によって所有される，上場会社に対する，会社の少なくとも基本資本若しくは議決権の5％又は1億マルクの取引所価格を有する持分は回答の対象となると判示した（AG 1996, 516）。その際学説の批判に次のように反論している。「株主の解説請求権を，ベルリン上級地方裁判所と異なり，会社に対する株主の説明請求権と見ないときでさえ，取締役会と監査役会の免責の議題にとって1億マルク以上の価値の他の会社に対する会社の資本参加は重要である。……なるほど，1億マルクの限界は直接法律から現れないが，立法者は一般的に規制を行っており，それ故裁判所は，一方では株主の，他方では会社の利益に相応する実際的な解決を発見することを求められている」(AG 1996, 517)。同年9月9日の決定も，これを維持し，従って会社は「ドイツのコンツェルンと関係のないいかなる上場株式会社に議決権のある資本の5％以上参加しているのか解説しなければならない」と判示した（AG 1996, 563, [564]）。従ってバイエルン上級地方裁判所はベルリン裁判所の構成を放棄していると理解することができる。

これらの決定に好意的な見解もあるが[94]，学説はおおむね批判的であった[95]。

---

93) 証券取引法は，本文で触れた透明性指令のほかに，「インサイダー取引に関する諸規定の調和のための1989年11月13日の欧州共同体理事会指令（インサイダー指令）を国内法化している。同法12条以下はインサイダー規制を行う。そこで株式法上の解説請求権と証券取引法15条（アドホック開示）と証券取引所法44条b（中間報告書の公表）の関係が新たな問題として生じている。これについては Joussen, DB 1994, 2485ff. を参照されたい。

94) Großfeld/Möhlenkamp, ZIP 1994, 1425ff.「商法297条2項によると，コンツェルン決算書は『コンツェルンの財産状態，財務状態および収益状態の実質的諸関係に合致する写像を伝達しなければならない』。解説請求権と貸借対照表法との間の関係が正しく認識されている。なぜなら，計算法と解説請求権の意味は，－なかんずく－社員権の行使に必

他の会社では上記程度の回答が行われていたので[96]、この程度の開示を否定すべきでないと考えるが（日本については証券取引法27条の23参照）、透明性指令の実施を正当な理由もないのに4年程遅らせた事情があるためか[97]、ドイツの初期の判例は、指令が国内法化されない前に先取りしてその趣旨を実現しようとしたため、法律論的にかなり荒い議論を展開したとの印象を受ける。そのために批判を受けたのである。例えばHüfferは、個々の株主は経済的所有者（投資家）として原則として包括的な説明を要求できるという伝統的な基本的前提は、株主は委任によりまたはそれと類似に取締役会から説明を要求できるというライヒ最高裁の判例と変わらないことになるが、それは否定されている。委任関係の説明請求権者は－これも正しくないが－せいぜい株主総会であって、総会が決議したときにのみ存在するのであって、取締役会と監査役会は個々の株主の委託で行為しているわけではない[98]。株式法上の情報権は、共同情報権と単独情報権に分けられる。共同情報権、即ち、取締役の行為の他益性から生じる包括的な説明請求権（独民法666条（＝日本民法645条）・713条参照）は、会社自体に帰属し、社員はこの権利を有しない。これに対し、単独

要な情報を株主に同じように与える事であるからである」、「資本参加に関する広い公開が解説を保持しなければならないときに、企業の共同所有者としての株主が初めて真実である！。資本市場法と会社法は相互に作用している」、「裁判所は指令を決定に入れることによって、欧州法で先に与えられた発展をドイツ法に先取りしている。裁判所の欧州の法発展の洞察はうれしい」（S. 1426）、「Allianz決定は、ドイツの株式会社は小株主により透明になるという、小株主に明白な信号を与えている」（S. 1428）、「1965年の立法者は、今日有効な資本市場規定を予見できなかった」（S. 1427）と述べている。我々が注意すべき点は、この主張は、必要性要件を前提とした上で、しかも86年改正商法の計算規定を踏まえて議論を展開しているということである。

95) Ebenoroth/Wilken, Zum Auskunftsrecht des Aktionärs im Konzern, in BB 1993, 1818, [1828]；Groß, AG 1997, 97, [106f.]；Hüffer, ZIP 1996, 401ff., DERS, AktG, 3. Aufl., §131 Rn. 19a；Spitze/Diekmann, ZHR 158, 447, [461ff.]；Saenger, DB 1997, 145

96) Veba株式会社（化学会社）は92年の総会で、Allianzに対する200株からDeutsche Bankに対する6900株まで、DAX会社に対する13の株式を解説し、Daimler-Benz AGも同じ様な回答を既にしていた。そこで他の会社が行っているのに、何故にAllianzやSiemensでは拒否するのか理解できないと裁判所は指摘している。

97) Vgl. Emmerich/Sonnnenschein, Konzernrecht, 6. Aufl., 1996, S. 102f.

98) Saenger, DB 1997, 145, [151] も、「株主の独立した、ただ投資家保護の観点に基づく情報権は、株式に基づいて社員権外の財産権は根拠付けられないから、存在しない」と批判する。

情報権（独民法716条（＝日本民法673条））は，個々の社員が権利者であって，131条の解説請求権がこれに属する。共同情報権は，三つの組織構造から構成されている。取締役会は監査役会に対して包括的な報告義務を負い（株式法90条），総会を限定的決議権限を有する意思形成機関として認める（株式法119条）。株主には総会における権利行使が指示される（株式法118条）。ところが上記判例は，平均株主は取締役会の行為を監視できると主張する。これは根本的に誤った観念（grundsätzliche Fehlvorstellung）である。取締役会を監視するのは，総会の任務ではなく（株式法111条参照），従って個々の株主の任務でもない。これに対し単独情報権は，機関権限からではなくて，社員権から生じ，その債務者は取締役会ではなくて，会社であり，原則として総会の参加者としての資格でのみ個々の株主に帰属する。取締役会が会社のために与える解説は，総会が共同情報義務に基づいて自由にする情報を補足しなければならない。株式法131条1文は，総会の権限は単独情報権のための枠を与えていることを表している。ところが上記判例は同条から包括的な説明請求権を導いている。「解説請求権は，取締役会に対する説明請求権ではなくて，総会で管理権の意味深い行使を可能にすべき補足情報請求権である」と述べている[99]。

誤解を避けるために，①一定の規模の資本参加の開示という上述の要請は，欧州指令が発端であったこと，②上記諸判例後の判例も必要性要件を採用していること，③今日では総会における株主の情報が証券取引法21条以下に基づき社会が享有する情報より劣ることは許されないとのコンセンサスができている[100]ことを確認しておく。

4 結 び

(1) 末永教授は，「ドイツの通説の見解は，日本においても採用されるべきであると思う[101]」とされる。しかし，ドイツの通説を何に求めるかは問題で

---

99) Hüffer, ZIP 1996, 401, [404ff.] Groß, AG 1997, 97, [100ff.] も Hüffer が行う共同情報権と単独情報権の区別より Hüffer と同じ様な判例批判を行う。
100) Vgl. Emmerich/Sonnnenschein, a. a. O., 6. Aufl., S. 103.
101) 末永・前掲注36)196頁。

ある。本稿の検討から明らかなごとく，同教授の見解は，質問権を広げようとする政策的意図が先行する余り，37年法の議論も，65年法の解釈も軽視しており，ドイツの今日の通説と異なっていると評価せざるを得なかった。私も総会の活性化を念願する者の１人であるが，活性化は，質問の間口を広げる事によってではなくて，質問は議題と一致したものに限るが，その代わり回答に質問者を満足させる内容を要求することによって，徐々に形成して行くしかないと考えている。

(2) パーティーに君を招待しないと事前に言われ，招待状も来なければ，普通人であったならパーティーに出席しないであろう。イギリスの判例はそのようなcommon senseを受入れ，無議決権株に質問権を認めなかったと考える。アメリカの判例でここまで触れたものがなかったが，イギリス人と思考は同様であろうという仮定の下に，昭和25年商法改正の際に質問権を認めない政策的判断が下されていると考えるが，所有者を大切にするドイツの行き方も捨てがたい。これをグレーゾーンのままに放置することは妥当でないので，何れの説を採るか明確になるように表現を改めるべきだと提案した。

(3) 総会の当日にならないと出席者がわからないという現行法のシステムより，事前に届出をさせるドイツのシステムの方が合理的であること，また強制解説制度も合理的であるので，改正作業の際には検討事項にすべきことを主張した。但し後者はタイミングを見る必要がある。議事録の公平性を確保するにはドイツのように公証人による作成がベストであるが（株式法130条１項），質問者が少ないわが国の現状の下では，この制度の採用はあまり意義がないと考え，検討事項には上げなかった。

(4) ブリヂストン事件を初め必要性の要件を具体的に検討するまでには至らなかった。持株会社の総会の説明義務の内容およびインサイダー取引と説明義務の関係なども別稿に譲らざるをえなかった。共同情報権と単独情報権の区別を日本でも採用すべきか重要な論点となりうると思われるが，この問題も同様である。総会取消の訴については通説的な因果関係論とは異なる議論が生じているが，この問題も検討するまでに至らなかった。

第4章　株式の相互保有による資本の空洞化の意味

1　問題の所在

　株式の相互保有には資本の空洞化の弊害があるかその危険があると通説は解している。しかしその意味についてはわが国のみならず比較法的にみても必ずしも一致していない。わが国ではこの問題に関しまとまった研究が公表されていないので，本稿では比較法的成果も取り入れ株式の相互保有による資本の空洞化の理論構成とそれと出資の返還禁止との関係について卑見を述べることにする。

2　資本の空洞化の理論構成

(1) **総　説**
　空洞化の理論構成については世界的にみた場合大きく二つの見解が表明されている。一つは，株式の相互保有により資本の空洞化が完全に生じると説く見解であり，もう一つは部分的にしか生じないと説く見解である。以下ではドイツの学説[1]に倣って前者を完全資本空洞化説，後者を一部資本増加説とよぶことにする。

(2) **完全資本空洞化説の内容**
　完全資本空洞化説はその内容により単一体説と出資返還説に分けることができる。
　単一体説は，株式の相互引受けの場合には同じ出資が二つの会社間で行き来

---

1)　Klix, Wechselseitige Beteiligungen, 1981, S. 13ff.

する関係にあるから，これによって会社財産は増えることはなく，資本の水増しのみが生じる一方，株式の相互取得の場合には一度会社に払い込まれた出資が旧株主に返却される関係にあるから，これによって会社財産は増えることはなく，資本の空洞化のみが生じると説く見解である。ドイツの1965年株式法の立法者が採用した見解であり[2]，ドイツの多数説ではないかと思われる[3]。この説は相互参加の財産的効果を検討するかぎりにおいてではあるが相互参加企業を経済的単一体として取り扱うことから，単一体説とよばれている。わが国ではこの見解が多数説である[4]。

出資返還説は，あらゆる相互参加は出資の返還そのものであり，いわゆる出資の返還禁止（ドイツ株式法57条1項，スイス債務法680条2項）に違反するから無効であり，したがって相互参加は原則として認められないと説く見解である[5]。この名称は提唱者であるHettlageの命名に基づく[6]。わが国においてはドイツおよびスイスと同様この見解の支持者はいないが，相互保有の全面禁止を立法論として説く奥村教授[7]の見解とこの見解を理論的には正当と解される中村一彦教授の見解[8]はこの見解に近い[9]。

---

2) Kropff, Die wechselseitige Beteiligung nach dem Entwurf eines Aktiengesetzes, DB 1959, S.15. など。

3) Nierhaus, Die wechselseitige Beteiligung von Aktiengesellschaften, Diss., 1961, S.135ff.; Kayser-Eichberg, Die wechselseitige Beteiligung nach deutschem Aktienrecht als Leitlinie einer europäischen Harmonisierung, Diss., 1969, S.26ff. など。

4) 大隅健一郎「株式の相互保有（持合）について」会社法の諸問題〔増補版〕219頁。大隅健一郎＝今井宏・新版会社法論上巻377頁，松田二郎・会社法概論432頁，竹内昭夫・改正会社法解説87頁，龍田節・会社法227頁，菱田政宏「株式の相互保有と会社支配」現代商法学の課題中763頁・764頁，関俊彦「株式の相互保有」会演Ⅰ197頁，浪川正己「株式の相互保有と商法の規制」企業法研究249輯29頁。

5) Hettlage, Die Bilanzierung wechselseitiger Beteiligungen nach deutschem Aktienrecht, Diss., 1967（以下Die Bilanzierungと略記）; ders., Die Begründung von wechselseitigen Beteiligungen auf dem Weg der gegenseitigen Aktienübernahme nach dem Schweizerischen Obligationenrecht, SAG39 (1967), S.3ff; ders., Die wechselseitigen Beteiligungen in einer Neugestaltung des schweizerischen Aktienrechts, SAG43 (1971), S.75ff.: ders., Darf sich eine Kapitalgesellschaft durch die Begründung einer wechselseitigen Beteiligung an der Kapitalaufbringung ihrer eigenen Kapitalgeber beteiligen?, AG1967, S.249.

6) Hettlage, SAG43 (1971), S.76.

7) 奥村宏「株式相互持合いの弊害と規制策」企業法研究249輯22頁。

単一体説と出資返還説には以下に述べるような理論上の相違がある。

第1に，株式の相互引受けにつき，単一体説は，これによって資本金は増えるが，資産は全く増えないから，相互引受けにより増えた資本金は全額幻惑的であると考えるが，出資の返還禁止に違反しないと考えるのに対し，出資返還説は，出資が株式会社からその株主である相互参加企業に返還されることは明らかであるから，出資の返還に当たると主張する[10]。

第2に，株式の相互取得につき，単一体説は株式を取得するために旧株主に支払われた代金だけ資本の空洞化，すなわち，資産の裏付けのない資本が形成されると考えるが，出資の返還というためには会社が自己の株主に出資を返還することが必要であると解するため[11]，株主に対する取得代金の支払を「経済的な」出資の返還と考えても，出資の返還そのものに当たるとは考えない。これに対し出資返還説は，一般株主から相互参加企業の株式を取得する会社は，あらかじめ立替払いをしていた一般株主に取得代金を支払うことによって，後からその資本拠出者に資本調達するに至るから，出資は相互参加企業に返還されたのであって，従来の株主に返却されたわけではないと主張する[12]。そのため相手会社の株式を会社に売却した株主を会社の間接代理と構成するテクニックを用いる。卑見によれば，出資返還説はこのような構成により単一体説と異なり株式の相互引受けと相互取得の並行性を明らかにするメリットを有している。しかし，出資返還説はこのような構成を資本空洞化の説明として用いるだけでなく，これから相互参加は原則として許されないという解釈論を主張する。換言すると上述の構成は，出資返還の禁止規定を適用するための槓杆の役割を担っているのである。すなわち，出資返還説[13]によると，出資の返還の禁止の目的は二つあり，一つは債権者の担保となる会社財産の維持を保障す

---

8) 中村一彦・現代的企業法論178頁。
9) 市川兼三「株式相互保有と商法」香川大学経済論叢51巻3・4号464頁は出資返還説に近い説明も行っている。
10) Hettlage, Die Bilanzierung, S. 171, 235 ; ders. AG1967, S. 250 ; ders., SAG39, S. 36ff.; ders., SAG43, S. 77f.
11) Zulauf, Die wechselseitige Beteiligung im schweizerischen Aktienrecht, Diss., 1974, S. 71.
12) Hettlage, Die Bilanzierung, S. 180 und 300f.
13) Hettlage, Die Bilanzierung, S. 230ff.

ることであり，もう一つは，株主のために株主平等原則が侵害されることを阻止することである。したがって，出資の返還は純利益または任意準備金によって行われることも許されず，出資の返還禁止違反の法律行為はドイツ民法134条に基づいて無効であるから，あらゆる種類の環状参加を含む相互参加は，法的安定性および衡平の理由から認められなければならない若干の例外を除き，有効な方法で取得することができず，禁止に違反して発生した相互参加は，貸借対照表能力を有せず，例外的に許容される相互参加に限り貸借対照表能力が認められるにすぎない。例外的に許容されるのは自己の株式をすでに所有されていることを知らないで相手会社の株式を取引所取引で取得した場合に限られる，と主張するのである。

その結果，第3に，出資返還説では，相互参加は純利益によると任意準備金によるとにかかわらず許されないのに対し，単一体説では，論者によって異なるであろうが，資本金と法定準備金に見合う財産によらなけれは許される[14]ということになろう。

さらに第4に，出資返還説では，相互引受けないし相互取得は，それが同時に行われると否とを問わず禁止されると解するのに対し[15]，単一体説では，相互引受けが株式の払込みの脱法に当たる場合を除いて直接的法律効果を引き起こさないという結論になると思われる。なぜなら単一体説は相互参加による資本の空洞化を説明するためのテクニックにすぎないからである。

(3) 完全資本空洞化説批判

(a) 単一体説批判

単一体説には次のような批判が一部資本増加説の支持者から唱えられている。

第1の批判は，単一体説の考え方では，1,000万円の資本金と財産を有するA・B二つの会社が同時に相手会社の株式の45パーセントを100の相場で取得したとすると，二つの会社の資本金合計は2,000万円であるのに，実際の財産の合計は1,100万円ということになり，AがBに対する90パーセント（＝45パーセント＋45パーセント）の一方的資本参加を取得した場合と同じである

---

14) Kayser-Eichberg, a. a. O., S. 38. Vgl., Nierhaus, a. a. O., S. 180f.

15) Hettlage, Die Bilanzierung, S. 235f.

から，50パーセントの相互参加まで相互参加の効果と一方的参加の効果を区別することができないという批判である[16]。

これに対し単一体説の立場から，相互参加に対する疑問は，一方的資本参加の場合のような数個の会社の同じ資本が担保資本として用いられるということに基づくのではなく，示された資本がおそらく相互参加会社のどちらにも存在しないことに基づくものである，との反論がなされている[17]。

第2の批判は，単一体説は全参加会社の経済的に単一とみなされる財産にこれらの会社の一つの資本を対置させるが，これは矛盾である[18]。すなわち，債権者保護の観点からは全会社の総資産に総資本を対置させるかまたは個々の会社の財産に個々の会社の資本を対置させることができるだけであって，前者が認められるためには，全相互参加会社の全債権者のために単一な責任の基礎が存在していることが前提となる。そして，それが認められる場合である法人格否認の法理の適用があるためには，常に特別な法的根拠が存在していることを要するのであって，このような根拠がないときには個々の会社の財産関係を分けて考えることが必要であるという批判である。

これに対して単一体説からは，単一体説は単一な責任の基礎から出発しておらず，ただ相互参加の効果が問題になるかぎりで二つの会社の財産を経済的に単一と考えるのである。一部資本増加説も相互参加の経済的効果を自己に対する各会社の間接的資本参加と考える点で単一体説と同じく二つの会社を経済的に単一と取り扱っているのであり，ただ効果を別に考えているにすぎない。二つの会社が破産したり，合併した場合を考えてみれば，あるいは連結貸借対照表を作成してみれば相互参加により財産は少しも増えていないことが明らかであるから，あくまで単一体説が正当である，との反論がなされている[19]。

私は以下の理由で単一体説に反対したいと考える。第1に，単一体説は，効果の説明のため単純に二つの財産を単一と考えるのであるが，単一と考えるためには単一と取り扱わなければならないだけの合理的理由が必要なのであって，

---

16) Winter, Die wechselseitige Beteiligung von Aktiengesellschaften, 1960, S. 40ff.；福岡博之「株式の保有規制」民商86巻2号11頁。
17) Kropff, DB1959, S. 17 ; Nierhaus, a. a. O., S. 172 ; kayser-Eichberg, a. a. O., S. 27f.
18) Winter, a. a. O., S. 42 ; Klix, a. a. O., S. 18 ; 福岡・前掲注16)11頁・12頁。
19) Nierhaus, a. a. O., S. 137ff.: Kayser-Eichberg, a. a. O., S. 28.

すべての場合にこのような理由があるとは思われないこと，第2に，単一体説は二つの会社が破産したり，合併するような極端な場合を念頭においているが，このようなケースは例外であるから，通常の場合を前提とすべきであること，である。

(b) 出資返還説批判

出資返還説には次のような批判など[20]がスイスにおいて唱えられている。

第1に，上述の単一体説に対する第2の批判と同様の批判であって，二つの会社を単一体と考える不当な前提から出発している[21]。

第2に，出資返還説の「極端な結論は実務上と同じく理論的にも支持できない」。取引所における相互参加となる株式売買が無効であるとどのようにしていいうるのか。無記名証券に関するときには，相互参加の存在は取得会社により知られないことがありうる。その上売買契約は2社間ではなく，一般に仲買人等を介して株式の売主である株主と会社の間で締結される[22]，と。

この批判は，一方では実務の不都合を指摘している。Hettlage の見解に対する批判としては一部かみ合わない部分もあるが，批判そのものは正当であると考える。理論的には，一般株主から相手会社の株式を取得することは出資の返還そのものであるという構成は，擬制的すぎるとの批判を含んでいるように思われるが，これも正当な批判である。しかし，その前提問題としてわが国の商法がドイツ株式法の定めるような出資返還禁止を採用しているか否かがまず問題とされなければならない。採用していなければ，擬制的構成を問題にする必要もないからである。

(4) 一部資本増加説の内容

一部資本増加説は，Fanelli の独特な見解と間接的自己株式所有説とに分けることができる。

---

20) 本文で紹介した以外の批判として Vischer und Rapp, Zur Neugestaltung des schweizerischen Aktienrecht, 1968, S. 240 がある。
21) Zulauf, a. a. O., S. 70.
22) Dallèves, Les participations réciproques entre sociétés anonymes, 1970, p. 25.

第4章　株式の相互保有による資本の空洞化の意味

(a) Fanelli の見解と同説に対する批判

Fanelli は，株式は経済的には発行会社の純財産の小部分の代表的指数にほかならず，相手会社の株式は，株式を引き受けるかまたは取得するために使用された資産のポストを占めるから，相互引受けの場合の財産増加の欠如と株式取得による財産の減少によって被る「損失」は株式を通して確認されると主張する[23]。わが国ではこの見解の支持者はいない。

例を使用して彼の見解を説明すると以下のとおりである。A・B二つの会社が各々100株によって代表される1,000リラの資本金を有し，同じ額の資産を有していたとすると，各株式の実際の価値は名目価値と等しい10リラである。各々相手会社の10株を取得するために100リラ（資本金の10分の1）を投資して相互参加を実現したとすると，株式を除く各資産は900リラになるので，株式の価値は9リラに下がり，したがって各々10リラ（＝1リラ×10株）の損失を受ける。そして相互参加が2倍になれば損失は4倍（2リラ×20株＝40リラ），9倍になれば81倍（9リラ×90株＝810リラ），10倍のときは100倍（10リラ×100株＝1,000リラ）となるので，損失額は資本参加額に比例せず，それよりも高い割合で増えていく。したがって相互参加は，一方的資本参加とも，自己株式の取得とも異なり，両者の機能を混有する。相互引受けの場合には，株式の相互取得と異なり，損失を売主に転嫁することができず，また，いったんは資本が創造され，しかる後財産を失うことになる相互取得と異なり，資本が創造されるか，増加されなければならないまさにその時に損失を引き起こすから，絶対的に禁止されなければならない。これに対し相互取得の場合には，売主に支払われる代金が相互参加後に存することになる株式の実際の価値を超えないかぎり，損失を回避することができるが，株式の実際の価値は多くの要素により影響を受けるから，これらも考慮するダイナミックな考えを取る必要がある，と。

Fanelli の見解に対しては，相互参加により各株式の評価減に由来する損失が生じるのではなく，資本の部分的な返還が生じるのであるから，損失と資本の返還を混同した議論であるとの批判がなされている[24]。正当な批判である

---

23) Fanelli, Le partecipazioni sociali reciproche, 1957. p.48ss. 詳しくは泉田栄一「イタリアにおける自己株式取得と相互資本参加の規制」富山大学日本海経済研究所研究年報 XIV 巻 134 頁以下参照。

と考える。

(b) 単純間接的自己株式所有説の内容

この見解は，株式の相互参加は，会社が相手会社を通して自己に資本参加する関係にあるから，各会社は資本参加率の積に等しい自己株式を間接的に所有しているのと同じことになる。間接的自己株式部分は会社が自己に出資した部分を意味するから，株式の相互引受けの場合名目資本から間接的な自己株式部分の金額を控除して得た額が実際に出資された額である。それ故に実際の出資額は間接的な自己株式部分だけ名目資本に及ばないという意味で，部分的な資本の水割りが生じるが，財産は増えているのであり，株式の相互取得の場合には，株式を取得するために支払った代金が，取得前に株式によって媒介された会社財産に対する持分の価値に相応するかぎり，間接的自己株式部分の代金だけ譲渡株主に出資の返還を行ったのと同じであるから，その額だけ資本の空洞化が生じるのであって完全な資本の空洞化は生じない，と説く見解である。ドイツでは1965年株式法の立法作業の段階において Boesebeck によって唱えられて以来近時ますます有力になって来ている説であり[25]，フランスでは A. Percerou 以来多数説といえる見解である[26]。スイスでも多数説ではないかと思われる[27]。これに対しわが国におけるこの学説の支持者は福岡教授[28]，市

---

24) Pasteris, Il "Controllo" nella società collegate e le partecipazioni reciproche, 1957, p. 157 nota 15 e p. 160 sgg. 評しくは泉田・前掲注23)142頁参照。

25) Boesebeck, Die wechselseitige Verflechtung von Aktiengesellschaften, ZfkW 1956, S. 767f.（評しくは泉田栄一「ドイツの相互資本参加規制(2)」富大経済論集31巻3号94頁以下参照）; Winter, a. a. O., S. 44 ; Lutter, Kapital, Sicherung der Kapitalaufbringung und Kapitalerhaltung in den Aktien-und GmbH-Rechten der EWG, 1964, S. 188ff., S. 453 ; Koppensteiner, Internationale Unternehmen im deutschen Gesellschaft, 1971, S. 274 ; Emmerich, Zur Problematik der wechselseitigen Beteiligungen, namentliche im geltenden und im zukünftigen GmbH-Recht, in Festschrift für H. Westermann zum 65. Geburtstag, 1974, S. 60 等。

26) A. Percerou, Loi actuelles et projets récents en matière de sociétés par actions (Allemagne, Angleterre, Italie), Etudiés spécialment en vue d'une réforme eventuelle du droit français, 1933, p. 535 et suiv. ; Veaux-Fournerie, L'acquisition de ses propres actions ou parts sociales par la société émettrice, 1953, n° 112 ; Vanhaecke, Les groupes de sociétes, 1962, n°s 82 et 83 等。

27) Zulauf, a. a. O., S. 68ff. ; Burckhardt, Der Erwerb eigener Aktien und Stammanteile, 1983, S. 6 ; Binder, Das Verbot der Einlagerückgewähr im Aktienrecht, 1981, S. 98f. など。

川教授[29]，宮島助教授[30]にすぎない。

このように従来の一部資本増加説は間接的自己株式部分だけ資本の空洞化を生じると解するが，間接的自己株式部分の計算をただ一度しか行わない。しかしこのような計算では不十分であると解する見解が，わが国では知られていないが外国において唱えられている。そこで従来の見解を単純間接的自己株式所有説とよび，後者の見解を無限級数的間接的自己株式所有説とよぶことにする。

(c) 無限級数的間接的自己株式所有説の内容

この説はドイツでは Saage により，イタリアでは半意識的に Pasteris によって主張されている。

Saage によれば，相互参加は次のような特殊性を有している。すなわち，その財産は部分的には自己財産に対する持分から構成され，自己財産は再び部分的に他の会社の財産を表示し，他の財産は再びまた部分的に自己財産を示し，これと同様のことが無限に繰り返されていく。それ故数学的にみれば，他の会社の財産に対する自己持分の価値は無限に収束する無限数列として現れる。したがって Boesebeck 以来の一部資本増加説は，ただ一度の再参加のみを仮定するから誤りである[31]。

例えばA会社に対する持分の市場価格は100で，B会社に対する持分の市場価格は150であり，A会社とB会社の間に50パーセントの相互参加が存在しているときには，公衆の判断におけるB会社の直接的財産に対するA会社の持分の価値（＝W）は，次の方程式から明らかになる。

$W = 0.5(150 - 0.5(100 - 0.5(150 - ...)))...$

$= 0.5 \cdot 150 - 0.5^2 \cdot 100 + 0.5^3 \cdot 150 \cdots$

$= 150(0.5 + 0.5^3 + 0.5^5 \cdots) - 100(0.5^2 + 0.5^4 + 0.5^6 \cdots)$

$= 150 \dfrac{0.5 - 0.5^{n+1}}{1 - 0.5^2} - 100 \dfrac{0.5^2 - 0.5^{n+2}}{1 - 0.5^2}$

$n \to \infty$ とすると，

---

28) 福岡・前掲注16)192頁。
29) 市川・前掲注 9)240頁以下。
30) 宮島司「相互保有規制の基本的立場と問題点」法学研究55巻7号40頁。
31) Saage, Die Gefährdung der Gläubiger und Aktionärsrechte durch wechselseitige Beteiligungen, NB 1968, S. 14. 本文の式の証明は紙面の関係で省略する。

$$W = 150\frac{0.5}{1-0.5^2} - 100\frac{0.5^2}{1-0.5^2} = 100 - 33\frac{1}{3} = 66\frac{2}{3}$$

しかしB会社に対する資本参加は75（＝0.5×150）の価値で貸借対照表に示される。したがって8カ3分の1の差額だけ自己自身に対する間接的資本参加が存在し，それは自己株式の貸借対照表化に相応する，と。

Koppensteiner は，Saage の式は相互参加による会社財産の空洞化を正確に表しているが，無視してよいと述べている[32]。しかしこの説は，単純間接的自己株式所有説では考慮の対象外になっている個々の資本参加に占める間接的自己株式部分を示すメリットを有していることを考えると，後述する株式の取得代金による出資の返還禁止の回避の可能性の計算の観点からはむしろこの説のほうが計算しやすいとも考えられるので，無視してよいと言い切れるか疑問なしとしない。

これに対し Pasteris は，会社資本の機能は担保機能であるから，相互参加による資本の空洞化の程度を知るためには，会社の損失が資本によってカバーされずに，債権者の負担となる程度を計算すればよいと考え，単純間接的自己株式所有説に立つ理論を展開するが[33]，会社が資本の全損を受けないかぎり，反射的損失はゼロに収束するまで無限に続くから会社が被った総損失はこれらの総和によることを要するとの指摘は注目に値する。すなわち，会社の資本の全損の場合の一般式は次のように表され，

$P_1 = P + Pxy = P(1 + xy)$

　$P_1 =$ 総損失

　$P =$ 経済的損失。経営の通常の活動の結果として被った最初の損失

　$Pxy =$ 反射的損失

　$x = $ B会社のA会社に対する資本参加のパーセント

　$y = $ A会社のB会社に対する資本参加のパーセント

資本の実質は $G = C - Pxy$ と表される（$G = $ 資本の担保の実際の価値，$C = $ 資本額）が，全損でない場合には，損失は徐々にゼロに向かいながら，二つの会社に無限に反射するから，上述の式は，

---

32) Koppensteiner, a. a. O., S. 274 Fußnote 215.
33) Pasteris, op. cit., p. 141ss. 見解の詳細は泉田・前掲注23)137頁以下参照。

$\mathrm{Pt} = \mathrm{P}\left[1 + \sum_{n=1}^{\infty} (xy)^n\right]$ になると主張する（Pt =総損失）。

例を使用して説明する。A会社の貸借対照表は借方：現金800万円，Bの株式200万円，貸方：資本金1,000万円，Bのそれは借方：現金100万円，Aの株式100万円，貸方：資本金200万円で，Aが100万円の損失を受けたと仮定すると，P_1 の式ではなくて，Pt の式によることが必要になり，上述の例では次のようになる。

$\mathrm{Pt} = 1,000,000 \left[1 + \sum_{n=1}^{\infty} (1/10)^n\right]$

n →∞のときの和（S）の値は，

$\lim_{n \to \infty} S = \dfrac{a_1}{1-q} = \dfrac{1/10}{1-1/10} = \dfrac{1}{9}$

a_1 =初項

q =公比

この値を Pt の式に入れると，

Pt = 1,000,000〔1 + 1/9〕= 1,111,111.1 となるので，反射効を1回しか計算しなかった場合の損失と比べて111,111.1円ほど高くなる。

この差は無限の反射効を考慮したために生じたのであるから，この考えを一貫させると Pasteris が正当と考えた単純間接的自己株式所有説を公式化した $G = C(1 - xy)$ の式もこの限度で修正を行う必要があるように思われる。

株式の相互保有による資本の空洞化を定型化して考える必要があるときには資本参加のパーセントの積に等しい空洞化が生じるという説明は理解しやすく，その意味で単純間接的自己株式所有説が諸外国で支持を受けているのは相当の理由があると思われる。しかし本質を突く理論はやはり無限級数的間接的自己株式所有説ではないかと思われる。もっとも Saage の説が妥当なのかそれとも修正を加えた Pasteris の説が妥当なのか，にわかに結論を出しえないので，無限級数的間接的自己株式所有説の方が正しい方向を志向していると指摘するにとどめたいと考える。

(5) 資本の空洞化と株式の取得価格の関係

今まで株式の取得価格を度外視して検討してきた。完全資本空洞化説のうち単一体説では相互参加会社を単一体と考えるので、各会社は取得価格だけの資本空洞化を引き起こすことになるので、この問題につき特段の考察を必要とせず、出資返還説も同様の結論になるからである。これに対し、わが国では従来見落とされてきたが、一部資本増加説を採用した場合株式の取得価格と資本の空洞化の関係を論じておくことが必要となる。一部資本増加説の支持者により従来次に紹介するような見解が唱えられてきた。

Fanelli は、前述したように、相互取得の場合、売主に支払われる代金が相互参加後に存することになる株式の価値を超えないかぎり、損失は生じないと主張する。すなわち、A・B二つの会社が100株（額面10リラ）によって代表される1,000リラの資本金を有し、それと同額の資産を有している場合において、各会社が相手会社の株式10株を取得するために10リラの値段を支払えば、株式の実際の価値は9リラであるから10リラの損失を受けるが、9リラで取得すると、実際の会社財産は910リラ（＝1000−(9×10)）であることから、株式の実際の価値は9.1リラであり、損失が生じないだけでなく、1リラの利益さえも生じる、と説く[34]。

これに対して Pasteris は、上述の例の場合には、Fanelli が主張するように株式が適正な価格で支払われ、したがって会社が損失を受けなかったからではなく、100分の1の資本の返還の際に、会社は株式に実際の価値より低い値段を支払ったことにより、利益を実現したからにほかならないのであり、効果は全く異なる。二つの会社が清算に置かれた場合を考えると、株主に株式を償却するために全部で1,800リラ（＝900＋900）の名目額に対して1820リラ（＝910＋910）の資産が残るから、各々10リラの利益を実現したことが明らかになる、と批判している[35]。Fanelli による損失と資本の返還の混同の誤りはPasteris の主張のとおりであるが、利益が実現された限度で資本の返還は補填されたことにならないのか疑問が残る。

これに対して Winter は、同時有償取得の場合とそうでない場合とで区別し、

---

34) Fanelli, op. cit. p.76ss. 泉田・前掲注23)136頁参照。
35) Pasteris, op. cit., p.157 nota 15 e p.160ss. 泉田・前掲注23)142頁参照。

第4章 株式の相互保有による資本の空洞化の意味

前者の場合にはFanelliの結論に賛成する[36]。すなわち，AとBの二つの会社が各々10万DMの資本金と財産を有し，各々相手会社の株式の25パーセントを2万5千DMの値段で取得するなら，結果的には財産の6.25パーセントを自己の株主に返還することになるが，同時取得の場合においてFanelliの値段測定に従って各々2万DMで取得するなら資本の返還は回避される。Pasterisの反論は，相互参加の取得は自己に対する資本参加の形成のためではなく，出資の返還のために危険であるということを見落としている。これに対して，時間的に異なる取得の場合にはFanelliによって示された値段が売買の基礎になっているときにも，最後に取得する会社の側の給付によって，相手会社に以前に取得された資本参加が基礎を置く実際上の財産価値が手放され，この会社への資本参加に取って替えられるから，返還が生じる。上述の例において初めAがBの25パーセントを取得したと仮定すると，Aは10万DMの額であるBの財産の25パーセントの財産持分を手に入れる。しかし，BがAの資本の25パーセントを2万DMで取得するときには，取得された株式はAの自己財産を代表する一方，AのBに対する資本参加は，ただ8万DMの額の他人財産に対する価値持分を媒介する。それ故時間的に異なって行われる相互取得の場合には，取得代金に関係なく常に出資の返還が現れる。ただその範囲は，取得以前に株式によって媒介される相手会社の財産に対する持分に相応するより低い売買代金が支払われるときには，減るのである，と説く。

一般論としてはWinterの見解が正当と思われるので，資本の空洞化を厳密に算定しようとするときには株式の取得価格も考慮することが必要であるように思われる。その際間接的自己株式部分の計算の仕方につきどの見解を採用するかで——Fanelliの計算に従うか，Saageなどの計算に従うかで——金額に相違が出てくるから，一部資本増加説を取るときには，どの計算式によるのが正しいのか新たに検討すべき問題を抱えることになるが，株主が安い値段で株式を売却することは実際上考えられないことを思うと，思い切ってこの要因を無視することも一つの行方ではないかと思われる。

---

36) Winter, a. a. 0., S. 47ff.

3 出資の返還禁止の原則との関係

(1) 総　説

　株式の相互保有により資本の空洞化が生じると解するとしても規制の法的根拠は何か問題となる。前述したように出資返還説は出資の返還禁止にこれを求める。これに対しその他の見解は出資の返還禁止ないし会社の資本充実・維持の原則に求めているように思われる。出資の返還禁止は、ドイツ株式法57条1項、スイス債務法680条2項、イタリア民法典2623条2号に定められているが、わが国にはこのような規定がない。そのうえドイツの通説およびスイスの少数説は、出資の返還禁止を ―― 出資返還説が主張するような ―― 特殊な意味に理解している。そこで、出資の返還禁止しかもその内容としてドイツ法的な原則がわが国でも認められるか検討することが必要である。

(2) ドイツの通説とスイスの学説が採用する出資返還禁止の意味とわが国の見解

　(a) ドイツの出資返還禁止の意味

　有限会社法30条、「基本資本の維持のために必要な会社財産は社員に支払われることを禁止される」と異なり、株式法57条1項は、「株主に出資を返還することは禁止される。許された自己株式への取得の場合の取得代金の支払は出資の返還とみなされない」と規定している。通説によると[37]、株式法の規定は、株主によって給付された出資を保護しようとするものではなく、会社債権者と株主のために株式会社の全財産を保護しようとするものである。すなわち、単に資本に対応する会社財産に限らず、任意準備金または純益によってであれ、法律によって許された以外の形で株主に株主の資格において給付するあらゆる支払を会社に禁止しようとするものである。したがって出資返還禁止の原則は、単に財産拘束のみならず、取締役と株主総会の権限配分と株主平等原則の維持

---

[37] Barz, in Großkommentar zum Aktiengesetz, 1973, §57 Anm. 3 ; Lutter, in Kölner Kommentar zum Aktiengesetz, 1970, §57 Anm. 2 : Bungeroth, in Geßler/Hefermehl/Eckardt/Kropff, AKtG Kommentar, 1983, §57 Anm. 2 など。

の目的も有している。その結果同条違反は無効であると解されている。それ故自己株式の有償取得は、株式法71条以下の規定で許容される範囲内で例外的に出資返還の禁止から除外されているにすぎないのであり、違法な自己株式の取得は、原則に戻って57条1項違反となると解されている。

したがって相互参加を出資の返還そのものと解することができるならば、相互参加は禁止されると解する出資返還説はドイツでは当然の結論であったとも言える。これに対して相互参加は出資の返還そのものではないがそれに類似していると考えると、相互参加を出資返還禁止の適用から除外する明文規定がないときには、出資の返還禁止を相互参加に類推適用する余地があった。しかし相互参加企業を規定する1965年株式法が制定されてからは、15条、19条および328条において相互参加を許している以上、57条の枠内でもこれを尊重すべきと解されているため[38]、ドイツにおいては相互参加は出資の返還禁止の例外の一つを構成するものであり、したがって出資の返還禁止から相互参加の禁止を導き出すことは不可能となっている。

(b) スイスの出資返還禁止の意味

債務法680条2項は株式会社の場合「払込額を返還請求する権利は株主にない」と規定しているが、その意味内容はドイツと異なっている。すなわち、ドイツ株式法の通説の解釈と同じように解する説は少数説にとどまり[39]、通説・判例は、会社の拘束財産が害されるときに限り出資の返還があると理解している。ただ拘束財産が何を意味するかについては見解の争いがあり、多数説は基本資本と法定準備金を意味すると解するのに対し[40]、少数説は資本額に限定している[41]。その結果ドイツと異なり出資の返還禁止の原則に株主総会との権限配分の機能を認めないのが普通であり、株主平等原則の維持の機能については見解が分かれている。それ故出資返還説がスイスにおいて受け入れられな

---

38) Barz, in Großkomm. §57 Anm. 13 ; Bungeroth, in AKtG Komm. §57 Anm. 55. Bungerothは、立法論として、相互参加の取得を少なくとも25パーセントから株式法71条以下の規制に服させないで、これらの規定から株式取得の許容性が明らかにならないかぎり、出資の返還禁止に服させることが考えられると主張している。

39) Furrer, Erwerb eigener Aktien, Diss., 1934, S.130 ; Hettlage, SAG43 (1971), S.77 など。

40) Burckhardt, a. a. O., S.24 ; Zulauf, a. a. O., S.52 Fußnote 9 など。

41) Binder, a. a. O., S.30f., 38, 84f., 101 など。BGE 59 II 457.

(c) わが国の見解と資本の空洞化の意味

わが国において「ドイツ流」の出資返還禁止を認めるのは田中誠二博士[42]、田代教授[43]、長浜教授[44]、河本教授[45]および中村一彦教授[46]である[47]。田中博士は、商法294条ノ2の規定する利益供与の禁止と出資返還禁止の原則は一致する場合もあるが、後者のほうが前者よりも適用範囲が広いと解するのに対して、田代教授は商法294条ノ2を出資返還禁止の基本原則を定めたものと主張されておられる。したがってこれらの立場に立つときには、出資返還説の採用可能性が問題となりうるのであって、中村教授の前述の見解（2(2)参照）はそれなりの根拠を有している[48]。しかしドイツの出資返還禁止の原則の機能はわが国のそれと大きく異なるのであって[49]、294条ノ2は総会屋に対する利益供与を禁止することから出発したことを考えると、解釈論としてドイツ株式法におけると同一の出資返還禁止を認めることは困難であるように思われる[50]。仮に294条ノ2を出資返還禁止の原則の基本原則を定めたと解する立場を採用したとしても、株式の相互保有による資本の空洞化は財産上の利益の供与によるものではないから、相互参加による資本の空洞化を同条に該当すると解することはむずかしい。したがってわが国の場合相互保有による資本の空洞化の規制根拠を「ドイツ流」の出資返還禁止に求めることはできないと考える。

これに対し「スイス流」の出資返還禁止を採用しておられるのは、その適用範囲の広い順から挙げると、福岡教授[51]、山口教授[52]、鈴木博士[53]である。

---

42) 田中誠二・再全訂会社法詳論上巻118頁、同・会社法研究第2巻324頁以下。
43) 田代有嗣・親子会社の法律と実務199頁以下。
44) 長浜洋一・株主権の法理188頁・189頁。
45) 河本一郎「ディスクロージャーによる企業行動のコントロール」法と権利2（末川追悼）民商78巻421頁・426頁・427頁。
46) 中村一彦発言「結合企業法の研究」金商594号50頁、同「利益供与の禁止」会社機関改正試案の研究、金商572号50頁。
47) 大隅健一郎＝八木弘＝大森忠夫編・独逸商法Ⅲ株式法144頁も同様である。
48) 反対河本一郎・解説・会社法改正その1株式222頁。
49) 同旨江頭憲治郎・会社法人格否認の法理382頁・392頁。
50) 同旨服部育生「事実上のコンツェルンにおける従属会社の保護(3)完」名古屋大法政論集87巻396頁、399頁。
51) 福岡博之・自己株式論107頁以下。

第4章　株式の相互保有による資本の空洞化の意味

福岡教授は，資本維持の原則にいう資本とは資本金のことであるが，資本維持の原則から出資返還禁止の原則が派生し，処分可能利益＝配当可能利益を欠くことになるような会社資金の支出は同原則違反となると主張され，山口教授は，資本には対内的には株主の出資金（資本金と資本準備金），対外的には資本金を指すが，資本の空洞化の場合には前者の払戻しが問題となる，と主張し，鈴木博士は，資本の充実・維持の原則にいう資本とは本来資本金であるが，払込剰余金を含む発行価額の金額まで資本金と同じ取扱いをなさなければならず，払込金の払戻しの禁止は資本充実・維持の原則から解釈上導き出される，と主張しておられる。

私は，株式の相互保有による資本の水割りないし空洞化とは，水割りないし空洞化部分がどちらかの会社または双方の会社の資本金または法定準備金に見合う財産に生じた場合を指し，株式の引受けを行った会社にこのような状態が生じるときには資本の水割り，株式の取得をした会社に生じるときには資本の空洞化の用語を使用してはどうかと考える。そして出資の返還禁止は，資本の充実・維持の原則から導かれるが，出資を発行価額に限定するのは狭すぎるので，法定準備金に相当する財産まで拡張解釈すべきであると考えるが，合意に基づいて相互引受けや相互取得が行われ，しかも後者の場合には売却株主がその旨を知っているような場合には資本の水割りないし空洞化に出資の返還禁止を適用ないし類推適用する余地はあっても，それ以外はないと思われるので[54]，出資の返還禁止は，株式の相互保有の解釈上の規制根拠たりうるが，それよりもむしろ結果は同一であっても解釈でカバーできない領域の立法論的な規制根拠として重要であると考える[55]。

---

52)　山口幸五郎・会社法概論63頁・140頁。対内的と対外的の区別は理解できない。
53)　鈴木竹雄・新版会社法全訂第2版26頁。
54)　Zulauf, a. a. O., S. 69ff. は相互原始取得と相互承継取得の双方の場合に出資の返還禁止の適用を肯定しているが，Binder, a. a. O., S. 97ff. は，承継取得の場合には双方の会社に合意がある場合に限り出資の返還禁止の適用を認め，原始取得の場合には虚偽払込（設立）に当たると主張している。
55)　フランスにおいて相互参加を規制する1943年3月4日法（8条）が制定された理由の一つは，株式の相互保有による資本の間接的かつ付帯的な侵害の性質のため自己株式の取得の場合には適用がある資本不変の原則の適用がないと　解されたためであったことは注目されてよい。Veaux-Fournerie, op. cit., n° 112.

なお関教授は，法律上の資本の増加に対応する経済的な資産の増加がなく，このような形で充実されていない空虚な資本を生じることを資本の空洞化とよぶ考え方では，相互保有の禁止と資本充実による会社債権者保護とは直接的な関連をもたないことになるから，資本の空洞化は資産の空洞化とよんだほうがよい，と提案されておられるが[56]，私は資本の水割りないし空洞化を前述のように解するので，会社債権者の保護が問題となるのみならず，諸外国の文献も同様の意味において資本の空洞化ないしそれに近い用語を使用するケースが多いので，資本の空洞化の用語を維持することに賛成である。もっとも資本金または法定準備金に見合う財産の負担にならなければ財産の空洞化の用語のほうが適切であることは関教授の指摘するとおりであり，フランスでは資産の虚偽性という表現を使用する文献もあることは事実である[57]。

4 むすび

株式の相互保有に基づく資本の空洞化の構成については無限級数的間接的自己株式所有説が正当な方向を目指していること，規制の根拠についてはスイス流の出資の返還禁止によるべきことを主張した。この立場に立つときには，親・子会社の株式の相互保有を自己株式の脱法規制の延長でのみ考えることは適当でないことになる。このような考え方では親会社の保護のみが目的となるからである。それ故親・子会社の株式の相互保有も，前述のような側面があることを十分考慮しつつ，株式の相互保有の一形態にすぎないと考え，相互保有を統一的に把握すべきである[58]。また，商法が一方が25パーセント超の相互参加の場合に議決権行使禁止規制しか採用しなかったことから，資本の空洞化を無視したと考えるべきではないと思う[59]。けだし，無限級数的間接的自己株式所有説では資本の水割りないし空洞化の割合が単一体説よりは少なく評価されるうえに，同時取得の場合取得価格によっては空洞化が回避される場合も

---

56) 関・前掲注4）198頁。
57) Hérmard-Terré-Mabilat, Sociétés commerciales, T. III, 1978, n° 593.
58) このような見解として阪埜光男「親会社株式と自己株式の取得」金商651号80頁。
59) 反対宮島司「株式の相互保有規制の解釈」改正会社法の基本問題48頁。

あるのであって，前述の考察から明らかなように資本の空洞化の理論構成が多様に分かれていることを加味して考えると，最初の相互参加規制としては，その弊害を認識しつつも，議決権行使規制にとどめざるをえなかったと考えられるからである[60]。その意味においてドイツ法と異なり昭和56年商法改正には株式の相互保有の場合の出資の返還禁止の適用ないし類推適用の排除の意味は全くなかったのであり，出資の返還禁止の適用ないし類推適用の範囲の解釈論的詰とこれによってカバーされない場合の立法論的作業は依然として残されているのである。親・子会社の相互参加もそうでない相互参加も同じ性質を有することになると，これらの議決権行使の禁止を同じ商法241条3項で規定したことは，理論的にも正当なことであって，単なる条文経済上の規定でないという結論になる[61]。

---

60) その意味では，親・子会社の相互参加と一方が25パーセント超の相互参加の規制は同じ立法目的を有しているといえる。同旨竹内昭夫「親子会社・相互保有会社の持株基準」商事1110号31頁。
61) 反対宮島司「株式の相互保有の規制方法」商法の争点（第2版）82頁。

第5章 会社分割
── 比較法的考察 ──

1 本稿の目的

　会社分割に関してはヨーロッパ的アプローチ[1]とアメリカ的アプローチ[2]が提案されたが，平成12年に前者の立場に立って立法化が行われた。そこで本稿は，現時点での各国の同制度の内容を紹介することを目的とする[3]。最初にEC第6指令を紹介し，次いで導入順に従って，フランス，イギリス，スペイン，イタリア，ドイツの規制を紹介する。第6指令の関係ではわが国の規制との比較を行う。上記諸国の紹介では各国の第6指令の国内法化の内容を検討する。最後に，アメリカ法の紹介を行う。結論としてわが国の規制はドイツ法にならったものであることを明らかにしたい。

---

1) 田村諄之輔「会社分割法制についての一考察」竹内昭夫先生追悼『商事法の展開──新しい企業法を求めて』(1998, 有斐閣) 531頁以下。
2) 江頭憲治郎「会社分割」『比較会社法研究（奥島孝康教授還暦記念第1巻）』197頁 (1999, 成文堂)。宍戸善一「会社分割立法に関する一考察」ジュリスト1104号40頁 (1997) は，両者の併用を主張する。
3) そのほか，アルゼンチンの1972年会社法88条（中川美佐子「会社分割の法制と会計──アルゼンチンの場合──」国際商事10巻6号299頁 (1982)）およびブラジルの1976年株式会社法（229条ないし234条）も会社分割（ブラジルでは cisão という）を定めている (Requião, Curso de direito comercial, 2º. vol., 20ª. ed., 1995, p. 208-213；条文の翻訳として中川和彦『ブラジル会社法』175頁－177頁 (1980, 国際商事法研究所) がある）ことは周知の通りである。中国では1992年中国株式会社規範意見91条以下（清河雅孝「中国株式会社規範意見」産大法学27巻3号152頁以下 (1993)）のほか，上海市株式会社暫定規定119条以下（同「上海市株式会社暫定規定」産大法学27巻4号195頁以下 (1994)) なども会社分割を定めている。

2 比 較 法

(1) 第6指令
(a) 規制内容

ECが1982年に採択した第6指令[4]は、株式会社の分割を対象とし、吸収分割、新設分割およびその両者を組み合わせた分割の三つの方法を定めている（1条）。その規制は、株式会社の合併に関する第3指令の内容とパラレルで、多くの点で類似している。

第6指令によると、吸収分割（division by acquisition）とは、1個の会社（被分割会社）が、清算することなく解散し、その積極・消極財産の全部を複数の受入会社に移転し、それと引き換えに被分割会社の株主に受入会社の株式および場合によりその券面総額の10％を超えない分割交付金が付与される行為であり（2条1項）、新設分割（division by the formation of companies）とは、受入会社が新設会社であるものである（21条1項）[5]。分割交付金が10％を超える場合および被分割会社が消滅しない場合には、分割類似行為として指令の規定が準用される（24条・25条）[6]。

分割当事会社の代表機関は、吸収分割であれ、新設分割であれ、まず、①分割計画書[7]（draft terms of division）を作成し（3条1項・22条1項）、②それを

---

4) 第6指令の翻訳として山口幸五郎・吉本健一「会社の分割に関するEC指令について」阪大法学135巻169頁以下（1985）があり、同指令の概要を紹介するものとして森本滋「株式会社の分割」『EC会社法の形成と展開』345頁以下（1984, 商事法務研究会）、山田優子「会社分割の規制(1)」民商99巻6号832頁以下（1989）がある。採択理由については Lutter, Europäisches Unternehmensrecht, 4. Aufl., 1996, S.196; Barbaso, The Harmonisation of Company Law with regard to Mergers and Division, JBL 1984, p.176, [179] も参照のこと。
5) 被分割会社が清算中の会社であっても、株主間の財産の分配を開始していなければ、分割を行うことができる（2条2項・21条2項）、破産、強制和議その他類似の手続にある会社には、第6指令の適用を除外することができる（1条4項・第3指令1条3項）。
6) 従って10％未満の分割交付金基準は事実上ないに等しい。それ故これを会社分割の要件としているのはフランス法とドイツ法（組織変更法125条・135条1項・68条3項。但し分離独立には適用されない）だけである。
7) 分割計画書の絶対的記載事項は、①当事会社の法形態、商号および住所、②株式交換比率および分割交付金、③受入会社の株式割当に関する事項、④割り当てられた株式の

株主総会の会日の少なくとも1カ月前に公示(公告)する(4条・22条1項)。③代表機関は分割説明書[8]を作成し(7条・22条1項),④裁判所または行政庁により選任または承認された独立の1人以上の分割検査役(専門家)[9]は,各当事会社のため分割契約書を検査し,検査報告書[10]を作成する(8条1項・2項・22条1項)。ただし,新設分割において新設会社の株式が被分割会社の株主にその持株比率に応じて割り当てられる場合には,株式交換比率の公平性は問題にならないので,加盟国は検査役による調査を免除することができる(22条5項)。なお,受入会社の株式が,被分割会社の株主に,持株比率と異なる比

利益配当請求権の始期および当該権利に関する特別の定め,⑤被分割会社の取引が会計上受入会社に帰属するものとみなされる日,⑥特別の権利を有する株主および株式以外の証券所持人に対し受入会社が付与する権利に関する事項,⑦当事会社の分割検査役,取締役および監査役に与える特別利益,⑧各受入会社に移転される積極・消極財産の詳細な記述およびその配分,⑨受入会社株式の被分割会社の株主に対する割当および割当基準(3条2項・22条1項)ならびに,⑩新設分割の場合には新設会社の法形態,商号および住所(22条2項)である。①ないし⑦および⑩は,合併計画書の記載事項(第3指令5条2項・23条2項)と同一であり,分割に特有な記載事項は⑧および⑨である。①および⑩で会社の法形態が記載事項とされているのは,大陸法と異なり,イギリスの場合 public companies limited by shares と public companies limited by guarantee having a share capital の二つの法形態があるためと思われる。分割計画書において配分がなされず,解釈によっても配分が決まらない積極財産は,受入会社に配分される純資産額に比例して受入会社に配分され(3条3項(a)・22条1項),同様の消極財産については,受入会社が連帯責任を負うが,加盟国は,当該連帯責任を各受入会社に帰属する純資産額に制限する旨を定めることができる(3条3項(b)・22条1項)。これらは第3指令にない規定である。

8) 分割説明書では,分割計画書を詳細に説明し,特に株式交換比率およびその配分の基準に関する法的・経済的根拠を示し,評価につき特別の困難があるときにはその旨を記載することを要する(7条1項・22条1項)。また,現物出資の検査役報告書と同報告書が付託される登記簿を記載する(7条2項・22条1項)。後者は第3指令にない記載事項である。

9) 加盟国は,検査役の選任が分割当事会社共同の請求に基づいてなされるときには,全会社のために1人以上の検査役の選任を定めることができる(8条1項・22条1項)。吸収分割の場合には,同一の検査役が現物出資検査報告書と分割検査報告書を作成できる旨を加盟国は定めることができる(8条3項)。

10) 報告書には,株式交換比率の公正性・相当性についての検査役の意見を示し,少なくとも,株式交換比率の決定方法,当該事例におけるその方法の妥当性,各方法により算出された価額,その方法を使用せしめるに至った重要な関係事実に関する意見および評価につき特別の困難があるときはその旨を記載する(8条2項・22条1項・第3指令10条2項)。

率で割り当てることも許され，この場合には，加盟国は反対株主に株式買取請求権を認めることができる。買取価額につき協議が調わないときは，裁判所に買取価額の決定を申し立てることができる（5条2項）。第3指令は，持株比率と同じ比率で割り当てることを前提としているので，このような規定はない。

分割計画書，分割説明書，検査報告書，当事会社の直近3営業年度の年度決算書ならびに年度報告書，および，最終の年度決算書が分割計画書の日付より6カ月以上前に終了する営業年度に関するものであるときには，分割計画書の日付に先立つ3カ月以内の日付で作成された中間貸借対照表[11]は，分割承認総会の会日の1カ月前より会社の本店に備え置かれ，株主の閲覧・謄写（無料）に供される（9条1項・3項・22条1項）。ただし，総株主およびその他の議決権付証券保有者の全員の同意がある場合には，分割説明書，検査報告書および中間貸借対照表の作成は免除される（10条・22条1項）。この作成免除も第3指令にはない制度である。

分割は，各当事会社の株主総会の出席株主の議決権または引受済資本額の3分の2以上の多数による承認決議が必要であるが，加盟国は，発行済株式総数の2分の1以上の株式を有する株主が出席する場合には，単純多数決で足る旨を規定することができる（5条1項・22条1項・第3指令7条1項）。承認決議は，分割計画案および分割に必要な定款変更の双方に効力を有する（5条1項・22条1項・第3指令7条3項）。新設分割では，被分割会社の株主総会において新設会社の基本定款・通常定款を承認することが必要である（22条3項）。数種の株式が発行されており，分割によりその権利が害される場合には，当該種類株主の承認決議が必要である（5条1項・22条1項・第3指令7条2項）。被分割会社の代表機関は，分割計画書の作成日から総会の会日までの間に生じた積極・消極財産の重要な変動を総会に報告し，また，各受入会社の総会で報知されるようその代表機関に報告する義務を負う（7条3項・22条1項）。一定の場合には受入会社または被分割会社の株主総会の承認決議を要しない簡易な手続が認められている[12]。加盟国が分割の適法性につき司法上または行政上

---

11) 中間貸借対照表は第3指令11条2項と同様の方法で作成される。
12) (a)①被分割会社の分割承認総会の会日の1カ月までに，各受入会社の分割計画案の公示（公告）がなされ，②それまでに各受入会社の全株主が会社の本店で事前開示書類を

第5章　会社分割——比較法的考察——

の事前審査制度をとっていない場合には，分割承認総会の議事録および場合により総会後の分割契約は公正証書により作成されることを要し，分割が当事会社の全部の総会による承認を要しない場合には，分割計画書も公正証書により作成されなければならない（14条・22条1項・第3指令16条）。これは第1指令10条と類似の規定である。

各分割当事会社の労働者の権利保護は，第3指令（12条）と同様に，指令77/187（O.J.1977, L.61/26）に従って規律される（11条）。

第6指令は，債権者の保護[13]として，第1に，加盟国は，被分割会社および受入会社の財務状態が債権者の保護を必要ならしめるときには，分割計画書公告前の債権者は担保提供請求権を有すべきことを定め（12条1項・2項・22条1項），第2に，各受入会社は債務が移転した債権者のために連帯責任を負うべきことを定めなければならないが，債務承継会社以外の受入会社は承継した純資産額に責任を限定する旨を定めることができる，としている（12条3項・22条1項）。第3に，社債権者については，社債権者集会または個々の社債権者が分割を承認した場合を除き，一般債権者と同様の取扱を受けるが，集団的行使に関する規定を定めることができ（12条5項・22条1項），受入会社が被分割会社の社債につき連帯責任を負うときには，債権者保護手続を講ずる必要はなく（12条6項・22条1項），一般債権者の保護と連帯責任を組み合わせるときには，加盟国は受入会社の連帯責任を承継した純資産額に限定するこ

閲覧することができ，③各受入会社の少数株主（引受済資本額5％を超えない範囲で加盟国が定める一定割合の株式を有する株主）が分割承認総会の招集を請求する権利を有している場合には，加盟国は，受入会社の総会による承認を要しないとすることができる（6条）。これは第3指令8条に相当する規定である。また，(b)受入会社が全体として被分割会社の全株式およびその他の議決権証券の全部を所有している場合には，①分割の効力発生日の1カ月前までに各分割当事会社が分割計画案を公示（公告）し，②それまでに分割当事会社の全株主が会社の本店で事前開示書類を閲覧することができ，③被分割会社の少数株主（(a)③と同じ）が分割承認総会の招集を請求する権利を有しており，④分割計画書の作成日以後に生じた積極・消極財産の重要な変動が代表機関の分割説明書に記載されている限り，加盟国は，被分割会社の総会による分割の承認を要しないものとすることができる（20条）。これは第3指令25条・26条と同旨である。しかし合併の場合と異なり，分割説明書および分割検査役制度が当然に適用除外になるわけではない（第3指令24条対照）。

13）　吸収分割の場合には，保護が受入会社の債権者と被分割会社の債権者との間で異なることができる（12条4項・22条1項・第3指令13条3項）。

とができる，としている（12条7項・22条1項）。

　特別の権利を有する株式以外の証券保有者は，当該集会または自らが権利の変更を承認するか，証券買取請求権を付与されない限り，被分割会社における権利と同等の権利を受入会社から享受する（13条・22条1項）。

　会社の分割は，法律上当然にかつ同時に，分割当事会社間のみならず第三者に対する関係においても，被分割会社の積極・消極財産が分割計画書の記載に従い各受入会社に移転し[14]，被分割会社の株主は分割計画書の記載に従い各受入会社の株主となり[15]，被分割会社は消滅するという効果を引き起こす（17条1項・22条1項）。分割の効力発生時期，分割の公示ならびに被分割会社の機関構成員および分割検査役の任務懈怠に基づく株主に対する民事責任は，各加盟国法に委ねられている（15条・16条・18条・22条1項）。

　分割無効の訴は，分割の効力発生日から6カ月以内に限り提起することができる（19条1項(c)）。裁判所は瑕疵が治癒可能であれば，補正期間を当事会社に認めることができ（同(d)），これにより瑕疵が治癒されたときには訴を提起できない[16]。無効は裁判所の判決により宣言される（同(a)）。無効原因は，司法上または行政上の分割の適法性に関する事前審査の欠如，公正証書による認証の欠如，および総会決議の無効・取消に限定される（同(b)）。判決は国内法が定める手続に従って公示される（同(e)・第1指令3条）。無効判決は，分割の発行日以後，無効判決の公示まで各受入会社が取得・負担した債権・債務に影響を及ぼさない（同(g)）。それまでに負担した自己の債務につき各受入会社は被分割会社と連帯責任を負う。ただし加盟国は，被分割会社の責任を当該債務を負担した受入会社に移転された純資産額に制限することができる（同(h)）。新設分割の場合には，その上，第1指令11条および12条（設立無効）の適用がある（22条1項）。

---

14) 受入会社は財産移転につき各加盟国が定める第三者対抗要件を踏むことが必要である（17条3項・22条1項）。
15) 受入会社または被分割会社が実質的に所有する被分割会社の株式には受入会社の株式を割り当てることができない（17条2項・22条1項）。
16) 行政庁の決定に対し裁判所に不服申立てをなしうる限り，行政庁も無効宣言をなしうる（19条2項・22条1項）。国内法が分割無効の判決に対する第三者の異議申立てを認めている場合には，判決の公示の日から6カ月の期間内にのみなしうる（同(f)）。

なお，イギリス法を考慮し，裁判所の監督の下で行われる分割行為をどのように扱うべきか，長い間活発に議論されたが，第6指令は，加盟国が規制を緩和できるものとしている（23条）[17]。

(a) 比　較

第6指令の内容をわが国の規定と比較すると，第1に，第6指令は株式会社の分割しか前提としていないが，わが国では資本会社間の分割を規制対象としている点で（有限会社法63ノ2第1項・63条ノ3第1項・63条ノ7）広い。第2に，第6指令は人的分割のみを考えているのに対し，わが国の法律は，物的分割と人的分割の両方の分割を認めている点[18]（商法374条2項2号・374条ノ17第2項2号）で会社分割の概念が広い。第3に，第6指令は，全部分割のみを分割としているのに対し，わが国の法律は部分分割を含む点で第6指令より広い。第4に，わが国では被分割会社が消滅しない前提で定めがなされている点で，第6指令の「原則」とは異なっている。これは，諸外国の実務でも，消滅分割があまり利用されていないので，立法の必要がないと考えられたことによる[19]。第5に，分割計画書の記載事項については，合併計画書の記載事項に分割に特有な事項を追加するという形式を採っている点でわが国の規制は第6指令と異ならないが，具体的記載事項は異なっている[20]。第6に，わが国は，分割検査役による検査制度を採用していない。これは平成9年改正法が合併比率につき専門家の検査を採用しなかったことに伴う当然の結果である[21]。第

---

17) Barbaso, JBL 1984, p.183 参照のこと。
18) 人的分割とは，被分割会社の株主に受入会社の株式が割り当てられることをいい，物的分割とは，被分割会社に受入会社の株式が割り当てられることをいう。原田晃治「会社分割法制の創設について〔上〕」商事法務 1563 号 9 頁（2000）。前田庸「商法等の一部を改正する法律案要綱の解説〔上〕」商事法務 1553 号 6 頁（2000）は，前者を分割と呼び，後者を分社と呼ぶ。
19) 前田・前掲注 18・5 頁，原田・前掲注 18・10 頁（2000）。消滅分割は，合弁会社を解消する際に有用ではあるが，分割承認総会と同時に会社の解散決議をすれば，同様の効果を得ることが可能である。
20) わが国の商法 374 条 2 項 5 号ないし 7 号・374 ノ 17 第 2 項 5 号ないし 7 号は分割に特有な規定で，それ以外は合併計画書または合併契約書の記載事項（409 条・410 条）と同一である。第6指令の定める記載事項は注7参照。
21) 第3指令と同様の規制（昭和 59 年 5 月 9 日法務省民事局参事官室は「大小（公開・非公開）会社区分立法及び合併に関する問題点」(10・8)）に対しては実務界を中心とした強い反対があったので，昭和 61 年の「商法・有限会社法改正試案」(7・7) では，

7に，第6指令は，持株比率と異なる比率で割り当てる場合に限り，反対株主に株式買取請求権を認めているが，わが国は，このような限定を加えることなく請求権を認めている（商法374ノ3・374条ノ31第5項・374条ノ23第5項。但し374条ノ6第3項・374条ノ22第3項の例外がある），第8に，分割説明書はわが国では株式割当理由書（商法374条ノ2第項2号・374条ノ18第1項2号）となっている。第9に，総会前の書類の事前開示は，細かい相違を除けば，第6指令と同じであるが，第6指令は，総会の1カ月前の公示を要求し，調査のための時間を十分に採っているほか，3営業年度の決算書の開示を要求し，開示がより徹底している。第10に，わが国では分割契約書の作成以後生じた財産の重要な変動の総会に対する取締役の報告義務が明文化されていないが，実質的相違はないと考えられる。第11に，第6指令が定める特定の場合における公正証書による書類の作成の必要性は，各種の私案でも提案されず，改正作業の際の議論でも論じられることがなかったので，定めが置かれていない。公証人の役割（後述するスペイン・イタリア・ドイツ参照）がわが国と異なることを示唆するものである。第12に，簡易分割が認められる点は，第6指令と同じであるが，要件が異なっている。第13に，わが国の法律が債権者保護手続として各別の催告を要求している点（商法374ノ4・374ノ20）および事後開示（商法374ノ11・374ノ31第5項）を要求している点も第6指令とは異なるが，これは合併とパラレルな規制をしたことに由来する。第14に，分割無効の訴（商法374ノ12以下・374ノ28以下）が認められる点は両者共通である。

わが国の規制は，消滅分割を定めていない点を除けば，第6指令と極めて類似している。限定を加えることなく反対株主に株式買取請求権を認めている点は第6指令より株主の保護に厚いが，開示規制は第6指令より強い場合（第13）と弱い場合（第6・第8・第9）とがある。

合併契約書に各当事会社による合併比率に関する説明書を添付するという線に後退し，結局，説明書は備え置き書類として法定された（商法408条ノ2第1項2号・21項）経緯がある。

(2) フランス法

(a) 1966年会社法の規制

第6指令のたたき台としての意義を有する1966年会社法の会社分割規定は,フランス政府により推進された国際競争力の強化という経済政策の中から生まれた[22]。66年法は,「実務の創造物[23]」である会社分割を明文化し,その方法として,①被分割会社がその財産を既存の複数の会社に出資するか,②既存の複数の会社と共に複数の新会社を設立する分割合併（fusion-scission）（371条2項）と,③複数の新会社に出資する分割（scission）（同3項）の二つを定めた[24]。①は分割と吸収合併が結合したものであり,②は分割と固有の意味の合併（新設合併）が結合したものであり,③は固有の意味の分割（直接分割とも言われる）である[25]。いずれの場合も被分割会社は必ず解散・消滅し,被分割会社の社員は新会社の社員になる点で,合併と同質なものと理解された。これと区別すべきは,被分割会社がその財産を出資するが,解散しない場合であって,部分分割（scission partielle）あるいは不完全分割（scission imparfaite）と呼ばれることもあるが,これは単なる財産の一部出資であるから,用語の濫用であるとされ[26],にせ分割（fausse scission）とも言われた[27]。66年会社法以前には

---

22) Vimont, La scission directe, Gaz. Pal., 1967, 1. Doctr. 20. 宮島司「会社の分割」慶應義塾大学大学院法学研究科論文集11号65頁以下（1977）,吉田正之「フランスにおける会社分割制度の沿革－1966年会社法改正に至るまで」山形大学紀要（社会科学）22巻2号143頁以下（1992）参照。そのため,会社分割に対し合併に準じた税上の優遇措置が講じられていたことに留意すべきである。66年以後の利用状況については奥島孝康「会社分割立法の問題点」判タ839号135頁（1994）。

23) Hémard-Terré-Mabilat, Sociétés commerciales, T. III, 1978, n° 761.

24) 1966年法の規制については大野実雄『株式会社の分割と分割合併』（1970,財政経済弘報社）,注22掲載の諸論文,荒木正孝「株式会社『分割』の法的構成－会社史による実態分析とフランス新会社法を手がかりとして」早稲田大学大学院法研論集7号1頁（1971）,三枝一雄「フランス新会社法における会社の分割」法律論叢43巻1号2頁（1969）,倉沢康一郎「株式会社の分割とフランス商事会社法」財政経済弘報1332・1333合併号3頁以下（1969）,田村諄之輔「会社の分割－序論的考察」上智大学法学部創立25周年記念論文集433頁以下（1983）,山田・前掲注4・817頁以下,北澤千佳子「会社の分割についての一考察」慶應義塾大学大学院法学研究科論文集21号1号125頁（1985）参照。

25) Vuillermet, Droit des sociétés commerciales, 1969, pp. 638f.; Hémard-Terré-Mabilat, op. cit., n° 783; Ripert-Roblot, Traité élémentaire de droit commercial, 1972, n° 1597; Hamiaut, La Reforme des sociétés commerciales, III, 1966, p. 89f.

26) Hémard-Terré-Mabilat, op. cit., n° 789. 会社法は,資産の一部出資（apport partiel d'ac-

合併に関する体系的な規定が存在していなかったため，合併を現物出資で説明した関係から，会社分割の規定も現物出資的体裁が採られた[28]。66年法6章4節は，合併または分割を，①総則[29]（第1款，371条以下），②株式会社間で行う場合（第2款，375条以下），③有限会社間で行う場合（第3款，388条）および，④株式会社と有限会社間で行う場合（第4款，389条）に分けて規定し

---

tif）を当事会社の協議により分割の規定（会社法382条ないし386条）に従わせるを認めている（会社法387条）。同規定については，吉田正之「フランス法における株式会社の資産の一部出資」一橋研究12巻4号131頁以下（1988），同「会社財産の包括承継に関する一考察」『現代会社法・証券取引法の展開』（1993，経済法令研究会）279頁以下，石田清絵「フランス法における資産の一部出資」『比較会社法研究（奥島教授還暦記第1巻）』565頁以下が詳しい。1988年改正法は有限会社にもこれを認める改正を行っており（388-1条），それは実務的にかなりのインパクトを持つと指摘されている Jeantin, Le nouveau régime des fusions et des scissions de societes, J.C.P., II, 15169, p. 322（1988）.

27) 荒木・前掲注24・23頁，宮島・前掲注22・67頁。フランスの通説的見解にならえば，被分割会社の消滅が，分割の判断基準となるが（宮島・前掲注22・77頁，吉田・前掲注22・159頁，荒木・前掲注24・28頁），資産の一部出資は，受入会社の持分（株式）が社員のため被分割会社のそれと交換され，被分割会社の資本が必然的に減少させられる場合に限られるとする説（Hémard-Terré-Mabilat, op.cit., nos 790 et 1092）や，経済的に見て企業と考えうるような重要な財産の一部出資の場合には合併と同視できるという説（J. Martin, "La notion de fusion", Rev. trim. dr. com., 1978, nos 37et s.; J.Martin, note de cour de cassation（CH. Com.）11 décembre 1978, D 1980, 44）にならえば，消滅を分割の必須条件（condition *sine qua non*）と考える必要はない（北澤・前掲注24・127頁）ことになる。フランス法を検討し，理念よりも，実際上の考慮より，不完全分割を立論として主張する見解として奥島・前掲注22・136頁がある。

28)「合併と同様，現物出資の技術に頼ることは分割の特色である」が（Hémard-Terré-Mabilat, op.cit., nº 782），このことは必ずしも，会社分割の本質につきフランス法が現物出資説（三枝・前掲注26・6頁など）を採っていることを意味するものではない（宮島・前掲注22・74頁注7，北澤・前掲注24・126頁）。

29) 6章は法人格を有する会社に共通な規定であり，わが国と同様，合名・合資会社は法人であるから（5条），会社分割は，わが国と異なり，合名・合資会社にも認められる。総則では，各会社は分割計画書を本店所在地の商事裁判所書記局に提出し，これを公示すること（374条1項・2項），分割は，定款変更に必要な条件（合名会社の場合は15条1項，有限会社の場合は60条1項，株式会社の場合には153条2項・3項参照）に従って決定されなければならないが（372条2項），当事会社の社員（株主）の義務が増加することとなる場合（例えば株式会社の合名会社への分割の場合）には，社員（株主）の全員の同意によることを要すること（373条），新会社は，その会社の設立に関する規定に従って設立されなければならないこと（372条3項）が定められている。1988年会社法改正でも372条および373条は改正されず，374条1項・2項は改正後の374条2項にまとめられたが，変更を受けていない。

た。1967年5月23日にはデクレ第67-236号が制定されている（以下単にデクレとして引用する。デクレと記載のない条文は会社法の条文を指すものとする）。分割合併・直接分割（以下単に分割という）は，法形態を異にする会社間でも可能である（372条1項）。この意味において，第6指令より適用範囲は相当に広い。清算中の会社の分割も可能であった[30]（371条1項。88年改正後371条3項参照）。第3指令および第6指令の国内法化は，1988年1月5日法律第88-17号による会社法改正により行われているので，初めに66年法を，次いで88年法による主要な改正点を紹介することにする。

66年法によると，①計画書（projet）は各会社の代表機関[31]によって決められる（デクレ254条1項）。計画書およびこれに添付される理由書の絶対的記載事項は法定されている（同2項・3項）[32]。②各会社は，計画書を当事会社所在地の商事裁判所の書記局に提出した後，計画書の公示を行う（374条・デクレ255条1項）。③会計監査役（commissaire aux comptes）がある会社にあっては，総会の少なくとも45日前に，代表機関が会計監査役に計画書およびその付属書類を通知する（デクレ256条）。各会計監査役は調査を行い，分割の態様および出資の対価に関する報告書（転換社債を発行している場合には，転換の基礎に関する報告書を含む。197条3項参照）を会社に提出する（377条・382条・388条1項）。当該報告書は総会の15日前から株主（社員）の閲覧に供される（デクレ257条1項）[33]。④株式会社が分割合併を行う場合には，各受入会社の申請

---

30) 証券取引委員会（C.O.B.）は，1977年に「合併・分割・資産の一部出資における株主の情報及び現物出資の対価に関する勧告」を発表し，会社法の規制を事実上強化していると言われている。山田・前掲注4・823頁以下，Bézard-Chaput, La Commission des opérations de bourse（COB）et la protection des actionaires minoritaires dans les groupes de sociétés, Rev. Soc. 1982, p.486 et suiv. 従って勧告も問題になるがここでは検討を控える。

31) 会社の執行機関として株式会社の場合在来型のものとドイツ型のものがあり，合名・合資・有限会社では業務執行者である。複雑となるので以下まとめて単に代表機関ということにする。

32) 66年法の絶対的記載事項は，①分割の動機・目的・条件，②条件決定のための計算確定日，③移転する資産・負債および評価，④株式交換比率，⑤分割差益および⑥評価方法・方法の選択理由であった。

33) 有限会社の場合，会計監査役の報告書を要することに問題がなかったが，株式会社については，吸収分割の場合しか規定していないことから問題となったが，法文の精神より，（新設）分割の場合にも同様と解されていた（Hémard-Terré-Mabilat, op. cit., n°

で商事裁判所により選任された出資検査役（commissaire aux apports）が，現物出資および特別利益の価額を評価し（193条1項），被分割会社から出資された純資産額が受入会社の資本増加額と同額以上か検査し，報告書を作成しなければならない（デクレ260条）。報告書は総会の会日の8日以前に本店に備え置かれ，株主の閲覧に供される（デクレ169条2項）。現物出資は受入会社の総会の特別決議により承認することを要する（378条・382条・193条）。これに対し直接分割の場合には，出資検査役の検査は不要である（383条2項）[34]。⑤株式会社の場合には，分割は受入会社および被分割会社の特別総会の承認を受けることを要するが（376条・382条），新設会社は，被分割会社の出資だけで設立することができ（1人会社設立の肯定），被分割会社の総会は，新会社の創立総会に法律上当然に移行する（383条2項・デクレ259条。388条2項参照）。数種の株式が発行されている場合には，種類総会の承認も必要である（376条・382条・383条1項・156条）。⑥受入会社（株式会社・有限会社）は，被分割会社に代わって連帯債務者となる[35]（更改ではない）（385条・388条・389条）。従って債権者に異議申立権を認める必要はないが，契約で，受入会社の責任を限定し，かつ連帯でなくすることが認められているので（386条1項・388条・389条），(i)受入会社がこのような契約を締結した場合（386条2項）と，(ii)吸収合併と結合した分割の場合には―被分割会社の債権者と受入会社の債権者が競合するので，各債権者は以前と同様の弁済を保障されるとは限らないので[36]―債権者に異議申立権を認める必要がある。そこで，計画書公示前の債権者（社債権者を除く。(i)の場合には被分割会社の債権者，(ii)の場合には分割当事会社の債権者）

1042)。
34) 86条3項は「現物出資の検査に関する本条の規定は，会社が当該出資の共有者のみの間で設立されるときには適用さない」とし，デクレ259条2項は「被分割会社により出資された財産は，法律86条3項の適用については」共有とみなすとしていたが，不正確であるため，loi n° 67-559 du 12 Juillet 1967（12条・28条）は86条3項を削除し，383条2項の2文と3文の間に「但し，被分割会社により出資された財産の評価に関する検査は必要ない」という1文を追加した。検査を要しないとしたことには批判が多い。Vimont, Gaz. Pal., 1967, 1. Doctr. 20 ; Hémard-Terré-Mabilat, op. cit., n° 1069。
35) 債務者たる会社が分割する場合に債権者に即時弁済の請求を認める契約は当然有効である（381条4項・388条1項・389条）。
36) Vuillermet, op. cit., p. 653. Hémard-Terré-Mabilat, op. cit., n° 894.

は，計画書の公示から30日内に商事裁判所に対し分割の異議を申立てることができ（デクレ261条1項・3項）[37]，裁判所は，決定で，異議申立の棄却，債務の弁済または，会社の申出により，担保が十分と認められるときには，担保の設定を命ずることができる。異議申立により分割の手続は停止しないが，債務の弁済・担保の設定をしないと，分割を債権者に対抗できなくなる[38]（381条2項ないし4項・388条・389条）。これに対し，⑦社債権者については以下の方法が定められていた。第1に，被分割会社が社債権者にその請求に基づいて社債の期限前償還をする方法である（380条1項・384条1項）。この場合には社債権者集会は開催されない。会社は償還の申出を法定公報で公示し，かつ法定公告掲載紙で2度10日以上の間隔を置いて公示するとともに，記名社債権者に書留郵便で通知することが必要であるが，すべての社債が記名社債のときには，公示を行う必要はない（デクレ263条1項・2項）。社債権者は，公示日または書留郵便（88年改正で普通郵便が追加されている）の発送日から3カ月内に請求を行えば（デクレ264条），償還が行われないとき，受入会社は連帯債務者となる（384条2項）。償還請求をしないと受入会社の社債権者になり（380条3項），他の当事会社は社債権者に対し連帯債務者となる（385条）。第2に，被分割会社の社債権者集会の特別総会（313条3号参照）で承認を受ける方法である。集会が承認しないか，定足数を欠き決議を行うことができなかった場合でも，起債会社は，この事実を無視することができ（321－1条1項[39]），この場合には会社の代表機関がその旨の公示を行わなければならない（デクレ

---

37) 被分割会社に不動産を賃貸している者も分割に対し異議を申し立てることができる（デクレ262条）。
38) 381条2項1文は，当初「債権が合併を決議した特別総会の招集日前である，吸収会社または被吸収会社の債権者は，デクレの定める期間内に異議を申し立てることができる」とされ，社債権者も含まれていたが，loi n° 67-559 du 12 juillet 1967（26条）により，債権者から社債権者が除かれている。
39) 当初，合併または分割提案が社債権者集会によって承認されない場合には，起債会社は社債の償還を申し出て，不承認を無視することができ（321条1項），また被分割会社の社債権者集会が分割提案の決定を延期したときには，委託を受けた社債権者集団の代表者が異議を申立てることができるとされていたが（386条3項），企業再編の妨げになるので，Ordonnance n° 67-834 du 28 septembre 1967 は321条1項から，合併・分割の提案を外し（同7条），会社法321－1条1項乃至3項を追加する（同8条）と共に，386条3項を削除した（同9条）。

234条1項・234-1条[40]）。社債権者は受入会社の社債権者となる（321-1条2項）。また，社債権者の通常総会で，社債権者団体の代表者に分割異議申立の代表権を与えることができ，この場合には，代表者は計画書の最終公示から30日内に異議を商事裁判所に申し立てることができる（321-1条3項・381条・デクレ261条2項・3項[41]）。異議申立の効力は⑥と同様である。これに対し，受入会社では計画案を社債権者集会に提出し承認を受ける必要はないが，受入会社の社債権者集会の代表者は，通常総会の委任に基づき分割に異議を申し立てることができる（381条の2・デクレ261-1条1項・2項[42]）。この場合の異議申立の効力も⑥と同様である。また，被分割会社が転換社債（obligations convertibles en actions）を発行している場合には，関係社債権者集会の特別総会の承認を受けることを要するが，承認を受けることができなかった場合および定足数を欠き決議を行うことができなかった場合には，前述した会社法321-1条が適用される（197条1項[43]）。被分割会社が株式交換社債（obligations echangeables contre des actions）を発行しているときには，社債が交換または償還されるまで，利害関係ある社債権者集会の特別総会による事前の承認を受けるのでなければ，分割を行うことができない（207条1項）。

分割の効果や効力発生日は，デクレで，「行為が確定した日の現状で」，被分割会社の財産が受入会社に「帰属」すると定められていた（デクレ265条）。

従って，66年法は，第1に，代表機関の分割説明書を法定しておらず，第2に，分割検査役制度は存在せず，第3に，分割計画書（但し何時までに公示すべきか定めがなかった）・会計監査役報告書・出資検査役報告書の事前開示は

---

40) デクレ234-1条はDécret n° 68-25 du 2 janvier 1968（20条）により追加された規定である。
41) デクレ261条2項・3項は，Décret n° 38-25 du 2 Janvier 1968（24条）により追加された規定である。
42) 会社法381条の2はloi n° 67-559 du 12 juillet 1967（27条）により，デクレ261-1条1項および2項はDécret n° 68-25 du 2 Janvier 1968（25条）により，追加された規定である。
43) 会社法197条1項は，「転換社債の発行と選択期間の経過の間で，起債会社を他の会社が吸収合併するときまたは1社もしくは数社と新会社を創設する合併をするには，関係社債権者の特別総会による事前の承認を受けなければならない」とのみ規定していたが，Loi n° 69-12 du 6 Janvier 1969（5条）により本文のように改正されている。

行われていたが、年度決算書・中間貸借対照表の事前開示は行われておらず、第4に、分割の効果や効力発生日は、法律で定めないで、デクレに委ね、第5に、分割の無効は、行為または決議の無効の一般法（360条）に委ねていた。

(b) 1988年改正

1988年改正により6章4節の規定の半分以上が変更されている。また同年4月22日デクレ第88−418号により67年デクレも改正されているが[44]、基本的考えは維持されている（以下で引用する条文は、改正後の条文である）。

改正法は、まず、「会社は、また、分割（scission）により、その財産を既存または新設の複数の会社に移転する（transmettre）ことができる」（371条2項）、「財産を移転する会社の社員は、受入会社（sociétés bénéficiaires）の持分または株式および場合により割り当てられた持分または株式の券面総額の10％を超えない交付金を受け取る」（4項）と定め、用語を明確にし、分割合併（fusion-scission）の用語を廃し、分割（scission）に1本化している。

第2に、分割計画書の絶対的記載事項は、第6指令に合わせられると共に（デクレ254条）、上院の発議で、当事会社は、計画書の公示を申請する際に、分割適法性確認申告書（Declaration de conformité）を商事裁判所書記局に提出することが義務付けられている。裁判所書記は、分割計画書および分割適正性確認申告書を審査し、商業登記申請の適正性を保障する（374条2項・3項、デクレ265条）。分割適正性確認申告書が提出されない分割は無効である（366−1条1項）。提出および公示は、分割承認総会の少なくとも1カ月前に行われなければならない（デクレ255条3項）。分割適正性確認申告書の法定は、総会議事録等の公正証書による作成を排除する選択を行ったことを意味する。この点で後述するスペイン、イタリアおよびドイツと異なっている。

第3に、第6指令に従い、株式会社については代表機関の分割説明書が法定

---

44) Le Fèvre, Le nouveau régime des fusions et des scissions de sociétés commerciales, Rev. soc., 1988, p.207, Jeantin, J.C.P., II, 15169, p.318（1988）. 1988年改正法の紹介論文として奥島孝康「立法紹介・会社の合併と分割」日仏法学16号（1988）116頁以下、同・前掲注24・134頁、山田・前掲注4・839頁がある。条文の翻訳は荒木正孝「会社の合併および分割に関するフランス会社法の改正」駒沢大学法学論集50号43頁（1995）がある。その後 loi nº 94-126 du 11 févr. 1994 は、378条を削除する（15条Ⅰ）代わりに378−1項に1文を加え（同Ⅲ）、377条4項を追加する（同Ⅱ）改正を行っている。

されている (376条3項・382条)。記載内容 (デクレ256条1項・2項) で注目される点は, 第6指令にはない, 使用される評価方法が当事会社間で共通することを要求する規定があることである (デクレ256条1項)。

第4に, 第6指令に従い, 分割検査役 (commissaires à la scission) 制度が株式会社間の分割 (377条・382条) に定められているが, これは, 1989年改正[45]で有限会社間の分割 (388条1項) および株式会社と有限会社間の分割にも拡大されている (389条)。株式会社間の分割に焦点を絞って紹介すると, 会計監査役名簿または専門家名簿の中から, 欠格事由 (220条) に該当しない, 1名または複数の分割検査役が商事裁判所の所長により指名される (デクレ257条1項・64条1項・2項)。分割検査役は株式価格の適正性および交換比率の公正性を検査する (377条2項)。当事会社は裁判所に共同の1名の分割検査役の選任を共同申立することができ, この場合には全ての会社のために1通の報告書が作成される (デクレ257条2項)。この報告書 (分割態様報告書。記載事項は377条3項で定められている) は, 株主の閲覧に供される。他方, 受入会社については出資検査役報告書の総会における承認が従来通り要求されていたので (94年改正前378条), 分割検査役および出資検査役という異なる資格で二つの報告書を作成するために同1人を指名する実務が行われるようになった。そこで1994年に会社法改正が行われ, 受入会社の出資検査役は不要とされ (378条の削除), 分割検査役は現物出資および特別利益の価額の評価も担当することになり (377条4項の追加), 分割検査役は, 上記分割態様報告書に加え出資検査役報告書 (193条) も作成するように改められている (377条4項[46])。

第5に, 新会社が被分割会社の出資のみで行われ, 各新会社の株式 (持分) が被分割会社の株主 (社員) にその持株数に比例して割当られる場合には, 第6指令22条5項の選択権が行使され, 分割検査役を選任する必要はないという規定が新設されている (383条2項。有限会社間の分割の場合も同様である。388条3項)。これに対し, 持株比率と異なる割当の場合の反対株主の買取請求

---

45) loi n° 89-1008 du 31 decembre 1989, 23条V・VI。
46) Loi n° 94-126 du 11 fevr. 1994, 15条ⅠⅡ。Juglart-Ippolito-Dupichot, Les sociétés commerciales, 2e vol., 2e éd., 1999, n° 1014, Didier, Droit commercial, t. 2, 3e éd., 1999, p. 590. なお Le Fèvre, Rev. soc. 1988, p. 218 参照。

権は定められていない。

第6に，株式会社の分割の場合の分割計画書，代表機関報告書，直近3営業年度の年度決算書・営業報告書・年度決算書（場合により中間貸借対照表（état comptable））の事前開示は，第6指令に従い，デクレで定められている（デクレ 258条1項）。

第7に，分割計画書の商事裁判所書記局に対する提出から分割が実施されるまで，受入会社が被分割会社の株式を100％所有しているときには，被分割会社の総会決議は不要で，被分割会社および分割会社双方の代表機関の分割説明書および分割検査役の報告書の作成も要しない（378－1条・388条・389条参照）。この場合にも，受入会社の総会決議は必要であり，出資検査役報告書を調べて決議をする。

第8に，分割計画書は，投資証券（certificats d'investissement）[47]所持人の種類総会の承認を得ることを要するが，会社が投資証券を買い取ることを公示し，かつ種類総会が買い取りを承認した場合にはこの限りでないとする規定が新設されている（376条3項・382条）。買い取りの申出公告はデクレの規定に従って行われる（デクレ256条3項）。投資証券所持人は，最後の公告から30日内に証券を譲渡しないときには，受入会社においてその身分を維持するが（デクレ256条4項），消滅会社の投資証券は，受入会社の株式と交換できる（376条3項，283－1条7項）。

第9に，66年法では受入会社が連帯債務を負わない契約を締結した場合，異議申立をできる（社債権者以外の）債権者は，被分割会社の債権者に限られていたが，分割当事会社の債権者にも拡大されている（386条2項）。

第10に，参加証券（titres participatifs）[48]を社債と同じように扱う規定が新設されている（389－1条）

---

[47] 投資証券は，loi n° 83-1 du Janvier 1983 により導入された証券である（会社法283－1条ないし283－3条，デクレ169－1条ないし169－8条）。国有会社が民間資本を調達できるよう考え出された制度であるが，民間部門の会社も，資金を公募しているか否かにかかわらず利用できる。株式の金銭的権利（droits pécuniaires）のみを表章する。

[48] 参加証券は1983年改正で新設された証券であり（283－6条・283－7条，デクレ242－1条ないし242－7条），ただ公共部門の株式制会社と協同組合的株式会社のみが，資金調達のために発行することを認められている。

第11に，分割の効果と効力発生日が，法律で明確にされている。分割は，①被分割会社の清算手続を伴わない解散，②分割の日の状態での被分割会社の財産の受入会社への包括的移転，および③分割計画で定められた条件での被分割会社の社員による受入会社の社員資格の取得を同時に引き起こす（372－1条1項[49]）。効力は，新会社設立の場合にはその最後の設立の登記の日に（372－2条1項），それ以外の場合には，別段の定めのない限り，最後の分割承認総会の日に発生する（同2項[50]）。

第12に，第6指令に従い，分割無効訴訟制度が新設されている（366－1条・367条2項・368－1条）。

(3) イギリス法

1970年代に僅かにPenningtonが会社分割（division）を論じるに過ぎなかった[51]。彼によると，会社分割とは，譲渡会社の営業の一部が新設会社に譲渡され，新設会社の全株式は，新設会社に参加する譲渡会社の株主に割り当てられるが，譲渡会社は残りで営業を続け，その会社は，新設会社に参加しない株主によって構成されるものである。従って，会社分割は，譲渡会社が清算する会社再建（reconstruction）とは異なるので，会社再建に関する1948年会社法の規定等（208条1項・287条1項・298条）は適用されないが，会社分割は会社と株主および会社債権者との間の協定（arrangement）の一種であるから，これらの規定（206条・245条1項(e)(f)・2項(h)・303条1項(a)）と払戻による資本の減少に関する規定の下で行いうるものであった。その後，EC会社法指令の調整と国内の経済・金融事情の変化から会社法は何度か改正されたが，協定により会社分割を行いうるという立場は維持されている。

1985年会社法は，第13章「協定および会社再建」（425条ないし430条F[52]）

---

49) 自己株式の取得になる受入会社の持分・株式の割当の禁止は，旧法でも同様であったが，第6指令で明示されている（注15参照）ので，372－1条2項で国内法化されている。

50) 2項は，遡及効を有する分割が許されることを暗黙に意味するが，別段の定めは，受入会社の営業年度の終了日より後ではならず，被分割会社の終了した最後の営業年度の終了日より前であってはならない（372－2条2項但書）。

51) Pennington, Company Law, 3rd ed., p.770-782. なお，イギリス法の会社分割を検討する論文として，山田・前掲注4・842頁以下，周田憲二「イギリス法における営業譲渡」広島法学16巻1号75頁以下（1992）がある。

において，1948年会社法の規定をほぼ引き継いでおり，会社分割に関係する規定も定めている。Morseによれば，協定および会社再建は，会社法で定義されておらず，正確な法的意味を有していないが，一般に，会社再編 (reorganization) の形態と合併・会社分割計画の記述とみなすことができ，425条および1986年支払不能者法 (Insovency Act) 110条は，1社の営業，資産および425条の場合には負債を2社以上に移転する会社分割 (division or demerger) を行うためにも利用できる[53]。しかし，1987年には，第3指令および第6指令の最小要件を実施するため，（合併および分割）規則 (the Companies (Mergers and Divisions) Regulations 1987) が定められ（1988年1月1日施行），1985年会社法に427 A条[54]とSchedule（別表）15 Bが追加され，今日に至っている[55]。それ故，イギリスの現行会社法は，①支払不能者法上の会社分割と，②そうでない会社分割の二種があり，②の場合には，分割会社が公開会社 (public company) であるか否かで区別し（第6指令1条1項・第3指令1条1項は，public companyを適用対象とする），公開会社の場合には427 A条および別表15 Bの特則が適用されるが，公開会社でない場合には425条の一般規定を適用するという3元的規制を採用している。

　支払不能者法に基づかない普通の会社分割の手続は以下の通りである。①会社（427 A条と異なり清算中の会社でもよい）と会社債権者もしくは種類債権者または社員もしくは種類株主の間で（会社の能力内の）協定の計画 (scheme of compromise or arrangement) があるときには，会社（清算中の会社の場合には清算人），債権者または社員の申請に基づき，裁判所は，債権者集会もしくは種

---

52) 1985年会社法428条ないし430条Fは，1986年金融サービス法Schedule12により公開買付け (takeover offer) に関する規定に改められている。
53) Parmer's Company Law, Vol. I, 24th ed., 1987, pp. 1131 and 1133. 英国では，公開買い付け等による株式の取得や株式交換が伝統的に好まれていることから，全資産・負債を他の会社に譲渡することは稀である。Barbaso, JBL 1984, p. 178. なお支払不能者法110条の権限を拡大しないかまたは反対株主から権利を奪わないならば，基本定款または付属定款で営業を譲渡し，対価として受け取った譲受会社株式を譲渡会社株主に分配する旨の規定も有効である。op. cit., p. 1162. なお，周田・前掲注51・88頁以下参照。
54) 427 A条は1989年会社法114条により些細な点で改正を受けているが，本質にかかわらない。
55) 別表15 Bのオリジナル番号は15 Aであるが，1989年法により15 Bに改められている。

類債権者集会または社員総会もしくは種類総会の招集[56]を命令することができる（会社法425条1項）[57]。当該集会または総会が，4分の3以上の多数をもって承認し，裁判所が認可すると，協定は全債権者（もしくは特定種類の債権者）・社員（もしくは種類株主）・会社（清算中の会社にあっては清算人および清算出資者）を拘束する。計画を認可する裁判所の命令は，謄本が登記官に届けられると効力を有し，命令の謄本は，命令後に発行されるすべての基本定款の謄本に付加されなければならない（425条3項）。②裁判所は，計画が会社の営業または財産（the undertaking or the property. なお427条6項参照）の全部または一部の譲受会社への移転の場合には（427条2項(b)），協定を認可する命令またはその後の命令により，営業・財産および負債の譲受会社への移転[58]，同会社の証券の割当，譲渡会社の清算を伴わない解散，反対株主条項，その他計画の実施に必要な措置をとることができる[59]（同3項）。財産は命令により譲受会社に移転し，負債は譲受会社の負債になる（同4項）。427条の命令がなされると，命令が関係する各会社は，命令の正式謄本を7日内に登記官に引き渡さ

---

56) 債権者・社員に送られる招集通知には協定の効果および取締役の重大な利害等の説明書が添付されることを要する。協定が社債権者の権利に影響を与えるときには，説明書は，社債権者のための受託者の利害に関しても説明することが必要である（85年会社法426条1項・2項・4項）。公告による招集のときには，上記説明書または説明書の謄本の入手方法が含まれていることを要し，協定効果説明書の謄本の送付を認めるときには，申し出た債権者または社員に無料で送付しなければならない（同3項・5項）。

57) 裁判所は，譲渡会社またはその名義人が所有する自己株式に譲受会社の株式を割り当てる協定を認可しない（別表15 B para 7）。また，譲渡会社の特別権が付与された証券が社員または債権者以外の者によって所有されているときには，原則として，その者に譲受会社で同等の価値の権利を与えられない場合も同様である（同para 8）。

58) Nokes V. Doncaster Amalgamated Collieries Ltd., [1940] A.C.1014 は，個人的労務提供契約の自動的移転を認めなかったが，1981年営業譲渡（雇用保護）規則（the Transfer of Undertakings (Protection of Employment) Reg.1981 (S.I.1981 No.1794)）の結果，少なくとも従業員に関しては，破棄されている。Davies, Gower's Principles of Modern Company Law, 6th ed., 1997, p.765. footnote 65. 同規則については Schofield, Protection of Employment on Transfer of Undertakings, JBL 1983, 18ff. に詳しい。

59) 裁判所は，認可命令またはその後の命令で，移転日を定め，譲渡会社の解散を定めるときは，解散のため移転日と同一日を定める（別表15 B para 9(1)・(2)）。完全に移転するのに段階を踏む必要があるときには，そのような段階が実施される，移転日から6カ月内の日を定め，その日まで解散を延長することができ，その日までに段階が履行されないときには，再度その日を延長することができる（同9(3)・(4)）。

なければならない（同5項）。

これに対し427A条の適用される要件は，①公開会社が清算中でないこと（427A条4項[60]），②公開会社とその社員または会社債権者との間で会社再建もしくは合併計画またはその関連で協定が提案され（427A条1項(a)），③2項で定められているケースに該当し（同(b)），④その移転の対価が，譲渡会社の株主によって受け取られる譲受会社の株式であることである。社員に現金の支払いがなされるか否かを問わない（同(c)）。③のケースには，会社の営業，財産および負債が計画の下に別の既存の公開会社に移転される場合（ケース1），会社の営業，財産および負債が計画の下に新設会社（公開会社であるか否かを問わない）に移転される場合（ケース2），および会社の営業，財産および負債が計画の下に2社以上の会社に分割され移転される場合であって，譲受会社が公開会社であるか新設会社（公開会社であるか否かを問わない）である場合（ケース3）の三種がある。ケース3は会社分割，ケース1は吸収合併（merger by acquisition），ケース2は新設合併（merger by formation of a new company）である。したがってイギリスの会社分割は存続分割を念頭においていると言えよう。

上記要件が満たされると，427A条および別表15Bが425条ないし427条に優先適用され（427A条1項），以下で述べる付加的要件が課される。①計画書（the draft terms）は，全当事会社の取締役により作成されなければならない（別表15B para.2(1)(a)）。②計画案の絶対的記載事項が法定されている（同 para. 2(2)(3)[61]）。③各社の取締役は，計画案の謄本を会社登記官に交付し，④集会（総会）の会日の1カ月前までに，登記官により計画案の受領公告が官報によってなされることが必要である（別表15B para.2(1)）。⑤各当事会社の取締役は取締役説明書（director's report）[62]を作成し，検査役は検査報告書

---

60) 427条A4項は，選択権を行使し，第6指令に従わなかったことを意味する。計画終了後に譲渡会社が解散することは認められる。周田・前掲注51・93頁注55。

61) 一般的な記載事項（para. 2(2)）は第6指令の記載事項と全く同一であり（注7参照），会社分割に特有な記載事項で，第6指令と異なるのは，譲渡会社が取得しまたは以後取得するかもしれない財産および負債の配分・移転に関する規定のみである（(para. 2(3)(b)）。

62) 取締役説明書は，会社法426条の定める説明書と，説明書に記載がないときには，第6指令と同一の内容（注8参照）を記載した報告書から構成される（別表15B para 4

(expert's report) を作成しなければならない[63]。⑥承認総会の1カ月前から，それが終了するまで，各当事会社の社員に，(i)計画案，(ii)取締役説明書，(iii)検査報告書，(iv)直近3年営業年度の年次計算書類・取締役報告書・監査役報告書，最終営業年度が承認総会の7カ月以上前に終了するものであるときには，中間計算書類（an accounting statement）の謄本を会社の登録された事務所で閲覧させ，無料でその謄本を入手させなければならない（同 para.3(e)・6(1)）。中間計算書類は，取締役による計画書の採択日に先立つ3カ月内の日付の貸借対照表および，その日が営業年度の最終日であれば連結計算書の作成を要する会社にあっては，連結貸借対照表である（同 para.6(2)）。⑦譲渡会社の株主総会の決議だけでなく，すべての既存の譲受会社の各種類総会において4分の3以上の多数決により承認を受けなければならない（同 para.1）。そして，⑧会社法および別表には明文で定められていないが，新しく設立される譲受会社の基本定款および附属定款は，各譲渡会社の普通決議で承認されなければならない[64]。⑨会社分割の場合には，譲渡会社の取締役は，計画書採択日と総会の会日までに会社の財産と負債の重大な変更を総会と譲受会社の取締役に報告しなければならず，⑩譲受会社の取締役は，総会でそれを報告するかまたはその変更の報告を招集通知を受け取る資格のある社員に送付しなければならない（同 para.3(b)(c)）。

以上の付加的要件には，七つの例外が別表で定められている。一つ（以下例外Aという）はケース1およびケース3に適用され，三つ（以下例外Bという）

---

(1))。会社分割の場合には，取締役説明書は，103条（割当前の非現金対価の評価）に基づく報告が譲受会社になされているかどうかを記載し，それがなされているときには，報告書が会社登記官に交付されているか否かも記載することを要する（para 4(2)）。

63) 第6指令と同じく，全会社の共同の申立による1名の検査役の選任可能性（para 5(1)）と検査役の情報入手権（para 5(8)）が定められているほか，検査役は当事会社から独立していること，即ち，報告の時点で当事会社の監査役（auditor）資格を有することが必要であること（para 5(3))，他人による評価が必要で合理的であるときには，評価の知識と経験を有する，会社・会社グループの役員・従業員でない，他人に委託することができることが定められている（para. 5(4))。検査役報告書の記載事項には，第6指令に定められている事項（注10参照）以外に，他人に評価を委託した場合には，その事実，評価者の氏名・知識・経験，他人により評価された営業・財産・債務，評価方法および評価日，契約の内容と評価の承認の合理性がある（para. 5(6)・(7))。

64) Palmer' Company Law, Vol.2. 1992, looseleaf para. 12. 023.

はケース3にのみ適用され,三つはケース1（例外C）に適用される[65]。ここでは例外AおよびBについてのみ紹介する。

例外Aは,登記官による計画書受領の公告が,譲受会社につき,譲渡会社の総会会日の1カ月前までに行われ,譲渡会社の総会の会日までに,譲受会社の社員が当事会社の事前開示書類を閲覧し,無料で謄写でき,かつ,譲受会社の議決権のある払込済資本の5％以上の社員が総会の招集権を有しているが,その請求しない場合であり,この場合には,譲受会社の総会が招集されず,登記所の計画書受領の公告が行われず,検査役報告書が作成されなくても,裁判所は協定を認可する（同 para.10(1)・(2)(a)ないし(c)）。譲受会社の承認総会の省略は,第6指令6条を実施したものである。

例外Bの第1は,譲渡会社および既存の譲受会社の議決権のある株式・その他の証券の全所有者が同意する場合であって,この場合には,取締役説明書の作成・採択（para 3(a)),検査役説明書の作成（para 3(d)）を要せず,株主に閲覧・謄写の機会を与えなければならない書類は,計画案ならびに直近3年営業年度の年次計算書類,取締役報告書および監査役報告書に限られている（para.11(2)は,para.3(e)につき,para.6(1)(b)(c)および(e)の適用を除外している）。これは第6指令10条を実施するものである。

例外Bの第2は,①社員が会日の前に事前開示書類を無料で入手でき,②総会が開催されない既存の譲受会社の社員が総会開催請求書類を無料で入手でき,③債権者が総会会日の前に計画書の謄本を無料で入手でき,かつ,④当事会社の社員または債権者に損害を引き起こさない場合であり（para.11(4)),この場合には,裁判所は,譲渡会社または既存の譲受会社につき,計画書謄本の登記所への引渡とその受領の公告（para.2(1)(b)・(c)）または事前開示書類の閲覧・謄写規定（para.3(e)）の適用の免除,および既存の譲受会社には,議決権のある払込済資本の5％以上の社員が総会の招集を請求できることのみを命じることができる（para.11(3). para.11(2)(a)・(b)の適用を除外）。これは第6指令23条2項の緩和規定を利用した規定である。

例外Bの第3は,譲渡会社の株式および議決権付きの証券がすべて譲受会社

---

65) Cの例外については別表para.12・14参照。

により所有されている場合であって，①登記官による計画書の受領公告が，分割の効力が生じる1カ月前までに行われ，②譲受会社の議決権付き払込済資本の5％以上の有する社員がその期間に総会招集権を行使せず，③当事会社の社員は事前開示書類を閲覧し，無料で謄写でき，かつ，④譲渡会社の取締役が，計画作成から総会の期日までの間に生じた譲渡会社の財産および負債の重大な変更の報告書を総会招集通知を受ける資格のある株主および譲受会社の取締役に送付したときには，譲渡会社の総会招集を要せず，会日1カ月前の計画書受領公告等は免除される（para. 13(1)ないし(3). para. 13(2)は para. 2(1)(c)・3(b)(e)の適用を除外）。これは第6指令20条を実施した規定である。

会社分割において，各譲受会社は，他の譲受会社が債務を履行しないときには，その会社に移転された債務につき連帯して責任を負うが，その責任は，移転の時の純資産の額に制限される（para. 15(1)）。ただし譲渡会社の4分の3の債権者が責任の免除に同意したときには，責任を負わない（para. 15(2)）。最後の規定は第6指令12条3項但書を国内法化したものである。

なお，会社分割は，裁判所の監督下で行われるので，分割無効に関する規定は置かれていない[66]。また，不公正な決議に対する少数株主の保護については，特別の規定が置かれていないが，これは，不公正な取扱を受けた株主は，一般規定である85年会社法459条1項に基づき，裁判所に救済命令を求めることができるからであるとされている[67]。

他方，支払不能者法は，清算を裁判所による強制清算（winding-up by the court. 同法Ⅳ編Ⅵ章）と任意清算（voluntary winding-up. 同Ⅱ章）に区別し，後者をさらに社員清算（member's winding-up. 同Ⅲ章）と債権者清算（creditor's winding-up. 同Ⅳ章）とに区別している[68]。会社の事業（business）または財産

---

[66] 命令に至る段階で瑕疵があった場合裁判所は認可を撤回できるかについては疑いがある。Sovereign Life Assurance Co. v. Dodd, [1892] 2Q. B. 573 は，債権者が属する種類集会がなかったので，裁判所によって承認された計画によって債権者は拘束されないと判示したが，オーストラリアのChief Commissioner of Pay-roll Tax v. Group Four Industries Pty Ltd [1984] IN. SW. L. R. 680 は，計画を認可した命令が一旦有効になると，瑕疵にかかわらず全構成員と債権者を拘束すると判示している。

[67] 山田・前掲注4・844頁。

[68] 強制清算原因は，強制清算を行う旨の株主総会の特別決議，会社の支払不能（その定義については支払不能者法123条参照），会社の経営がデットロックになり清算すること

第5章　会社分割——比較法的考察——

の全部または一部を譲受会社（会社法上の会社でなくてもよい）に移転または売却することによって任意清算しようとする場合には，①社員清算にあっては総会の special resolution（なお同法84条1項(b)参照），②債権者清算にあっては裁判所または清算委員会（liquidation committee）の授権により，会社の清算人は，移転または売却の対価として，社員に（持分比率に応じて）配分するため譲受会社の株式，保険証券またはその他の同様の利益（policies or other like interests）を受領するかまたはその代わりに（またはそれに加えて）譲受会社の利益（profits）に参加するかもしくは譲受会社からその他の利得（benefit）を受ける協定を締結することができる（同法110条1項ないし4項[69]）。この場合には，協定の計画と異なり債務は移転せず，会社債権者に対し影響を及ぼさない[70]。譲渡会社の社員は，清算人のこのような売買または協定により拘束されるが（同5項），総会の特別決議において反対した社員は，書面で決議後7日以内に，清算人に決議の実施の差止または自己の株式の買取を請求することができる（同法111条1項・2項）。清算人が株式の買取を選択するときには，会

　　が公平かつ衡平である場合などであり（同法122条1項），裁判所に対する申立に基づき（同124条・124条A），裁判所が清算命令を発することによって行われる（同129条参照）。裁判所の関与が強い。任意清算は，①会社の存続期間の経過または付属定款が定める解散事由の発生に基づく任意清算の普通決議，②任意清算の special resolution（会社法378条2項）または，③債務のため事業を継続できず，清算が得策であるとの extraordinary resolution（会社法378条1項参照）により（支払不能者法84条1項）開始される（同86条）。社員清算と債権者清算の区別の基準は，会社が支払可能か否かではなくて，清算決議を行う総会前に支払可能宣言（declaration of solvency）がなされたか否かである（同90条）。任意清算をしようとするときには，取締役会で支払可能宣言をし（同89条1項），それを会社登記所に提出しなければならない（同3項）。宣言書には会社の資産・負債計算書が含まれていなければならない（同2項(b)）。債務が支払われないと，相応の理由なしに宣言を行ったものと推定され（同5項），取締役に罰金または（および）自由刑が科せられる（同4項）。清算人が宣言書に記載された期間内に債務を支払えないと思うときには，その日から28日以内に債権者集会を招集しなければならず（同95条2項），債権者集会の日から社員清算は債権者清算になる（同96条）。

69) 強制清算であっても，裁判所の監督の下に，清算人は同様のことを行いうる（167条・169条）。Parmer's Company Law, supra note 53, p.1151.
70) 普通，譲受会社が譲渡会社の債務を引き受けるか，損失補償をするか，債務履行に見あう資産を残すことが協定で定められるが（Parmer's Company Law, supra note 53, p.1155），任意清算から1年内に強制清算命令がなされると，裁判所が認可しない限り，総会の special resolution は有効でないとする規定（110条6項）により，会社債権者は保護されている。

151

社が解散される前に,契約または仲裁で決められる売買代金を支払わなければならないので(同条3項),この方法は,裁判所による確認を要しない長所があるが,会社再編が禁止されるほど高価なものとして断念される重大なリスクがある[71],とされている。任意清算は,会社法425条の計画よりも手続が幾分か簡単であるが,すべてがそうというわけではない。

以上の考察より,イギリス法は裁判所の監督の下での会社分割という大陸法には見られない制度を採っていることが明らかである。

(4) スペイン法

1989年株式会社法8章3節は,同国としては初めて会社分割(escisión)を規定している。252条1項によると,「分割とは,(a)一株式会社の,その全財産を2社以上に分割しての消滅であって,各財産は一括して新設会社に譲渡されるかもしくは既存の会社により吸収されるもの,(b)一株式会社の消滅を伴わないその財産の一以上の部分の分離であって,分離財産を新設会社もしくは既存会社に譲渡するものをいう」。被分割会社の資本は減少し,その株主は,持株比率に比例して受入会社の株式を割り当てられるので(同2項前段,255条1項b参照),b号の場合にも人的分割を意味する。a号の分割は,本来の分割(escisión),b号の分割は非本来的分割(escisión impropia),分離(segregación)または部分分割(escisión parcial)と言われる[72]。部分分割を認める点は次に述べるイタリア法と同一である。分割には,別段の規定がなければ,合併に関する規定(233条ないし251条)が準用される(254条)。受入会社は,株式会社以外の会社でも良いが(252条4項),被分割会社は株式会社に限られる。スペインでは分割払込主義が採られているので(12条),被分割会社の株式が払込済みでなければ,分割を行うことができない(同3項)。また,被分割会社の株主に対する受入会社1社の株式または持分の割当は,割り当てられる株主の個々の同意を要する(同2項後段)。3項および2項後段は第6指令にな

---

71) Gower's Principles of Modern Company Law, 6th ed., 1997, p.761f.

72) Uria, Derecho Mercantil, 22 ed., 1995, p.398. 部分分割については,分割される財産は経済的一体性(unidad económica)を形成しなければならないこと(253条1項)と,経営組織,設備のために負った債務も受入会社に属しうる旨(同2項)が定められている。

い規定である。

分割手続は以下の通りである。まず，①当事会社の取締役は，分割計画書 (proyecto de escisión) を作成し，署名しなければならない (234条1項1文)。計画書の記載事項は法定されている (255条1項[73])。②受入会社は，被分割会社から譲渡される金銭以外の財産を被分割会社の本店の所在地の商業登記官が任命する1人以上の独立専門家に調査させ，報告書（独立専門家報告書 〔informe de expertos independientes〕）を作成してもらう (256条1項。その記載事項は236条4項)。ただし，全当事会社の取締役は，どれかある当事会社の本店所在地の商業登記官に，被分割会社の金銭以外の財産および分割計画書に関してただ一つの報告書を作成するための1人以上の専門家を任命するよう要求することができる (同2項)。第6指令が認める専門家による調査の免除を選択しておらず，持株比率に応じた割当を前提としているので (255条1項b参照)，異なる割当の場合の株式買取請求権の付与の規定も定められていない。③当事会社の取締役は，取締役報告書 (informe de administradores) を作成する。同報告書において，各受入会社のために会社法で定められた現物出資に関する報告書（②の報告書）が発行された旨およびそれが寄託されている商業登記所を指摘する (257条)。④総会の招集は，会日の少なくとも1カ月前に公示される[74]。公示には分割計画書の最少記載事項を含んでいることを要し，すべての株主，社債権者および株式とは別の特別権の所持人は，本店で⑤で述べる事前開示書類を閲覧でき，また謄写・送付（無料）を受けうる旨が記載される (240条2項)。⑤招集の公示のときから，(i)分割計画書，(ii)分割計画書に関する独立専門家の報告書，当事会社の取締役報告書，(iii)当事会社の直近3営業年度の年度決算書（分割承認総会の会日前6カ月以内に締め切られたもの。239条1項)・営業報告書・監査役報告書，(iv)上記年度決算書が6カ月以内に締

---

73) 記載事項は，第6指令と変わらない。本来の分割の場合において，資産の構成要素がどの会社に属するのか分割計画書に記載されておらず，解釈によっても決定できないときには，計画書の資産に比例して配分される (255条2項)。債務につき同様の場合には，全受入会社が連帯責任を負う (同3項)。連帯責任を各受入会社に帰属する純資産額に制限できるとする第6指令が認める選択権をスペインは行使していない。

74) 総会の招集の公示は会日の15日前が通常である (97条) から，第6指令の要件を充足するために，1回の公示で済ませる代わりに，招集の公示が早められていると考えられる。

め切られたものでないときには，分割計画書作成日3カ月前に締め切られた（239条2項）分割貸借対照表およびそれに関する監査役の監査報告書，(v)新会社の設立証書案または受入会社の定款変更案，(vi)当事会社の現行の定款，および，(vii)当事会社の商号，分割前・後の取締役の国籍・住所および職務を果たす日が記載された書類が，本店に備え置かれる（238条1項）。公示書類は第6指令より多い。⑥分割計画書と一致した分割協定（acuerdo de escisión）が各会社の総会で承認されなければならない（240条1項）。承認決議は，148条の定め（数種の株式の権利を直接・間接に害する定款変更決議は，定款変更の際の要件（144条）で行われ，その種類の過半数の承認（148条）を要する）に従って行われることが必要である（240条3項）。被分割会社の取締役は，分割計画書の作成日から総会の会日までの間に生じた資産および負債の重要な変更を総会に報告するとともに，吸収分割の場合には受入会社の取締役に報告する義務を負う（258条）。⑦総会で分割協定が承認されると，官報および当事会社の本店所在地の県で広く流通している二つの新聞で3度公告が行われる。公告には，株主・債権者が協定および分割貸借対照表を入手できること（242条）ならびに債権者には異議申立権があること（243条2項）が記載される。最後の公告から1カ月を経過するまでは，分割を実行することができない。この期間内，債権者は異議を申し立てることができる（243条1項・166条)[75]。分割により引き継がれた債務を受入会社が履行しない場合には，残りの受入会社は分割による純資産の額で連帯責任を負い，被分割会社が存続している場合には，当該会社が債務の全額につき連帯責任を負う（259条）。⑧会社は，各総会で承認された分割協定を公正証書で確認する（244条1項）。分割の効力は，新会社の登記または吸収の登記により生じる（245条1項）。商業登記簿に登記された証書は，商法の規定に従って商業登記簿官報（Boletín Oficial del Registro Mercantil）で公告され，消滅会社の登記事項は抹消される（245条2項）。

分割無効の訴えは，無効を主張する者に分割を対抗できる日から6カ月以内に限り許される（246条1項後段）。訴えの原因は，株主総会の協定の無効また

---

[75] 債権が十分に保証されている債権者はこの権利を享受しない（166条1項）。分割は，会社が債権者の満足する担保を提供するか，当該債権者に連帯保証人を通告するまで効力を有しない（同3項）。

は取消に限られる（同前段）。無効判決は商業登記簿に登記され，官報で公告される。判決は遡及しない（246条2項前段）。分割後の債務につき分割会社は連帯責任を負う（同後段）。

(5) イタリア法

イタリアでは1991年1月16日の暫定措置令（D.L.）22号により民法典が改正され，第5編第5章第8節に，第3款「会社分割」が追加された。資本会社（5節ないし7節で規制されている会社。即ち，株式会社，株式合資会社および有限会社）だけでなく，人的会社（3節および4節で規制されている会社，即ち，合名会社および合資会社）の会社分割も規制の対象となっている点で第6指令より広い。

民法典2504条の7によれば，「(1項) 会社分割 (la scissione di una società) は，その財産の全部の既存または新設の複数の会社への移転および会社の株主に対するそれらの株式または持分の割り当てによって行われる。さらに会社分割は，その財産の一部の既存または新設の複数の会社への移転および会社の株主に対するそれらの株式または持分の割り当てによって行われる[76]。(2項) 分割への参加は，集合訴訟 (procedure concorsuali) の提起された会社および資産の分配を始めた清算中の会社には認められない」。財産全部を移転して被分割会社が消滅する分割は全部分割 (scissione totale)，一部を分割し，被分割会社が消滅しない分割は部分分割 (scissione parziale) と言われる。受入会社が既に存在しているときには，併合による分割 (scissione per incorporazione)，新設であるときには固有の分割 (scissione in senso stretto) と言われている[77]。

---

[76] 第6指令の国内法化が行われ，自己株式の取得となるような株式の割当は禁止されている（民法2504条の9第4項・2504条の3第1項・2項）。

[77] 会社分割の法的性質および合併との関係については見解が分かれている。会社分割の法的性質については，承継事象 (fenomeno successorio) と考える説 (Oppo)。新会社の設立の場合にも，会社関係の変更と理解し，新会社の設立の場合には，受入会社が新たに創設されるのでなく，受入会社が最初の社員関係から派生すると理解する説 (Corsi, Ferrara, Paolini)。全部分割の場合には包括承継とし，部分分割の場合には被分割会社の会社契約の変更とする説 (D'Alessandro 及び Morano)。包括承継でも契約の変更でもない典型的制度と考える説 (Campobasso) とがある。合併との関係については，伝統的学説 (Simonetto, Tantini, Ferrara) は，合併との類似性を肯定し，分割を複数合併，部分

会社分割の手続は、合併のそれと類似している。まず、当事会社の取締役は、分割計画書[78]（progetto di scissione）を作成し（2504条の8第1項）、本店所在地の企業登記簿に登記する。資本会社間の分割の場合には、さらに、株主総会の会日の少なくとも1カ月前に官報で公告をする（2504条の8第5項、2501条の2第3項・4項）。また、分割当事会社の取締役は、合併の場合と同様に、分割計画書を会社の本店に備え置いた日から「4カ月以内」の日の財務諸表[79]（situazione patrimoniale）（2504条の9第1項、2501条の3）と取締役報告書[80]（relazione degli amministratori）（2504条の9第1項、2501条の4）を作成しなければならない。次いで裁判所の長によって指名された専門家が交換比率の妥当性に関する報告書を作成する[81]（2504条の9第3項、2501条の5）。もっとも新設会社の設立で、株式（持分）が持株比率に応じて割り当てられる場合には、専門家の報告書の作成は免除されている（2504条の9第3項2文）。これは第6指令22条5項の選択権を行使したものである。

分割承認総会の30日前から、①分割計画書、取締役報告書および専門家の

分割の場合には部分的合併と理解する。これに対し、類似性を新会社の設立をもたらす場合にしか認めない説（Rordorf, Paolini, Maugeri）もある Fiale, Diritto delle società, VI ed. 1998, p.365-366.

78) 記載事項は、①2501条の2第1項が定める事項（合併計画書の記載事項）、②各受入会社に譲渡される財産の明細のほか（2504条の8第1項）、③受入会社の株式または持分の割当（distribuzione）基準、および、④各社員は最初の資本参加の持分に比例して分割関係会社全部に資本参加する選択を行いうる旨の規定（2504条の8第4項）である。資産の指定が計画書から推定できない場合には、当該資産は、全部分割においては、各会社に譲渡される純資産の持分に比例して受入会社に分割され、部分分割においては、譲渡会社に残る（2504条の8第2項）。債務の指定が計画書から推定できない場合には、全部分割においては、受入会社が連帯責任を負い、部分分割においては譲渡会社と受入会社が連帯責任を負う（同3項）。

79) 最終営業年度の貸借対照表が、分割計画書が会社の本店に備え置かれる日から6カ月以内に作成されたものであれば、それと代替できる（2504条の9第1項、2501条の3第3項）。

80) 取締役報告書では、第6指令と同様の事項を記載（2501条の4第1項・2項・3項）するほか、株式（持分）の割当基準を説明し、受入会社に譲渡される純資産（patrimonio netto）と被分割会社に残る純資産の実際の価値（valore effettivo）を示さなければならない（2504条の9第2項）。

81) 参加会社は、共同の専門家の任命を裁判所に要求することができる（2501条の5第2項）。報告書は、会社が上場会社であるときには監査会社（societa di revisione）によって作成される（2501条の5第5項）。

報告書, ②当事会社の直近3営業年度の貸借対照表, 取締役報告書および監査役会報告書, ③当事会社の財務諸表（以下事前開示書類という）が備え置かれ, 社員の閲覧・謄写（無料）に供される（2504条の9第4項・2501条の6）。当事会社の総会で計画書の承認を受ける（2504条の9第4項・2502条）。人的会社の分割の場合であって, 新設会社または受入会社が資本会社でない場合には, 決議を事前開示書類とともに企業登記所に登記のため提出するだけで済むが, 新設会社または受入会社が資本会社であるときには, 裁判所の認可（omologazione）を受けなければならない。即ち, 資本会社の分割の場合には, 裁判所の認可を受け, 企業登記簿に登記し, 且つ, 官報で公告されなければならない（2504条の9第4項・2502条の2第1項・2項・2411条1項乃至3項）。

分割は, 登記または官報の公告から2カ月を経過しなければ行うことができない（2504条の9第4項・2503条1項本文）。上記期間の間, 会社債権者は分割に異議を述べることができ（2503条2項）, 裁判所は会社に適当な担保を提供させることができる（同3項）。ただし, ①分割計画書の登記または公告前に債権者が同意するか, ②同意しない債権者に支払が行われるかまたは信用機関に相当額が預託されたときには, 直ちに分割証書を作成することができる（2503条1項但書）。個々の社債権者も, 社債権者集会で分割が承認された場合を除き[82], 2503条の異議申立を行うことができる（2504条の9条4項・2503条の2第1項）。転換社債（obbligazione convertibili）の所有者には, 分割計画書の公告より少なくとも3カ月前に官報の公告で, 公告から1カ月以内に転換権を行使するか否か選択権が与えられる（2503条の2第2項）。転換権を行使しなかった所有者には, 権利の変更が社債権者集会で承認されない限り, 分割前と同様の権利が保障される（同3項）。

決議後, 分割証書（atto di scissione）[83]が公正証書（atto pubblico）により作

---

82) 社債権者集会の決議は, 条件の変更（2415条1項2号・3項）でないので, 単純過半数で足りる Fiale, op. cit., p.364.

83) 分割が新会社の設立を伴わないときには, 分割証書は契約であるということで意見が一致しているが, 新会社の設立を伴うときには意見が分かれ, 新会社の設立証書の意味を有し, 契約的性質を有しない一方的行為と解する説, 新会社の設立契約は全社員による同時の署名を要するとする説（De Ferra）, 形式的には一方的行為であるが, 実質的には契約で, 取締役は, 消滅会社を代表するほか, 設立会社の社員も代表しているとする説（Oppo, Campobasso など有力説）がある。Fiale, op. cit., p.369-370.

成される (2504条の9第4項・2504条1項)。公正証書は，すべての場合に，公証人または新設会社もしくは受入会社の取締役により，30日以内に，当事会社の本店の所在地の企業登記所に登記のために寄託される (2504条2項)。分割当事会社または新設会社もしくは受入会社が資本会社であるときには，公正証書の要旨が官報で公告される (2504条4項)。分割は，受入会社が登記されている企業登記所に分割証書を最後に登記したときに効力を生じるが，新会社の設立による分割を除き，翌日と定めることができる (2504条の10第1項)[84]。各会社は，譲渡された純資産の実際価額の限度内で，受入会社によって履行されなかった被分割会社の債務につき連帯責任を負う (2504条の10第2項)。

2504条2項の分割証書の登記が行われると，分割証書の無効を述べることができなくなる (2504条の9第4項・2504条の4第1項)。

(6) ドイツ法

ドイツは長い間会社分割規定を有していなかったので，既存の規定に基づいて分割を行っていたが[85]，1988年に「組織変更法」整備法試案[86]が公表され

---

[84] 株式 (持分) が利益配当に参加する日 (2501条の2第1項5号) および当事会社の行為が貸借対照表上受入会社の行為のみなされる日 (2501条の2第1項6号) については，登記前の発効日を定めることができる。

[85] Lutter, Zur Reform von Umwandlung und Fusion, ZGR 1990, 401f., Engelmeyer, Die Spaltung von Aktiengesellschaften nach dem neuen Umwandlungsrecht, 1995, S.11 によると存続分割の例として Varta (1977年), Monachia および LöwenbräuAG (1982年) があり，分離独立の例として Holzmüller, Allianz, Daimler, Thyssen, Kaufhof, RWE があるが，消滅分割の例はない。分離独立を巡って総会決議の要否が争われた事件として Holzmüller 事件 (BGHZ83, 122) がある。なお，吉田正之「西ドイツにおける会社分割をめぐる法的状況」一橋論叢101巻1号96頁 (1986)，周田憲二「西ドイツにおける株式会社の分割」広島法学12巻3号101頁 (1989) 参照。当時の学界の状況は以下の通りである。Duden-Schiling, Die Spaltung von Gesellschaften, AG 1974, S.202ff. は，連邦議会の法律委員会と同様，会社分割を第3指令案のように合併規制に服させることは可能ではないと考えているが，仏・米・英の比較を行い，資本会社の分割規制の必要性を主張している。Teichmann, Die Spaltung einer Aktiengesellschaft als gesetzgeberrische Aufgabe, AG 1980, S.85ff. は，フランスの経験は乏しいので，分割規制を定めることは時期尚早と考えられているので，立法者のイニシアチブは期待できないが，フランス法を検討してみると，会社分割の規制は既存の法制度を慎重に継続形成すれば困難なく実行することができ，財産の包括承継の問題を除けば，既存の体系を本質的に侵害するものではない，と主張している。Würdinger, Aktienrecht und das Recht der verbun-

るに及んで会社分割が議論されるようになった。同試案は，1991年4月5日の「信託公社が管理する企業の分割に関する法律」(SpTrUG) の原型となった[87]。その後92年4月に，報告者草案が公表され[88]，94年10月28日には新組織変更法 (Umwandlungsgesetz. 1995年1月1日施行) が制定された[89]。その

---

denen Unternehmen, 4. Aufl., 1981, S.245f. は，債権者保護が困難であるとして規制に消極的である。Joachim Schlze-Osterloh, Probleme einer Spaltung von Personengesellschaften, ZHR 149 (1985), 614 は，人的会社の分割については，取るに足りない関心しかなく，従来 Teichmann (Die Spaltung einer Personengesellschaft als Ergebnis privatautonomer Rechtsgestaltung, ZGR 1978, 36ff.) の論文しかないので，Duvinage の Dissertation (Die Spaltung von Personengesellshaften, Carl Heymanns Verlag, 1984) は歓迎に値すると述べている。

86) 試案の翻訳として早川勝「「組織変更法を整序するための法律」改正試案 (試訳) (1)～(4)」産大法学26巻1号1頁 (1992)，2号1頁，3・4号52頁 (1993)，27巻1号1頁があり，試案の紹介論文として増田政章「株式会社・有限会社間の組織変更－1988年ドイツ組織変更法試案と利害関係者の利益保護」近畿大学法学39巻3・4号65頁 (1992)，早川勝「ドイツにおける組織変更法改正の動向について」酒巻先生還暦記念『公開会社と閉鎖会社の法理』569頁 (1992, 商事法務研究会) がある。ZGR はシンポジウムを開催し，"Die Reform von Umwandlung und Fusion" という特集号を組んでいる。ZGR3/1990.

87) 東ドイツ時代に沢山の経営が，信託公社管理企業に集められたが，非効率であるため，同法は，公社が直接・間接に100%所有する資本会社の分割を認めることにより，民営化を容易にすることを目的とした。同法の翻訳として早川勝「信託公社が管理する企業分割に関する法律 (試訳) 産大法学27巻1号22頁 (1993) がある。同法については Ganske, Spaltung der Treuhandunternehmen, DB 1991, 791ff. 早川・前掲注86『公開会社と閉鎖会社の法理』253頁以下など参照。

88) 報告者草案の翻訳として早川勝「「組織変更法を整備するための法律」報告者草案 (試訳) (1)・(2)」産大法学27巻1号31頁，27巻2号1頁 (1993) があり，報告者草案の会社分割の規定を検討する論文として Kleindiek, Vertragsfreiheit und Gläubigerschutz im künftigen Spaltungsrecht nach dem Referentenentwurf UmwG, ZGR 1992, 513ff.; Teichmann, Die Spaltung von Rechtsträgern als Akt der Vermögensübertragung, ZGR 1993, 396ff; 早川勝「ドイツにおける企業分割立法の動向と債権者保護」川又先生還暦『商法・経済法の諸問題』249頁 (1994, 商事法務研究会)，田村諄之助「会社分割における債権者保護」鴻先生古稀記念『現代企業の立法の軌跡と展望』267頁 (1995, 有斐閣) などがある。

89) 新組織変更法は，第1編 組織変更の可能性 (1条)，第2編 合併 (2～122条)，第3編 分割 (123～173条)，第4編 財産譲渡 (174条～189条)，第5編 形態の変更 (190条～304条)，第6編 裁判手続 (305条～312条)，第7編 刑罰規定および科料 (313条～316条) および第8編 経過規定 (317条～325条) から構成されている。これに伴い株式法第4編 (339条ないし393条) は削除されている。Kallmeyer, Das neue Umwandlungsgesetz, ZIP 1994, 1746 など参照。

第3編は会社分割を規定しているが[90]，会社分割には合併に関する規定が多く準用されている（同125条・135条1項）。

第3編が規定する分割（Spaltung）なる概念は，会社分割に限定されておらず，社団・財団等の分割や個人商人の財産の分離独立をも含み，極めて広いが[91]，本稿では，株式会社の会社分割に焦点を当てて考察することにする（別段の指摘のない限り，以下の括弧の中で引用する条文は組織変更法の条文である）。

(a) 分割には，消滅分割，存続分割および分離独立の3種類がある（1条1項2号）。

消滅分割（Aufspaltung）とは，権利の担い手（譲渡する権利の担い手〔übertragende Rechtsträger〕）が，清算をせずに解散し，（複数の）別の既存の権利の担い手（譲受ける権利の担い手〔übernehmende Rechtsträger〕）または権利の担い手により設立される別の新しい権利の担い手に全体としてその財産の一部（Vermögensteile）を同時に譲渡することにより，譲渡する権利の担い手の持分

---

90) 第3編は，第1節　総則（第1款　分割の可能性〔123条～125条〕，第2款　吸収分割〔126条～134条〕，第3款　新設分割〔135条～137条〕），第2節　特別規定（第1款　有限会社の参加した分割〔138条～140条〕，第2款　株式会社および株式合資会社の参加した分割〔141条～146条〕，第3款　登記協同組合の参加した分割〔147条～148条〕，第4款　権利能力ある社団の参加した分割〔149条〕，第5款　監査協会の参加した分割〔150条〕，第6款　相互会社の参加した分割〔151条〕，第7款　個人商人の財産の分離独立〔152条～160条〕，第8款　権利能力ある財団の財産の分離独立〔161条～167条〕，および第9款　地区団体または地区団体連合の財産の分離独立〔168条～173条〕）から構成されている。124条は分割能力ある権利の担い手の範囲を定めているが，資本会社だけでなく，人的会社，登記協同組合，登記社団，監査協会および相互会社も，消滅分割，存続分割および分離独立における譲渡人，承継人または新しい権利の担い手になれる。その上別段の定めがなければ，異なる法形態間の分割も許容される（124条2項・3項4項）。新法の会社分割を紹介するわが国の論文としては金子寛人「ドイツの新しい事業再編法」商事法務1395号2頁（1995），早川勝「ドイツにおける会社分割規制—株式会社の分割手続を中心として」同志社法学48巻5号94頁（1997）がある。ドイツでは沢山の論文が発表されているが，紙面の関係で Engelmeyer, Das Spaltungsverfahren bei der Spaltung von Aktiengesellschaften, AG 1996, 193ff.; Bruski, Die Gründungsphase der Aktiengesellschaft bei der Spaltung zur Neugründung, AG 1997, 17ff. のみを挙げておく。

91) 登記後2年を経過しない株式会社または株式合資会社は分割をすることができない（141条）。2年の期間は，事後設立期間（株式法52条1項）に対応する。譲受会社の登記後2年内に分割・引受契約（分離独立・引受契約）が締結されるときには，付与される株式の総額が譲受会社の資本の10分の1を超える場合に限り，株式法が定める事後設立に関する規定が準用される（125条1文・67条）。

第 5 章　会 社 分 割 ── 比較法的考察 ──

所有者にこれらの権利の担い手の持分または社員権を付与するのと引き替えに，その財産を分割することである（123条1項）。

存続分割（Abspaltung）とは，権利の担い手（譲渡をする権利の担い手）が，1または複数の既存の権利の担い手（譲受ける権利の担い手）または権利の担い手により設立される別の新しい権利の担い手に全体としてその財産の1または複数の部分を同時に譲渡することにより，譲渡する権利の担い手の持分所有者にこれらの権利の担い手の持分または社員権を付与するのと引き替えに，その財産から1または複数の部分を分割することである（123条2項）。

分離独立（Ausgliederung）とは，権利の担い手（譲渡をする権利の担い手）が，1または複数の既存の権利の担い手（譲受ける権利の担い手）または権利の担い手により設立される別の新しい権利の担い手に全体としてその財産の1または複数の部分を同時に譲渡することにより，譲渡する権利の担い手にこれらの権利の担い手の持分または社員権を付与するのと引き替えに，その財産から1または複数の部分を分離独立することである（123条3項）。

上述の定義から明らかなように，上記三種の分割[92]は，営業が既存の権利の担い手に承継される吸収分割（Spaltung zur Aufnahme）と，新しい権利の担い手に承継される新設分割（Spaltung zur Neugründung）から各々構成されているが，吸収分割と新設分割の混合形態も可能である（123条4項）。ドイツ法は，存続分割を認める点でスペイン，イタリアと同様であるが，物的分割に当たる分離独立を認める点は，他のEU加盟国と異なり，わが国と同様である。

(b)　会社分割の手続は以下の通りである。

(イ)　①吸収分割の場合には，分割当事会社の代表機関は，分割契約・引受契約（Spaltungs-und Übernahmevertrag. 分離独立の場合には分離独立契約・引受契約。以下同じ）を締結する（125条・4条1項）。総会の決議後に契約が締結される場合には，書面による契約草案を作成する（125条・4条2項）。②新設分割の場合には，譲渡会社の代表機関は，分割計画書（Spaltunsplan. 分離独立の場合には分離独立計画書。以下同じ）を作成する（136条）。契約書もしくは契約草案または分割計画書の絶対的記載事項は法定されている[93]（126条1項・135条1

---

[92]　分離独立と存続分割または消滅分割の結合も可能である Kallmeyer, Kombination von Spaltungsarten nach dem neuen Umwandlungsgestz, DB 1995, 81ff.

項)が,新設分割の場合[94],新会社の定款(74条参照)が分割計画書に含まれているかまたは確定されていることが必要である(135条1項・125条・37条)。分割契約書・引受契約書または分割計画書は公証人による認証が必要である(125条・135条1項・6条)[95]。契約書もしくは契約草案または分割計画書は,遅くとも総会の会日の1ケ月前に当事会社または譲渡会社の権限ある経営協議会(Betriebsrat)に提出されなければならない(126条3項・135条1項)。

(ロ) 当事会社(新設分割の場合には譲渡会社)の代表機関は,分割報告書(Spaltungsbericht)を作成する(127条・135条1項)。当該報告書は代表機関が共同で作成してもよい(127条2文)。ドイツ法に特有の定めは,当事会社が結合企業であるときに,他の結合企業の分割にとって本質的なあらゆる業務の記載を要求している(127条3文・8条1項2文・3文)点と,公知になると当事会社の一つまたは結合企業に著しい不利益を与えうる事実は報告書に記載する必要はないが,この場合には,その理由を記載事項としている(127条3文・8条2項)点である。すべての当事会社(新設分割の場合には譲渡会社)の全持分者が報告書の報告を放棄するか(これは第6指令10条の国内法化を意味する)または譲渡する権利の担い手の全持分が承継する権利の担い手の掌中にあるときには,報告書を要しない。放棄表示は公証人によって認証されることが必要である(127条3文・135条1項・8条3項)。

(ハ) 消滅分割と存続分割の場合には,分割契約書・引受契約書もしくはその草案または分割計画書は1人以上の専門的検査役(分割検査役〔Spaltungsprüfer〕)

---

93) ドイツに特有の記載事項として従業員およびその代表に対する分割の効果並びにその限りで定められた措置(126条1項11号)がある。
94) 別段の定めがなければ,譲受会社には新しい権利の担い手の法形態に有効な設立規定が適用される。譲渡会社は,新会社の発起人として(1人設立の許容。135条2項),監査役会と会計検査役を選任し(株式法30条1項),常に設立報告書を報告する(株式法32条)。設立報告書には譲渡会社の営業の経過および状況も記載される(135条1項1文・125条1文・75条1項)。その上設立検査役による設立検査(株式法33条2項)が常に必要である(144条)。新会社の定款および監査役会構成員の選任は,譲渡会社の総会決議によってのみ有効となる(135条1項1文・125条1文・76条2項)。その後初めて監査役会は最初の取締役会を選任する(株式法30条4項)。
95) ドイツでは公証人手数料が高いので,手数料が安い外国(特にスイス)で認証が行われることが多いと言われている。Engelmeyer, a.a.O. (Fußnote 85), S.57f., ders., AG 1996, 197. 早川・注90・109頁。

により検査を受けなければならないが（125条1文・135条1項・60条1項・9条1項），全ての当事会社（新設分割の場合には譲渡会社）の全持分所有者が検査報告書を不要とするか（なお第6指令10条参照）または譲渡会社の全持分が譲受会社の掌中にあるときにも，検査報告は不要である（125条・135条1項・8条3項・9条2項・3項・12条3項）。検査役は，分割契約書・引受契約書もしくは草案または分割計画書の完全性とその記載の正当性を検査すると共に分割報告書の記載の正当性を検査する。株式会社の場合，各会社のために少なくとも1名の検査役を選任する方法（125条1文・135条1項・60条2項）と全ての当事会社の検査のために，取締役の共同の申立てより，裁判所が1名以上の検査役を選任する方法（60条3項）とがある。各検査役は，単独で，あるいは共同して，検査報告書（Prüfungsbericht）を作成する（125条1文・12条1項・2項）。分離独立の場合には検査を要しない（125条2文・135条1項）。

㈠　分割契約・引受契約もしくは契約草案または分割計画書は，総会の招集前に商業登記所に提出されなければならない。裁判所は，登記の公告のために定められた公告紙（商法10条）で，その公告を行う（125条・135条1項・61条）。

㈥　株式法の一般規定に従い，株主総会は少なくても会日の1ケ月前に招集される（株式法123条1項）。総会の招集の時から，①契約書もしくは契約草案または分割計画書，②当事会社の直近3年間の年度決算書ならびに状況報告書，③場合により中間貸借対照表，④取締役の分割報告書および，⑤分割検査役の検査報告書が，株主の閲覧のために会社に備え置かれ（125条1文・135条1項1文・63条1項），各株主に，請求により，無料で上記書類の謄本が交付される（63条3項）。

㈤　契約または分割計画書は，各当事会社（新設分割の場合には譲渡会社）の総会決議によってのみ有効となる（125条1文・135条1項1文・13条1項）。取締役は，㈥で述べた書類を提出し，審議の始めに契約書もしくはその草案または分割計画書を口頭で説明する（64条1項）。譲渡会社の取締役は，契約の締結もしくは草案または分割計画書の作成と決議の間に生じた当該会社の財産の重要な変更に関し報告することを要する。取締役は譲受会社の代表機関にもそれを知らせなければならず，報告を受けた代表機関も分割決議前にそれを総会に報告する（143条）。請求により総会では，他の当事会社の分割に関するすべ

ての重要事項（64条2項）と自己の会社に関する事項が解説される（株式法131条1項）。

譲渡会社に対する持分割合をそのまま維持する比率維持型の消滅分割および存続分割ならびに分離離独立の場合には，総会の分割決議は，少なくても決議おいて代表される資本の4分の3の多数決を必要とする。定款で，この要件を加重し，別の要件を加えることもできるが（125条1文・135条1項1文・65条1項），この要件を軽減することはできない。その上，決議は議決権の単純過半数が必要である（株式法133条1項）。これに対し，譲渡会社に対する持分割合に相応しない比率で株式が割り当てられる比率不維持型の消滅分割および存続分割の場合には，譲渡会社の総株主の同意が必要である（128条1文・135条1項1文）。会社が数種の株式を発行している場合には，種類株主総会での議決権の単純過半数による，資本の4分の3の特別決議（125条1文・135条1項1文・65条2項）が必要である。分割決議および種類株主総会の決議は，公証人による認証が必要である（13条3項）。

もっとも，譲受会社が譲渡会社の基本資本の90％以上を所有しているときには，譲受会社の基本資本の5％を有する株主が総会の開催を要求しない限り，譲受会社の総会決議は不要である（125条・62条）。これは第6指令6条を国内法化したものである。

総会決議取消の訴えは，決議後1カ月内に限って起こすことができる（125条・135条1項・14条1項・36条1項）。株式交換比率が低すぎることまたは受入会社の株式が譲渡株式の株式の十分な対価でないことを理由とすることはできないが（14条2項），これらの場合には，裁判手続（非訟事件手続）により現金支払請求の申立を行うことができる（125条・135条1項・15条・305条以下）。

(ト) 消滅分割と存続分割の場合には，譲受会社の資本増加が必要となる場合がある[96]。資本を増加するには，総会の増加決議（69条1項1文・株式法182条1項）と，議決権を有する数種の株式が発行されている場合には，種類総会の特別決議が必要である（株式法182条2項）。分割決議と資本増加決議は同じ

---

96) 譲受会社の資本増加が禁止される場合（68条1項1文・2項）と任意である場合（68条1項2文）がある。分離独立にはこれらの規定の適用はない（125条）。詳しくは早川・注90・134頁以下参照。

総会で行うことができる。分割目的の資本増加のために、簡易な手続が定められている（125条1項・69条1項・142条1項）。資本増加は現物出資による資本増加として実施されるから、1人以上の検査役による検査（株式法183条3項）が常に必要である（142条1項）。検査役は検査報告書を作成し、1通を裁判所、もう1通を取締役会に提出する。すべての者が裁判所で報告書を閲覧することができる（142条2項・株式法183条3項・34条2項・3項）。資本増加決議と資本増加の実行は、登記申請されることを要す（125条1文・69条1項1文・株式法184条1項1文・188条1項）。これらと分割の登記申請は、合体することができる。

存続分割および分離独立の場合には、譲渡会社の資本減少がしばしば必要になる。それを簡易な形式で行うことができる（145条1項）。この場合にも総会の資本決議（株式法229条3項・222条1項）と、議決権を有する数種の株式が発行されている場合には、各種類総会の特別決議が必要である（株式法229条3項・222条2項）。資本減少決議と分割決議は同じ総会で行うことができる。資本減少決議とその実行は登記を要する（145条1文・69条1項1文・株式法229条3項・223条・227条1項）が、資本減少の実行が商業登記簿に登記された後にのみ、存続分割または分離独立は登記をすることができる（145条2項）。券面額の引き下げによる資本減少の場合には（145条1項・株式法229条3項・222条4項1号）、譲渡会社による資本減少、その実行および分割の登記申請は合体することができる。

(チ) 消滅分割と存続分割の場合には、譲渡会社は、付与される株式と場合によって分割交付金の受領のための受託者（Treuhänder）を選任しなければならない。受託者が、株式および分割交付金を受け取ると、その旨を裁判所に通知をしなければならず、通知がなされた後に初めて分割が登記される（125条1文・71条1項）。受託者は、譲渡会社の株式と引き替えに新株と場合により分割交付金を譲渡会社の株主に引き渡す。受託者は受け取った株式を譲受会社に引き渡し、譲受会社はこれを廃棄する（なお、125条1項・72条・株式法73条1項・2項・226条1項・2項参照）。

(リ) ①吸収分割の場合には、当事会社の代表機関は、本店所在地の登記簿に分割を登記するために、所定の書類を添付して[97]（17条1項・146条2項）、公

証方式で(商法12条1項)申請をしなければならないが,譲受会社の代表機関も申請の権限を有している(125条1文・129条・16条1項)。代表機関は,申請の際に,分割決議取消の訴えが提起されていないかもしくは期間内に提起されなかったこと,このような訴えが確定的に棄却されたかもしくは取り下げられたことを説明しなければならない(いわゆる消極的表示〔Negativerklärung〕)。代表機関は申請後でも登記裁判所にその通知を行いうる。消極的表示がないときには,原告適格の株主が公証人の証明のある放棄表示により分割決議取消の訴えを放棄するのでなければ,分割の登記は拒否される(125条1文・16条2項)。存続分割および分離独立の登記申請の場合には,譲渡会社の取締役は,法律および定款で規定された当該会社の設立に関する要件を充足していることをも説明しなければならない(146条1項)。②新設分割の場合には,譲渡会社の代表機関は,各新会社の所在地の登記裁判所に新(株式)会社の登記の申請と(137条1項),譲渡会社の本店所在地の登記裁判所に分割登記の申請を行う(同2項)。新会社の商業登記簿の登記には,譲渡会社の商業登記簿に分割が登記されたときに初めて効力を生じる旨が付記されなければならない(135条1項1文・130条1項2文・135条1項2文)。

(ヌ) ①吸収分割の登記は以下の順序で行われる。まず,譲受会社が資本増加を行うときは,資本増加の実行を登記し(125条1文・66条),譲渡会社が資本減少を行うときは,資本減少の実行を登記する(145条2項)。次いで,譲受会社が分割の登記を行う(130条1項1文)。登記には,譲渡会社の登記により初めて分割が有効になる旨が付記される(同2文)。最後に,譲渡会社の分割の登記を行う。消滅分割と存続分割の場合には,登記裁判官が受託者から新株と分割交付金の受領の通告を受けてからこの登記を行う(125条・71条)。登記は公告される(125条1文・19条3項1文)。②新設分割の場合には,まず,新会社の登記を行う(135条1項・130条1項1文)。この登記は,譲渡会社が分割の登記をすることによって初めて有効[98]になる。譲渡会社が存続分割または分

---

97) 譲渡会社の申請には,8カ月以内に作成された譲渡会社の結了貸借対照表を添付することを要し,そうでないと登記裁判所は登記を拒否する(125条・17条2項)。
98) 新設分割の登記規定は吸収分割の登記規定を準用しているため,準用規定の解釈を巡り議論が生じている。Vgl. Bayer/Wirth, Eintragung der Spaltung und Eintragung der neuen Rechtsträger-oder : Pfadsuche im Verweisungsdschungel des neuen Umwand-

離独立の実行のために資本減少を行ったときには,資本減少の実行を登記する(145条2文)。最後に,譲渡会社が分割の登記を行う(135条1項・130条1項1文・137条3項)。登記は公告される(135条1項1文・125条1文・19条3項1文)。

(ル) 譲渡会社の登記簿に分割が登記されると,分割は効力が生じる。即ち,①債務を含む譲渡会社の財産は譲受会社に承継(部分的包括承継〔partielle Gesamtsnachfolge〕)され[99],②消滅分割の場合には譲渡会社は当然に消滅し,③消滅分割と存続分割の場合には譲渡会社の株主は譲受会社の株主となり,分離独立の場合には譲渡会社が譲受会社の株主になる。④契約・計画書の公証および場合によっては必要な個々の株主の同意表示又は放棄表示の瑕疵は治癒される(131条1項・135条1項)。分割の瑕疵は登記の効力に影響を及ぼさない(131条2項・135条1項)。消滅分割の場合に所属の決まらない資産については,第6指令3条3項(a)と同様の定めのほか,資産を複数の譲受会社に割り当てることが不可能なときには,金銭処理を行う旨の規定(131条3項2文)が置かれている。

(ヲ) 分割当事会社は譲渡会社の債務につき連帯責任を負う(133条1項1文)。請求権が向けられる当事会社のみが担保提供義務を負う(同2文)。債務が割り当てられなかった会社は,分割後5年を経過する前に支払期限となり,それを裁判上主張されたとき(会社が請求権を文書で認めたときは裁判上の主張を要しない。同5項)には,責任を負う(同3項)。この責任の消滅時効は5年である(同6項)。

以上の考察より,ドイツ法は存続分割,その上物的分割も認めていることが明らかになった。この規制はわが国の立法と同じである。わが国の立法者は,ドイツ法を継受したと評価できるように思われる。

---

lungsrechts, ZIP 1996 S. 817ff.
99) 132条は,特定の財産を部分的包括承継から排除すると共に,民法399条(債権譲渡の禁止)は消滅分割を妨げないとし,存続分割と異なる扱いをしている。そのため解釈論として争いがあるだけでなく(Vgl. Hennichs, Zum Formwechsel und zur Spaltung nach dem neuen Umwandlungsgesetz, ZIP 1995, S. 797f.),第6指令との適合性に疑問を表明する見解(Heidenhain, Sonderrechtsnachfolge bei der Spaltung, ZIP 1995, 801ff.)もある。

(7) アメリカ法

アメリカでは，1990年代からコングロマリット・デスカウントの解消のために会社分割はブームとなっているが[100]，1988年の改正で会社分割を定めたペンシルバニア州[101]を除き，州会社法も模範事業会社法も，会社分割（corporate divisions : corporate separation）に関する規定を特に定めてはいない。しかしそれには，① Spin-off，② Split-off および ③ Split-up があると言われている。Spin-off とは，譲渡会社がその資産の一部を分離して新会社を設立し，譲渡会社の株主に新会社の株式を現物配当（property dividend）として分配する形態（既存の子会社株式の分配を含む）であるとされている。Split-off[102]は，Spin-off

---

100) 武井一浩・平林素子『会社分割の実務』（2000, 商事法務研究会）195頁以下。
101) PA. CONS. STAT. ANN. tit. 15. §§ 1951～1953.
102) Split-off と Split-up は，分配される有価証券が受け取られる有価証券と交換されるので明らかに「有価証券の売り付け」に当たる。Conard, Corporations in Perspective, 1976, p.228. これに対し，Spin-off は1933年証券法上の登録（従って5条に従った株主への目論見書の供給）を要するか否かについては議論が変遷した。かつては要しないと解されていたが，1969年7月にSECは解釈通牒4982号（Release No.4982）を発し，特殊なものに登録を要するとした。SEC v. Harwyn lndustries Corp. 326F. Supp.943（S.D. N.Y.1971）は，四つの子会社の親会社である Harwyn が，第三者から子会社が資産を譲り受ける代わりに，その者に子会社の支配権を与える契約を各々異なる第三者と個別に締結すると共に，各子会社の株式を親会社の株主に分配する四つの Spin-off を行ったのに対し，SEC は，これらの Spin-off は，各子会社を公開会社にする手段として利用されているので，登録が必要であるが，登録がなされていないので，証券法5条違反であるとして，裁判所に仮差押命令（preliminary injunction）を求めた事件である。裁判所は傍論において，証券法5条違反であることを認めたが，SEC は差止命令のための立証をしておらず，Harwyn は善意で弁護士の合理的助言を信頼していたとして，仮差押命令を認めなかった。SEC v. Datronics Engineers, Inc. 490F. 2d 250（4th Cir.1973）では，13カ月の間に九つの Spin-off が行われた。そのうち三つは Datronics（親会社）の完全子会社のものであり，六つは独立した会社のものであった。裁判所は，証券法が定める「売買」に該当するには「有償」であることを要するが，様々な会社と Datronics との株式の交換等により，この要件は満たされているとして，違法行為継続の禁止の仮差押命令を認めた。詳しくは Note, "The Spin Off : a sometimes Sale," 45. N.Y.U.L.Rev. 132 (1970); 林紘太郎「Spin-off による株式の公開」海外商事法務124号27頁（1972）; Lorne, The Portfolio Spin-Off and Securities Registration, 52 Texas L. Rev. 918 (1974); Thompson, Registration of Stock Spin-Offs under the Securities Act of 1933, 965 Duke L. J. 1980; 江頭憲次郎「会社の支配・従属関係と従属会社少数株主の保護(7)」法協98巻12号125頁以下（1981）参照。SEC は，1997年9月にこれまでに蓄積された事例をベースに Bulletin No.4 を公表し，登録を要しない場合を明らかにしている。武井・平林，前掲注100・216頁。

と同様,譲渡会社が新会社を設立し,自己の株主に自社株を買い戻す対価として新会社の株式を交付する形態(既存の子会社の株式の交付を含む)である。これに対しSplit-upは,譲渡会社がその資産の全部を複数の既存の会社または新会社に譲渡した後,それらの株式を譲渡会社の株主に取得会社の株式と交換に分配し,譲渡会社は清算(liquidation)する形態である[103]。Split-upでは譲渡会社が消滅する点で,消滅しないSpin-offおよびSplit-offとは異なる。これらの形態のうちSpin-offがもっとも多く利用されている。会社分割に関する特別規定がないので,まず,譲渡会社はその営業を取得会社に現物出資または譲渡して取得会社の株式を取得し,ついで,それを譲渡会社の株主に交付するという手続を践む(間接分配方式)が,各段階ごとに各々の州会社法の規定を適用して,事実上の会社分割を行う[104]。

今日の州法の大部分は,会社の「資産の全部または実質的全部の売却(Sale of all, or substantially all, of its property)」であっても,「事業の通常の過程」(in the usual and regular course of the business)」による場合には,取締役会決議だ

---

[103] 内国歳入法(Internal Revenue Code)は,利害の継続性という観点から,組織再編(reorganization)の規定に則って行われる会社分割(これにはdivisive type D reorganizations(I.R.C.§368(a)(1)(D))と分割後譲渡会社が実質的に名目的な存在となるnondivisive type D reorganizations(I.R.C§354(b))の2種がある)と組織再編計画に基づかない会社分割(§355)に税上の特典を与えている(その起源・政策等についてはTurnier, Continuity of Interest-Its Application to Shareholders of the Acquiring Corporation, 64 Cal. Law Rev.902(1976)参照)。詳しくは,U・S・タックス研究会「会社分割(corporate separation)とはどんな概念か。また,どんな方法が税務上用いられるか」国際商事17巻11号1226頁(1989),「会社分割の方法として用いられる,スピン・オフとは,どのような内容のものか」同17巻12号1330頁以下,「会社分割の方法として用いられるスプリット・オフおよびスプリット・アップとは,それぞれどのような内容のものか」同18巻1号76頁以下(1990),武井・平林・前掲100・237頁以下,Henn-Alexander, Law of Corporations, 3rd ed., 1983, p.1011ff. 参照。

[104] Siegel, When Corporations Divide : A Statutory and Financial Analysis, 79 Harv.L.Rev.536(1966); Eisenberg, The Legal Roles of Shareholders and Management in Modern Corporate Decisionmaking, 57 Cal.L.Rev.150(1969); Bales, The Business Purpose of Corporate Separations, 1243 Virginia L.Rev.56(1970),田村諄之輔「会社の分割一序論的考察」『上智大学法学部創立25周年記念論文集』440頁以下(昭和58),山田・前掲注4・民商100巻2号264頁以下,江頭・前掲注2・186頁以下,周田憲二「アメリカにおける100%子会社分割」広島法学14巻2号141頁(1990)。武井・平林・前掲注100・211頁以下参照。

けで足りる[105]が，事業の通常の過程外の譲渡の場合には，株主総会の承認決議を要求し[106]，この場合には反対株主に株式買取請求権（appraisal right）を認めている[107]。それ故，アメリカでは，会社分割の場合，「資産の全部または

---

105) 1984 Model. Bus. Corp Act §12.01(a)(1)・(b)は，基本定款が株主の承認を要求しないことを前提に，本文のような定めを行う。1995年12月1日現在，41の州が本文に述べた規制を採用している。ルイジアナおよびオクラホマ州法は，事業の通常の過程としないで，株主の承認なしに行い得る特定の場合を定め，デラウェア州（Del. Code Ann. tit. 8, §271(a)）など五つの州は事業の通常の過程によると否とを問わず，会社の資産全部または実質的全部の処分に株主の承認を要求している。23の州は，基本定款は事業の通常の過程における売却または交換に株主の承認を要求しうる旨を明示している。またデラウェア州（Del. Code Ann. tit. 8, §203(c)(3)(ii)）など六つの州は利害関係株主への全資産の10％以上の市場価格のある資産の売却は株主の承認またはその他の制限に服する企業結合（business combination）であると定めている。ノース・カロライナでは企業結合規定を利害関係株主に対する会社資産の全部または実質的全部の売却に適用し，バージニア州とワシントン州では，会社純資産の5％で企業結合規定が適用される。Model Business Corporation Act Annoted 3rd. ed., Vol.3, 1996 Supplement 12-7, 12-9. Campbell v. Vose, 515F. 2d 256（10th Cir. 1975）は，会社資産の約3分の1を含む会社の全活動資産（all the effective operating assets）が子会社に譲渡され，親会社に投資活動だけが残ったケースにおいて，株主の承認を要するオクラホマ会社法上の会社資産の「実質上」全部の売却に当たるので，株主に株式買取請求権が認められる，と判示している。
106) 1984 Model. Bus. Corp Act §12.02参照。1995年12月1日現在，全州が株主の承認を要求し，四つの州を除く全州が総会の目的の通知を定めている。カルフォルニア，ニューヨークなど4州は，通知に取引条件を要約するか，条件を述べる書類の謄本の添付を要求している。バージニア州は，通知に契約の謄本の添付を要求している。また，32の州が議決権の過半数の賛成，14の州が3分の2の賛成，バージニアなど6州は，定款が過半数を下らない，もっと緩い要件を定めることを認め，二つの州は無議決権株式を含む全株式の3分の2の賛成を要求し，ハワイは86年7月以後設立された会社には過半数，それ以前の会社には4分の3を要求しているが，定款による過半数を下らない緩い要件の定めを認めている。大抵の州では上と同じ要件で種類株主総会の承認を要求している。また，13の州では，利害関係ある株主への事業の通常の過程外の会社資産の売却は特別の株主要件に服する事業結合であると定めている。ミシガンなど3州は，全資産の10％を超える12カ月内の取引に承認を要求し，デラウェアなど3州は全資産の10％以上の取引を規制し，フロリダなど3州は全資産5％以上の取引を規制している。バージニア州は会社の純資産の5％以上の取引を規制し，ノース・カロライナおよびウイスコンシン州では，売却またはリースが会社の財産または資産の全部または実質的全部に当たる場合にのみ，会社と利害関係株主の間の取引に株主の承認を要求している。Model Business Corporation Act Annoted, supra note 105, at 1996 supplement 12-19～12-20. このほかアメリカでは，子会社の資産売却に親会社株主の承認を要するか否かの論点があるが，紙面の関係で本稿では論じない（周田・前掲注104・160頁以下に詳しい）。
107) 1984 Model. Bus. Corp Act §13.02(a)(3). 47州は事業の通常の過程外での資産の売却または交換に反対株主の権利を認め，ニューハンプシャー州では，「相当の対価でな

第 5 章 会 社 分 割 ―― 比較法的考察 ――

実質的全部」の要件の該当性と②「事業の通常の過程」要件の該当性が問題となるが，Spin-off および Split-off では，譲渡される資産が，会社資産の実質的な全部でないのが普通であるから，総会の承認決議の不要で，Split-up の場合にも，不要と解されているので[108]，普通，株主総会の承認を得ることなく，資産を売却し，子会社の設立手続をとることにより，会社分割の 1 段階が履行されることになる。

新会社が実際には旧会社の継続であるときには，新会社はその債務を明示に引き受けると否とにかかわらず，債務に責任を負うが[109]，分割の場合，新会社は旧会社の全事業を譲り受けないので，新所有者の下での企業の継続ルールで保護されない[110]。従って，会社債権者の保護は，包括的譲渡（Bulk Transfers）規制と詐欺的譲渡規制（faudulent conveyance）により図られることとなる。

1989 年改正前統一商法典（U.C.C.）第 6 編は，商人が営業上の在庫を叩き売って，債権者に代金を支払わずに，代金をもって失綜するのを阻止するために，「企業財産の包括的譲渡」（企業の原料，在庫，商品またはその他の棚卸資産の大部分の包括的および通常の過程によらない譲渡。UCC§6-102(1)）に該当するときには，譲受人が物品を占有するか少なくとも支払をする 10 日前に，債権者リストに記載された債権者・譲受人に知られた債権者に対し通知をするのでなければ，譲渡人の債権者に対し効力がなく（UCC§6-105），また，新しい対価が支払われるときには，譲渡人の債権者にその対価が債務の支払に充てられ

い」会社財産および資産の全部または実質的全部の売却または交換は事業の通常の過程で行われたものとみなさないと定めている。Model Business Corporation Act Annoted, supra note 105, at 1996 supplment 13-22. デラウエア州会社法は，合併の場合を除き反対株主の買取請求権は認めず（§262(b)），従って，基本定款で定めのない限り，会社のすべての資産の譲渡であっても，この権利は認めない。Folk on the Delaware General Corpration Law II (2nd ed.), 1988, at 127. 武井・平林・前掲注 100・214 頁。

108) Eisenberg supra note 104 at 176. 反対 Cornard, supra note 102, p. 228. 1984 Model. Bus. Corp Act §12.02(g)は，会社分割は実際には分配（distribution）であるという立場に立って，「分配を構成する取引は 6.40 条により規制され，本条によっては規制されない」と定めている。Model Business Corporation Act Annoted, supra note 105, at 12-15.

109) Siegel, supra note 104, at. 557.

110) Cornard, supra note 102, p. 229.

ることを保証する義務を負う（UCC§6-106）とされていた[111]。この規制は普通の取引を妨げているという批判が早くからなされたが、テクノロジーの変化により低コストで譲渡人の情報を入手することができること、他の州に債務者が逃亡しても法改正により管轄権を得る可能性が増していること、英国には同様の法律がなく、カナダで廃止されたことから、統一州法委員会とアメリカ法曹協会は、第6編の廃止を勧告した。89年改正法は、第6編を廃止したもの（Alternative A）と、包括的譲渡を改め、包括的売買（Bulk Sales。売主の主たる事業が事業用商品の売買であるもの）に限定したもの（Alternative B）の二つを規定している。従って、この面での債権者保護がなくなった[112]。

詐欺的譲渡規制は、連邦破産法（Bankruptcy Code）548条および各州詐欺的譲渡法(Uniform Fraudent Conveyance Act(1919)またはUniform Fraudent Transfer Act (1984)）に基づく。分割会社の財務状態が分割後悪化した場合、詐欺的意図で行った場合には、事後的に債権者または破産管財人による当該取引の取消あるいは否認が認められる場合がある[113]。

Spin-offの場合には現物配当、Split-offの場合には部分的な株式償還、Split-upの場合には清算配当が行われる。

多くの州法では、配当をするか否か、どの程度するかは取締役会の裁量に委ねている。そして子会社の株式のような現物配当（dividends-in-kindまたはproperty dividends）を現金配当と同様に認めるが、配当基準は、州によって多様である[114]。1980年改正前の模範事業会社法は、株式は額面で発行されると

---

111) もっとも、譲渡人が本店を有する場所で一般的に流通している新聞に2週間連続して週に1度公告し、新企業が譲渡人の債務を引き受け、譲渡人が取引から債権者の請求権より後順位の新企業の利益のみを受領する場合には、第6編の規定の適用がなく（UCC§6-103(7)）、節税またはその他の適法な目的による事業の組織再編にも6編が適用されないとされていた。Aluminum Shapes, Inc. v. K-A-Liquidating Co. (1968, WD Pa) 290F Supp 356, Anderson, Uniform Commercial Code, Vol. 7, 3rd ed., 1985, p. 368.
112) Lexisを使用してUCC§6に関する文書を参照した。武井・平林・前掲注100・228頁によると、98年11月までに33州が第6編を完全に廃止し、6州は改正後第6編を採用し、残りは旧第6編を維持しているとのことである。
113) Cf. King and Cook, Creditors'Rights, Bebitors'Protection and Bankruptcy, 2nd ed., 1989, p. 333.
114) Henn-Alexander, supra note 103 at 891ff.; Hamilton, The Law of Corporations, 4th ed., 1996, p. 508ff.; 片木晴彦「アメリカ会社法の配当規制と一般に認められた会計原則」広島

いう単純な資本構造が存在するという前提の下に，現金・現物による配当を「無留保かつ無制限の利益剰余金」に限っていたが（§45(a)。利益剰余金基準(Earned Surplus Test)），会社が支払不能にならないこと，基本定款の定めまたは株主総会の決議に基づくこと，優先配当の累積未払分割が支払われ，残余財産分配優先権が害されないこと，株主に財源が明らかにされること等を要件とし，資本剰余金または減資剰余金に基づく配当も認めていた[115]（§46）。しかし，資本構造が複雑になるにつれ，配当を利益剰余金の分配と考えることは，債権者保護に役立たないことが認識され，1980年改正により，伝統的な表示資本（stated capital），剰余金（surplus），額面（par value）および金庫株（treasury shares）は廃止され，「"分配（distribution）"は，会社がその株式に関しその株主に対しまたはその株主の利益のためになす，金銭もしくはその他の財産（自己株式を除く[116]）の直接もしくは間接の移転または債務の負担を意味する。分配は，配当の宣言もしくは支払；株式の購入，買戻もしくはその他の取得；負債の分配またはその他の形態である」（§1. 40(6)）とし，「分配は，(1)その実行後に，営業の通常の過程において支払期の到来する負債を会社が支払い得なくなるか，または，(2)会社資産総額が，その負債総額と（基本定款が別段の定めをしていない場合には）会社が分配時に解散するならば残余財産分配優先権を有する株主に対して支払うべき額の合計額を下回るようになるときには，なしえない」（§6. 40(c)）とし，支払不能基準（equity insolvency test）と貸借対照表基準（balance sheet test）の併用に改められている。その判断時期は，会社株式の購入，償還またはその他の取得による分配の場合，金銭またはその他の財産が譲渡される日と株主が取得された株式の株主でなくなる日のうち早

法学16巻1号45頁（1992）参照。自己株式の取得は，配当と異なり，交換であるが，配当と類似の規制を受ける。Henn-Alexander, supra note 103 at 939.

115) 80年改正前の模範事業会社法では，自己株式の取得は，無留保かつ無制限の利益剰余金の限度でなし得たが，基本定款の定めまたは株主総会の普通決議による承認があれば，資本準備金によっても行うことができた（§6）。詳しくは Hackney, The Financial Provisions of the Model Business Corporation Act, 70 Harv. L. Rev. 1357（1957）.

116) §1. 40(6)は，自己株式の株主への分配を分配の定義から除外し，これを「株式配当（Share Dividends）」として§6. 23で規定している。株式配当は，分配と異なり会社から何も流出しないからである。これに対し，自己株式を購入するための会社による支払は分配に入る。

い日である（§6.40(e)(1)）。従って模範事業会社法を採用する州法では、上記条件を満たした上でSpin-off[117]を行う。会社分割の場合、現物の株式が分配されるので、実務で問題となるのは、承継会社の株式の評価である。

split-upでは取得会社の株式の配分は被分割会社の任意解散より行われる。取締役会は解散提案を株主にすることができる[118]。株主の承認決議が必要であり、議決権の有無にかかわらず、株主に総会の招集通知を発しなければならない（模範事業会社法§14.02）。反対株主の株式買取請求権は認められない。会社は、州務長官に解散届出書（articles of dissolution）を提出すると、発行日に会社は解散会社となるが（§14.03）、発行日から120日以内は解散を撤回することができる（§14.04）。会社は、清算のため、知れたる債権者に対し、一定の期間内に債権を届け出るよう通知し（§14.06）、またそうでない債権者のために債権を届け出るよう公告する（§14.07）。会社は債務を履行し、株主に残余財産を分配する（§14.05(a)）。

以上の考察より、アメリカ法は、①現物出資に検査役の検査を一般的に不要とする立場を採用した上で、②資産の全部または実質的全部の譲渡という特有の規定を定め、③取締役会は配当を決定でき、④現物配当も許容し、⑤自己株式取得も広範に認めるなど、規制の緩い制度を前提として機能していることが、指摘できよう。従ってこのような制度「全体」を検討することが必要で、取締役会決議だけで会社分割を行いうるという利便性からアメリカ法をつまみ食いすることは危険であるように思われる[119]。特にアメリカ法は、会社債権者の保護が弱いように思われる[120]。

---

117) 会社が取得した自己株式は未発行の授権株式（authorized but unissued shares）となる（§6.31(a)）。基本定款が取得した株式の再発行を禁止している場合には、定款が変更されると授権株式数は取得株式数だけ減少する（§6.31(b)）。定款変更には総会の決議を要せず、取締役会だけで行うことができ（§10.02参照）、取締役会は基本定款をファイリングのため州務長官に引き渡すことができる（§6.31(c)）。

118) デラウェア州（Del. Code Ann. tit. 8, §275）など42の州は議決権ある株主の過半数による承認を要求し、イリノイ州など17の州は議決権ある株主の3分の2による承認を要求し、ネブラスカ州とテキサス州は、発行済株式の3分の2による承認を要求している。Model Business Corporation Act Annoted, supra note 105, at 14-15.

119) 田村・前掲1・531頁以下もアメリカ法の規制の導入に批判的である。

120) アメリカの実務を詳しく紹介した武井・平林・前掲注100も米国の債権者保護が「日本法より若干希薄な面がある」ことを認める（222頁）。

3 結　び

　消滅分割が合併（包括承継）に類似することから始まった会社分割に関するフランスの立法は，存続分割，言い換えれば部分的包括承継の承認（イギリス，スペイン，イタリア）を経て，ドイツにおいて物的分割を認めるところまで進んだ。わが国の立法は遅かったが，そのため逆に最新の立法を継受したことが明らかになったと考える。分社の手続の効率化の観点からドイツにおいて組織変更法上の分割制度に対しては積極的な評価が下されているが，わが国でもこれと同様の評価を今回の改正に対しては下すことができる。改正の結果，わが国の制度と異質な制度が多いアメリカ法を避けながらアメリカ法と同様の結果を事実上達成することが可能になった。

第6章　ドイツにおける企業会計法の進展と
　　　　コーポレート・ガバナンス

1　はじめに

　企業活動のグローバル化は企業会計法に著しい影響を及ぼし，わが国では最近商法の計算規定と商法施行規則の改正が行われている[1]。ドイツでも，企業活動のグローバル化を背景としてドイツ企業の国際競争力の強化を目的とした小改正が，1994年の「小株式会社および株式法の規制緩和のための法律[2]」以来頻繁に行われており[3]，会社法の改正が何時まで続くのか論じた論文がある程である[4]。そこで，本稿では，ドイツの最近の企業会計法の状況に焦点を当

---

1) 商法施行規則については第7章を参照されたい。
2) 同法については早川勝「ドイツにおける大小株式会社法区分立法案について」産大法学28巻1号121頁（1994年），梅本剛正「ヨーロッパにおける閉鎖会社立法の動向（1）（2・完）」民商法雑誌112巻4・5号794頁，6号908頁（1995年），早川勝「ドイツにおける「小株式会社の規制と株式法の規制緩和のための法律」について」同志社法学47巻2号327頁（1995年），「海外情報：ドイツで小規模株式会社法が成立」商事法務1362号40頁（1994年）参照。
3) 小柿徳武「ドイツにおける会社法等の改正動向」商事法務1568号58頁以下（2000年）参照。Beck' sche Textausgaben, Handelsrecht, 2003, S. 1ff. および 435ff. には商法典および株式法の改正の一覧表があり便利。
4) Seibert, Aktienrechtsreform in Permanenz?, AG2002, 417ff. 次のように説いている。ドイツのコーポレート・ガバナンス規則は一つの体系であり，様々な構成要素から成り立っている。会社状況が変われば，体系を変える必要が生じる。変更の原因は，①世界経済のグローバル化と金融市場の国際化の進展，②他人金融から証券市場を通した金融へのシフト，③投資家の貯金から危険投資への移行，および④ドイツ企業の支配構造（支配株主の支配から株式の分散へ）の変化であり，これらは法政策に影響を及ぼす。それは，国際化とデジタル化である。その結果，①取締役の責任・監督の強化と収益性・競争能力の強化，②監査役会の活性化・独立性の確保，③決算監査人の独立の確保と監査役会との連繋，④総会への物理的出席の見直し，⑤会社の迅速な行為能力の確保および濫用の阻止，⑥既存の株主権の全株主への保障，⑦企業の財務情報の改善，⑧全利害関係人の利益相反の開示と内部者取引の摘発，⑨貸借対照表法の資本市場指向化と国際基準の導入，⑩規制の緩和という長期的改正計画が生じる。コントラック法は全体とし

177

て，その状況を紹介しようと思う。ドイツの法状況は，欧州連合の加盟国との法の調和化作業に由来するものとドイツの国内事情に由来するものとからなるので，以下二つに分けて考察する。

2　欧州連合の動き

(1) 指令と国内法との関連

欧州連合（欧州経済共同体）は，今まで，①1978年7月25日付けの「一定の法形態の会社の年度計算書類に関する第4指令[5]」(O. J. 1978, L222/11)，②1983年6月13日付けの「連結計算書類に関する第7指令」(O. J. 1983, L193/1)，③1986年12月8日付けの「銀行およびその他の金融機関の年度計算書類および連結計算書類に関する指令」(O. J. 1986, L372/1)，④1990年11月8日付けの「年度計算書類に関する指令78/660/EECおよび連結計算書類に関する指令83/349/EECを小規模および中規模会社の免除および計算書類のエキュ開示に関し変更する指令90/604/EEC」(O. J. 1990, L317/57)，⑤1990年11月8日付けの「年度計算書類に関する指令78/660/EECおよび連結計算書類に関する指令83/349/EECの適用範囲を変更する指令90/605/EEC」(O. J. 1990, L317/60. ドイツでは本指令は資本会社ウント・コー指令 (Kapitalgesellschaften- & Co. -Richtline) と呼ばれているので，以下そのように呼ぶ)，⑥1991年12月19日付けの「保険会社の年度計算書類および連結計算書類に関する指令」(O. J. 1991, L374/7)，⑦2001年9月27日の公正価値指令 (Fair-Value-Richtkinie)[6]，

　　て株主バリュー法理 (Shareholder-Value-Doktrin) の影響を受けた。いずれにせよ立法目標は，大企業の指揮・監督の枠組を，長期的に収益を上げ，かつ，競争があるように整えることである。従って，株式法改正はなお数年行われる，と。
5)　山口幸五郎『EC会社法指令』185頁以下（同文舘　1984年）に第4指令の翻訳が掲載されている。
6)　Richtlinie 2001/65/EG des Europäischen und des Rates vom 27. September 2001 zur Änderung der Richtlinien 78/660/EWG, 83/349/EWG und 86/635/EGW des Rates im Hinblick auf die im Jahresabschluss bzw. im konsolidierten Abschluss von Gesellschaften bestimmter Rechtsform und von Banken und anderen Finanzinstituten zulässigen Wertansätze, AB1EG L283 v. 27.10.2001, 28. なお菱山淳「ドイツ会計の国際化と時価評価問題」会計159巻6号888頁以下（2001年）参照。

⑧2003年5月13日の基準値指令（Schwellenwertrichtlinie）[7]および⑨2003年6月18日の現代化指令（Modernisierungsrichtlinie）[8]を定めている。

①の第4指令は、株式会社と有限会社に関する「年度計算書類および営業報告書の様式と内容、評価の方法並びに右文書の公示に関する国家法制を調整すること」を目的とし、②の第7指令は、「企業集団の財務情報の比較可能性および同等性を確保するために、連結計算書類を規律する国家法制を調整すること」を目的としているが、これらはドイツにおいては、1985年12月19日付け貸借対照表指令法（Bilanzrichtlinien-Gesetz. BGBl. I S. 2355）により国内法化されている。もっとも同指令法により商法第3編が全面改正されているのであって、資本会社に関する計算規定のみが改正された訳ではない[9]。なお資本会社は第4指令に基づき大中小会社に区別されているが[10]、この点はわが国の商

---

7) Richtlinie 2003/38/EG des Rates vom 13. Mai 2003 zur Äuderung der Richtlinien 78/660/EWG über Jahresabschluss von Gesellschaften bestimmter Rechtsform hinsichtlich der in Euro ausgedrückten Beträge, AB1EG L120 v. 15.5.2003, 22.

8) Richtlinie 2003/51/EG des Europäischen und des Rates vom 18. Juni 2003 zur Änderung der Richtlinien 78/660/EWG, 83/349/EWG, 86/635/EGW und 91/674/EWG über den Jahresabschluss und den konsolidierten Abschluss von Gesellschaften bestimmter Rechtsformen, von Banken und anderen Finanzinstituten sowie von Versicherungsunternehmen, AB1EG L178 v. 17.7.2003, 16. 委員会は2002年5月28日に現代化指令の提案を行っている。Vgl. Busse von Colbe, Vorschlag der EG-Kommission zur Anpassung der Bilanzrichtlinien an die IAS-Abschied von der Harmonisierung?, BB2002, 1530ff. なお「海外情報：国際会計基準に合わせたEU会計基準の改正」商事法務1638号52頁（2002年）参照。

9) 商法典第3編は、すべての商人に適用される第1章、資本会社に関する補完規定である第2章（264条ないし335条）、そして登記済協同組合に関する補完規定である第3章から構成され、第2章は、年度決算書および状況報告書（第1節 264条ないし289条）、コンツェルン決算書およびコンツェルン状況報告書（第2節 290条ないし315条）、監査（第3節 商法316条ないし324条）、公示（第4節 325条ないし329条）、法規命令授権（第5節 330条）および罰則等（第6節 331条ないし335条）の6節から構成されている。1985年貸借対照表指令法の特徴等については正井章筰「ドイツ法における監査役会と決算監査人との関係」『酒巻俊雄先生還暦記念公開会社と閉鎖会社の法理』（商事法務研究会、1992年）605頁以下〔正井章筰『ドイツのコーポレート・ガバナンス』〔成文堂、2003年〕200頁以下所収。以下ガバナンスとして引用〕に紹介がある。

10) 第4指令53条2項は、5年ごとの企業規模の見直しの検討を規定している。そこで、最初に、1999年6月17日付けの「エキュで表示された額につき第4指令を変更する指令」（O. J. L162/65）に基づき、資本会社ウント・コー指令法により、基準を個別決算書の場合約27%程引き上げる（Bitter/Grashoff, Anwendungsprobleme des Kapitalgesellschaften-

法・商法特例法が株式会社を大中小会社に区分しているのと類似している。

④の指令は，中・小企業を発展させようとする理事会決議に従って中・小企業のために手続を簡易化することを目的として，上記中・小企業（会社）の基準の見直しなどを行っている。④の指令の国内法化は，1994 年 7 月 25 日付け「ドイツマルク貸借対照表およびその他の商法の規定の変更のための法律」(BGBl. I S.1682) により行われている。

③の指令の国内法化は，1990 年 11 月 30 日付けの銀行貸借対照表指令法 (Bankbilanzrichtlinie-Gesetz. BGBl, I S.2570) により商法典 340 条ないし 340 条

---

und Co-Richtlinie-Gesetes, DB2000, 833.) 改正が行われた。その後 2001 年 12 月 10 日付ユーロ貸借対照表法 (BGBl I, S.3414) によりユーロ導入に伴う調整が行われた。そして，⑧の基準値指令は基準を約 17％引き上げる改正を行った (Hüttermann BB-Gesetzgebungsreport : Internationalisierung des deutschen Handelsbilanzrechts im Entwurf des Bilanzreformgesetzes, BB2004, 203(207))。⑧の指令の国内法化は，「貸借対照表法改正法」で行われようとしている。現在の基準と改正後の基準（貸借対照表法改正法参事官草案の数字をカッコの中に表示する）を示すと以下の通りである。(a)小資本会社とは，次の三つの基準──①積極側に表示された欠損額を控除した後の貸借対照表合計額 3,438,000 ユーロ（4,015,000 ユーロ），②年間売上高 6,875,000 ユーロ（8,030,000 ユーロ），③年間平均被用者数 50 人──のうち，少なくとも二つの基準を超えない資本会社をいい（商法 267 条 1 項），(b)中（規模）資本会社とは，(a)に掲げた三つの基準のうち，少なくとも二つの基準を超え，かつ，次の三つの基準──①積極側に表示された欠損額を控除した後の貸借対照表合計額 13,750,000 ユーロ（16,060,000 ユーロ），②年間売上高 27,500,000 ユーロ（32,120,000 ユーロ），③年間平均被用者数 250 人──のうち，少なくとも二つの基準を超えない資本会社をいい（商法 267 条 2 項），(c)大資本会社とは，(b)に掲げた三つの基準のうち，少なくとも二つの基準を超える資本会社をいう。当該会社が発行する有価証券（証券取引法 2 条 1 項 1 文）のために組織化された市場（証券取引法 2 条 5 項）を要求するかまたは組織された市場における取引の承認が提案されている資本会社は，会社の規模とは無関係に，大資本会社とみなされる（商法 267 条 3 項）。ドイツ法は「ユーロを国内通貨としていない加盟国との同等の取扱いを達成する」という理由で，指令の基準より 10％程高く設定されている (Hüttermann, BB2004, 203(207). なお第 4 指令第 12 条第 2 項参照）。

区分は，①貸借対照表の項目（商法 266 条 1 項・274 a 条），②損益計算書の項目（商法 276 条。小・中資本会社に関する特則），③附属説明書の記載事項（商法 288 条。小・中資本会社に関する特則），④状況報告書の作成（商法 264 条 1 項 3 文。小資本会社に関する特則），⑤決算監査人監査（商法 316 条 1 項。小資本会社に関する特則），⑥決算監査人の資格（商法 319 条 1 項。中有限会社に関する）および⑦公示（商法 325 条 2 項。大資本会社に関する特則）に相違をもたらす。

なお親企業の規模によりコンツェルン決算書およびコンツェルン状況報告書の作成義務が免除される場合があるが（商法 293 条），これは第 7 指令に由来する。

第6章　ドイツにおける企業会計法の進展とコーポレート・ガバナンス

o条が追加されることにより行われ，⑥の指令の国内法化は，1994年6月24日付け保険会社貸借対照表指令法（Versicherungsbilanzrichtlinie-Gesetz. BGBl, I S. 1377）により商法典に341条ないし341 o条が追加されることにより実現されている。

これに対し，⑤の資本会社ウント・コー指令は，無限責任社員の全員が株式会社または有限会社である合名会社と合資会社の数が着実に増えているが[11]，このような会社に第4指令や第7指令を適用しないのは指令の精神と目的に反することを理由に，これらの会社にも上記指令の規定を適用しようとするものであって，93年1月までには法律等が制定され，95年1月からはこれらが施行されることになっていた。しかしドイツはこの国内法化を行わなかったので，欧州裁判所は99年4月22日にEC条約違反の判決を行った[12]。そのため，急遽，2000年2月24日付けの資本会社ウント・コー指令[13]（Kapitalgesellschaften-und

---

11) ドイツの株式会社と有限会社の比率は一時1対200であるといわれた。株式会社数は，1950年から85年の間には徐々に減少しているが（2,550社から2,141社へ），86年から90年の間には徐々に増加し，90年には2,682社存在した。そのうち501社は上場会社であって，最近まで証券市場は重要視されなかった。しかしその後規制緩和の結果株式会社数は増え続け，2000年には8,500社となっている。他方有限会社数は，1974年から92年の間に11万2,063社から50万9,949社に増加している。Rolf Birk, Germany, in The Basis of Corporate Governance in Publicly Held Corporation（A Comparative Approach）, 1998, pp. 53-57. および三原園子「ドイツの株式会社における監査役会と会計監査人の連繋」『現代企業法の新展開（小島康裕教授退官記念）』（信山社, 2001年）518頁。Strobel, Die Neuerungen des KapCoRiLiG für den Einzel-und Konzernabschluss, DB2000, 55によると，商法264 a条に基づいて調査義務を負うことになる会社は3万社を超える。ドイツのGmbH & Co. については泉田栄一「GmbH & Co. とわが商法上の問題点」富大経済論集21巻2号40頁（1975年），大原栄一「西ドイツにおける閉鎖会社としての有限合資会社（GmbH & Co., KG）」『鈴木竹雄先生古稀記念現代商法学の課題下』（有斐閣, 1975年）1251頁参照。
12) EuGH, Urt. v. 22.4.1999, Rs. C272/97（DB1999, 950）. 森美智代「ドイツにおける会計制度の動向と企業の動き —— 中小規模資本会社の会計制度を中心として ——」会計158巻2号192頁（2000年），同「ドイツにおける資本市場活性化政策のもとでの会計制度の動向 —— 会計制度の変革と企業への影響を中心として ——」会計160巻2号44頁（2001年）参照。
13) 参事官草案についてはKlein/Pötzsch, Referentenentwurf zum Kapitalgesellschaften & Co. -Richtlinien-Gesetz, DB1999, 1509ff., 政府草案についてはStrobel, Der Regierungsentwurf des Kapitalgesellschaften und Co. -Richtlinie-Gesetzes, DB1999, 1713ff. 参照。資本会社ウント・コー指令法の批判についてはStrobel, DB2000, 59 参照。

Co-Richtlinie-Gesetz)（BGBl, I S.154）により商法典に 264 条 a 条ないし 264 条 c 条（および 335 条 b 条（罰則の規定））を追加することにより国内法化が行われている。

商法 264 条 a 条によると，少なくとも人的責任社員が，直接または間接に，自然人，合名会社，合資会社または人的責任社員に自然人がいるその他の人的会社でない合名会社および合資会社には，資本会社に適用される規定が適用される（商法 264 条 a 条 1 項および 335 条 b 条）。この場合，当該合名会社および合資会社の法定代表者とみなされるのは代表権限ある会社（通常，株式会社・有限会社）の代表機関の構成員である（商法 264 条 a 条 2 項）。従来は，このような人的会社は商法 242 条により貸借対照表と損益計算書のみを作成すれば足りたので，適用範囲は大幅に拡大されたことになる。商法 264 条 b 条は，264 条 a 条の意味の人的会社であっても資本会社に適用される規定に従った年度決算書の作成が免除される場合を規定し，264 条 c 条は，資本会社ウント・コーに適用される①社員に対する貸付金，債権，債務の表示，②自己資本の表示，③払込済資本の表示，④損益計算書の表示および⑤無限責任社員たる会社の持分の表示に関する特則を規定している。その他① 318 条 1 項（決算監査人の選任等の特則），② 319 条 1 項（決算監査人の資格に関する特則。即ち，中会社の場合における宣誓帳簿監査士または帳簿監査会社の許容）等にも特則が定められている。

⑦の指令は，国際金融市場において，オプション・スワップ等のような新しい金融商品が使用されるようになり，国際会計基準（International Accounting Standards：IAS)[14]は，これらを，取得原価（Anschaffungskosten）（第 4 指令第

---

[14] 国際会計の「調和化」を目標とし，中心的役割を演じてきた国際会計基準委員会（IASC：International Accounting Standards Committee）（西川郁生『国際会計基準の知識』（日本経済新聞社 2002 年）参照）は，1999 年 12 月の戦略作業部会（Strategy Working Party）の最終報告書（Recommendations on Shaping IASC for the Future）に従い，2000 年に定款変更を行い，目標を「グローバルな会計基準の開発」・「国内会計基準と国際会計基準の統合（convergence）」に改めた（Vgl. Baetage-Thiele-Plock, Die Restrukturieung des International Accounting Standards Committee-Das IASC auf dem Weg zum globalen Standardsetter?, DB2000, 1033ff.）。これに伴い IASC は 2001 年 4 月以降，国際会計基準審議会（IASB：International Accounting Standards Board）と名称変更をし，基準も，IAS ではなく，国際財務報告基準（International Financial Reporting Standards：IFRS）と呼ばれるようになっている。平松一夫「会計基準と基準設定の国際的調和化をめぐる諸問題」会計 161 巻 3 号 319 頁（2003 年）参照。

32条）ではなくて，公正価値（derbeizulengende Zeitwert（fair value））で評価しているので，IASの適用を認めようとしている（改正第4指令第42条a条～42d条・61a条の新設等，改正第7指令第34条第14号・第36条第2項e・第50a条の新設等，③の指令第1条第1項の改正）。即ち，「第7a節公正な価値による評価」「……加盟国は，あらゆる会社または会社の個別グループがデリバティブ金融商品を含む金融商品（Finanzinstrumente）を公正な価値で評価することを許すかまたは定める。この種の許可または義務化は指令83/349EWG（第7指令——筆者挿入）の意味の連結計算書類に制限することができる」（改正第4指令第42a条）。「連結に入れられるべき積極財産および消極財産は，統一的方法によりかつ指令78/660/EWG（筆者注　第4指令）第7節および第7a節ならびに第60条に一致して評価される」（改正第7指令第29条第1項）としている。

⑦の指令の国内法化をしようとする法律は貸借対照表改正法（Bilanzrechtsreformgesetz-BilReG）であるが，まだ参事官草案の段階である[15]。同草案によると，附属説明書には，あらゆる範疇のデリバティブ金融商品につき，種類および範囲，公正な価値および適用した評価方法を記載しなければならず（商法改正案285条1文18号aおよびb。コンツェルン附属説明書の場合も同様である。商法改正案314条1項10号），また，商法253条2項3文による計算外減額記入（außerplanmäßige Abschreibung）が行われないときには，公正な価値を超えて示される財務固定資産（Finanzanlagen. 商法266条2項AⅢ）に属する金融商品については，簿価・公正な価値，計算外減額記入の中止の理由などが記載事項とされている（商法改正法285条第19号。コンツェルン附属説明書の場合も同様

---

[15] Referentenentwurf Gesetz zur Einführung internationaler Rechnungsstandards und zur Sicherung der Qualität der Abschlussprüfung (Bilanzrechtsreformgesetz-BilReg). http://www.bmj.bund.de/images/11736.pdf より入手。この参事官草案は，貸借対照表法および決算監査に関係する。前者の領域では①IAS規則，②現代化指令，③基準値指令および④公正価値指令と関係する。Vgl. Kirsch/Scheele, Die Auswirkungen der Modernisierungsrichtlinie auf die (Konzern-) Lageberichterstattung-unter Berücksichtigung von E-DRS20 und des Entwurfs eines Bilanzrechtsreformgesetz vom 15.12.2003-, WPg2004, 1ff.; Hüttermann, BB2004, 203ff.「海外情報：ドイツにおける会計法改正の動き」商事法務1682号58頁（2003年），「海外情報：ドイツにおける会計基準と監査制度の改革」商事法務1688号60頁（2004年）参照。

である。商法改正案314条1項11号)。公正な価値とは市場価値,即ち時価を意味する(商法改正案285条3文)。金融商品に基づくリスクは,状況の判断にとって重要である限り,状況報告書の記載事項とされている(商法改正案289条2項2号。コンツェルン状況報告書の場合も同様である。商法改正案315条2項2号)。わが国の金融商品の時価主義と同様の規制をしようとしている訳である。

⑨の現代化指令は,第1に,損益計算書および貸借対照表の項目をIASBが公表した基準に適合させようとしている(現代化指令序文理由第7参照)。第2に,IASBが公表した基準に従い,時価評価をデリバティブ金融商品以外の財産に拡大している。即ち,「加盟国は,すべての会社または会社の個別グループに,金融商品を除く特定の財産を公正な価値に基づいて評価することを許すかまたは規定することができる。この種の許可または義務化は,指令83/349/EWG(第7指令 筆者注)の意味の連結計算書類に制限することができる」(改正第4指令第42e条)。第3に,状況報告書または連結状況報告書の記載事項に,会社または連結会社全体が曝されている「本質的なリスクおよび様々な不確実(Ungeweissheiten)」と「会社または企業の営業経過,営業成績または状態の理解に必要な限り,環境および従業員に関する情報を含む,当該営業行為にとって重要な非財務的諸給付の指針(die nichtfinanziellen Leistungsindikatoren)を含む分析」(改正第4指令第46条第1項a・b,改正第7指令第36条第1項a・b)を追加している。後者は,2001年の企業の年度計算書および営業報告書における環境面の顧慮のための委員会勧告と一致するものである(現代化指令序文理由第9参照)。第4に,一方では,①の第4指令,②の第7指令,③の指令および⑥の指令の規制と他方では2002年5月1日時点のIASの間の「あらゆる不一致を取り除く」(現代化指令序文理由第15参照)ことを目標としている。もっとも,現代化指令は,IASを適用する企業とそうでない企業に「同様の競争条件が支配する」ことに対しても配慮を払っている(現代化指令序文理由第5参照)。その結果,「指令のIASへの適合化は,すべての貸借対照表義務ある企業にIAS規則を区別することなく広げるということによっては行われていない。むしろ,加盟国が大部分企業に与えることができる補足的選択権が創造される。……既存の加盟国選択権と企業選択権は本質的に維持されている」(貸借対照表法改正法参事官草案理由書AⅢ)。

第6章 ドイツにおける企業会計法の進展とコーポレート・ガバナンス

現代化指令の国内法化の問題を論じる前に，欧州連合の会計戦略を紹介することが適当であろう。

IASの適用問題は，2000年にリスボンで開催された理事会の決議で招集されたWeisen委員会の勧告に遡るが，欧州委員会は，2000年6月13日付け報告書「欧州連合の会計戦略：将来の措置（Rechnungslegungsstrategie der EU : Künftiges Vorgehen)」において，公開会社は遅くとも2005年までに国際会計基準に従って連結財務諸表を作成すべきことを提案した[16]。これを受けて2002年7月19日の「国際会計基準の適用に関する欧州議会および理事会規則1606/2002」（O. J. 2002, L243/1 ; ABlEG L243 v. 11.9.2002. 1. ドイツではこの規則はIAS規則（IAS-Verordnung）と呼ばれている。以下ではこれにならうことにする）は，「財務諸表の高い透明性と比較可能性ならびに共同体資本市場および域内市場の能率的作用を確保するために，第4条で定める会社によって提出される財務情報を調和化する目的で，共同体内において国際会計基準の採択および使用をその目標とする」（第1条）とし，「2005年1月1日以降に始まる各会計年度につき，加盟国法により規制される会社は，貸借対照表日に，その証券が証券分野の投資サービスに関する1993年5月10日の理事会指令3/22（O. J. 1993, L141/27. 筆者挿入）の第1条第13項の意味の加盟国の規制された市場（regulated market）における取引が許されている場合には，第6条第2項に定める手続に従って採択された国際会計基準に従って連結計算書類を作成しなければならない」（第4条）とすると共に，「加盟国は，第6条第2項に定める手続に従って採択された国際会計基準に従って，(a)第4条に定める会社が年度計算書類を作成すること，(b)第4条に定める以外の会社が連結計算書類および／または年度計算書類を作成することを認めるか又は要求することができる」（第5条）とした[17]。指令を国内で実施するには国内法化が必要であるが，

---

16) Vgl. Niehus, Der EU-Vorschlag für eine „Modernisierung" der Bilanzrichtlinien-Überblick und erste Wertung-, DB2002, 1385ff. ドイツのDRSは連邦財務省およびEU委員会に対し第4指令と第7指令の改正提案を行っている。

17) なお2003年9月の一定の国際会計基準に関する引受に関する委員会規則（Verordnung (EG) Nr. 1725/2003 der Kommission vom 29. September 2003 betreffend Übernahme bestimmter internationaler Rechnungsstandards in Übereinstimmung mit der Verordung (EG) Nr.1606/2002 des Europäischen Parlaments und des Rates, ABlEG L261 v.

185

規則は直接効があるので，国内法化をしなくても加盟国に適用される。ところがIAS規則は，経過措置の期間および年度計算書類にもIASを適用するか否かおよび非公開会社の連結計算書類にもIASを適用するか否かという問題の決定を加盟国に委ねた。そこで2003年12月の貸借対照表法改正法参事官草案は，①経過規定を最大限に活用し，特定の会社[18]に2007年からの適用（2年の猶予）を認め（商法施行法改正案第56条），②IASに従った連結計算書類の作成を，証券の組織化された市場における取引の許可が提案されている親企業にのみ強制するが，それ以外は企業の自由とし（商法改正案315条a条1項・2項），③年度決算書の作成もIASに依りうるが（IAS規則第5条参照），それは情報機能のためであるという従来からの立場を維持することを明らかにしている（商法改正案325条第2a項）。③は，年度決算書は配当の測定と税法に関係する点で，情報目的のそれと異なると考えられていることによる。

貸借対照表法改正法参事官草案は，商法の貸借対照表規定を指令の強行的部分に適合させることに限っている。時価評価を含め，それ以外は，2004年夏に提案される予定の貸借対照表法現代化法（Bilanzrechtsmodernisierungsgesetz）に残されている（貸借対照表法改正法参事官草案理由書AⅢ）。貸借対照表法改正法参事官草案では，①規模と無関係に常に大資本会社とみなされる要件（商法267条3項）の改正，②状況報告書の記載事項（商法289条）の改正，③コンツェルン決算書の作成免除に関する規定（商法291条3項）の改正，④大従属企業のコンツェルン決算書等の作成免除に関する規定（商法293条5項）の改

13.10.2003, 1)は，IAS32およびIAS39を除く2002年9月14日現在のIASを引き受けるべきとし，「附属明細書の対象である国際会計基準は本規則により引き受けられる」（第1条）と規定している。

18) 特定の会社とは，①債券（Schuldtitel）のみが欧州連合加盟国または2002年12月16日の欧州議会および理事会指令2002/87/EG（ABl. EG2003 Nr. L35 S.1）により改正された，証券サービスに関する1993年5月10日指令93/22/EWG（ABl. EG Nr. L141 S.27）第1条第13号の意味の欧州経済地域協定のその他の締約国の規制された市場における取引を許されている会社か②証券が第三国における公開取引（der öffentliche Handel）を許され，かつ，その目的のために2002年9月11日の前に始まる営業年度以来国際的に承認された会計基準を適用している会社である。従って経過規定は，アメリカの取引所に上場しているため，商法292a条に基づくドイツ法によらないで，アメリカの一般に承認された会計原則（US-GAAP）に従って連結計算書類を作成している企業に時間的猶予を与えることを目的としている。Hüttermann, BB2004, 203(204).

正,⑤組入の禁止規定(商法295条)の削除,⑥商法298条3項の改正,⑦コンツェルン状況報告書(商法315条)に関する改正,⑧公告の改正(商法325条2a項および3a項の追加),⑨法律によらない公表の際の記載事項の改正(商法328条2項3文の改正),⑩金融機関の年度決算書に関する規定(商法340条a条第1項)の改正,⑪金融機関のコンツェルン決算書等の作成に関する規定(商法340j条)の改正等が提案されている。

(2) 欧州株式会社法

2001年10月8日付けの「欧州会社法(Statute for a European Company(SE))のための理事会規則2157/2001」(O. J. 2001, L294/1)は,2004年10月8日までに,この規則を施行すべしとし(70条),同じ日付の「従業員の参加に関し欧州会社法を補足する理事会指令2001/86(COUNCIL DIRECTIVE 2001/86 of october 8, 2001 Supplementing the Statute for a European Company with Regard to the Involvement of Employees)」(O. J. 2001, L294/22.) も,2004年10月8日までに本指令に従う法律等を加盟国は採択すべしとしている(14条)。かくして欧州会社法はようやく実施の段階に至った。指令は国内法化を要するが,規則は加盟国に直接適用されるからである。上記規則「第4章 年度計算書類および連結計算書類」は61条と62条の2ヶ条からなるが,61条は,欧州会社(European public limited-liability company(Societas Europaea 又は SE) (1条1項)の年度計算書類および連結計算書類につき以下のような規定を置いている。「SEは,年度計算書類および,場合によっては,それに伴う年度報告書を含む連結計算書類の作成およびこれらの計算書類の監査および公示に関しては住所を有する加盟国法の下で公開有限責任会社に適用される規則により規制される」(61条。62条は金融機関および保険企業に関する規定なので省略する。なお67条2項(経過規定)参照)。従ってSEには,本国法の規定と並んで共同体の規則の適用があり,証券が規制された市場における取引が許されている「資本市場指向的SE」は,国際会計基準に従って連結計算書類を作成しなければならないことになる[19]。

---

19) Vgl. Plendl/Niehues, Rechnungslegung, Prüfung und Publizität, in Theisen/Wenz (Hrsg.), Die Europäische Aktiengesellschaft, 2002, S. 370.

ドイツ司法省は「欧州会社施行法のための議論草案（Diskussionsentwurf : Gesetz zur Einführung der Europäischen Gesellschaft（SEEG））」を公表している[20]。それによると会社の構造には取締役（Verwaltungsorgan）から構成される単層制（Monistisches System）と，ドイツの現行体系に相応する，指揮機関（Leitungsorgan）と監査機関（Aufsichtsorgan）から構成される二層制（Dualistisches System）の選択が認められる。二層制の場合にはそのまま株式法が適用されるので，特段の規定を定める必要がないので，一層制の場合につき第44条は，「年度決算書の監査および確定」というタイトルで，以下のような規定を提案している。

「第1項　執行役（Die geschäftsführenden Direktoren）はその就職後遅滞なく取締役（Verwaltungsrat）に年度決算書および状況報告書を提出しなければならない。親企業（商法290条1項・2項）の場合，第1文は，コンツェルン年度決算書およびコンツェルン状況報告書に準用される。その上執行役は，取締役が総会に貸借対照表利益の処分につき行う提案を提出しなければならない。株式法第170条第2項第2文は準用される。

第2項　各取締役員は，提案および監査報告書を知る権利を有している。提案および監査報告書は各取締役または，委員会が決議したか若しくは貸借対照表委員会が存在する限り，委員会構成員にも交付されなければならない。

第3項　取締役による監査には株式法第171条第1項および第2項が準用される。

第4項　取締役が年度決算書を承認するときは，取締役が年度決算書の確定を総会に委任する旨決議しない限り，年度決算書は確定される。取締役の決議は，総会への取締役の報告書の中に採り入れられなければならない。

第5項　取締役が年度決算書の確定を総会に委任する旨を決議したとき又は取締役が年度決算書を承認しなかったときには，総会が年度決算書を確定する。親企業（商法第290条1項・第2項）の取締役がコンツェルン決算書を承認しないときは，総会が承認を決議する。総会による年度決算書の確定またはコンツェルン決算書の承認には株式法第173条第2項および第3項が準用される。」

---

[20] 条文はAG2003, 204に掲載されている。草案の解説についてはNeye/Teichmann, Der Entwurf für das Ausführungsgesetz zur Europäischen Aktiengesellschaft, AG2003, 169ff.

第6章　ドイツにおける企業会計法の進展とコーポレート・ガバナンス

3　ドイツ国内の立法

(1)　総　説

①1998年4月20日付け「資本市場におけるドイツ・コンツェルンの競争能力の改善および社員貸付の受入の容易化のための法律（資本調達容易化法）」(Gesetz zur Wettbewerbsfähigkeit deutscher Konzerne an Kapitalmarkten und zur Erleichterung der Aufnahme von Gesellschafterdarlehen (Kapitalaufnahmeerleichterungsgesetz-KapAEG))」(BGBl. I 1998 S. 707)，②「多様な問題を総合的に取り扱っている[21]」1998年4月27日の「企業領域における監督および透明化のための法律」(Gesetz zur Kontrolle und Transparenz im Unternehmensbereich (KonTraG) (BGBl. I 1998 S. 786. 以下コントラック法という) および③ 2002年7月19

---

21)　早川勝「ドイツにおけるコーポレート・ガバナンスの改正」『(奥島孝康教授還暦記念第1巻) 比較会社法研究』(成文堂　1999年) 318頁。コントラック法の主たる関心は，①監査役会の改善，②透明性の増進，③株主総会による監督の強化，④議決権の区別の縮小，⑤現代的金融・報酬手段の承認，⑥決算監査の質の改善，⑦決算監査人と監査役会の連携，⑧金融機関の影響力の制限および⑨コンツェルン会計原則の開発のための会計基準委員会の設置であり，そのため10の法律と二つの規則の改正が行われている。Vgl. Lingemann/Wasmann, Mehr Kontrolle und Transparenz im Aktienrecht : Das KontraG tritt in Kraft, BB1998, 853, Claussen, Wie ändert das KonTraG das Aktiengesetz?, DB 1998, 177, Hommelhoff/Mattheus, Corporate Governance nach dem KonTraG, AG1998, 249. ③には少数株主による総会招集の整備（株式法122条1項），総会規則の許容（株式法129条1項）がある。④は，複数議決権株の認許の廃止（株式法12条2項2文の削除）および上場会社の定款による最高議決権の制限の廃止（株式法134条1項2文）を意味する。⑤は，「欧州共同体の会社法の統一のための第2指令」に従った自己株式の取得の解禁（株式法71条8号および商法272条1項4文～6文の追加等）および条件付資本増加による新株引受権（ストック・オプション）の許容（株式法192条2項3号・193条2項の改正等）を意味する。⑧は，総会の招集・金融機関による代理の引受の申出の際の株主団体による代理の可能性の通知・説明（株式法125条1項・135条2項3文の追加），金融機関による株主の利益確保義務（株式法128条2項2文の改正），資本の5％を超えた資本参加の場合の金融機関による議決権の行使方法（株式法135条1項3文の追加），証券取引法上届出義務ある資本参加を保有している旨の金融機関による通知（株式法128条2項6文）等を意味する。そのほか，⑩ユーロ導入に伴う費用の節約を狙った，株券の発行請求の排除・制限（株式法10条5項・73条3項），⑪少数株主による事実上のコンツェルンの特別監査の承認（株式法315条2文）および⑫企業契約・編入の1名の監査人による監査の許容（株式法293 b条第1項，320条3項）のための改正がコントラック法で行われている。

189

日の「株式法および貸借対照表法の改正,透明性および開示のための法律」(Gesetz zur weiteren Reform des Aktien-und Bilanzrechts, zu Transparenz und Publizität(Transparenz-und Publizitätsgesetz))(BGBl. I 2002, S.2681)。以下透明性開示法と呼ぶ)が企業会計法に関係する。③の法律は、①②の法律で始められた改革を継続するものである[22]。その背後には「よい監督と透明性が信頼を生み出す」という考えがある。

(2) 資本調達容易化法によるコンツェルン決算書およびコンツェルン状況報告書の作成義務の免除

資本調達容易化法により商法292a条が追加されている。同条は、その後「資本会社ウント・コー指令法」による改正を経て、コンツェルン決算書等の作成義務の免除範囲を「上場会社」から、「資本市場指向的全企業」に拡大させ、現在は次のようになっている。

「商法第292a条(作成義務の免除)

第1項 親企業または親企業の子企業が発行した証券取引法第2条第1項第1文の意味の有価証券により証券取引法第2条第5項の意味の組織化された市場を要求する親企業は、第2項の要件に応じるコンツェルン決算書およびコンツェルン状況報告書を作成し、それをドイツ語およびユーロで第325条、第328条により開示するときには、本節の規定に従ってコンツェルン決算書およびコンツェルン状況報告書を作成する必要はない。組織化された市場での取引の承認が提案されているときにも、第1項は有効である。免除される書類の開示の際には、コンツェルン決算書およびコンツェルン状況報告書はドイツ法によって作成されたものではないことが明示的に指摘されなければならない。

第2項 コンツェルン決算書およびコンツェルン状況報告書は、以下のとき

---

[22] Pfiter/Oser/Orth, Zur Reform des Aktienrechts, der Rechnungslegung und Prüfung durch das TransPubG-Darstellung und kritische Würdigung des Referentenentwurfs vom 26.11.2001-, DB2002, 157. 同法は、Cromme を委員長とするコーポレート規準政府委員会の提案と DRSC の商法改正提案を立法化している。Schüppen, To comply or not to comply-that's the question! „Existenzfragen" des Transparenz-und Publizitätsgesetzes im magischen Dreieck kapitalmarktorientierter Unternehmensführung, ZIP2002, 1270. 「海外情報:ドイツにおけるコーポレート・ガバナンス改革のための商法改正」商事法務1620号34頁(2002年)

には,免除的効果を有する。

　第1号　親企業およびその子企業が第295条,第296条に拘わらず免除的コンツェルン決算書に含められ,

　第2号　コンツェルン決算書およびコンツェルン状況報告書が

　a)　国際的に承認された会計諸原則により作成されており,

　b)　指令83/349/EWG並びに場合により信用機関および保険企業のために第291条第2項第2文に定める指令と一致しており,

　第3号　そのようにして作成された書類の供述力が本節の規定に従って作成されたコンツェルン決算書およびコンツェルン状況報告書の供述力と同等であって,

　第4号　附属説明書またはコンツェルン決算書の注釈が以下の事柄を含んでおり,

　a)　適用された会計諸原則の名称

　b)　ドイツ法とは相違する決算方法,評価方法および連結方法の注釈

　第5号　免除書類が第318条に従って任命された決算監査人により検査され,かつ,免除のための条件が充足されていることが決算監査人により確認されること。

　第3項　連邦司法省は,連邦財務省および連邦経済技術省と協議の上,法規命令により,第2項第3号に従って同等であるためには,親企業のコンツェルン決算書およびコンツェルン状況報告書が個々にどのような前提を満たさなければならないか定めることができる。」

　本条の目的は,ドイツ企業にIASとアメリカの一般に承認された会計原則 (US-GAAP) による決算を可能にさせることにある[23]。これにより「ドイツの計算規定は,第4指令と第7指令の実施以来多分最も重要な変更を経験した[24]」と評価されている。しかし本条の免除は2004年12月31日までの期限付きである。なぜなら2で述べたように2005年からはコンツェルン会計の基

---

23) Berger/Lutticke, in Beck' scher Bilanz-Kommentar, Handerls-und Steuerrecht, §§238 bis 339 HGB, 5. Aufl., 2003, §292a Anm. 4.
24) Küting/Hütten, Der befreiende Konzernlagebericht nach internationalen Vorschriften, WPg. 1999 S. 12.; Wollmert/Oser, Befreiender internationaler Konzernabschluss (§292a HGB), DB2000, 729.; Berger/Lutticke, a. a. O. (Fn23), §292a Anm. 10.

礎は IAS (IFRS) となるからである[25]。本条に近い規定は，わが国の商法施行規則第 179 条である。ただし同条は，アメリカ基準による連結財務諸表による作成のみを許容し，IAS (IFRS) による作成を許容してはいない。

(3) コントラック法によるドイツ会計基準委員会の設立

コントラック法による改正の一つは商法典第 3 編「第 5 章　私的会計協会 (Privates Rechnungslegungsgremium)・会計審議会 (Rechnungsbeirat)」の新設である。私的会計協会は第 342 条において，会計審議会は 342 a 条において定められている。私的会計協会は私的団体であるのに対し，会計審議会は，公法上の委員会である。第 342 条第 1 項第 1 文は，前者につき，「連邦司法省は私法組織を協約で承認し」，「当該組織に」①「コンツェルン会計に関する諸原則の適用のための基準を開発すること」，②「会計規定の立法行為に際し，連邦司法省に助言を与えること」，および③「国際的な会計基準設定委員会においてドイツを代表すること」の各「任務を委託することができる」としている。この規定は，IASC（今日の IASB の前身）が各国の基準設定団体との協力を予定していることに応えるために定めたものであり[26]，その原型はアメリカの財務会計審議会 (Financial Accounting Standards Board = FASB) である。そのため「ドイツ会計基準委員会」(DRSC : Deutsches Rechnunngslegungs Standards Committee/German Accounting Standards Committee) が設立されている[27]。上記①ないし③の職務を遂行する同委員会内の機関は，「ドイツ会計基準評議会」(DSR : Deutsche Standardisierungsrat/German Accounting Standards Board)

---

25) Vgl. Kahle, Zur Zukunft der Rechnungslegung in Deutschland : IAS im Einzel-und Konzernabschluss? WPg. 2003, 262.

26) 商法 342 条 2 項によると，「第 1 項第 1 文で承認された組織の連邦司法省により公示された基準が遵守されている限り，コンツェルン会計に関する正規の簿記の諸原則の遵守が推定される」。

27) Vgl. Zitzelsberger, Überlegungen zur Einrichtung eines nationalen Rechnugslegungsgremiums in Deutschland, WPg1998, 246ff. ; Schidbach, Das private Rechnungslegungsgremium gemäß §342 HGB und die Zukunft der Rechnungslegung in Deutschland, DB1999, 645ff. ; Niehus, DB2001, 53ff. ; Baetage/Krumnow/Noelle, Das „Deutsche Rechnungslegungs Standards Committee" (DRSC)-Standortbestimmung und Zukunftsperspektiven der Konzernrechnungslegung-, DB2001, 769ff. 木下勝一「「ドイツ会計基準委員会」の設立の現代的意義」会計 157 巻 2 号 (2000 年) 229 頁以下参照。

である。これはわが国の財団法人財務会計基準機構（FASF）内の企業会計基準委員会に相当する。DSRの公表する基準は「ドイツ会計基準」（DRS：der Deutsche Rechnungsstandard）である。

(4) コントラック法による監査制度の改正

ドイツでは、取締役（Vorstand）は業務執行・代表機関であり（株式法第76条第1項），監査役会（Aufsichtrat）は業務執行の監査機関であるが（株式法第111条第1項），監査役会が取締役員（Vorstandsmitglieder）を選任・解任する（株式法第84条）という2層制（two-tier-system）と呼ばれる経営機構を採用しており[28]，わが国と異なっている。業務執行は監査役会に移譲できないが，「定款または監査役会は，特定の種類の行為は監査役会の同意によってのみ行われうることを定めることができる」（株式法第111条第4項第2文）。また，1951年5月21日の石炭・鉄鋼共同決定法および1956年の石炭・鉄鋼共同決定補充法，52年10月11日の事業所組織法ならびに1976年5月4日の共同決定法により共同決定が行われている点もわが国と異なるが[29]，経済監査士お

---

[28] 取締役は1人または数人で構成することができる。300万ユーロ以上の基本資本を有する会社の場合には，定款で1人と定めない限り，2人以上でなければならない（株式法76条2項）。したがって，わが国と異なり，取締役を構成員とする取締役会は，制度としては設けられていない。数人の者を取締役員に選任したときは，定款に別段の定めがなければ，全取締役がただ共同してのみ会社の代表権限を有する（株式法78条2項）。監査役会は，その中の1人を取締役議長に指名することができる（株式法84条2項）。石炭・鉄鋼共同決定法，石炭・鉄鋼共同決定補充法，共同決定法の適用がある会社の取締役は，従業員代表取締役（Arbeitsdirektor）が選任されるので（石炭・鉄鋼共同決定法13条1項，石炭・鉄鋼共同決定補充法13条，共同決定法33条1項），取締役は2人以上で構成されることになる。Hüffer, Aktiengesetz, 5. Aufl., 2002, §77 Rn 24.

[29] 特別法の適用がなければ，監査役会は，株主総会で選任された（株式法119条1項1号），3人の構成員によって構成される。ただし，定款は，3で割り切れるより大きな数を定めることができる。監査役会構成員の最高数は，①会社の資本が150万ユーロ以下のときには9人，②150万ユーロ超，1,000万ユーロ以下のときには15人，③資本が1,000万ユーロを超えると，21人である（株式法95条1項）。これに対し，共同決定の適用があるときには，法律によって，監査役会構成員数および株主代表と労働者代表の比率は，次のように異なる。(a)石炭・鉄鋼共同決定法（Gesetz über die Mitbestimmung der Arbeitnehmer in den Aufsichtsräten und Vorständen der Unternehmen des Bergbaus und der Eisen und Stahl erzeugenden Industire (Montan-Mitbestimmungsgesetz)）は，石炭・鉄鉱石等の採掘等を目的とし鉱山局の監督下にあるか，または，鉄鋼の生産を営む，

193

よび経済監査会社が，株主総会の決議で（株式法第119条第1項第4号・商法第318条第1項），決算監査人（Abschlussprüfer）に選任され（商法第319条第1項），決算監査人は年度決算書等を監査し（同第316条。小資本会社においては決算監査人による監査は不要），監査報告書を作成する点はわが国に類似している。年度決算書が決算監査人により監査されなければならないときには，決算監査人は年度決算書の確定に関する株主総会の審議に出席しなければならないが，決算監査人は株主に解説をする義務がない（株式法176条第2項）。

ドイツでは市場のグローバル化，金融市場の自由化・規制緩和，遠隔通信技術の進展による国境を越えた金融取引の容易化などを背景として1993年以降メタル会社（Metallgesellschaft）の破綻，ブレーマー・フルカン（Bremer Vul-

---

原則として従業員数が1,000人を超える，株式会社，有限会社または鉱山会社を対象としている（同法1条2項）。①監督役会は，原則として株主代表と労働者代表各々5人と中立の1人の計11人により構成されるが（同法4条1項），②基本資本が1,000万ユーロを超えるときには，株主代表と労働者代表各々7人と中立の1人，③基本資本が2億5,000ユーロを超えるときには，株主代表と労働者代表各々10人と中立の1人より構成される，と定款で定めることができる（同法9条1項・2項）。1956年の石炭・鉄鋼共同決定補充法（Gesetz zur Ergänzung des Gesetzes über die Mitbestimmung der Arbeitnehmer in den Aufsichtsräten und Vorständen der Unternehmen des Bergbaus und der Eisen und Stahl erzeugenden Industire（Montan-Mitbestimmungsergänzungsgesetz）は，石炭・鉄鋼共同決定法が適用される企業を支配する企業を対象とする（同法1条）。支配企業の監査役会は，株主代表と労働者代表各々7人と中立の1人の計15人により構成されるのが原則であるが，基本資本額が2,500万ユーロを超える企業にあっては，株主代表と労働者代表各々10人と中立の1人の計11人により構成されると定款で定めることができる（同法5条1項）。(b)事業所組織法（Betriebsverfassungsgesetz）によると，株式会社または株式合資会社の監査役会の3分の1は，従業員代表より構成されなければならない（同法76条1項。なお株式法96条1項参照）。(c)共同決定法（Gesetz über die Mitbestimmung der Arbeitnehmer（Mitbestimmungsgesetz））によると，原則として従業員数が2,000人を超える企業（同法1条1項）の監査役会の構成は，以下の通りである（同法6条1項・7条1項・2項。なお株式法96条1項参照）。①原則として従業員数が1万人を超えない企業では，株主代表と労働者代表が各々6人で構成され（労働者代表の内訳は，企業の従業員代表4人・労働組合代表2人），②原則として従業員数が1万人を超え，2万人を超えない企業では，株主代表と労働者代表が各々8人で構成され（労働者代表の内訳は，企業の従業員代表6人・労働組合代表2人），③2万人を超える企業では，株主代表と従業員代表が各々10人で構成される（労働者代表の内訳は，企業の従業員代表7人・労働組合代表3人）。①の企業は定款で②の基準の適用を定め，②の企業は定款で③の基準の適用を定めることができる。監査役会議長は，監査役会構成員の3分の2の多数で選任される（同法27条1項）。構成員の半分が決議に参加すると，監査役会は決議能力を有し（同法28条），過半数で決議をする（同法29条1項）。

第6章　ドイツにおける企業会計法の進展とコーポレート・ガバナンス

kan)やバルザム／プロセド (Balsam/Procedo) 等の破産が続いて生じた[30]。そこでコントラック法は，監査役会制度の改善，決算監査の質の改善および決算監査人と監査役会の連繋の改善を目的として株式法および商法を改正した[31]。

(a)　監視システムの評価等

①少なくとも年に一度の取締役による監査役会への報告は，「意図した営業政策および将来の業務執行のその他の原則的問題」から「意図した営業政策および企業計画のその他の原則的問題（特に金融計画，投資計画および人員計画）」（株式法第90条第1項第1号）に改められている。監査役会は，回顧的監査を行うだけでなく，予防的に，計画された行為も事前に監査しなければならない

---

30)　Vgl. Krawinkel, Die Neuregelung des Aufsichtrats-und Abschlussprüferrechts nach dem Kontroll-und Transparenzgesetz, 2000, S.27ff. は，個々の事件の内容を詳細に紹介している。邦文では前田重行「ドイツ株式会社法における経営監督制度の改革」『菅原菊志先生古稀記念論文集現代企業法の理論』（信山社，1998年）608頁が詳しい。

31)　コントラック法については，既に引用した文献のほか，Schindler/Rabenhorst, Auswirkungen des KonTraG auf die Abschlußprüfer (Teil I・II), BB1998, 1886, 1939.; Hommelhoff, Die neue Position des Abschlußprüfers im Kraftfeld der aktienrechtlichen Organisationsverfassung (Teil I・II), BB1998, 2567, 2625.; Forster, Zum Zusammenspiel von Aufsichtrat und Abschlußprüfer nach dem KonTraG, AG1999, 193, Dörner, Zusammenarbeit von Aufsichtrat und Wirtschaftsprüfer im Lichte des KonTraG-Schlüssel zur Verbesserung der Corporate Governance-DB2000, 101ff.; Ludewig, KonTraG-Aufsichtsrat und Abschlussprüfer-Gedanken zur Kooperation und Anderem-, DB2000, 634ff.; Arbeitkreis „Externe und Interne Überwachung der Unternehmung" der Schmalenbach-Gesellschaft für Betriebswirtschaft e. V., Auswirkungen des KonTraG auf die Unternehmensüberwachung, DB, Beilage Nr. 11/2000, 1ff. 邦文では正井章筰「監査役会による企業のコントロール」『(奥島孝康教授還暦記念第1巻) 比較会社法研究』397頁（正井・ガバナンス〔注9〕121頁所収），三原園子「ドイツの株式会社における監査役会の実務」『(奥島孝康教授還暦記念第1巻) 比較会社法研究』（成文堂，1999年）417頁，池田良一「ドイツにおける監査役会制度の現状と問題点」監査役444号20頁 (2001年)，丸山秀平「ドイツにおける監査役会と決算監査人の連繋」『平出慶道・高窪利一先生古稀記念論文集現代企業・金融法の課題(下)』（信山社，2001年）907頁，遠藤久史「ドイツ株式法・商法等の改正とコーポレート・ガバナンスへの対応(1)(2・完)――企業領域におけるコントロールと透明性に関する法律（KonTraG）を中心として――」会計154巻6号949頁 (1998年)，155巻1号133頁 (1999年)，前田・前掲論文注30)592頁，早川勝「会社法の規制緩和と会社内部の透明化――1996年ドイツ「株式法改正」参事官草案を中心として――」同志社法学48巻6号222頁 (1997年)，小宮靖毅「1997年ドイツ株式法改正試案素描」法学新報104巻4・5号109頁 (1998年) など参照。

なおコントラック法により，商法340a条に4項（金融機関の附属説明書の記載事項）が追加されている。

(事前監査 [ex-ante-Kontrolle]) ということである。新法前もそのように考えられていたから、これは単なる明確化であって、実質的な改正ではない[32]。また、②取締役は、「会社の存続を危うくする発展が早期に認識できるよう、適切な措置を講ずる、特に監視システムを構築しなければならない」とされている（株式法第91条第2項の追加）。この規定は取締役および監査役会の一般的義務を具体化しようとしたものであって、実質的な変更を意味するものではない[33]。この規定を受けて、決算監査人により「公的相場ある株式を発行した株式会社の場合には、さらに監査の範囲内で、取締役が株式法第91条第2項に従ってその義務である措置を適切な方式で講じているかおよびそれに従って構築されるべき監視システムがその任務を全うすることができるかを評価しなければならない」（商法第317条第4項）とされ、その結果は、「内部監視システムを改良するための措置が必要か否か」の記載と共に、決算監査人の監査報告書の特別部に記載すべきものとされている（商法第321条第4項）。デリバティブ取引の進展に対応するものである[34]。また、③取締役は、状況報告書・コンツェルン状況報告書において会社・コンツェルンの「将来の発展の危険 (die Risiken der künftigen Entwicklung)」を記載しなければならない（商法第289条第1項・第315条第1項）[35]。取締役の上記の主観的記載は、後述するよ

---

32) Claussen, DB1998, 177(181), Krawinkel, a.a.O. (Fn.30), S.75.

33) Krawinkel, a.a.O. (Fn.30), S.194f. 監査役会および監査役員の義務に関しては連邦通常裁判所の判例（BGHZ135, 244）がある。これについては布井千博「取締役に対する民事責任の追及と監査役の提訴義務」『(奥島孝康教授還暦記念第1巻) 比較会社法研究』383頁以下が詳しい。

34) Vgl. Claussen, DB1998, 177(181).

35) 貸借対照表法改正法参事官草案は、289条1項を、「状況報告書には、資本会社の営業結果および状況を含む営業経過が、事実関係に合致する写像が伝達されるように記載されなければならない。状況報告書は、さらに、会社の営業経過および状態の精選したおよび包括的な、営業行為の範囲および複雑性に合致した分析を含まなければならない。分析に、営業行為にとって最も重要な財務的給付の指針が含められ、また、年度決算書に示された額および記載を引き合いに出して説明されなければならない。その上、状況報告書には、資本会社の決定代表者の本質的目標および戦略は記述され、予想できる発展がその本格的チャンスおよびリスクと共に評価され、また説明されなければならない。基礎になる前提は記載されなければならない。」に改め、315条1項を、「コンツェルン状況報告書には、コンツェルンの営業結果および状況を含む営業経過が、事実関係に合致する写像が伝達されるように記載されなければならない。コンツェルン状況報告書は、さらに、コンツェルンの営業経過および状態の精選したおよび包括的な、営業行為の範

うに，第三者である決算監査人の視点から評価を受け，供述力を獲得することとなる。④コンツェルン決算諸関係では「上場親企業の法定代表者はコンツェルン附属説明書を資本フロー計算書（Kapitalflußrechnung）およびセグメント報告書（Segmentberichterstattung）を作成することにより広げる」（同第297条第1項）という規定も追加されている[36]。これらの書類の作成は，旧法では任意であったが，作成を要求するのが，国際的に普通であるので，これにならったものである。改正によりこれらの書類はコンツェルン附属説明書の一部となり，決算監査人の監査に服することとなる（商法第316条第2項）。

(b) 監査報告書の交付

改正前株式法では，「呈示書類は，監査役会が別段の決議をしない限り，各監査役員にも請求により交付されなければならない」とされていたが，「呈示書類および監査報告書は各監査役員又は，監査役会が決議した場合に限り，委員会（Ausschuß）[37]の構成員にも交付しなければならない」（株式法第170条第

囲および複雑性に合致した分析を含まなければならない。分析に，営業行為にとって最も重要な財務的給付の指針が含められ，また，コンツェルン決算書に示された額および記載を引き合いに出して説明されなければならない。第3文は，営業の経過または状態にとって重要である限り，非財務的給付の指針および環境および従業員に関する情報に準用される。その上，コンツェルン状況報告書には，親企業の法定代表者の本質的目標および戦略は記述され，予想できる発展がその本質的チャンスおよびリスクと共に評価され，また説明されなければならない。基礎になる前提は記載されなければならない。」に改めようとしている。

36) DSRは，資本フロー計算書のためにDRS2（金融機関に関するものはDRS2-10，保険企業に関するものはDRS2-20）を，セグメント報告書のためにDRS3（金融機関に関するものはDRS3-10，保険企業に関するものはDRS3-20）を決定し，これらは同じ2000年5月31日に司法省から公表されている。Niehus, DB2001, 53(54).; Baetage/Krumnow/Noelle, DB2001, 769(770). 国際会計基準はそれぞれIAS7およびIAS14である。Vgl. Schindler/Rabenhorst, BB1998, 1886 (1892). なお貸借対照表法改正法参事官草案は，第297条第1項を「コンツェルン決算書は，コンツェルン貸借対照表，コンツェルン損益計算書，コンツェルン附属説明書，資本フロー計算書および自己資本変動書（Eigenkapitalspiegel）から構成される。コンツェルン決算書はセグメント報告書が入るよう広げることができる。」に改正するよう提案している。

37) 1937年株式法92条4項で初めて導入された委員会は，65年改正で107条3項に引き継がれ，委員会に委託できない事項が定められた。コントラック法も委員会の設置を強制してはいない。Bleicherの調査によると企業には平均1.5の委員会が存在しており，最も多いのは取締役員との雇用条件を決める人事委員会（58%）であるが，財務委員会，投資委員会およびアメリカのAudit Committeeをモデルとした監査委員会（7%）もあ

3項第2文）に改められ，解約告知を行った決算監査人の報告書も改正前には上記と同じ定めがなされていたが，「報告書は各監査役員又は，監査役会が決議をした場合に限り，委員会の構成員に対しても交付しなければならない」（商法第318条第7項第4文）に改められ，パラレルな改正が行われている。改正前には，①呈示書類等は請求がなければ交付しなくてもよく，また②監査役会の多数決で全監査役員への決算監査人の監査報告書等の交付を放棄することができた[38]。

(c) 監査役の兼職等

従来通り，監査役の職を10を超えて兼ねることができないが，その数の計算の際に監査役会会長職は2社と計算されるように改められている（株式法第100条第2項第2文）。会長職は，非常に時間を使うからである[39]。総会の議題の公告には監査役の職歴も記載され（同第124条第3項第3文），上場会社が監査役選任提案を株主に通知する場合には，外国の会社を含めた兼職状況を記載すべきものとされている（同第125条第1項第3文）。これは，選任の決定の際に株主に個々の監査役の利益相反状況と仕事の負担状況を知らせることを目的としている[40]。しかしこれは命令的規定（Soll規定）であるので，不記載は総会の決議の取消事由にならない[41]。附属説明書には監査役の職歴，上場会社の場合には兼職状況が記載される（商法第285条第10号第1文）。この開示は，上記趣旨と同一である[42]。さらに，附属説明書には「上場資本会社については，補足的に，議決権の5％を超える，大資本会社に対するあらゆる資本参加

るようである。Kranwinkel, a.a.O. (Fn.30), S.160f. DAX30 内の 26 社の例につき三原・前掲論文注11)529 頁。Lück, Audit Committees-Prüfungsausschüsse zur Sicherung und Verbesserung der Unterhehmensüberwachung im deutschen Unternehmen, DB1999, 443. Lück 論文は監査委員会のドイツへの導入の有用性を指摘する。監査役会が貸借対照表委員会を設置したときには，決算監査人がまずその会議に参加し，報告を行い，補足的に監査役会に出席し，報告をするということを，決算監査人は行わなければならなくなる。Hommelhoff, BB1998, 2625(2627)。

38) Kranwinkel, a.a.O. (Fn.30), S.213. 実際には監査報告書は監査役会に交付されないで，大抵の場合ただ閲覧が行われていた。
39) Kranwinkel, a.a.O. (Fn.30), S.105f.
40) Kranwinkel, a.a.O. (Fn.30), S.109, Lingemann/Wasmann, BB1998, 853(857).
41) Lingemann/Wasmann, BB1998, 853(857).
42) Kranwinkel, a.a.O. (Fn.30), S.223.

が記載されなければならない」（商法第285条第11号第2文の追加）。また金融機関の年度決算書の附属説明書の記載事項に「法定代理人またはその他の共働者が負っている，大資本会社（第267条第3項）の法律上組織すべき監査役会のあらゆる受任」（商法第340a条第4項第1号）および「議決権の5％を超える，大資本会社に対するあらゆる資本参加」（商法340a条4項1号）が追加されている。因みに，「上場会社の株主総会では，第1項により相互資本参加が知られている企業は，監査役会の構成員の選任のために議決権を行使することができない」（株式法第328条第3項の改正）とされている。

(d) コンツェルン決算書・コンツェルン状況報告書の監査

監査役会は，旧法では，「年度決算書，状況報告書，貸借対照表利益の処分案を監査しなければならない」とされていたが，これに「親企業（商法第290条第1項・第2項）の場合コンツェルン決算書およびコンツェルン状況報告書も監査しなければならない」（株式法第171条第1項第1文の新設）という規定が追加されている[43]。コンツェルン決算書は，従来は決算監査人による監査に服するのみであった。今後は監査役会が自ら監査をし，その結果を株主総会に報告しなければならない（株式法171条第1項第1文・第2項第1文）。

(e) 監査役会の開催数

「監査役会は3ヶ月に一度集合すべきであり（soll），監査役会は半年に一度および上場会社の場合には二度集合する（zusammentreten）ことを要する（muß）」（株式法第110条第3項）とされている。改正前は半暦年に1回開催すればよかったので，非難されていた。改正法は上場会社と非上場会社とで区別し[44]，

---

[43] 正当な見解によると，このことは，改正されなくても認められるべきであったが，改正により明確にされている。Hüffer, a.a.O.(Fn.28), §171 Rn 2. 株式法337条（コンツェルン決算書・コンツェルン状況報告書の提出）は170条（年度決算書・状況報告書の提出）と同趣旨のものであるから，親企業の監査役会によるコンツェルン決算書の承認の導入（株式法172条参照）が多くの論者により主張されているが（Kranwinkel, a.a.O.(Fn.30), S.253)，定められてはいない。

[44] 「小株式会社および株式法の規制緩和のための法律」により導入された上場会社と非上場会社の区別は，コントラック法で拡大されている。株式法3条2項によると，上場会社とは「株式が国家的に承認された場所で規制かつ監督され，規則的に開かれ，公衆が間接または直接に出入りできる市場で取引されている会社」である。国家的に承認された場所とは公的市場（der amtliche Markt），規制された市場（der Geregelte Markt）およびノイアマルク（der Neue Markt。もっともこの市場はその後閉鎖されている）で

上場会社にあっては少なくても年に4回開催すべきとしている[45]。監査役会の監査報告書の記載事項には「上場会社の場合には、どのような委員会が形成されたかを特に報告し並びに監査役会の開催数および委員会の開催数を知らせなければならない」ということが追加されている（株式法第171条第2項第2文）。

(f) 監査役会による監査委託

商法第318条第1項第4文によると、選任が行われた後、決算監査人に監査の委託をするのは取締役であった。これは、監査される者が監査をする者に委託をするということで、監査の客観性を損なう。新法は、「決算監査人に商法第290条に従った年度決算書およびコンツェルン決算書に関する監査の委託をする」ことを、従来の取締役から、監査役会に改めている（株式法第111条第2項第3文。決算監査人の選任は従来通り株主総会の権限である。株式法第119条第1項第4号。なお株式法第124条第3項参照）。新法は、これにより、決算監査人が監査役会の補助者であることを明確にすると共に[46]、取締役に対する決算監査人の独立性を強化しようとしている。監査役会には委託権限があるので、監査役会は決算監査人と報酬を始め監査の要点等に関する契約条件を交渉して決めることになる[47]。監査役会は遅滞なく選任後監査委託をしなければならず（商法第318条第1項第4文）、「監査委託が監査役会により与えられたときに

り（Schindler/Rabenhorst, BB1998, 1186, Fn.6), ノイアマルクを除外するClaussen, DB1998, 177 (178), Lingemann/Wasmann, BB1998, 853(854). Fn.26.の見解は、以前の規定の表現に従うもので古い。非上場会社には規制緩和が行われている。上場会社・非上場会社の区別は、①監査役会の開催数（株式法110条3項）、②監査役員の選任提案を含む総会招集通知の記載事項（株式法125条1項）、③最高議決権の承認（株式法134条1項）、④監査役会の報告書の記載事項（株式法171条2項2文）、⑤相互株式保有の場合における監査役会の選任の際の議決権の行使の禁止（株式法328条3項）において生じる。

45) Kranwinkel. a.a.O. (Fn.30), S.149f. アメリカの取締役会は年に9回から12回開催されているとの指摘が紹介されている。ドイツの実務では年に3.8回開催されており、コントラック法のような規制に対する必要はないとされている。

46) 1931年株式法改正で導入された決算監査人は、当初から①会計の保証人としての機能と②監査役会の補助者としての機能の二つを有していた。しかしいつのまにか、①の機能と経営者の専門的助言者としての機能が強まっていた。コントラック法は、②の方にウェイトを置きつつ、重心を元に戻そうとするものである。Hommlhoff, BB1998, 2587 (2568f.), 1998, 2625(2627).

47) Schindler/Rabenhorst, BB1998, 1886(1887), Forster, AG1999, 193(194), Kranwinkel, a.a.O. (Fn.30), S.215f. 監査人と取締役との信頼関係の必要性等を理由に改正に反対する見解（Peter Schmit）も存在していたようである。

は，法定代表者の責務は法定代表者の通知を含めて監査役会の責務である」（商法第318条第7項第5文）とされている。

(g) 少数株主による監査役の責任追及

改正前株式法第147条第3項第2文は，監査役に対する責任追及につき，「少数株主が賠償請求権の行使を要求した場合において，適正な行使のためにそれが合目的的であると思われるときには，裁判所は，持分が基本資本の10分の1または200万ドイツマルクの額に達する株主の申立てにより，賠償請求権の行使のための会社の代理人として，第78条，第112条又は第1文により会社の代表者と定められている者以外の者を選任しなければならない」としていたが，新法ではこの規定を第2項第2文として引き継ぐ一方，新3項は補足的に新しい少数株主権を定めている。即ち，「第1項による賠償請求権が行使されないときには，裁判所は，持分が基本資本の20分の1又は百万ドイツマルク（50万ユーロ）に達する株主の申立てにより，会社に不正（Unredlichkeiten）又は法令・定款重大な違反により損害が生じたと疑う有力な事実（den dringenden Verdacht）があるとき[48]には，特別代理人を任命しなければならない。第1項第2文ないし第4文及び第2項第3文ないし第9文は準用される。裁判所で任命された代理人は，その義務的判断によれば権利を行使すると十分に成功するであろうと考えられる限り，賠償請求権を主張しなければならない」という規定が追加されている。これは，監査役会が自ら責任の危険を負うので，取締役に対する賠償請求を実施する任務を履行できないという異議を考慮したものであるが[49]，要件の軽減により株主の略奪的訴訟が発生するのを阻止するため，特別代理人が定められている[50]。

(h) 決算監査人の監査役会出席義務等

①「決算監査人は報告書に署名し，法定代理人に提出されなければならない。監査役会が委任をしたときは，報告書は監査役会に提出されなければならない。引渡の前に取締役に意見表明の機会が与えられなければならない」（新商法第

---

48) 有力な疑いがあるか否か調べるのは区裁判所の責務である。Krawinkel, a.a.O. (Fn. 30), S 197. 今まで規定のあった少数株主権の規定はほとんど利用されなかった。
49) Lingemann/Wasmann, BB1998, 853(859).
50) Claussen, DB1998, 177(182).

321条第5項。第1文は変更を受けていない）とされている。監査役会が決算監査人に監査を委託するという新法の立場からは，決算監査人の監査報告書は，監査役会に直接提出され，取締役を経由しないということは，論理的である。コントラック法施行以前には，監査報告書を完成する前に，決算監査人は報告書案（Vorweg-oder Leseexemplarと呼ばれた）を取締役に見せ取締役と意見を調整するということが行われていた。そこで上記規定は今までの実務を変更させるものなのか議論が生じている。第1説は，規定は実務を変更させるものではなく，このようにして行われる意見表明が引渡前の意見表明でありうると考える[51]。これに対し，第2説は，取締役の影響の阻止と取締役の意見表明の許容という立法目的から，まず，決算監査人は，取締役に意見表明の機会を与える前に監査報告書に署名を行い，影響の可能性を断ち切る。次に，取締役に意見表明の機会を与えるため検査報告書を交付し，意見表明のための期間を与える。その間，決算監査人は監査役会に監査報告書を提出することを控える。取締役の意見表明があったときには，最後に，決算監査人は，自己の監査報告書と取締役の意見表明を同時に監査役会に提出するとする[52]。第3説は，決算監査人は監査報告書の原本を監査役会と取締役に同時に交付し，取締役の意見表明は後から行われるという意味であるとする[53]。②改正前は，決算監査人は「監査役会の要請」があった時には監査役会の審議に参加しなければならないとされていたが（改正前株式法第171条第2文），これはほとんど利用されていなかった。改正法では，「年度決算書が決算監査人により監査されなければならないときには，決算監査人はこれらの書類に関する監査役会又は委員会の審議に参加し，監査の重大な結果を報告しなければならない」（株式法第171条第1項第2文）とされている。上記規定は，年度決算書しか規定していないが，監査役会の監査義務はコンツェルン年度決算書・コンツェルン状況報告書にも及ぶので（株式法第171条第1項），親会社の決算監査人は，親会社の監査役会の審議に加わらなければならない[54]。

---

[51] Hense/Poullie, in Beck' scher Bilanz-Kommentar (Fn.23), §321 Anm 134 und 141 によればこのような考えが通説・実務である。

[52] Hommehoff, BB1998, 2625(2628). Hense/Poullie, in Beck' scher Bilanz-Kommentar (Fn.23), §321 Anm 134.

[53] Kranwinkel. a.a.O. (Fn.30), S.229.

(i) 決算監査人による監査の対象と範囲

決算監査人による「監査の対象と範囲」は次のように改められている。①商法第317条第1項第1文・第2文は，コントラック法による変更を受けていない。「年度決算書の監査には帳簿記帳を含めなければならない。年度決算書およびコンツェルン決算書の監査は，法律規定及びこれを補完する会社契約または定款の規定が遵守されているかに及ばなければならない」とされているので，年度決算書の適法性（die gesetzliche Ordnungsmäßigkeit）のみを対象としている[55]。新設規定は，同項第3文である。「監査は，誠実に職務を行使した場合に，第264条第2項によって明らかになる企業の財産状態，財務状態及び収益状態の写像に著しい（wesentlich）影響を及ぼす不正及び第2文に挙げた規定違反が，識別されるように，行わなければならない」とされている。これは，監査の問題指向性（die Problemorientierung）を明らかにするものであり，重要性の原則（der Grundsatz der Materiality）が適用される[56]。②商法第317条第2項は，全面改正され，「状況報告書及びコンツェルン状況報告書では，状況報告書は年度決算書と合致しているか，コンツェルン状況報告書はコンツェルン決算書と合致しているか及び決算監査人が監査の際に得た認識と合致しているか並びに状況報告書は全部で企業の状態の適切な観念を伝達しているか及びコンツェルン状況報告書は全部でコンツェルン状況の適切な観念を伝達しているかを監査しなければならない。その際，将来の発展のリスクが適切に示されているかも監査されなければならない」とされている。以前は年度決算書の適法性のみが監査の対象とされているので，確認の付記より企業の将来の見込みの判断を期待する公衆の観念とは一致しないと言われていた（いわゆる期待の亀裂［Erwartungslücke］）。新法は，取締役が行った「将来の発展のリスク」評価を決算監査人が自ら監査し，その評価が適切になされているか確認の付記で明らかにすることとなる（新商第322条第3項）[57]。③旧商法317条2項は新3

---

54) Schindler/Rabenhorst, BB1998, 1886 (1889).
55) Krawinkel, a.a.O. (Fn.30), S.222.
56) Forster, AG1999, 194.
57) 監査対象は，完全性と納得性（Vollständigkeits-und Plausibilitätsprüfung）である。Schindler/Rabenhorst, BB1998, 1886(1891), Krawinkel, a.a.O. (Fn.30), S.224. なお，Forster, AG1999, 193(195).

項になったが、その際、「コンツェルン決算書の決算監査人は、コンツェルン決算書にまとめられた年度決算書も、それが正規の簿記の諸原則に合致しているかおよびコンツェルン決算書への受入にとって決定的な規定が遵守されているか監査しなければならない」(旧第2項第1文) という規定は、「コンツェルン決算書の決算監査人は、コンツェルン決算書にまとめられた年度決算書も、特に連結条件の適合を、第1項を準用して監査しなければならない」(新商法第317条第3項第1文) に改められている。

(j) 決算監査人の監査報告書の記載事項

決算監査人の監査報告書 (Prüfungsbericht) の記載事項は次のように改められている。改正前には「決算監査人は、監査の結果について書面により報告しなければならない。監査報告書では、帳簿記帳、年度決算書、状況報告書、コンツェルン決算書およびコンツェルン状況報告書が法律規定に合致しているか、また、法定代表者が請求された説明および証憑を提出したかについて、特に確認しなければならない。年度決算書の項目は区分され、かつ十分に説明されなければならない。前年度に対する財産状態、財務状態、および収益状態の不利な変更と、年度成果に少なからず影響を及ぼした損失とは、詳しく解説され、かつ十分に説明されなければならない」(旧商法第321条第1項) とされ、「決算監査人が、その職務を遂行するに際し、監査された企業の存続を危うくする事実、又はその発展を著しく阻害し得る事実、法定代表者の法律、会社契約又は定款に対する重大な違反を認知せしめる事実を確認したときは、決算監査人はその事実についても報告しなければならない」(旧商法第321条第2項) とされていたものが、「決算監査人は、監査の方法および範囲並びに監査の結果を書面により明瞭に報告しなければならない。監査された書類および状況報告書又はコンツェルン状況報告書が評価を許す限り、報告書では、まず、法定代表者による企業又はコンツェルンの状況の評価、その際特に、状況報告書を考慮して企業の存続と将来の発展の評価および、親企業のコンツェルン決算書の監査の場合には、コンツェルン状況報告書を考慮してコンツェルンの存続と将来の発展にまで立ち入らなければならない。さらに、監査の実施の際に、不正又は法律の規定違反及び監査された企業またはコンツェルンの存続を危うくする事実、又はその発展を著しく阻害し得る事実、又は法定代表者もしくは従業員の

第6章　ドイツにおける企業会計法の進展とコーポレート・ガバナンス

法律，会社契約又は定款に対する重大な違反を認知せしめる事実が確認されたか，記述されなければならない」(商法第321条第1項，いわゆる消極的表示〔Negativerklärung〕の導入)，「監査報告書の<u>主要部</u>では，<u>帳簿記帳及び監査された書類</u>，年度決算書，状況報告書，コンツェルン決算書およびコンツェルン状況報告書が法律規定及び会社契約又は定款の補完規定に合致しているか，また法定代表者は請求された説明および証憑書類を提出したかについて，<u>記述されなければならない。決算書は全体で正規の簿記の諸原則を遵守し資本会社の財産状態，財務状態及び収益状態の事実関係に合致する写像を伝達しているかも，記載されなければならない。そうすることにより財産状態，財務状態及び収益状態の記述が著しく改良され，また，この記載が附属説明書においてなされていない限り，年度決算書およびコンツェルン決算書の項目は区分され，かつ十分に，説明されなければならない</u>」(第2項)，および「<u>監査の範囲内で，第317条第4項の評価がなされるときは，その結果は監査報告書の別記部分で記述されなければならない。それは，内部監視システムを改善するための措置が必要か否かに立ち入らなければならない</u>」(第4項) に改められている (傍線は筆者挿入)。新旧規定を比較すると，①「監査の方法および範囲」が記載事項に追加されていることが分かる。「監査報告書の別記部において監査の対象，方法及び範囲が説明されなければならない」(新第3項) とされている。さらに，②「企業またはコンツェルンの存続と将来の発展の評価」，「不正と法律違反」，「従業員の法律，会社契約又は定款に対する重大な違反を認知せしめる事実」，「決算書は全体で正規の簿記の諸原則を遵守し資本会社の財産状態，財務状態及び収益状態の事実関係に合致する写像を伝達しているか」および監視システムに対する評価が，記載事項に追加されている。また，③年度決算書およびコンツェルン決算書の項目の区分と説明を条件付きにしている。これは監査役会のために説明の重複を回避しようとしたものである[58]。

(k)　確認の付記

確認の付記 (Bestätigungsvermerk)[59] は，「監査の最終結果に基づき異議を申

---

58) Forster, AG1999, 193(196).
59) 監査報告書の名宛人は監査役会であるが，確認の付記は委託者と並んで外部にも向けられ，開示の対象である (商法325条)。確認の付記または拒絶の付記により，商法316

し立てる必要がないときは、決算監査人は、年度決算書およびコンツェルン決算書に次のように付記をして、これを確認しなければならない。「私／我々の義務に基づく監査によれば、この帳簿記帳および年度決算書／コンツェルン決算書は、法律規定に合致している。この年度決算書／コンツェルン決算書は、正規の簿記の諸原則を遵守したうえ、資本会社／コンツェルンの財産状態、財務状態および収益状態の実際上の諸関係に合致する写像を伝達している。状況報告書／コンツェルン状況報告書は、年度決算書／コンツェルン決算書と合致している。」(旧商法第322条第1項)、「監査の内容および確認の付記の有効範囲についての虚偽の印象を避けるために、補足的な注記が必要と考えられる場合には、確認の付記は、適切な方法により補足されなければならない。会社契約または定款が、年度決算書またはコンツェルン決算書に関する、認められた方法により補足された規定を含んでいる場合には、会社契約または定款との一致が指示されていなければならない」(同第2項)、「異議が申し立てられなければならないときには、決算監査人は、確認の付記を限定または拒絶しなければならない。拒絶は、年度決算書／コンツェルン決算書に付記することにより、これを表明しなければならない。限定および拒絶は理由づけられなければならない。限定は、その有効範囲が明確に識別できるように、これを記述しなければならない。第2項による確認の付記の補足は、限定とはみなされない(同第3項)、「決算監査人は、確認の付記またはその拒絶に関する付記に、場所および日付を明記したうえ署名しなければならない。確認の付記またはその拒絶に関する付記は、これを監査報告書にも収容しなければならない」(同第4項。4項はコントラック法により第5項となるが、変更を受けていないので、以下では省略する)とされていたが、新法では「決算監査人は、<u>監査の結果を年度決算書およびコンツェルン決算書の確認の付記において総括しなければならない。確認の付記は、監査の対象、方法および範囲の記述と並んで監査の結果の評価も含んでいなければならない</u>。決算監査人によって異議が申し立てられる必要

条の決算監査人の監査義務が履行され、監査がいかなる結果になったかが外部に表示される。無限定な確認は、監査義務ある会社の年度決算書の確認および利益配当決議の有効性のための前提である。これに対し、確認の制限または拒絶は、確認および利益配当決議のために直接的な法的効果を有しない。ただ上場会社には効果がある場合もある。
Förschle/Küster, in Beck'scher Bilanz-Kommentar (Fn 23), §322, Anm 11.

がないときは,決算監査人は,確認の付記において,決算監査人により第317条に従って実施された監査の結果異議申し立てに至らず,会社の法定代表者により作成された年度決算書およびコンツェルン決算書は,決算監査人の監査の際に得た認識に基づき決算監査人の評価によれば正規の簿記の諸原則[60]を遵守したうえで企業又はコンツェルンの財産状態,財務状態及び収益状態の実際上の諸関係に合致する写像を伝達していることを明らかにしなければならない」(商法第322条第1項)。「監査結果の評価は,法定代表者が決算に責任を負わなければならないという事情を考慮して平易に且つ課題にあわせて行われなければならない。企業の存続を危うくするリスクに特に立ち入らなければならない」(同第2項)。「確認の付記においては,状況報告書及びコンツェルン状況報告書は全体として決算監査人の評価によれば企業又はコンツェルンの状況の適切な観念を伝達しているかにも立ち入らなければならない。その際将来の発展のリスクが適切に記述されているかにも立ち入らなければならない」(同第3項)。「異議が申し立てられなければならないときには,決算監査人は第1項第3文に従った表示を限定または拒絶しなければならない。拒絶は,確認の付記と表示できない付記に収容されなければならない。限定および拒絶は理由づけられなければならない。限定は,その有効範囲が明確に識別できるように,これを記述されなければならない」(同第4項)に改められている。

コントラック法による要件は,「財務監査から事業監査へ (from financial to business audit)」と呼ばれる傾向を促進するであろうと言われている[61]。

(1) 決算監査人の欠格事由等

経済監査士は,過去5年間にわたり被監査会社の監査および助言により総収入の30%以上の所得を得ているときには,決算監査人になることができず(商法第319条第2項第8号の追加),経済監査会社が,上場会社の監査をしている場合には,過去10年間に7回確認の付記の証明をした経済監査士を,内部的に入れ替えなければならない(同第3項第6号の追加)。毎年同一の企業で同

---

60) ドイツ経済監査士協会 (IDW) は,国際基準 (ISA700) を遵守した「決算監査人の確認の付与の正規の授与のための諸原則」を IDW 監査基準400 (IDW PS400) として公表している。Förschle/Küster, in Beck' scher Bilanz-Kommentar (Fn.23), §322, Anm 4.
61) Schindler/Rabenhorst, BB1998, 1886(1943).

じ項目を監査する検査決算人は，時間と共にわずかな違いを容易に見落としてしまう「業務における盲目性」(Betriebsblindheit)の問題を引き起こすおそれがあるからである[62]。

(m) 決算監査人の賠償額

過失で行為した決算監査人の賠償義務は，1監査につき，従来の50万マルクから200万ドイツマルク(100万ユーロ)に引き上げられ，上場会社の場合には800万ドイツマルク(400万ユーロ)に制限されている(商法第323条第2項第1文の改正)[63]。

(5) 透明性開示法による改正

透明性開示法の主たる目標は，コーポレート・ガバナンスの改良と資本市場指向的コンツェルン計算規定の国際基準への適合の継続であるが[64]，様々な

---

62) Krawinkel, a.a.O. (Fn.30) S.218.
63) 政府草案では400万ドイツマルクとされていたが，連邦参議院により200万ドイツマルクに下げられた。この額は実務で生じる損害ケースを正しく評価しているとされている。また，上場会社の場合には会社の損失が大きいのが普通であるから，上場会社と非上場の会社の区別は意味を有し，上場会社の場合には責任限度額が4倍なのは，経済監査士規則 (WPO) 54a条が，約款を利用するときには責任額は4倍とするとする規定にも合するので，適当とされている。Krawinkel, a.a.O. (Fn.30), S.229ff.
64) 透明性開示法は，①コーポレート・ガバナンス，②コンツェルン決算書，③株式会社の設立 (Vgl. Hermanns, Erleichterungen bei der Gründung von Aktiengesellschaften durch das Transparenz-und Publizitätsgesets, ZIP2002, 1785)，④株主総会，⑤取締役会の利益参加 (株式法86条の削除)，⑥新株引受権の発行価額，⑦会社財産による資本増加，⑧法定準備金の確立，⑨現物配当，⑩株式消却による資本減少等を扱っている。Bosse, TransPuG : Änderungen zu den Berichtspflichten des Vorstands und zur Aufsichtsrats- tätigkeit-Weitere Änderungen zur Gründungsprüfung und Kapitalbildung-, DB2002, 1592ff. ; Strunk/Kolaschnik, TransPuG und Corprate Governance Kodex, Neue gesellschafts-, bilanz-und steuerrechtliche Anforderungen für die Unternehmenspraxis, 2003. 参事官草案については Pfiter/Oser/Orth, Zur Reform des Aktienrechts, der Rechnungslegung und Prüfung durch das TransPubG-Darstellung und kritische Würdigung des Referentenentwurfs vom 26.11.2001-, DB2002, 157ff. ; Niehus, Zur Internationalisierung der deutschen Konzernrechnungslegung, DB2002, 53ff. 政府草案については Ihrig/Wagner, Die Reform geht weiter : Das Transparenz-und Publizitätsgesetz kommt, BB2002, 789ff. ; Busse von Colbe, Kleine Reform der konzernrechnungslegung durch das TransPuG, BB2002, 1583ff. 参照。邦文では正井章筰「ドイツの『透明化法・開示法』について」『酒巻俊雄先生古稀記念21世紀の企業法制』(商事法務研究会，2003年) 711頁 (同ガバナンス(注9)354頁一部補充)，早川勝「ドイツにおけるコーポレート・ガバナ

第6章　ドイツにおける企業会計法の進展とコーポレート・ガバナンス

改正が行われている。以下，監査および計算規定に限定して紹介する。

(a) 監査に関係する改正

① 取締役による監査役会への報告事項に，意図した営業政策や企業計画が前に報告した目標から乖離した旨とその理由が加えられている（株式法第90条第1項第1号）が，これは実質的変更ではない[65]。「会社が親企業（商法第290条第1項，第2項）であるときは，報告は子企業及び共同企業（商法第310条第12項）も記載しなければならない」（株式法第90条第1項第2文）という文章の追加も，実質的な変更ではない。「取締役が報告をなすことを拒絶したときには，他の一人の監査役員がその要求を支持するときに限り，報告が要求されうる」（株式法旧第90条第3項第2文）という文書は削除され，「報告はできるだけ適時に，かつ，1項3文に従った報告を除き，原則としてテキスト形式（Textform）でなされなければならない」（株式法第90条第4項第2文）との文書が追加されている。従って，監査役1人の請求でも取締役は報告義務を負う。

② 「監査役会には規則的に諸委員会の作業が報告されなければならない」（株式法第107条第3項第3文）という規定が新設されている。

③ 監査役会会長が監査役員または取締役による監査役会招集の「請求に応じない場合には，その監査役員または取締役は，事実を通知し議事日程を示して自ら監査役会を招集することができる」（株式法第110条第2項）という規定を新設するとともに[66]，株式法第110条第3項は「監査役会は半年に二度会議を開催（abhalten）しなければならない。非上場会社においては，監査役会は，半年内に一度開催されると決議することができる」に改正されている。旧法では，「集合する」という表現から，監査役員の物理的な出席を要すると解されていたが，「開催する」と改められたので，監査役員の出席を要しない，

ンス規準の任意性と対応義務」『酒巻俊雄先生古稀記念21世紀の企業法制』587頁，「ドイツにおけるコーポレート・ガバナンス改革のための商法改正」商事法務1620号34頁（2002年）参照。

65) Strunk/Kolaschnik, a.a.O. (Fn.64), S.32.
66) Vgl. Neuling, Präsenzpflicht in der Bilanzsitzung des Aufsichtsrats,in AG 2002, 610, Fn.9. Neulingは，株式法171条1項2文の意味・目的から，コントラック法以降，決算監査人の出席義務があるときは，文書の持ち回りの会議は許されないと解すべきであるし，電話会議もビデオ会議も許されないと主張しているが，Strunk/Kolaschnik, a.a.O. (Fn.64), S.38 は，電話会議やビデオ会議は許されるとしている。

バーチャル会議が許されるのか議論されている[67]。

④ 「定款または監査役会は、特定の種類の行為は監査役会の同意によってのみ行われうることを定めることができる（kann）」から、「定めなければならない」に改正されている（株式法第111条第4項第2文）。

⑤ 「監査役員は特に受け取った秘密報告書及び秘密の協議については秘密を守る義務がある」（株式法第116条第2文）という規定が新設されている（上場会社の場合，違反の際の罰則が強化されている。株式法第404条の改正）。

⑥ 「上場会社の取締役および監査役会は、連邦司法省により電子連邦官報の公の部で知らせられる「ドイツ・コーポレート・ガバナンス規準政府委員会（Regierungskommission Deutscher Corporate Governance Kodex）」の勧告に応じていたことおよび応じていることまたはどのような勧告が適用されなかったもしくは適用されないかを毎年明らかにする。その表示は株主に永続的に入手可能でなければならない」（株式法第161条）というコーポレート・ガバナンスにとって決定的に重要な規定が追加されている[68]。これはドイツのコーポレー

---

67) なお2001年1月18日の「記名株式及び議決権行使の容易化法（記名株式法）「Gesetz zur Namensaktie und zur Erleichterung der Stimmrechtsausübung（Namensaktiengesetz-NaStraG），BGBl I, S.123」により「監査役会およびその諸委員会の決議の書面，電話又はその他の比較可能な形態は，構成員がこの手続に反対しない場合に限り，定款又は監査役会の業務規則により詳細に定めがなされることを条件として許される」（株式法108条4項）とされており，現在では決議に必ずしも集会を要しない。さらに2001年7月13日の「私法及びその他の規定を現代法律行為取引に適合されるための法律」（BGBl I, S. 1542）により、「定款は、故障のある監査役員が、監査役会に所属しない者にその旨書面で授権したときは、その監査役員の代わりに監査役会及びその委員会の会議に出席することができる旨を認許できる」とする規定が、「書面」の代わりに「テキスト方式」に改正された結果，今日ではeメールによる授権でもよいと解されている。

68) 民間団体による提案として2001年1月に公表された「コーポレート・ガバナンス原則委員会」の提案（これについては正井章筰「ドイツにおけるコーポレート・ガバナンス原則」」大阪学院大学法学研究26巻2号257頁以下（2000年）（同・ガバナンス〔注9〕225頁所収），同・ガバナンス〔注9〕294頁以下，早川勝「ドイツにおけるコーポレート・ガバナンス規準の策定」同志社法学54巻2号146, 249頁以下，なお「海外情報：ドイツにおけるコーポレート・ガバナンス原則の公表」商事法務1553号38頁（2000年）参照）と同年6月公表の「ドイツのコーポレート・ガバナンス基準に関するベルリン提案グループ」の提案（早川・前掲258頁以下は提案を翻訳している）がなされた後，2000年に招集されたコーポレート・ガバナンス政府委員会（いわゆるBaums委員会）は2001年7月に多数の改正勧告を含む報告書を提出した（これについては早川勝「業務の執行・監督・株式法の現代化—ドイツの『コーポレート・ガバナンス委員会』報告書」

第6章　ドイツにおける企業会計法の進展とコーポレート・ガバナンス

ト・ガバナンス・システムを透明にし，上場企業に対する内外の資本市場の信頼を増進することを狙った規定である。上記政府委員会が 2002 年 2 月 26 日に公表し，8 月 30 日に電子連邦官報で公表されたドイツ・コーポレート・ガバナンス規準のテーマは，「株主と総会」，「取締役と監査役会の協力」，「取締役」，「監査役会」，「透明性」および「会計および決算監査」から構成されている。「会計」では，例えば「コンツェルン決算書は，会社のストック・オプション計画およびそれに類似した有価証券関連のインセンティブ・システムに関する具体的記載を含んでいなければならない」（7・1・3）とされ，「決算監査」では，例えば，監査役会または監査委員会は，決算監査人から，その選任提案の前に，監査人の独立性に関する説明を受けなければならないとか（7・2・1），監査役会は，その任務にとり本質的なあらゆる確認および結果を決算監

ワールドワイドビジネスレビュー 3 巻 1 号 124 頁以下（2002 年），池田良一「ドイツにおけるコーポレート・ガバナンスの現状と問題点 ――「コーポレート・ガバナンス改革」とその背景――」監査役 453 号 14 頁以下（2002 年），「海外情報：ドイツにおけるコーポレート・ガバナンス等会社法改正の動き」商事法務 1602 号 104 頁（2001 年）参照）。150 項目余りの提案・勧告は，商法・株式法等の改正を提案したものとコーポレート・ガバナンス規準の中に取り入れられるべき提案・勧告項目に分けられるが，コーポレート・ガバナンス・コーデックスを定める別な委員会を設置すべきことを提案した。これを受けて「ドイツ・コーポレート・ガバナンス規準政府委員会（いわゆる Crome 委員会）」が設置され，同委員会は 2002 年 2 月に報告書を公表した（これについては Seibt, Deutscher Corporate Governance Kodex und Entsprechens-Erklärung（§161 AktG-E），AG2002, 249ff., 早川・前掲 262 頁以下，正井・ガバナンス〔注 9〕290 頁以下，池田良一「「ドイツのコーポレート・ガバナンス倫理指針」の全文和訳と内容解説―― ドイツのコーポレート・ガバナンス改革の最新動向 ――」監査役 461 号 62 頁以下（2002 年），「海外情報：ドイツにおけるコーポレート・ガバナンス等会社法改正の動き」商事法務 1602 号 104 頁（2001 年）参照）。従って株式法とドイツ・コーポレート・ガバナンス規準（DCGK）は，Baums 委員会の「報告を具体化する車の両輪」（藤嶋肇「ドイツにおけるコーポレート・ガバナンスの展開―― コーポレート・ガバナンス指針（Kodex）および TransPuG による監督機能の強化 ――」法学新報 109 巻 3 号 133 頁（134 頁）（2002 年））である。Baums 委員会公表の「上場会社のためのコーポレート・ガバナンス原理」と Cromme 委員会公表の「コーポレート・ガバナンスコーデックス」の双方の法的拘束力を検討する論文には丸山秀平「ドイツにおけるコーポレートガバナンスに関する規準の拘束性 ―― コーポレートガバナンス原理とコーデックス」法学新報 109 巻 9・10 号 79 頁（2003 年）がある。DCGK については Peltzer, Deutsche Corporate Governance, Ein Leitfaden, 2002, Ringleb/Kremer/Lutter/v. Werder, Deutscher Corporate Governance Kodex, Kommentar, 2003 ; Hucke/Ammann, Der Deutsche Corparate Governance Kodex, Ein Praktiker-Leitfaden für Unternehmer und Berater, 2003 を参照されたい。

査人から受ける旨の協定を監査人としなければならない（7・2・3）ことなどが定められている。規準の内容は，強行規定（Muss-Regelungen），勧告規定（Soll-Empfelungen）および推奨規定（Sollte-/Kann-Regelungen）に区別することができる。強行規定は，既存の法律規定に関連する規定である。勧告規定は，「従っているかそれとも説明する」という原則（compy or explain-Prinzip）が適用される規定である。推奨規定は，良好な企業指揮としてそうあることが望ましいというだけで，それに従わなくても説明を要しない規定である。規準は，59の強行規定，61の勧告規定および17の推奨規定に分類されると言われている[69]。従っているという表示（Entsprechenserklärung）は，附属説明書およびコンツェルン附属説明書に記載される（商法第285条第16号，第314条第8号）。附属説明書およびコンツェルン附属説明書に記載されるので，決算監査人の監査の対象となる（商法第316条第1項・第2項，第317条第1項第2文）。また，従っているという表示は，商業登記所に提出される（商法第325条第1項）。

⑦　決算監査人による監査は，「株式が公的市場での取引を許された株式会社」から，「上場株式会社」に改正され（商法第317条第4項の改正），拡大されている。

(b)　計算規定の改正

DRSCの提案に従い，多くは，IAS（IFRS）に合致させることを目的とした改正である。

①　附属説明書またはコンツェルン附属説明書における，機関の「営業年度の活動」または「親企業および子企業においてその職務遂行」にたいして「与えられた給与総額」という記載事項に，「その他の株式に基づく報酬」が追加されている（商法285条9号a，314条6号aの改正）。透明性の増進を狙った改正である。「その他の株式に基づく報酬」には株式オプション・プランが考えられる[70]。

②　旧規定では，資本会社が5分の1以上資本参加している企業の名称等は

---

69) Ruhnke, Prüfung der Einhaltung des Deutschen Corporate Governance Kodex durch den Abschlussprüfer, AG2003, 371f.; Hommelhoff/Mattheus, BB-Gesetzgebungsreport : Verlässliche Rechnungslegung-Enforcement nach dem geplanten Bilanzkontrollgesetz, BB2004, 93.

70) Strunk/Kolaschnik, a.a.O. (Fn. 64), S.83.

第6章　ドイツにおける企業会計法の進展とコーポレート・ガバナンス

附属説明書の記載事項であるが（商法285条11号），商人の合理的判断によれば，会社または被参加企業に著しい不利益を与える場合には，その記載を免除していた（商法286条3項2号）。しかしこの種の規定は国際的には知られていないので，改正法は，その適用範囲を資本会社が自らまたはその企業が発行した株式を介して組織された市場を要求しないか又は組織された市場における証券取引の許可申請がなされていない場合に限っている（改正商法286条3項2号）。同じように，商法第313条2項は，コンツェルン附属説明書の記載事項を定め，この記載により親企業，子企業又は関連企業に著しい不利益が発生することが予想される場合には，記載が免除されるとされていたが（商法313条3項），透明性を高めるため，親企業が自らまたはその子企業が発行した株式を介して組織された市場を要求するか又は組織された市場における証券取引の許可申請がなされていない場合には，上記規定の適用はないと改められている（商法第313条第3項第3文の追加）。

③　親企業であり，同時に欧州連合加盟国または欧州経済地域協定締約国に住所を有する子企業である企業（部分コンツェルン親企業）は，経済性と限定的情報内容のために，一定の条件が満たせばコンツェルン決算書及びコンツェルン状況報告書の作成を免除されていた（商法第291条第1項・第2項）。しかし部分コンツェルン決算書の作成免除は国際的に知られていないので[71]，ドイツが今まで利用しなかった第7指令の選択権を部分的に利用して，その株式が公的市場における（im amtlichen Markt）取引を許されているときには，株式会社形態の部分コンツェルンの親企業では作成の免除を請求することはできない旨が追加されている（同第3項第1号）。

④　商法第297条第1項第2文は，「親企業が，親企業又はその子企業が発行した証券取引法第2条第1項の意味の有価証券により証券取引法第2条第5項の意味の組織化された市場を要求するか又はこのような有価証券の組織化された市場での取引の承認が提案されているときには，コンツェルン決算書は，さらに，資本フロー計算書，セグメント報告書および自己資本変動書から構成される」と改正されている[72]。上場親企業から全資本市場指向的企業に適用

---

71) Strunk/Kolaschnik, a. a. O. (Fn. 64), S. 89.
72) 297条1項によりコンツェルン決算書をセグメント報告書だけ広げなければならない。

範囲が拡大され、コンツェルン決算書の構成要素に自己資本変動書が追加されている。

⑤　コンツェルン決算書の作成日を親企業の決算日から相違する選択権を認めていた商法299条1項は改正され、「コンツェルン決算書は親企業の年度決算書の日付で作成されなければならない」とされている。

⑥　資本連結のための新評価方法の適用の際に持分的自己資本を組み入れられる企業に対する持分に関する親企業の取得原価より高く評価することを禁止していた商法第301条第1項第4文は、第7指令の規制を超え、IASにも合致しないので、削除されている。

⑦　引渡または給付が通常の市場条件で行われ且つ内部成果の算出が過度に高い費用を要するときには、内部成果は消去する必要がないとする商法第304条第2項は、第7指令の選択権に基づくものであるが、IASにない定めであるので、削除されている。

⑧　コンツェルン決算書に引き継がれる財産および負債に統一的評価方法を適用する原則は、第7指令の選択権を行使した商法第308条第3項により、税法上の利益算定のために認められた計上価額又はこの理由により設定された特別項目をコンツェルン決算書に引き継ぐことを認めることによって破られている。しかしこれは体系に反するので、DRSCの提案に従い削除されている。また、税法規定に基づく減額記入によるコンツェルンの年度成果が受けた程度もコンツェルン附属説明書の記載事項から削除されている（商法第314条第1項第5号の削除）。

⑨　既に述べたがコンツェルン附属説明書の記載事項に「コンツェルン決算書に組み入れられる各上場企業については、株式法161条に従って記載された表示がなされ、株主に入手しうるようにした旨」が追加されている[73]（商法第314条第1項第8号）。

またはそれを自発的に行う親企業は、記載の重複を避けるため、314条1項3号による記載義務（コンツェルン附属説明書における活動範囲と地理的市場に基づく売上高の区分記載）を免除される（改正商法314条2項）。なおDRSCは資本フロー計算書のためDRS2、セグメント報告書のためDRS3、自己資本変動書のためDRS7を公表している。Strunk/Kolaschnik, a. a. O. (Fn. 64), S. 92f.

73)　内容的監査は行われない。Ruhnke, AG2003, 371(373).

⑩ 「資本会社のコンツェルン決算書及びコンツェルン状況報告書は決算監査人により監査されなければならない」という文章の後に,ドイツ・コーポレート・ガバナンス規準政府委員会の勧告に従い,「監査が行われなかったときには,コンツェルン決算書は承認さることができない」(商法第316条第2項)という文章が追加されている。

⑪ 親企業(商法第290条第1項・第2項)の場合,年度決算書および状況報告書と同じく,取締役がコンツェルン決算書およびコンツェルン状況報告書を作成したときは遅滞なく監査役会に提出すべきものとされている(株式法第170条第2文の追加。株式法第337条の削除)。株式法171条第1項第2文は「年度決算書」から「年度決算書又はコンツェルン決算書」に改められ,決算監査人はコンツェルン決算書に関する監査役会又は委員会の審議に参加し,監査の重大な結果について報告すべきことが明らかにされている。年度決算書が決算監査人により監査されるべきときには,監査役会はその監査結果に意見を述べなければならず,総会に対する報告書の末尾において,異議が述べられるべきか及び取締役により作成された年度決算書を承認するか表示すべきものとされているが(株式法第171条第2項第3文・第4文),これらの規定は「親企業(商法第290条第1項・第2項)の場合コンツェルン決算書に準用される」とされている(第5文の追加)。その結果,コンツェルン決算書に関する監査役会の報告書は取締役に差し出さなければならず,報告書が期間内に差し出されない場合には,年度決算書と同じく,監査役会により承認されないものとみなされ(株式法第171条第3項第3文の追加),「親企業(商法第290条第1項・第2項)の監査役会がコンツェルン決算書を承認しないときには,総会が承認を決議する」(株式法第173条第1項)という文章が追加されている。しかし,ドイツ・コーポレート・ガバナンス規準政府委員会の勧告に基づき,「監査役会が年度決算書を承認するときには,取締役及び監査役会が年度決算書の確定を株主総会に委任する旨決議しない限り,年度決算書は確定する」という規定は,コンツェルン決算書に準用されていない。

⑫ 決算監査人の監査報告書関係では,商法第321条第1項第3文は「<u>さらに決算監査人は監査の実施の際に確認された不正または法律規定違反及び監査された企業又はコンツェルンの存続を危うくする事実,又はその発展を著しく</u>

阻害し得る事実，又は法定代表者もしくは従業員の法律，会社契約もしくは定款の重大な違反を認識せしめる事実を報告しなければならない」と改正され（消極的表示の廃止と積極的表示〔Positiverklärung〕の採用)[74]，同第2項は，「監査報告書の主要部では，帳簿記帳及び監査された書類，年度決算書，状況報告書，コンツェルン決算書およびコンツェルン状況報告書が法律規定及び会社契約又は定款の補完規定に合致しているか確認されなければならない。この枠内で，確定の付記の限定又は拒絶に導かなかった異議も，それが業務執行および監査された企業の監督にとって重要である限りは，報告されなければならない。決算書は全体で正規の簿記の諸原則を遵守し資本会社又はコンツェルンの財産状態，財務状態及び収益状態の事実関係に合致する写像を伝達しているかも記載されなければならない。そのために重要な諸評価原則並びに，いかなる影響を貸借対照表選択権および評価選択権の行使および裁量の利用を含む評価諸原則の変更並びに事情形成的処置が全体で財産状態，財務状態及び収益状態に有するかも記載されなければならない。そのために，年度決算書およびコンツェルン決算書の項目は区分され，その記載が附属説明書に含められていない限り，かつ十分に説明されなければならない。法定代表者は請求された説明と証憑書類を提出したか記述されなければならない」と変更されている。

(6) 貸借対照表法改正法参事官草案

前述した貸借対照表法改正法参事官草案は，さらに，決算監査人の独立性を強化しようとしている。

第1に，「決算監査人の選任」に関する商法319条は「決算監査人の選任および欠格事由」に改められると共に，特定の場合には，経済監査士は，証券取引法上の組織された資本市場を要する企業，金融機関，金融サービス機関（Finanzdienstleistungsinstitut），保険会社または年金基金の決算監査から排除される旨の新規定が提案されている（商法改正案319 a条）。これは以下のすべての要素

---

[74] 改正前は，決算監査人は不正等を確認したか報告しなければならなかった。しかし供述の消極的傾向から企業の理解を得られず，また，決算監査人が法律違反を監査するのはおかしいとの強い批判を受けた。そこで新法では，不正等を認識せしめる事実があるときに，ただその存在を報告すればよいように改められている。Strunk/Kolaschnik, a. a. O. (Fn. 64), S. 115f.

を考慮してなされた提案である[75]。即ち，まず，①欧州連合委員会は，2002年5月16日に「欧州における決算監査人の独立性 —— 基本原則（Unabhängigkeit des Abschlussprüfers in der EU-Grundprinzipien）」という勧告を提出した（ABl. EU Nr. L191/22 vom 19. Juli 2002-2002/590/EG）。しかし近い将来調和化がなされるという見込みがない。欧州連合委員会は，なるほど，2003年5月21日に第8会社法指令84/253/EWGの完成提案を含む「欧州連合における決算監査の強化」のテーマの報告（いわゆる決算監査人指令）を欧州連合理事会および欧州議会に行っているが，委員会は，決算監査人の独立性のために，既に勧告に含まれた一般的諸原則を定めるつもりでいる。②アメリカでは決算監査の質の確保と公認会計士の独立性のため2002年7月30日にSarbanes-Oxley-Actが制定されている[76]。③連邦通常裁判所2002年11月25日判決は，前に評価鑑定書を作成した経済監査会社がどのような前提で決算監査人となりうるのか判示している。そして最後に，④Baetge教授, Lutter教授らの作業サークル（Arbeitkreis）「決算監査とコーポレート・ガバナンス」が特に決算監査人の独立性のための勧告を提案している。

第2に，附属説明書の記載事項に，決算監査およびその他の職務遂行のために決算監査人に支払った報酬の総額ならびにその他の職務遂行のための報酬が年度決算のための報酬を超えているかどうか，超えている場合にはその額（商法改正案第285条第17号・第18号）が追加され，コンツェルン附属説明書についても類似の規定が追加されている（商法改正案314条9号）。これは，監査の公正に対する懸念があるときには，経済監査士等は決算監査人になれないという規定（商法改正案319条2項）の適用があるか吟味するきっかけを与えることになる。

---

75) Begründung A VI. 1～3.
76) アメリカのエンロン，ワールドコムのようなスキャンダルに対処するために制定されたSarbanes-Oxley ActについてはGruson/Kubicek, Der Sarbanes-Oxley Act, Corporate Governance und das deutsche Aktienrecht (Teil I) (Teil II), AG2003, 337ff., 393ff., Strunk/Kolaschnik, a. a. O. (Fn. 64), S. 127ff.；河村賢治「エンロン事件後における米国企業統治立法 —— オクスリー法案を中心に —— 」『酒巻俊雄先生古稀記念21世紀の企業法制』291頁以下（商事法務2003年），同「米国における企業統治改革の最新動向」商事法務1636号50頁以下（2002年）参照。Sarbanes-Oxley Actはhttp://news.findlaw.com/hdocs/docs/gwbush/sarbanesoxley072302.pdfより入手できる。

第3に，会社に破産手続が開始された場合の決算監査人の監査報告書の閲覧に関する規定（商法改正案第321a条）を新設しようとしている。

第4に，国際会計基準と現代化指令に適合させるため確認の付記に関する商法第322条を改正しようとしている。監査結果の評価として，従来の無限定の確認の付記，限定的確認の付記および異議があることに基づく確認の付記の拒絶に加えて，決算監査人が監査結果を下すことができないことによる確認の付記の拒絶（いわゆるdisclaimer）が提案されている（商法改正案322条2項・5項）。また，無限定の確認の付記の内容が明確にされる（商法改正案322条3項）と共に，監査結果の評価は，状況報告書またはコンツェルン状況報告書が年度決算書またはコンツェルン決算書と一致しているかにも及ぶべきものとされている（商法改正案325条6項）。

(7) 貸借対照表監督法参事官草案

2003年12月8日に連邦司法省と連邦財務省は共同で「企業決算書監督法（貸借対照表監督法）参事官草案（Referentenentwurf eines Gesetzes zur Kontrolle von Unternehmensabschlüssen（Bilanzkontrollgesetz-BilKoG））」を提出している[77]（商法第342b条～第342e条の追加ならびに株式法第93条第1項，第256条第8項および第261a条の追加等の提案）。これは，「内外の企業スキャンダルが，個々の企業の重要な資本市場情報の正確性に対する投資家の信頼のみならず，全市場の完全性および安定性に対する信頼を害した」ことから，「資本市場の投資家の失われた信頼を回復させw 永続的に強化」しようとするものである[78]。そこでドイツにおける会計規定の実施（enforcement）の確保を目的とし，アメリカ型でも，イギリス型でもないドイツ型のシステムの構築を提案している。システムは2段階からなる。先ず第1段階は，有価証券が国内の証券取引所の公的市場または規制された市場で取引されている企業，即ち資本市場指向

---

77) Referentenentwurf Entwurf eines Gesetezes zur Kontrolle von Unternehmensabschlüssen (Bilanzkontrollgesetz-BiKoG). 参事官草案は http://www/bmj.bund.de/images/11723.pdf より入手できる。同草案を紹介する論文には Hommelhoff/Mattheus, BB-Gesetzgebungsreport : verlässliche Rechnungslegung-Enforcement nach dem geplanten Bilanzkontrollgesetz, BB2004, 93ff. がある。

78) Vgl. Begründung A. I.

的企業から賦課金を集める。このお金は,財務省の了解の下に司法省により承認された民間のドイツ会計監査機関（Deutsche Prüfstelle für Rechnungslegung＝Prüfstelle）の管理費と監査費に充てられる。同機関は,不正の疑いのある会社およびそうでない場合には任意に選択した会社の任意の協力の下に,最終の年度決算書・状況報告書およびコンツェルン決算書・コンツェルン状況報告書を監査する。企業が協力しないときには,その旨を連邦財務サービス監督庁（Bundesanstalt für Finanzdienstleistungsaufsicht（BaFin））に報告し,第2段階に移行する。協力し,何も見つからなければ監査結果を企業に伝え,手続は終了する。それに対し不備が見つかったときには,相当の期間内に不備を除去するよう企業に提案する。企業がそれに従うときには,連邦財務サービス監督庁に報告して,手続は終了する。これに対し企業が同意せず,除去を拒否すると,第2段階に移行する。連邦財務サービス監督庁は職権で監査を行う。その際,監査命令と理由を電子的連邦官報で公表することができる（証券取引法改正案37 o条）。監査の結果,異常がなければ,結果を企業に報告し,それで手続は終了する。監査の結果,不備が見つかると,三つの措置を監督庁はとることができる。第1に,行政行為で企業に対し不備を明らかにする。第2に,企業に確認された不備を公表するよう命令しなければならない（証券取引法改正案37 q条2項）。第3に,不備を次の決算書においてまたは監査された営業年度のために新たに決算書を作成して報告するよう命令することができる（証券取引法改正案37 q条1項）。このようなシステムが2004年12月31日以降に終わる営業年度の決算書に適用されることが,草案では予定されている。

4 ま と め

ドイツの状況はわが国の状況と類似していることを確認することができた。国際会計基準（国際財務報告基準）の実施をめぐり,企業会計法の分野はめまぐるしく変動しているので,わが国において商法の計算規定を省令に委任したことは,罪刑法定主義の観点から疑問を表明する見解もあるものの[79],賢明

---

79) 宮島司『会社法概説（第3版）』（弘文堂,2002年）331頁。

な選択であったと考える。ドイツの立法者のコーポレート・ガバナンスや決算監査人の独立性の確保に対する努力は並大抵のものではない。最近わが国では「会社法制の現代化に関する要綱試案」が発表されたが,このような方面にどの位注意を払ったのか分からない内容のものであった。ドイツと日本の立法作業担当者の認識・観点の違いが感じられる。わが国の立場でよいのか改めて考えさせられた。若手の研究者により,ドイツにならい,①会計監査人に対する委託は,代表取締役ではなくて,監査役会が行なう,および②会計監査人は,監査役会に出席して会計監査の報告をするといった改正案が提案されている[80]。これらを含むドイツ法の評価は,執筆時間の関係で,将来の課題としたい。また,実務上緊急な問題としてEU企業の計算書類のわが国による承認とその逆の問題があることも忘れるべきではない。

(追記) 本研究は文部科学省の科学研究費 (14,520,050) の助成を得た。
(追記) その後「ドイツ貸借対照表監督法(案)について」法律論叢第77巻第1号 (2004年) 1頁を執筆し,4で指摘した提案に賛成している。

---

[80] 三原・前掲論文注11)532頁。

第7章　改正商法施行規則について

1　序

　企業会計法は，平成に至るまでは大きな改正を受けることはなかった。ところが平成6年（1994年）以降改正が頻繁に行われるようになり，平成14年（2002年）には商法施行規則（以下では同規則を商施規と略称する場合がある）が新設され，平成15年（2003年）には同規則が2度も改正されている。そこで本報告では，第1に，商法施行規則以前の法律状態を確認した後，第2に，企業会計法の改正が頻繁に行われるようになった背景を探り，第3に，商法施行規則の内容を紹介し，第4に，改正商法施行規則の内容を紹介することにする[1]。

2　商法施行規則以前の法律状態

　昭和24年（1949年）にアメリカ流の企業会計原則が証券取引法の適用を受ける公開会社に導入されたが，商法は依然としてフランコ・ジャーマン経理体系を維持し続けた。昭和13年（1938年）の商法中改正法律施行法49条は「株式会社ノ財産目録，貸借対照表及損益計算書ノ記載方法其ノ他ノ様式ハ命令ヲ以テ之ヲ定ム」としていたが，この規定は長い間放置された。昭和37年（1962年）になって，ようやく各種の資産に評価基準を定め，繰延資産の範囲を拡大し，引当金の計上を認める，重要な商法改正が行われ，昭和38年（1963年）には，貸借対照表と損益計算書の記載方法を定める「株式会社の貸借対照表及び損益計算書に関する規則」（昭和38年3月30日法務省令第31号。

---

[1]　本稿は，平成15年6月5日に明治大学法学研究会で行った報告に，その後の改正を踏まえ，加筆・修正を行っている。報告ではドイツ法との比較も行ったが，ドイツ法の紹介はスペースの関係で別稿（第6章）に譲る。

計算書規則)[2]および「株式会社の貸借対照表及び損益計算書に関する規則の特例に関する省令」(昭和38年12月28日法務省令第99号。以下計算書類規則の特例に関する旧省令という)が公布された。

昭和49年 (1974年) には, 休眠会社の整理に関する規定 (商法406条ノ3) が新設されたことに伴い, 「商法第406条ノ3第1項の届出に関する規則」(昭

---

[2]　計算書類規則は, その後, ①昭和49年 (1974年) 法務省令第60号により附属明細書に関する規定が追加されたことに伴い「株式会社の貸借対照表, 損益計算書及び附属明細書に関する規則」に改められ (改正の詳細は『注釈会社法補巻昭和49年改正』295頁から318頁 (有斐閣, 1980年) 参照のこと), ついで, ②昭和57年 (1982年) 法務省令第25号により営業報告書に関する規定が追加されたことに伴い, 「株式会社の貸借対照表, 損益計算書, 営業報告書及び附属明細書に関する規則」に改められた (改正の詳細は, 元木伸『改正商法逐条解説 (改訂増補版)』393頁以下〔商事法務研究会, 1983年〕参照のこと)。なお昭和49年には商法にいわゆる包括規定が新設され (32条2項), 企業会計原則は修正を余儀なくされ, 商法主導の会計制度が確立された (中村忠「商法の計算規定と計算書類規則」企業会計51巻1号86頁 (1999年)。③昭和63年 (1988年) には, リースにより使用する固定資産, 所有権が留保された固定資産および新株引受権附社債による新株引受権の注記等が追加され (昭和63年法務省令30号。改正の詳細については大谷禎男「計算書類規則の改正について」商事法務1151号2頁以下〔1988年〕), ④平成6年 (1994年) には, 自己株式の取得規制の緩和を内容とする同年の商法改正を受けて, 配当制限に関する自己株式の合計額の注記の追加および貸借対照表・損益計算書の公告 (小会社の場合には貸借対照表の要旨の公告) の際の同注記の省略の否認の追加ならびに自己株式の取得・処分・失効手続・保有を営業報告書の記載事項に追加する改正が行われ (平成6年法務省令46号。詳しくは中西茂「計算書類規則および監査報告書規則の一部改正」商事法務1367号2頁以下〔1994年〕, 『新版注釈会社法第3補巻平成6年改正』137頁から159頁 (有斐閣, 1997年) 参照), ⑤平成9年 (1997年) には, ストック・オプション制度の導入を内容とする商法の改正と利益消却のための自己株式取得を容易にする「株式の消却の手続に関する商法の特例に関する法律」(平成9年法律第55号) の制定を受けて, ストック・オプションのために取得した自己株式の貸借対照表における表示の追加, 新株引受権方式のストック・オプションの貸借対照表における注記の追加, および営業報告書における自己株式の表示の改正が行われた (平成9年法務省令42号。詳しくは『新版注釈会社法第4補巻平成9年改正』215頁から235頁 (有斐閣, 2000年) 参照), ⑥平成10年 (1998年) 改正では, 税効果会計導入に伴う記載事項が追加され (平成10年法務省令53号), ⑦平成12年 (2000年) 改正では, 時価主義の導入に伴う改正が行われ (平成12年法務省令22号。詳しくは泰田啓太「時価会計導入に伴う計算書類規則の一部改正」商事法務1558号11頁以下〔2000年〕参照), ⑧平成13年 (2001年) の第1次改正では, 自己株式の取得および保有が原則として自由になったことに伴い, 自己株式の表示の改正と法定準備金の減少手続の創設に伴う剰余金の表示の新設に関する改正が行われている (平成13年法務省令66号。詳しくは泰田啓太「金庫株の解禁等に伴う計算書類規則・参考書類規則の改正」商事法務1607号24頁以下〔2001年〕参照)。

第 7 章　改正商法施行規則について

和 49 年法務省令第 26 号。届出規則）が公布された。

　昭和 56 年（1981 年）には，ロッキード・グラマン事件を契機として会社の不正経理に対する会社の自主的監視機能の強化を図るため，監査体制の強化などを意図する商法改正が行われた。これに伴い，昭和 57 年（1982 年）には「大会社の監査報告書に関する規則」（昭和 57 年法務省令第 26 号。監査報告書規則）[3]，「大会社の株主総会の招集通知に添付すべき参考書類等に関する規則」（昭和 57 年法務省令第 27 号。参考書類規則）[4] および「株式会社の貸借対照表，損益計算書，営業報告書及び附属明細書に関する規則の特例に関する省令」（昭和 57 年 9 月 27 日法務省令第 42 号。以下計算書類規則の特例に関する新省令という）[5]

---

[3]　監査報告書規則の解説については稲葉威雄「商法等の改正に伴う法務省令について(8)」商事法務 958 号 26 頁以下（1982 年），元木伸『改正商法逐条解説（改訂増補版）』461 頁以下（商事法務研究会，1983 年）参照のこと。その後，監査報告書規則は，①平成 5 年（1993 年）改正で，第 3 章が「監査役の監査報告書」から「監査役会の監査報告書」に改められ（平成 5 年法務省令第 33 号），②平成 6 年（1994 年）改正で，「自己株式の取得及び処分又は株式失効の手続」につき取締役の義務違反があるときは，監査役会の監査報告書の各別の記載事項とされ，自己株式の取得及び処分又は株式失効の手続についても，監査の方法の概要が記載事項とされている（平成 6 年法務省令第 46 号。中西茂・前掲論文・商事法務 1367 号 4 頁以下参照）。

[4]　参考書類規則の解説については，元木伸『改正商法逐条解説（改訂増補版）』479 頁以下参照。その後，①平成 5 年改正で，監査役会に関連する事項が追加され（平成 5 年法務省令第 33 号），②平成 9 年改正で，合併に関連する記載事項が追加・変更され（平成 9 年法務省令第 56 号。詳しくは中井隆司「合併手続の改正に係る参考書類規則の一部改正」商事法務 1470 号 44 頁以下（1997 年），法務省民事局参事官室編『1 問 1 答平成 9 年改正商法』150 頁以下（商事法務研究会，1998 年）参照），③平成 11 年（1999 年）改正では，株式交換・株式移転に関する事項が追加された（平成 11 年法務省令第 41 号。詳しくは泰田啓太「平成 11 年改正商法に伴う参考書類規則の一部改正」商事法務 1539 号 33 頁以下（1999 年）参照）。平成 13 年には，④会社分割に関する事項を追加する改正と（平成 13 年法務省令第 26 号。詳しくは泰田啓太「会社分割制度の導入に伴う参考書類規則の一部改正」商事法務 1591 号 4 頁以下（2001 年）参照），⑤単元株制度の導入に伴い，記載事項を株式の数から議決権の数に改める改正が行われている（平成 13 年法務省令第 67 号。詳しくは泰田啓太・前掲論文・商事法務 1607 号 30 頁以下（2001 年）参照）。

[5]　計算書類規則の特例に関する旧省令は，①ガス会社，②金融機関，③電気会社，④建設会社および⑤保険会社の貸借対照表及び損益計算書の記載方法の特例を定めていたが，計算書類規則が附属明細書を規制の対象にしたのに平仄を合わせて，昭和 49 年には「株式会社の貸借対照表，損益計算書及び附属明細書に関する規則の特例に関する省令」に改められた。その後，昭和 57 年の新省令の公布に伴い旧省令は廃止された。新省令は，当初①建設会社および②ガス会社の特例のみを定めていたが，次第に特例は拡大され，昭和 58 年（1983 年）には，③金融機関（なお相互銀行は，相互銀行法の廃止に伴い，平

が公布された。計算書類規則の特例に関する新省令の公布に伴い，前述した計算書類規則の特例に関する旧省令は廃止された。

3　企業会計法の改正の経済的背景

　平成6年（1994年）以降企業会計法の分野で改正が頻繁に行われるようになり，平成14年（2002年）には商法施行規則が新設され，平成15年（2003年）には同規則は2度ほど改正を受けた。このように企業会計法の改正が頻繁に行われるようになった原因の一つとして，従来採用されてきた自己株式の取得の原則禁止を自己株式の買受けの解禁に改めた政策の転換を挙げることができるが，何と言っても第1に挙げるべき経済的背景は，企業のグローバル化である。即ち，企業が国境を越えて活動することが多くなるにつれ，企業は国境を越えた投資家の評価に曝されるようになった。国ごとに計算規定が異なることは，企業比較を困難なものにするので，計算規定の国際的な統一が望まれるようになる。そのため，アメリカの米国財務会計基準審議会（FASB）が定める財務会計基準書や国際会計基準委員会（IASC。2001年4月以降は国際会計基準審議会（IASB））が作成した国際会計基準（IAS。今後は国際財務報告基準（IFRS））が

成9年改正〔平成9年法務省令第5号〕で削除されている。詳しくは，中井隆司「計算書類規則の特例に関する省令の一部改正 —— 相互銀行法・塩専売法等の廃止に伴う整理 —— 」商事法務1465号47頁以下〔1997年〕参照。外国為替銀行は，外国為替銀行法の廃止に伴い，平成10年改正で削除されている〔平成10年法務省令第13号〕。詳しくは，中井隆司「計算書類規則の特例に関する省令の一部改正 —— 銀行法施行規則等の改正に伴う改正の概要 —— 」商事法務1488号4頁以下〔1998年〕参照），④保険会社（平成8年改正〔同年法務省令31号〕の解説については中井隆司「計算書類規則の特例に関する省令の一部改正 —— 保険業法等全部改正に伴う整理 —— 」商事法務1421号2頁以下〔1996年〕参照）および⑤電気会社の特例（昭和58年法務省令第10号。平成7年改正〔同年法務省令54号〕の解説については中井隆司「計算書類規則の特例に関する省令の一部改正」商事法務1410号7頁以下〔1995年〕参照）を定め，昭和61年（1986年）には，⑥日本たばこ産業株式会社（塩専売制度の廃止に伴い，塩専売事業を行うことができなくなったことから，特則は平成9年改正〔平成9年法務省令第5号〕で削除されている。詳しくは，中井隆司・前掲論文・商事法務1465号48頁以下参照）および⑦電気通信会社に関する特例（昭和61年法務省令第6号），昭和62年（1987年）には，⑧鉄道会社および⑨軌道会社に関する特例（昭和62年法務省令第34号），昭和63年には，⑩東京横断道路建設会社に関する特例（昭和63年法務省令第13号）を定めた。

世界的に重視されるようになった。平成10年（1998年）の税効果会計や12年（2000年）の時価主義の導入，平成14年（2002年）の大会社等への連結計算書類の導入などは，すべて上記諸基準の後追いである[6]。その上，法律である商法で財産評価規定等を定めておくことは，国際的あるいは国内の会計基準・慣行の変化あるいは新しい取引・商品の出現に迅速に対応できないという理由[7]で，財産評価規定等は省令に委ねられる（平成14年改正法による商法285条ノ2から287条ノ2の削除）ようになった。また，国際会計基準委員会の構成員は民間団体でなければならないことから，平成13年（2001年）7月には「一般に公平妥当と認められる企業会計の基準の調査研究・開発」等を目的とした財団法人財務会計機構（FASF）が発足し（同機構のホーム・ページ www.asb.or.jp を参照のこと），その内部機関に当たる企業会計基準委員会が，多くの企業合計基準，企業会計基準適用指針および実務対応報告を公表するようになった。そして商法32条の趣旨から，商法としても，同委員会が公表した基準に可能な限り対応することが望ましいと考えられるようになった結果，同委員会が定めた企業会計基準第1号「自己株式及び法定準備金の取崩等に関する会計基準」・企業会計基準適用指針第2号「自己株式及び法定準備金の取崩等に関する会計基準適用指針」に対応する規定が，商法施行規則に盛り込まれるに至っている。委員会等設置会社の採用とそれに伴う商法施行規則の改正も同様の観点から捉えることが可能である。

挙げるべき第2の背景は，IT（情報技術）の進展である。今日は高度情報化社会であって，パーソナル・コンピュータおよびインターネットの普及は著しい。その結果会計帳簿等は電磁的記録をもって作成することができるとされ，会社と株主ないし社員の情報のやり取りは全てインターネット経由でできることを確証しなければならなくなった。

6） 衣川修平「税効果会計導入の論拠」経済論究111号21頁以下（2001年），田中建二「押し寄せる時価合計の波」『金融ビックバン会計と法』36頁以下（中央経済社，1998年），田中弘「時価主義合計のゆくえ——財務論へジャップした会計学」商経論叢37巻4号99頁以下（2002年），「連結会計の新潮流」『金融ビックバン会計と法』58頁以下など参照。
7） 弥永真生「連結計算書類・計算関係規定の省令化」法学教室265号27頁（2002年），同「計算規定の省令化と連結計算書類の導入」企業会計54巻8号52頁（2002年）参照。

4 商法施行規則

(1) 平成14年(2002年)3月に,商法,商法中改正法律施行法,有限会社法,商法特例法および「商法及び有限会社法の関係規定に基づく電磁的方法による情報の提供等に関する承諾の手続等を定める政令」の委任に基づく事項を定めるために,商法施行規則が公布された(平成14年3月29日法務省令第22号)。同規則は6ヶ章,111ヶ条から構成されている。その目次を記すと以下の通りである。

第1章 総則(1条)
第2章 電磁的記録等(2条-10条)
第3章 株主総会の招集通知に添付すべき参考書類等
　第1節 総則(11条)
　第2節 議決権の行使について参考となるべき事項(12条-18条)
　第3節 議決権を行使するための書面(19条-21条)
第4章 株式会社の貸借対照表等の記載又は記録の方法
　第1節 商法第281条第1項の貸借対照表等の記載方法等
　　第1款 総則(22条-28条)
　　第2款 貸借対照表(29条-75条)
　　第3款 損益計算書(76条-83条)
　　第4款 営業報告書(84条)
　　第5款 附属明細書(85条-87条)
　　第6款 貸借対照表及び損益計算書の公告(88条-92条)
　第2節 建設会社等についての特例(93条-102条)
第5章 大会社の監査報告書
　第1節 総則(103条・104条)
　第2節 会計監査人の監査報告書(105条-107条)
　第3節 監査役会の監査報告書(108条-110条)
第6章 商法第406条ノ3第1項の届出(111条)

(2) 商法施行規則の内容は以下の通りである[8]。

先ず,平成13年（2001年）には3度商法改正が行われているが,第2次改正（平成13年法律第128号）では,株式制度の見直しのほか,会社関係書類の電子化等に関する改正が行れた[9]。改正法は,電磁的方法により通知等を行う場合の相手方の承諾の手続等について政令に委任を行ったので,平成14年（2002年）には「商法,有限会社法及び株式会社の監査等に関する商法の特例に関する法律の関係規定に基づく電磁的方法による情報の提供等に関する承諾の手続等を定める政令」（平成14年1月30日政令第20号）[10]が制定された。商法施行規則第2章「電磁的記録等」は,第2次改正法と上記政令の委任に応えたものである。

第2次改正に続いて第3次改正（平成13年法律149号）も行われた。これらの改正により参考書類規則,計算書類規則,計算書類の特例に関する省令および監査報告書の一部を改正する必要が生じたので,この機会に今まで公布された規則を一つの省令に統合することにされた。その結果,商法施行規則第3章は,参考書類規則を,第4章は計算書類規則および計算書類の特例に関する省令を,第5章は監査報告書規則を,第6章は届出規則を引き継ぎ,参考書類規則,計算書類規則,計算書類の特例に関する省令,監査報告書規則および届出規則は廃止されている。もっとも第3章は,第2次改正により新設された書面投票制度（改正商法239条ノ2）および電子投票制度（同239条ノ3）を踏まえた変更が行われている。また,第4章第1節中第2款では,貸借対照表の資本の部の表示を,従来の配当可能限度額の算定方法に則した区分の方法である資本金,法定準備金および剰余金という区分から,前述した企業会計基準第1号「自己株式及び法定準備金の取崩等に関する会計基準」に対応させて,資本金,資本剰余金（この部は資本準備金およびその他資本剰余金に細分）および利益剰余金（この部は利益準備金,任意積立金および当期未処分利益（または当期未処理

---

8) 詳細については江原健志＝太田洋「商法施行規則の概要」民事法情報190号15頁（2002年），同「商法施行規則の概要」企業会計54巻7号61頁（2002年），同「平成13年商法改正に伴う政令・法務省令の制定［上］〔中〕〔下〕──「商法及び有限会社法の関係規定に基づく電磁的方法による情報の提供等に関する承諾の手続等を定める政令」・「商法施行規則」の概要」──」商事法務1627号4頁（2002年），1628号32頁，1629号21頁参照。

9) 原田晃治＝江原健志＝太田洋＝濱克彦＝郡谷大輔「改正商法の解説──株式制度の改善・会社関係書類の電子化等──」JICPAジャーナル561号111頁（2002年）参照。

10) 詳しくは江原健志＝太田洋・前掲商事法務1627号4頁から6頁参照。

損失）に細分），土地再評価差額金があるときは，これらに加えて土地再評価差額金という区分に変更すると共に（商施規69条ないし71条），これに伴って，資本の欠損の状況が判然としなくなることから，資本の欠損が生じているときには，その額を注記すべきこと（商施規72条）に改められている。第4款の営業報告書では，①大株主との間における株式持合いの状況を開示させる観点から，上位7人以上の大株主への出資の状況に，議決権の比率が含むことが明確にされ（商施規84条1項7号），②定款で取締役会の決議による取締役等の責任の軽減の制度を利用する会社において取締役等に支払った報酬等が記載事項に追加されている（商施規84条1項10号）。また，③株主以外の者に対して有利発行された新株予約権（ストック・オプション）も記載事項に追加された（商施規84条1項11号）。

5　改正商法施行規則

(1)　平成15年（2003年）2月に早くも商法施行規則が改正された（平成15年2月28日法務省令7号）。目次は以下のようになり，章は6ヶ章から11ヶ章，条文数は111ヶ条から197ヶ条に増えている。

第1章　総則（1条・2条）
第2章　電磁的記録等（3条－10条）
第3章　参考書類等
　第1節　総則（11条）
　第2節　参考書類
　　第1款　株主総会参考書類及び種類総会参考書類（12条－21条）
　　第2款　創立総会等参考書類（22条）
　　第3款　社員総会参考書類（23条）
　第3節　議決権行使書面（24条－26条）
第4章　財産の評価（27条－33条）
第5章　貸借対照表等の記載方法等
　第1節　総則（34条）
　第2節　貸借対照表の記載事項（35条－43条）

第 7 章　改正商法施行規則について

　　第 3 節　貸借対照表等の記載方法
　　　第 1 款　総則（44 条－49 条）
　　　第 2 款　貸借対照表（50 条－93 条）
　　　第 3 款　損益計算書（94 条－102 条）
　　　第 4 款　営業報告書（103 条－105 条）
　　　第 5 款　附属明細書（106 条－108 条）
　　第 4 節　貸借対照表及び損益計算書の公告（109 条－113 条）
　　第 5 節　特定の事業を行う会社についての特例（114 条－123 条）
第 6 章　純資産額から控除すべき金額（124 条－126 条）
第 7 章　計算書類等の監査等
　　第 1 節　大株式会社及びみなし大株式会社における監査
　　　第 1 款　総則（127 条・128 条）
　　　第 2 款　会計監査人の監査報告書（129 条－131 条）
　　　第 3 款　監査役会の監査報告書（132 条－134 条）
　　第 2 節　特例会社における監査等
　　　第 1 款　総則（135 条）
　　　第 2 款　会計監査人の監査報告書（136 条）
　　　第 3 款　監査委員会の監査報告書（137 条－139 条）
　　　第 4 款　雑則（140 条・141 条）
第 8 章　連結計算書類の記載方法等
　第 1 節　連結子会社（142 条）
　第 2 節　連結計算書類の記載方法
　　　第 1 款　総則（143 条－157 条）
　　　第 2 款　連結貸借対照表（158 条－168 条）
　　　第 3 款　連結損益計算書（169 条－178 条）
　　　第 4 款　雑則（179 条）
第 9 章　連結計算書類の監査等
　　第 1 節　大株式会社における監査（180 条－185 条）
　　第 2 節　特例会社における監査等（186 条－192 条）
第 10 章　監査委員会の職務の遂行のために必要な事項（193 条）

第11章　雑則（194条－197条）

改正の概要を述べると以下の通りである[11]。

(a) 用語の定義規定（改正商施規2条）が新設されている。

(b) 参考書類は，株主総会参考書類だけでなく，種類総会，創立総会等および社員総会の各参考書類に細分化されて，規定されている。創立総会等には「各種類の株式引受人の総会」が含まれる（改正商施規22条1項1号）。

(c) 議決権行使書面の関係では，従来の株主に，新たに株式引受人と社員が加えられ（改正商施規24条・26条），適用範囲が拡大している。

(d) 第4章は，平成14年改正で商法（285条）・有限会社法（46条1項）が省令に委ねた財産の評価規定を定めている（改正商施規27～33条）。これらの評価規定は，旧法の規定を平仮名口語体化してそのまま引き継いだものである。

(e) 貸借対照表等の記載方法等に関する規定は以下のように改正されている。

(i) 第5章第2節は，商法281条5項・有限会社法43条5項に基づき，平成14年改正で削除された繰延資産の規定（旧商法286条から287条および291条4項）および引当金の規定（旧商法287条ノ2）を平仮名口語体化してそのまま引き継いでいる。

(ii) 第5章第3節では，財務諸表等規則等を始めとする証券取引法会計との調整が図られている。即ち，①金額の表示単位が，端数の「切捨て方式」から（旧商施規28条），「切捨て方式」以外の表示を認めるように改められ（改正商施規49条），②「投資等」（旧商施規30条）の用語は「投資その他の資産」（改正商施規51条）に，「減資差益」（旧商施規70条）は「資本金及び資本準備金減少差益」（改正商施規89条）に，「税引前当期利益（損失）」（旧商施規82条）は「税引前当期純利益（損失）」（改正商施規100条）に，「当期利益（損失）」（旧商施規83条）は「当期純利益（損失）」（改正商施規101条）に改められている。③有価証券報告書を提出すべき大株式会社等（有報提出大会社）の作成する貸借対照表等において，金銭債権・金銭債務等を「関係会社」単位で記載ま

---

11) 改正商法施行規則の解説については，濱克彦＝郡谷大輔＝和久知子「平成14年商法改正に伴う改正商法施行規則の解説〔Ⅰ〕～〔Ⅴ・完〕」商事法務1657号4頁［2003年］，1658号20頁，1659号39頁，1660号40頁，1661号19頁のほか，弥永真生『コンメンタール商法施行規則』（商事法務，2003年），田中久夫編著『逐条解説改正商法施行規則（計算規定）』（税務経理協会，2003年）参照。

第7章　改正商法施行規則について

たは注記することが許容されている（改正商施規48条1項・55条3項・70条2項・73条2項・80条3項・82条2項・97条3項）。ちなみに，有報提出大会社が貸借対照表等に財務諸表等規則等の用語または様式の全部または一部を用いることも許容されている（改正商施規197条）。④貸借対照表の資本の部に新株式払込金（出資払込金）または新株式申込証拠金（出資申込証拠金）の部（改正商施規91条1項1号・4項）および自己株式払込金（自己持分払込金）または自己株式申込証拠金（自己持分申込証拠金）の部（改正商施規91条1項4号・4項）が創設され，⑤外貨建資産および負債の注記の規定が削除されている（旧商施規53条・66条参照）。⑥財務諸表等規則が定める附属明細表の様式と一致させるため，株式会社の附属明細書の記載事項の変更が行われている（改正商施規107条1項1号・3号）。

　また，(iii)　平成14年改正商法特例法による連結計算書類の導入（同法19条の2第1項・21条の32条1項）に伴い，①連結計算書類作成会社（改正商施規2条1項17号）の営業報告書に記載すべき事項の一部に関し連結ベースでの記載を認め（改正商施規105条2項。なお156条2項），附属明細書の記載事項については一部の省略を認める規定（改正商施規107条3項・108条5項）が新設され，②会計監査人の報酬は，連結特例規定適用会社（改正商施規2条1項16号）の営業報告書の記載事項とされている（改正商施規105条1項）。

　さらに，(iv)　平成14年改正商法特例法による委員会等設置会社制度の創設に伴い（同法1条の2第3項・21条の5ないし21条の39），取締役は「取締役，執行役」と改正されたほか（改正商施規71条，84条，103条1項6号，107条1項10号・11号，108条1項5号），特例会社（改正商施規2条1項2号）の営業報告書の記載事項に関する特例が新設されている（改正商施規104条）。

　(v)　平成14年改正有限会社法により，有限会社の貸借対照表等の記載・記録事項および記載・記録の方法も法務省令に委ねられたため（同法43条5項），定義規定が整備されたほか（改正商施規2条1項20号・23号），有限会社の貸借対照表等の記載方法等が規定されている（改正商施規35条2号・42条・48条2項・55条1項・2項・73条1項・80条1項・2項・91条4項・97条1項・2項・203条3項）。

　(vi)　その他，①貸借対照表における当期利益（損失）の付記規定（旧商施

規71条2項）の削除（なお改正商施規109条但書参照），②貸借対照表における新株予約権の注記規定（旧商施規73条）の削除（なお改正商施規103条1項11号），③貸借対照表における1株当たりの当期利益（損失）の注記規定（旧商施規74条）の削除（なお改正商施規102条・209条但書参照），④資本の部の記載事項の整理（旧商施規69条2項ないし4項の削除と改正商施規91条の新設），⑤損益計算書の当期純利益（当期純損失）に加減すべき額の整備（改正商施規101条1項5号の新設）および⑥自己株式を取得事由ごとに記載すべしとする規定（旧商施規84条3項）の削除などが行われている。

(f) 第6章では，平成14条改正商法が，配当可能利益および中間配当の計算の際に純資産額から控除すべき額につき省令に委任したことから（同法290条1項4号・293条ノ5第3項4号，有限会社法46条1項），①委任前の商法の規定に相応する規定が平仮名口語体化して定められたほか（改正商施規124条1号・3号・125条1号・3号・126条1号・3号），②新株式払込金（出資払込金）または新株式申込証拠金（出資申込証拠金）は，資本金または資本準備金に準ずるものであるから，控除項目に追加され（改正商施規124条2号・125条2号・126条2号），③期中に買い受けた自己株式は，定時総会決議に基づかないものであっても（平成15年改正前商法293条ノ5第3項3号参照），その取得に財源規制が課せられている特定の事由によるものについては，中間配当の算定上，控除項目とする規定が追加されている（改正商施規125条4項）。

(g) 第7章では，みなし大株式会社（改正商施規2条1項3号）に適用範囲が拡大されると共に，委員会等設置会社制度の創設に伴い，①特例会社の会計監査人および監査委員会が作成する監査報告書の記載方法に関する規定が新設されている（改正商施規135条ないし139条）。これには，大株式会社（改正商施規2条1項1号）およびみなし大株式会社（改正商施規2条1項3号）の監査報告書に関する規定（改正商施規129条ないし134条）が原則として準用されており，実質的には同一の内容である。また，②商法特例法21条の30第1項が法務省令に委任した，監査委員会が各取締役に提供すべき情報の時期および方法に関する規定が定められ（改正商施規140条），③商法特例法21条の31第1項が省令に委任した，定時総会において報告すべき事項が定められている（改正商施規141）。

第7章　改正商法施行規則について

　(h)　第8章では，①連結計算書類（平成14年改正商法特例法19条の2第1項・21条の32第1項）は連結貸借対照表および連結損益計算書とされ（改正商施規143条1項），その記載方法が詳しく定められているほか（改正商施規144条ないし178条），②米国預託証券の発行等に関して要請されている用語，様式及び作成方法（いわゆるSEC基準）で作成された連結財務諸表の提出を許容し，その場合の注記事項の簡素化を認め，「準拠している用語，様式及び作成方法」の注記のみを要求している（改正商施規179条）。また，③第9章では，商法特例法19条の2第3項および21条の32第2項が法務省令に委任した連結計算書類の監査の方法を，大株式会社と委員会等設置会社とで，それぞれ節を分けて規定している。

　(i)　第10章は，委員会等設置会社の取締役会は「監査委員会の職務の遂行のために必要なものとして法務省令で定める事項」を決議すべしとする規定（平成14年改正商法特例法21条の7第1項第2号）を受けて，内部統制システムに関する事項を定めている（改正商施規193条）。

　(j)　第11章雑則は，①平成14年商法改正で新設された株券失効制度（商法230条ないし230条ノ8）における株券喪失登録申請の添付書類（改正商施規194条），②会社分割，資本の減少，法定準備金の減少または合併の場合に債権者保護手続で公告すべき事項（改正商施規195条），および既に述べた，③有報提出大会社による貸借対照表等における財務諸表等規則等の用語・様式の全部または一部の使用の許容（改正商施規197条）のほか，④届出省令に関する事項（改正商施規196条）を定めている。④は旧商法施行規則111条を，文言に若干の変更を加えて，移動したものである。

　(2)　平成15年（2003年）7月には議員立法により，①定款授権に基づく取締役会決議による自己株式の買受けを許容するとともに（改正商法211条ノ3第1項2号・4項，商法特例法21条の7第3項9号），②中間配当限度額の算定に当たり，期中に資本減少等により生じた剰余金を中間配当限度額に加算する等（改正商法293条ノ5第3項）の商法改正（平成15年法律132号）が行われたことに伴い[12]，商法施行規則も部分改正が行われいている（平成15年法者省令

---

12)　改正の経緯・内容等については，塩崎恭久＝太田誠一＝保岡興治＝石井啓一＝金子善治郎「自己株式取得方法の見直し等に関する商法等の改正の経緯と概要」商事法務1672

68号)[13])。即ち,①定款授権に基づく取締役会決議により買い受けた自己株式が営業報告書の記載事項とされ(改正商施規103条1項9号ハ・4項),②省令に委任された中間配当限度額に係る控除額および加算額の内容が明らかにされ(改正商施規125条1項4号乃至6号・2項1号乃至3号),③改正前の新株予約権(ストック・オプション)の開示(改正前商施規103条1項11号)については,本社の取締役や使用人より割当株式数が少ないのに子会社の役員であるというだけで個別開示の対象者となるのは不均衡との経済界の意見を入れて,個別開示が求められる付与対象者の範囲と開示の類型に関し改正が行われている(改正商施規103条2項)。

6 結 び

改正商法施行規則は,計算書類の表示方法だけでなく,貸借対照表の評価規定・繰延資産および引当金に関する規定をも定めるに至った。この点で,会社法で計算規定を定めないアメリカ法とも,商法(法律)で評価規定から表示方法まで定めるドイツ法とも異なる規制方法を採用している。改正商法施行規則は,有限会社まで規制するようになり,その適用範囲は拡大している。この意義は重要である。改正商法施行規則が財務諸表規則との調整(改正商施規197条等)およびSEC基準との調整(改正商施規179条)を図っていることも注目に値する。

号4頁(2003年),郡谷大輔「自己株式取得方法の見直し等に関する商法等の改正の解釈・運用上の論点」商事法務1674号4頁(2003年)参照。

[13] 改正の詳細は郡谷大輔「自己株式の取得方法の見直し等に関する商法等の改正に伴う改正商法施行規則の解説」商事1675号31頁(2003年),同「平成15年商法改正に伴う「商法施行規則」の改正についての解説」JICPAジャーナル580号20頁(2003年)参照のこと。

附　国際金融法の論点

附第 1 章　欧州連合における銀行規制

1　はじめに

　1985 年 6 月の「域内市場の完成に関する白書」が定め，87 年 7 月発効の単一欧州議定書により欧州経済共同体設立条約（ローマ条約）に盛り込まれたタイム・テーブルに従って 93 年 1 月 1 日から欧州経済共同体内において単一銀行市場が完成した。その後同共同体は，94 年 11 月発効のマーストリヒト条約により欧州共同体となり，また他の二つの共同体と共に欧州連合を創設するようになった。同連合の加盟国は 95 年から 15 カ国となり，欧州の重要な諸国はこれに属している[1]。そこでローマ条約とその派生法の観点から欧州連合の銀行規制を鳥瞰することにする[2]。単一銀行市場実現のため条約と沢山の指令が重畳的に適用されるので，それらの骨子を解明することが必要であると考えるからである。

2　ローマ条約に基づく規制

(1) 総　説

　57 年のローマ条約は，四つの自由，即ち，①物の自由移動，②人の自由移動，③サービスの自由移動および④資本の自由移動を定めているが，銀行が主

---

1)　欧州連合の銀行規制の多くは，92 年 5 月の欧州経済地域協定により欧州自由貿易連合諸国にも拡大されている。この点の考察も紙面の関係で割愛せざるをえなかった。差し当たり Paul Nelson & Pauline Ashall, 'Financial Services in the European Economic Area', in Christopher Bright (ed), *Business Law in the European Economic Area* (Clarendon Press Oxford, 1994), p. 149 et seq. を参照されたい。
2)　欧州連合の銀行規制に焦点をあてた文献の中で Blanche Soubi-Roubi, Droit bancaire européen, 1995 は注目に値する。逐一引用箇所を示すことができなかったが，本稿の成果の多くは同書に依拠している。

に関係するのは営業の自由という観点から②と，サービスの提供の自由という観点から③である。もっとも，単一市場の実現に決定的影響を与えたとされる79年のカシス・ド・ディジョン判決は①に関係するし[3]，④がなければ単一市場を考えることができないので，相互に密接な関連性を有している。そして営業の自由を規定する52条及びサービスの提供の自由を規定する59条は，70年1月1日以後は加盟国に直接適用されるので[4]，指令の有無に拘わらず条約の規定に立ち返って考えることが常に必要である。

(2) 営業の自由

営業権は，受入国の所属民と同じ条件で自営業を営むために加盟国のどれか一国に定住する権利（52条）であり，自営業を設置する権利と無差別権（内国民待遇）からなる。条約は，営業の自由を実現するため，①国籍を理由とする差別的措置の廃止と②立法の調整を定めている。①は，新たな制限の導入の禁止（53条）と理事会による制限廃止のための一般計画の策定および同計画実施のための指令の採択（54条）からなる[5]。②は，「自営業へのアクセスとその行使を容易にするための」法律，法規及び行政規定の調整を目的とする指令の採択である（57条）。②には①と異なり条約の直接適用がないから，70年1月

---

3) Rewe-Zentral AG v Bundesmonopolverwaltung für Branntwein ('Cassis de Dijion') [1979] ECR649 ; Rechtssache 120/78, Sammlung der Rechtssprechung des Gerichtshofes Band 1979, I S.649. アルコール含有量が15度から20度のフランスのリキュール「カシス・ド・ディジョン」は，もっと高いアルコール含有量を要求するドイツの規制に合しないとして，輸入許可をしないことが，輸入に対する量的制限と「同等の効果を有する」措置に当たり，条約30条に反するかが争われた事件であって，裁判所は同等の効果を肯定した。B. Sousi-Roubi, op. cit., n°s. 182 et s. によると，委員会は，これを発展させ，80年10月の通知において，加盟国で合法的に製造・商品化されたあらゆる製品を，例外を除き，他の加盟国で商品化しうるという原則を支持し，このような考えが金融部門における監督の相互承認という概念に結び付いて85年の白書に盛り込まれた。

4) 直接適用一般については山手治之「欧州共同体法の直接的適用(1)」立命法学125・126合併号10頁以下及び山根裕子・新版EU/EC法（有信堂，96年）102頁以下参照のこと。

5) 例えば73年6月28日の「銀行及び他の金融機関の自営業に関する営業の自由及びサービスの自由な提供の制限の廃止に関する指令」を挙げることができるが，70年1月後は，条約の直接適用があたるため，沿革的意義しか有しない。もっともそれまでは加盟国の銀行監査当局は，お互いを知ることなく一つの銀行の断片的活動を監査していたが，72年に非公式に設立された銀行監督当局間の連絡委員会が，上記指令7条で認知されるに至っている。

以後も個々の指令の採択により実現されなければならなかった。ちなみに、第三国の子会社が加盟国の立法に基づいて設立されると、共同体の所属民として扱われるので（58条）、その限りでは欧州統合が欧州の砦であるという主張は成立しえない。

(3) サービスの提供の自由

サービス[6]の提供の自由は、加盟国の一つで開業した提供者に認められる、他の加盟国にいる受取人にその国が所属民に課す条件と同じ条件で（60条末尾）サービスを提供する権利であり（59条）、サービスの国境を超えた提供と非差別権とからなる。条約は、サービスの提供の自由を実現するため、営業の場合と同じく、①差別的措置の廃止と②立法の調整を定めている。①は、新たな制限の導入の禁止（62条）と制限廃止のための一般計画の策定及び同計画の実施のための指令の採択（63条）からなる。もっとも銀行に関する差別の廃止のテンポは、当初条約が資本の自由化に対し他の分野と異なり慎重な態度を取っていたため、資本取引に関係するか否かで異なっていた（61条2項）。即ち、関係しない場合にはその他のサービスと同様のテンポで行われたが、資本取引に関連する場合には、資本移動の自由化と同じテンポで行われた。②も営業の場合と同じく指令の採択によって行われたが（66条による57条の準用）、この分野の銀行関連指令は極めて少なく、営業の分野で銀行関連指令が多いのとは著しく対照的である。

3 派生法による規制（その1）

(1) 総　説

派生法は、規則、指令、決定などであるが（ローマ条約189条参照）、銀行規制は主に指令の形態を採る。指令は、達成されるべき結果に関してのみ加盟国を拘束し、結果達成のための形式及び方法の選択は加盟国に委ねられる。とこ

---

[6] サービスの意味は、第3次産業とは必ずしも一致しない（Lenz (Hrsg.), EG-Vertrag Kommentar, 1994, S. 291）。顧客の国に営業を有しているか否かが判断の基準である。B. Sousi-Roubi, op. cit., n°. 68.

ろで欧州委員会による単一銀行市場実現のための手法は① 1985 年以前と②それ以後とでは大きく異なっている。①の時代には，少しの歩み政策と言われる，各国の銀行法を指令により調整する方法が採られた。しかし各国法の統一という方法は，多大な労力を必要とし，決して賢明な方法ではなかった。そこで②の時代からは，上述した85年白書によって打ち出された，新アプローチと言われる，相互承認という方法が採られるようになった。相互承認のためには，各加盟国が重要と判断する規制が最低限調和化されていることが必要である。その上で，信用機関の本国の所管庁によって与えられた免許を承認すると共に，本国の所管庁によって行われた監督を承認するというものである。従って新アプローチは，最小限の調和化，免許・監督の相互承認及び本国による監督の三つの原則から構成されている[7]。

(2) 少しの歩み時代に採択された指令

この時期に採択された指令として① 77 年 12 月 12 日の「信用機関の業務へのアクセス及びその遂行に関する立法規定，法規規定及び行政規定の調整をめざす指令」(以下第1銀行指令という)，③83年6月13日の「連結ベースについての信用機関の監視に関する指令」(以下旧連結ベース指令という) および③ 86 年 12 月 8 日の「銀行及びその他の金融機関の年度計算書及び連結計算書に関する指令」(以下銀行年度計算書指令という) を挙げることができる。③は86 年の採択であるが，最初の指令案が提出されたのは81年であるから，この期に含めることに別段の支障はない。

①旧連結ベース指令は信用機関の連結ベースの監視に本国による監督主義を採用した点（3条3項）で第2銀行指令を先取りするものとして注目されるが，同指令は親会社が信用機関である場合にのみ連結ベースの監視を考えていたので，持株会社にグループの全信用機関を統括されることにより規制を免れる道が開かれている等の欠陥があった。そのため 92 年 4 月の新連結ベース指令の採択に伴い，93 年 1 月に廃止されているので，これ以上の紹介を行わない。②銀行年度計算書指令は，信用機関の会計規則の調整を行ってはいるものの，

---

7) B. Sousi-Roubi, op. cit. n°s. 196 et 200. 星野郁「資本移動・金融サービスの自由化」ジュリ961号（90年）60頁，本田敬吉「EC金融統合から経済・通貨同盟へ」同173頁参照。

ローマ条約57条ではなくて、会社法の調整を目的とする条約54条3項gに基づいて採択された指令であって、会社法に関する第4指令及び第7指令の補完的指令と位置づけうるものである。従ってこの紹介も控える。但し同指令は信用機関の会計規則の最小の調和化を果たしているので重要である。これに対し、③第1銀行指令[8]は、後に述べる第2銀行指令採択後も効力を有し、第2銀行指令と合わせて読むことが必要な重要指令である。本指令の準備作業は66年に始まっているが、72年に提案された野心的な指令案が、特に、銀行業務の監督という思想がなかったイギリスの反対にあい、74年12月に非常に慎ましい新提案に代わるという経過を辿って採択された。本指令の実施のため、不文律を採ってきたイギリスにおいて初めて銀行法（Banking Act 1979）が制定されたことは周知の通りである。このように採択に長い時間を要したのは、各国間の規制に大きな相違があったことの他に、当時指令の採択に理事会の満場一致主義が採られていたことによる。ちなみに単一欧州議定書により、この方式は特別多数決主義に改められるとともに、理事会は委員会に既に採択した指令を修正する権限を委託する方法が認められるようになっている。

(3) 第1銀行指令の内容

その正式名称が示す通りであって、①信用機関の定義、②信用機関の事前免許制、③支店の制度、④銀行諮問委員会及び⑤健全性規則の暫定的調整などを定めている。

① 同指令によると、信用機関は、預金の受入と信用供与の二つの要件をクリアする企業である（1条第1ダッシュ）。この定義はその後の指令においても準用されているから、欧州銀行法の基本概念である。

② 免許交付のための最小条件として、信用機関の自己資本、業務執行者及び業務計画書の三つが規定されている（3条2項）。(a)自己資本については、別個の、十分な最低資本金の存在が要求されているが、まだ最低額は規定されていない。(b)業務執行者については、信望と経験を有する最低2名の存在を要

---

8) 同指令の英語版に基づく翻訳として『EUの金融・証券市場統合と通貨統合——その法的枠組——』（財団法人日本証券経済研究所、94年）がある。同書にはその他第2銀行指令、自己資本指令等の翻訳も収録されている。

求している。免許の交付を市場の経済的必要にかからしめることは禁止されている（3条3項a）。所管庁により与えられた免許は，欧州委員会に通知され，同委員会は，免許を与えられた信用機関のリストを作成し，欧州共同体官報でその公表を行う（3条7項）。

③　共同体に本店を有する信用機関が支店を他の加盟国で設立するには，まだ受入国で免許を受けることを要するとされていたが，内国民待遇が規定されていた（4条1項）。しかし少しの歩みが次の点で行われている。即ち，第1に，信用機関が受入国で認められていない法形態で他の加盟国で設立されていることを唯一の理由として支店の免許を拒否することができないとされ（4条2項），第2に，本国による監督原則の萌芽が見られる。即ち，本店がある以外の加盟国に支店を設置する信用機関の業務を監督するための所管庁間の緊密な協力が定められている（7条1項）。第3に，信用機関の免許の取消しは，他の加盟国におけるその支店の免許の取消しの効果を有するとされている（8条4項）。これに対し，第三国に本店を有す信用機関の支店に対しては，協定により相互主義が採られた場合を除き（9条3項），共同体内に本店を有する信用機関の支店より設立・遂行において有利な待遇をしてはならず（同1項），与えた免許は欧州委員会及び諮問委員会に通知すべきものとされている（同2項）。

④　銀行諮問委員会が，欧州委員会の脇に設置される（11条）。銀行諮問委員会は，特定の任務以外に，信用機関に関する指令の適切な適用を監視し，将来の指令の周到な準備のために欧州委員会を補佐する一般的任務を有しており，重要な機能を果たしている。銀行諮問委員会は，銀行監督当局間で設立された連絡委員会（注5参照）の技術的助言を受ける（6条1項3段落）。

⑤　信用機関の支払能力，流動性又はリスクの分散の監視に関する健全性規則は，会計規則と共に，信用機関の間の公正な競争を維持し，制度の信頼性と安定性を確保するために不可欠な規則であるが，第1銀行指令は，「その後の調整が行われるまで」加盟国の所管庁が，信用機関の支払能力と流動性の監視を目的として信用機関の資産・負債項目間の比率を定め，銀行諮問委員会は，所管庁によって行われた分析結果を審査し，係数調整のための提案を欧州委員会に行うとし（6条），健全性監督のための嚆矢を放っている。銀行諮問委員

会は79年から自己資本項目の研究に入り，このような作業の結果蓄積された
データから後に紹介する支払能力比率の内容が具体化し，支払能力比率指令に
結実していくことになる。

4 派生法による規制（その2）

(1) 総　説

新アプローチ時代の指令として①89年12月15日の「信用機関の業務への
アクセスとその遂行に関する立法規定，法規規定及び行政規定の調整をめざす
並びに第1銀行指令を修正する指令」（以下第2銀行指令という）のほか，②89
年2月13日の「加盟国外に本店を有する信用機関及び金融機関の当該加盟国
内に設置された支店の会計文書の開示義務に関する指令」（以下支店の会計文書
開示指令という），③89年4月17日の「信用機関の自己資本に関する指令」
（以下自己資本指令という），④89年12月18日の「信用機関の支払能力比率に
関する指令」（以下支払能力比率指令という），⑤91年6月10日の「資金洗浄の
ための金融システムの利用の予防に関する指令」（以下資金洗浄指令という），
⑥92年4月6日の「連結ベースについての監視に関する指令」（以下新連結
ベース指令という），⑦92年12月21日の「信用機関の大口リスクの監視及び
監督に関する指令」（以下大口リスク指令という），⑧93年3月15日の「投資企
業及び信用機関の適正自己資本に関する指令」（以下適正自己資本指令という）
及び⑨94年5月30日の「預金保証システムに関する指令」（以下預金保証指令
という）を挙げることができる[9]。

そのうち第2銀行指令は，3(1)で述べた三つの原則を確立しており，単一
銀行市場実現の要である[10]。これに対し，③④⑥⑦⑧の各指令は信用機関の

---

9) 1992年の国際信用商業銀行（Bank for Credit and Commerce International）の経営の
行き詰まりに端を発して，信用機関が所属するグループに対する構造評価を導入するこ
とを意図したBCCI指令といわれる提案が93年7月に提出され，95年中に採択されるこ
とが期待されている。B. Sousi-Roubi, op. cit. n[os].217 et 228.
10) 第2銀行指令を紹介する論文として長谷川俊明「EC第2銀行業指令案の概要」金法
1223号23頁（89年），イヴォ・ヴァン・バエル（山根訳）「ECの銀行業のための単一市
場の創設」国際商事法務18巻4号343頁（90年），瀬々敦子「EC第2次銀行指令の概要
と第3国金融機関の欧州戦略上の問題点（上下）」ジュリスト1035号93頁，1036号81

健全性の監督に関係し，第2銀行指令を補完する立場にある。これに対し預金保証指令は，預金者保護を目的とする点で，また資金洗浄指令はマネー・ロンダリングの阻止を目的とする点で前述の諸指令とは異なっている。そこで以下ではこの順序でその内容を紹介することとし，支店の会計文書開示指令は第2指令の後に紹介する。

(2) 第2銀行指令の内容

第2指令は24ヵ条と附属書から構成されている。

(a) 信用機関へのアクセス

第1銀行指令が採用する免許制を前提とし次のような規定を定めている。

① 旧連結ベース指令にならい所管庁の定義を定めている（1条5段）。但しいかなる機関を所管庁とするかは依然として各国の裁量に任されている。

② 第1指令が定める条件に加えて，(a)信用機関は最低資本金（500万エキュ。但し特定のカテゴリーの信用機関には例外が認められる。4条）を有することと，(b)実効的資本参加を行う者の氏名・出資額を所管庁に通知させ，それらの者が信用機関の健全な経営を保証する適格性を有していることの審査をパスすること（5条）の2条件を追加している。実効的資本参加とは，直接又は間接的に資本金又は議決権の10％以上を有するか又は被資本参加企業の経営に対して著しい影響力を有していることである（1条10段）。

③ 本国で免許を受けた信用機関の支店は受入国で免許を受けることを要しない（18条1項）。これは，後述する単一免許制採用に基づく革新的な結果である。そのためかつては支店の設立の際に受入国が要求しえた基礎資本金の要求は禁止されている（6条1項）。これに対し域外信用機関の支店は依然として各加盟国で国内信用機関と同一の免許を取得することが必要である（第1銀行指令9条）。

(b) 業務遂行の条件

以下の分野で最小の調和化が図られている。

① 信用機関の自己資本は免許時に要求された最低資本金を下回ることがで

頁（93年）がある。B. Sousi-Roubi, op. cit. n°s. 202 以下も詳細な紹介を行っている。

きない(10条1項)。但し最低資本金に達しない既存の中小銀行のため,加盟国は,指令の通告日以後達成された自己資本額をくだらないという条件で,当該信用機関の業務の継続を認める決定を行うことができる(同2項)。そこでこの条件の悪用を避けつつ,中小銀行の建て直しの妨害にならないよう,以前と異なる者が信用機関に対する支配権を取得した場合には最低資本金の要件を満たさなければならないが(同3項),特定の状況下で,所管庁の同意もとに既存の中小銀行が合併を行う場合には,その要件を満たす必要はないとの巧妙な規制がなされている(同4項)。なお自己資本の定義(1条4段)は,後述する自己資本指令の定義と同一である。

② 実効的資本参加の変動については,それを処分する場合には,その旨を所管庁に通知するだけで足りるが(11条3項),実効的資本参加を新たに取得するか,それを増額し,20%,33%,50%以上となるか信用機関を子会社化する程の取得を行う場合には,アクセスの際の審査の延長として,事前に所管庁に通知し,その審査を受けなければならず,所管庁が取得者の適格性に満足しない場合には最高3ヶ月の期間その取得に反対することができるとされている(同1項)。

③ 信用機関が,非金融企業(信用機関,金融機関及び銀行付随業務[11]を営む企業以外の企業)に資本参加を行いうるか否かについては,これを認める加盟国とそうでない国とがあった。そこで第2指令は,認めるか否かを加盟国の選択に委ねたが,認める場合には以下の二重の制限に服するとしている。即ち,これらの企業に対して個別的に信用機関の自己資本の15%を超える実効的資本参加をしてはならないと共に(12条1項),実効的資本参加の総額も自己資本の60%(同2項)を超えてはならない。制限の遵守は後述する連結ベースの監視の対象となる(同6項。新連結ベース指令3条5項参照)。これらの制限はユニバーサル銀行制度を採ってきた国にとっては新たな制限の導入であるから,制限を超える信用機関には10年の猶予期間が認められ(同7項),制限を超える実効的資本参加額が支払能力比率の計算に算入されない自己資本により100%カバーされる場合には,上記制限を適用しないと定める裁量権が加盟国

---

11) リース,ファクタリング,投資信託経営,情報サービス経常又はその他の類似のあらゆる業務である(銀行年度計算書指令43条2項f段)。

に認められている（同8項）。

　(c)　免許の相互承認

　①　附属書のリスト[12]に記載された業務が免許に含まれている範囲で，第2銀行指令の規定に基づき加盟国の所管庁から免許を受け且つその監督に服する「信用機関」は，他の加盟国で支店の設立の方法によっても，サービスの提供の方法によっても当該業務を営むことができる（18条1項）。これがいわゆる相互承認であり，単一免許制度である。これにより受入国は厳格な規制をしても他の加盟国の信用機関の進出を阻止できないので，規制は早晩緩和されることが期待されている。相互承認は，信用機関ではない特定の条件を満たす「金融機関」等に拡大されている（同2項）。金融機関とは，主たる業務が資本参加行為であるか又は附属書リスト第2段乃至第12段の一つ以上の業務遂行である，信用機関以外の企業である（1条6段）。この拡大は，金融機関業務を営み得るユニバーサル銀行制度を採用している国（ドイツ，フランス，ルクセンブルク，オランダ）とは異なり，厳格な商業銀行制度を採用していた国（イタリア）では，信用機関は専門子会社の設立という迂回的方法を通して金融機関業務を営んでいたことから，その不利益を救済しようとするものである。当該金融機関は，この制度を採用するか，条約の一般規定に従うか選択権を有している。

　②　信用機関が支店の方法で他の加盟国に進出しようとするときには，業務のタイプなど特定の情報を添えて（19条2項），本国の所管庁に通知する（同1項）。本国の所管庁は信用機関の管理体制等を3ヶ月以内に審査し，進出を認めるか否かを決定する。認めるときには，受入国の所管庁に通知をする（同3項）。受入国の所管庁は通知を受けてから2ヶ月以内に，信用機関の監視を準備し，公益のため受入国で遵守すべき条件を信用機関に知らせる（同4項）。受入国からの連絡を受けた時（連絡がないときは2ヶ月が経過した時）から，支店は業務を開始することができる（同5項）。本指令の施行前に受入国の免許

---

[12]　附属書は，相互承認を享受する業務として14の業務を規定している。このリストから欧州共同体はユニバーサル銀行制度を指向していることが明らかになる。業務のうち1段は信用機関に固有な業務である預金または資金の受入である。したがって金融機関の定義から，これが除外され，また13段は信用照会サービス，14段は金庫の賃貸であって，金融機関を特徴付けえない。そこでこれらの除く業務（貸借，リース，金融商品の取引等）が金融機関の業務のメルクマールとされている。

を受けて業務を営んでいた既存の支店はこれらの手続を踏むことなく（23条1項），本国の所管庁による監督に移行する。以後支店設立の際の情報に変更が生じる場合には，変更の1ヶ月前に本国と受入国の所管庁にその旨を通知する（19条6項）。同一国に設置されている複数の営業所は単一の支店とみなされるので（1条第3ダッシュ），営業所の新設は，それだけでは上記の変更に当たらない。本国の監督主義が原則であるが，受入国の所管庁も，統計目的のため本国の信用機関から受入国で行われる取引に関する定期的報告を受け（21条1項），また支店の流動性の監視や市場リスクの監督につき本国の所管庁と共同の権限を有しているので（14条2項・3項），支店に対しそのための情報を請求することができる（21条1項）。

③　信用機関がサービスの提供の方法で業務を営もうとする場合には，その意図を本国の所管庁に通知するだけでよく（20条1項），通知の時からこの方法で業務を営みうる。本国の所管庁は当該通知を1ヶ月以内に受入国の所管庁に連絡する（同2項）。本指令施行以前のサービスの提供により業務を営んでいた信用機関は，この手続を踏む必要がない（23条2項）。

(d)　本国による監督

①　信用機関が営む業務遂行の監督を含む，その節度ある運営の監督（これには連結ベースの監視も含まれる）は，本国の所管庁の責任である（13条1項）。免許を交付する所管庁と監督所管庁は，ベルギーのように同一であることも，フランスの様に異なることも可能である。監督を有効ならしめるため，本国の所管庁は，信用機関に健全な管理・会計組織及び適切な内部統制手続を有するよう要求できる（13条2項）。

②　本国の所管庁は，受入国の所管庁に事前に通知した後，信用機関の指揮・管理・所有に関する情報及び流動性，預金保証，大口リスク，管理的・会計的組織および内部統制に関する情報につき，自ら又は受託者を通して支店の立入検査を実施することができ（15条1項），受入国の所管庁に検査請求を行うこともできる（同2項）。

③　受入国の所管庁も，例外的に，「その後の調整が行われるまでの間」信用機関の支店の流動性の監視権を有する。この権限は本国の所管庁と共有される。これに対し，受入国の所管庁は，自国の金融政策から生じる措置に対して

は完全な権限を有している（14条2項）。受入国の所管庁も自己の責任を遂行するために支店に立入検査をする権限を有している（15条3項）。なお「その後の調整が行われるまでの間」、受入国の所管庁は、本国の所管庁と協力して、市場リスク・ヘッジの措置を採らせる権限を有するとされていたが（14条3項）、後述するように投資サービス指令と適正自己資本指令の施行により、これについても本国による監督主義が採られるようになったことから、この権限は消滅している。

④ 第1銀行指令の職業上の秘密に関する規定（12条）は、より完全な第2銀行指令16条に取り替えられている。なお92年10月には、フランスと当局とドイツの当局との間で銀行監視に関する協力協定が締結されている。

(e) 第三国の信用機関との関係

以下のように規制されている。

① 第三国の信用機関の子企業の免許と第三国の信用機関が共同体の信用機関を子会社化するために行う資本参加は、加盟国の所管庁から欧州委員会に通知され、欧州委員会はそれを銀行諮問委員会に連絡する（8条）。

他方、② 自国の信用機関が第三国で遭遇する困難は、加盟国より欧州委員会に通知される（9条1項）。欧州委員会は、第三国の市場アクセス関係の報告書を定期的に作成し、妥当と思われる場合には理事会に送付する（同2項）。共同体の信用機関に第三国の市場への有効なアクセスが保証されていないと考えるときには、欧州委員会は交渉権限が与えられるよう理事会に提案でき（同3項）、第三国で共同体の信用機関が市場への有効なアクセスが満たされていないだけでなく内国民待遇さえも享受していないと判断したときには、状況改善のための交渉を開始することができ、交渉開始に加えて、またいつでも、第三国の信用機関により提出された免許申請および資本参加取得申請に対する加盟国の所管庁による決定の3ヶ月を超えない制限又は一時停止を決定することができる（同4項）[13]。なおこれらの措置は、多角的国際協定と一致すべきもの

---

13) 当初提案された相互主義条項は銀行と証券の分離法制を採用しているアメリカや日本に懸念を引き起こしたが、本文に述べたような内容に修正された。長谷川・前掲論文25頁以下。なお同時に Piet Eeckhout, *The European Internal Market and International Trade : A Legal Analysis* (Clarendon Press Oxford, 1994), pp. 47-84 も参照されたい。

とされている（同6項）。この点でサービスの貿易に関する一般協定（GATS）との関わりが注目される。

(3) 支店の会計文書開示指令

本指令は，他の加盟国または第三国に本店を有する信用機関（金融機関を含む）の支店が開示すべき会計文書の調整を目的としている。

① 他の加盟国の信用機関の支店は，本国の法律が定める方式で作成され且つ監督された（2条2項），当該信用機関の年度計算書，連結計算書，営業報告書，連結営業報告書および監査報告書を開示しなければならないが（同1項），自己の業務に関わる年度計算書を開示する義務はない（同3項）。加盟国は，その後の調整が行われるまでの間，付加的情報の開示要求を定めることができ，その場合には支店国の会計監査権限を有する者により検査を受けることを要する（同4項）。

② 第三国の信用機関の支店の会計文書の開示規制も①とほぼ同様であるが，会計文書が銀行年度計算書指令に相当する仕方で作成されている場合には，自己の業務に関わる年度計算書を開示する義務はないものの（3条2項），そうでない場合には支店業務に関わる年度計算書の開示を加盟国は要求することができる（同3項）。

加盟国は，①②の会計文書は公用語で開示され且つその翻訳が証明されることを要求することができる（4条）。

(4) 健全性の監督

リスクは信用リスクと市場リスクとに分けられる。前者は債務者の債務不履行というリスクである。後者は，取引の特定の要素の変動に結び付いたリスクであって，外国為替リスクなどである。信用機関はこれらのリスクに対処しなければならず，さらに，これらのリスクは，特定の債務者または特定の取引に集中投資すると増大するので（大口リスク），リスクの分散を図ることも必要である。また信用機関がグループの構成員であるときには，単独ベースのリスクのヘッジを図るだけでは不十分であって，グループによって受けるリスクも考慮しなければならない。本国の監督の相互承認にはこれらの健全性の監督の最

小限の調和化が必要であった。そこで自己資本指令と支払能力比率指令により信用機関が受ける信用リスク規制の最小の調和化が図られ，グループにより受けるリスクの監督の最小の調和化は新連結ベース指令で実現され，信用リスクに関する大口リスクの最小の調和化は大口リスク指令で実現されている。ところで信用機関が証券分野において投資サービスを行いうるとすると，市場リスクに晒されている投資企業が信用機関と対等な競争ができるように信用機関と同様の規制を投資企業に強制しなければならないと共に，逆に市場リスクに晒される信用機関にも投資企業と同様の規制を強制する必要が生じる。そこで93年5月10日の「証券分野における投資サービスに関する指令」(以下投資サービス指令という) は，第2銀行指令と同様の最小の調和化，免許・監督の相互承認及び本国による監督の3原則を証券分野における投資サービスについも確立し，加盟国は，投資企業が遵守すべき節度ある運営の規則を作成すべしと定めた（10条）。もっと同指令は市場リスクの節度ある運営のための具体的規制を行わず，信用機関に対する規制をひっくるめてこれを行っているのは適正自己資本指令である。かくして信用機関であろうと，投資企業であろうと，信用リスクは支払能力比率指令により規制され，信用機関であろうと，投資企業であろうと，市場リスクと市場リスクに関する大口リスクは適正自己資本指令により規制されている。これに対し流動性の調和化は未だ行われておらず，流動性比率確立のためのデータ収集作業は，前述した銀行諮問委員会により継続して続けられている。ちなみに支店の流動性の監督は，本国の所管庁と共に支店受入国の権限であることは（第2銀行指令14条2項）既に述べた通りである。

(a) 自己資本指令

① 支払能力比率は自己資本によって決まるから，本指令と支払能力比率指令は不可分の指令である。支払能力比率の画定は，二つのルート，即ち，第1に，銀行諮問委員会によって行われた観察係数分析の成果の利用と，第2に，英銀行副総裁ピーター・クック（Peter Cook）を議長とし，10ヶ国（G10）の専門家からなる，自己資本の国際的統一の勧告をめざしたバーゼル委員会の作業情報[14]の利用を通して行われた[15]。欧州委員会は，85年に自己資本に関す

---

14) バーゼル委員会の作業内容については尾澤宏和「国際金融をめぐる法律実務の諸問題 第6回自己資本比率規制」国際商事法務22巻7号800頁以下等（94年）も参照のこと。

る勧告を公表した後，これを86年には指令案に変え，長い理事会との交渉の後，本指令が採択された。

　②　本指令は，非連結の自己資本に含まれる項目（2条乃至4条の2）と自己資本額の計算方法（6条1項）を定めている。この計算方法により得られた額が次に述べる支払能力比率の分子を構成する。

　③　「その後の調整が行われるまでの間」，連結ベースの自己資本の計算は，新連結ベース指令に基づいて行われるとされていた（5条1項）((e)③(d)参照）。

　(b)　支払能力比率指令

　①　本指令は，信用機関の支払能力係数である支払能力比率を，リスク調整された資産およびオフバランスシート項目の合計額を分母（5条4項），自己資本を分子（4条）とする比率と定め（3条1項），信用機関は，93年1月1日以後，最低でも8％の水準を恒常的に維持しなければならない（10条1項）と規定している。

　②　資産項目とそのリスク調整の仕方は6条1項で定められている。それによると資産は，債務者の種類，その本国が属するゾーンおよび資産の性質の組み合わせにより，例外規定はあるが，ゼロ，20％，50％および100％の四つのウエイトに分けられ，リスク調整は資産額にそれが属するウエイトを掛けることにより行われる。

　③　オフバランスシート項目は金利または為替相場に関するもの（附属書Ⅲに列挙されている）とそれ以外のものに（附属書Ⅰに列挙されている）区別されている。(a)前者のリスク調整の計算は，附属書Ⅱが定める，2段階からなる二つの方式のうちどちらか一つを用いて行う（5条3項，6条3項）。他方，(b)後者は，項目が高リスク，中リスク，穏やかなリスク又は微弱リスクに属するか否かにより，特定のウエイトを先ず掛け合わせ，次いで6条1項が定めるウエイトを掛けるという方法で行う（5条2項，6条2項）。このようにオフバランスシート項目の計算が二つの段階から構成されているのは，信用機関が信用を担保していることに由来する。即ち，信用機関がリスクを負った債務を履行した場合には，最終債務者に履行請求することになるが，当該最終債務者が履行

---

15)　B. Sousi-Roubi, op. cit. n°s. 314 et 315 参照。

するか否かのリスクを再び信用機関は負うからである。

④ 親企業である信用機関の支払能力比率は，新連結ベース指令に基づき連結ベースで計算される（3条3項）。

(c) 新連結ベース指令

本指令は信用機関の節度ある運営の監視を強化する観点から制定されたものであって，金融コングロマリットの監視に対する規制への端緒が見られるものの，後者の規制は将来の課題として残されている（例えば保険企業は連結監視に含められない）。本指令の規制内容は以下の通りである。

① 子企業に信用機関若しくは金融機関を有する又はそのような機関に資本参加を行う信用機関には，連結ベースに基づく監視が強制される（3条1項）。これは旧連結ベース指令を踏襲した規定である。さらにその親企業が「金融会社」である全ての信用機関にも，金融会社の連結ベースに基づく監視が強制される（同条2項）。新概念である金融会社とは，その子企業がもっぱら又は主として信用機関又は金融機関であって，これらの子企業の一つは少なくても信用機関である金融機関である（1条第3ダッシュ）。

② 連結に含められる企業は，信用機関，金融機関および付随的銀行サービス企業である。新概念である「付随的銀行サービス企業」とは，主たる業務が不動産の所持若しくは管理，情報サービスの管理又は一つ若しくはその以上の借用機関の主たる業務との関連で付随的性質を有する類似の他の全ての業務からなる企業である（1条第5ダッシュ）。連結に含められるためには，これらの企業が親企業の子企業であるか，資本参加されていることが必要である。それ以外の資本の結びつきの場合に連結に含めるか否かは所管庁の決定に委ねている（5条3項）。子企業の場合には全部連結が行われ（同1項），それ自体は連結に含められない企業との共同支配下にある場合には部分連結が強制される（同2項）。それ以外の場合には連結方式の決定は所管庁に委ねられている（同3項・4項）。

③ 支払能力，市場リスクに対する適正自己資本および大口リスクの管理は，本指令に基づいて連結ベースで行われる（3条5項）。なお，「市場リスクに対する適正自己資本に関する指令が施行されない間は」，所管庁が定める方式に従い，連結監視の中に当該リスクに晒される金融機関を含めるものとされてい

た（9条2項）。これらの規制のその後の調整は，後述する適正自己資本指令により行われている。

④ 「混合会社」も新しい概念であるが，それは，金融会社又は信用機関以外の親企業であって，その子企業の少なくとも1社は信用機関であるものである（1条第4ダッシュ）。混合会社の子企業である信用機関の監視を担当する所管庁は，その後の調整が行われるまでの間，親企業及びそれらの子企業から，子企業である信用機関の監視の行使に有益なあらゆる情報の通知を要求することができ（6条1項），同情報に関する立入検査権を有する（同条2項）。混合会社又はそれらの子企業の一つが，子企業である信用機関とは異なる加盟国にいる場合においても，上記所管庁は他の加盟国の所管庁に検査請求をなすことができる（同条2項・7条7項）。

⑤ 欧州委員会は，親企業の本店が第三国にある信用機関及び第三国にあるが，その親企業である信用機関又は金融会社は共同体に本店を有する信用機関に連結ベースに基づく監視を適用するために，第三国と協定交渉を行うための提案権を有している（8条）。これに基づき理事会から93年12月に権限が与えられ，アメリカ，日本，スイス及びカナダと交渉が行われている。

(d) 大口リスク指令

大口リスク規制は加盟国間で余りに相違があったことから，86年12月に拘束力のない勧告が欧州委員会により採択されたが，同勧告はわずかの国によってしか実現されなかったので，勧告を強化する本指令が採択された。

① 本指令にリスクとは信用リスクを意味する（1条h）。また「関連顧客グループ」とは，それらの内の一人が他方に直接若しくは間接に支配権を有しているため又は支配関係はないが，一人の財務問題が他方に償還の困難をもたらす公算が高いため，リスクの視点から集団とみなされる二人以上の自然人又は法人のグループをいい（1条m），顧客又は関連顧客グループに対し信用機関により引き受けられるリスクが，その自己資本の10％以上（勧告では15％であった）になると大口リスクとみなされる（3条1項）。

② 大口リスクのうち禁止されるのは，同じ顧客又は関連顧客グループに対する総額が自己資本の25％（勧告では40％であった）を超えるリスクの引受である（4条1項）。しかし顧客又は関連顧客グループが信用機関の親企業，子

企業または親企業の子企業の場合には，経験的にリスクが増大するので，そのパーセントは原則として20％に下げられている（同2項）。もっともこれらの企業が連結ベース関する監視に服している場合には，同監視は，十分に有効な監視を可能とするという考えから，次に述べる累積規制の制限を含む，あらゆる適用の免除を加盟国は定めることができる（同6項）。

また，③信用機関は，累積総額が自己資本の800％（勧告と同じ値）を超える大口リスクを引き受けることも禁止されている（4条3項）。

④　所管庁は，大口リスクの監視のため，各信用機関が健全な会計手続と内部統制システムを有するように要求するものとし（3条4項），信用機関は大口リスクの通知を所管庁に行うものとされている（同2項）。

⑤　これに対し同指令は，市場リスクについては，これに関する共同体の規定が採択されるまで，その取り扱いを加盟国に委ねるに留まっていた（8条3項）（(e)②参照）。

(e)　適正自己資本指令

15ヵ条と六つの附属書からなる本指令は，信用機関と投資企業をひっくるめて「機関」と定義している（2条第3ダッシュ）。本指令は投資企業の最低資本金に関する規定等も定めているが，以下では健全性規則に関係する内容のみを紹介する。

①　リスクについては，信用リスクのみならず，市場リスクも総合的にカバーするために，原則として，以下で述べる(a)乃至(c)の合計額以上の自己資本を機関は有しなければならない（4条）。

(a)　まず信用リスクをカバーするため，機関は支払能力比率指令が定める自己資本額を有しなければならない（4条1項ⅲ）。これは，信用機関の支払能力比率要件を投資企業に拡大した規定である。

(b)　機関は，(a)の額に加えて，さらに市場リスクに対応する個々の自己資本必要額を有しなければならない。本指令は，外国為替リスクおよびポジション・リスクのほか，決済・相手方リスクも市場リスクと同じ扱いをしている（そのほか投資企業にのみ関係するリスクとして「その他のリスク」（附属書Ⅳ参照）がある）。

外国為替リスクに対応する自己資本必要額（4条1項ⅱ）の計算方法は，附

属書Ⅲで規定されている。

これに対しポジション・リスクと決済・相手方リスクは、取引ポートフォリオに当たる場合に限り、必要自己資本の計算の対象となる（4条1項ⅰ）。取引ポートフォリオは、支払能力比率項目に含まれない、次の三つの項目から構成される（2条6段）。即ち、(a)短期的利益を得る意図で転売および（又は）差益取引のため機関により所持されている金融商品における自己ポジション、(b)附属書Ⅱにいう決済・相手方リスクおよび(c)ポートフォリオに含まれ項目と直接関連し且つ附属書Ⅱ6段にいう仲立手数料、手数料、金利、配当および取引所で取引される派生金融商品に関する証拠金の供託の形態でのリスクである。

ポジション・リスクは、債券および債券の派生商品に関するポジション・リスクと株券および株券の派生商品に関するポジション・リスクからなる。これらのリスクは特定リスク（その発行者の要因により金融商品が変動するリスク）と一般リスク（債券等の場合には金利水準の変化により又は株券等の場合には株式市場の一般的変動により金融商品の価格が変動するリスク）からなる。ポジション・リスクの自己資本必要額の計算方法は、附属書Ⅰで規定されている。

決済・相手方リスクは、決済／受渡リスク（定められた受渡し日を過ぎても決済されない債券および株券取引から生じるリスク）と相手方リスク（代金未払いの証券渡し、現先、逆現先取引、証券貸借および店頭派生金融商品から生じるリスク）の二つを含む概念である。附属書Ⅱはこれらの自己資本必要額の計算方法を定めている。

(c) さらに、支払能力比率指令にも本指令にも定められていないが、それらのリスクと同視しうるものとして所管庁が定めるリスクをカバーするための自己資本必要額も機関は常時有しなければならない（4条1項ⅳ）。

上記諸リスクをヘッジするための機関の自己資本は、自己資本指令が定める内容と同じであるのを原則とするが（2条23段、附属書Ⅴ1段）、市場リスクはしばしば非常に変わる性質を有していることから、所管庁は、附属書Ⅰ、Ⅱ、Ⅲ、ⅣおよびⅥの要件を満たすために、上記意味の自己資本の代わりに、最低2年の劣後債等を含む追加補足的自己資本でカバーする方法を機関に認めている（附属書Ⅴ2段）。

② 大口リスクについては次のように定めている。即ち、機関は大口リスク

指令に基づいて大口リスクを監視及び管理するが（5条1項），附属書ⅠおよびⅡに基づいて取引ポートフォリオに対する自己資本必要額を計算する機関は，附属書Ⅵが定める修正された大口リスク指令に基づいて自己の大口リスクを監視および管理する（同2項）。

③ 連結ベースに基づく監視に関する規制は以下の通りである

(a) 子企業として信用機関，投資企業若しくは他の金融機関を有するか又はこれらの法人に資本参加を行う機関および親企業が金融機関である機関の4条および5条の要求は，新連結ベース指令に規定された方法と本指令7条7項ないし14項に基づいて連結ベースで適用される（7条2項）。即ち，連結ベースに関する監視が投資企業にも拡大されている。

(b) 7条2項のグループに信用機関が含まれていない場合にも，修正を施して新連結ベース指令を適用することを原則とするが，所管庁はその後の調整までの間且つ事情が許せば同指令を適用しなくともよい（7条3項乃至5項）。

(c) 所管庁は，グループ間の取引ポートフォリオと通貨ポートフォリオの相殺を認めることができる（7条10段乃至13段）。

(d) 自己資本指令がその後の調整に委ねていた（(a)③参照）連結ベースに基づく自己資本の計算方法が調整されている。即ち，自己資本指令と同一の方法を原則とするが，自己資本の代替的定義の使用も認めている（7条14・15段）。

(5) 預金保証指令

(a) 本指令採択までの歴史を見てみると[16]，その作業は，79年まで遡るが，考え方に逆転が生じたのは92年4月14日の指令案からである。それ以前には受入国の保証制度による支店の預金者の保護という考えが主張されていたが，同指令案により本国の保証制度による保護という考えが採られるようになった。しかし当時ギリシャ・ポルトガルには預金保証制度がなく，それが存在する国においても大きな相違が存在していたため，その採択は遅れた。その際の主たる論点は，最低保証額をいくらにするかという点と保証額が高い本国の支店は競争上有利になるので当該支店に大きな保証を認めない条項（いわゆる非輸出

---

16) 本指令の沿革は B. Sousi-Roubi, op. cit. n°s. 408 et s. に詳しい。

条項)を制定することの可否の点と逆に保証額の低い本国の支店が高い加盟国の保証制度に加入することを認める(いわゆる topping up)か否かの3点であった。ドイツは高い保証金を保証する自発的制度を有していたので,指令案に激しく反対したが,結局採択された。本指令は,マーストリヒト条約により創設された欧州議会と理事会の共同決定手続と調停手続(ローマ条約189条b)による最初の指令でもある。

(b) 本指令の内容

① 免許を受けた信用機関は,原則として,本国の公認された預金保証制度の会員にならなければ預金を受け入れることができない(3条1項)。保証額は2万エキュである(7条1項)。これは最低額であるから,加盟国はもっと高い額を定めることができる(同条3項)。保証は,パーセンテージで制限することができるが,2万エキュに達しない限り,原則として,顧客の預金全部の90%以上でなければならない(同条4項)。2万エキュは5年毎に見直される(同条5項)。保証は預金が使用不能になった時,即ち,所管庁の返還不能の確認(支払不能の事実から21日以内に確認を行われる)または司法当局の決定により発生する(1条3段参照)。預金保証制度は,使用不能日から3ヶ月以内に保証金を支払わなければならないが(10条1項),全く例外的事情において特別の場合に限り,3ヶ月の再延長と再々延長が認められている(同条2項)。

② 本国の預金制度は,他の加盟国で設立された信用機関の支店の預金者も保証する(4条1項)。即ち,本国主義が採用されている。

③ いわゆる非輸出条項(4条1項2段落)と topping up(4条2項乃至4項。附属書Ⅱはその際の指導原理を定める)も制定されている。

④ 預金保証の情報は預金者に通知されるが(9条1項),それを広告に利用して銀行制度の安定や預金者の信頼を損なうのを避けるため,加盟国は広告目的利用制限規則を作成することとされている(同3項)。

⑤ 第三国に本店を有する信用機関の支店については,指令と同等の保証限度額を有する本国の保証制度による(6条1項)とされ,受入国への制度の加入は強制されておらず,加盟国は,第三国たる本国に制度がないときには,加盟国の支店より有利に扱わないという条件つきで(第1銀行指令9条1項参照),

受入国の制度に加入すると規定する裁量権を有している（6条1項2段）。

(6) 資金洗浄指令

　資金洗浄に対する規制を調和化しないと，資本の自由移動や金融サービスの自由な提供が悪用されることから本指令が採択されているが，その背景には資金洗浄に対する国際意識の高まりがある（88年12月には「麻薬及び向精神薬の不正取引の防止に関する国連条約」が採択されている）。

　① 資金洗浄とは，財産の違法な由来を隠蔽若しくは偽装し又は当該行為に連座した全ての人をそれらの行為の法的結果から逃れさせる目的で，犯罪行為又は犯罪行為の加担に由来することがそれに専心している人ならばわかる財産の変換又は移転を故意に犯す行為等を意味する（1条第3ダッシュ）。信用機関とは，信用機関の他に，共同体外に本店を有する信用機関の域内支店を意味し（同第1ダッシュ），金融組織とは，その主たる業務が第2銀行指令附属書2段乃至12段および14段に当たる信用機関以外の企業と保険企業を意味し，共同体外に本店を有する金融組織の域内支店を含む（同第2ダッシュ）。以下では信用機関及び金融組織を信用機関等と呼ぶことにする。

　② 信用機関等が取引関係を結ぶときには，顧客の身元確認を行う（3条）。

　③ 信用機関等は，資金洗浄捜査に役立てるため顧客の身元と取引関係の書類を最低5年保管する（4条1項）。

　④ 信用機関等，その業務執行者及び職員は，資金洗浄取締当局に情報を提供すると共に（6条），信用機関等は資金洗浄に結び付く疑いのある取引を控え，控えることができない時には当局に連絡する（7条）。

　⑤ 信用機関等は資金洗浄に関する適切な内部統制手続を創設し，特別プログラムへの参加を含む職員の教育を行う（11条）。

5　結　び

　以上に挙げた諸指令が単一銀行市場を実現している。指令は極めて多く，またこれらの指令は重畳的に適用されることから，個々の指令の内容を知るだけでは不十分であることは明らかになったと考える。個々の指令では原則と例外

が細かく規定され，計算方式なども詳しく規定されている。さらに欧州連合はユニバーサル銀行制度を目差しているので，単一証券市場との関係等も問題となる。この分野における総合的研究が現れることが待たれる。

附第2章　欧州連合の証券規制

1　総　　説

　欧州連合はユニバーサル銀行システムを採用しているから，欧州単一銀行市場が実現（93年1月1日）[1]された以上，競争の歪みを生じさせないために，単一証券[2]市場も実現（96年1月1日）されなければならなかった。そこで本稿はその内容を，証券市場規制，証券投資信託規制及び証券会社規制の三つの観点から紹介することにする。

2　証券市場規制

(1)　総　　説
　以下の諸指令が，欧州連合における証券市場の情報政策を確立している[3]。投資家に情報を提供し，保護することが，市場の相互浸透を促進し，欧州証券市場の創造につながるという考えで貫かれている。

(2)　79年3月5日の証券の証券取引所における上場承認の条件の調整を行う指令
　本指令は上場承認の条件と証券発行者の義務を定めている。
　(1)　証券は，本指令が定める条件を満たす場合に限り，証券取引所への上場が承認される（3条1ダッシュ）。条件は，株式と社債とで区別され，おのおの

---

1)　欧州単一銀行市場の規制内容については第8章参照。
2)　正確には譲渡可能証券であるが，以下，単に証券と呼ぶ。
3)　Mark Brealey and Conor Quigley, Completing the International Market of the European Community 1992 Handbook 2d., (Graham & Trotman), 1991, p. 169.

261

附属書概要A，Bで定められている（4条1項）。株式代表証券は，代表される株式の発行者が附属書概要AⅠ段1項ないし3項の条件を満たし，概要Cの義務を遵守し且つ当該証券が概要AⅡ段1項ないし6項の条件を満たす場合にのみ上場が承認される（4条3項）。加盟国は，指令より厳格な条件又は追加的条件を認めることができるが（5条1項），他の加盟国の会社又は法人が発行する証券の上場を，他の加盟国のどれか一つに上場されているという条件に係らしめることはできない（6条）。もっとも投資家保護を唯一の目的として，上場承認を特別な条件に係らしめる権限を加盟国は所管庁に与えることができる（10条）。

(2) 上場を承認された証券の発行者は，承認が本指令施行の前後であるとを問わず，本指令が定める義務を遵守しなければならない（3条2ダッシュ）。義務は，株式と社債とで区別され，附属書概要C，Dで定められている（4条2項）。加盟国は，指令より厳格な義務又は追加的義務を認めることができ（5条2項），国内法規により，発行者にその財務状態と事業展開に関する定期的開示を要求することもできる（5条4項）。発行者は，附属書が定める情報を，新聞又は所管庁が認める同等の方法等で開示し，同時に所管庁に伝える義務を負う（17条1項）。発行者は，また，所管庁が投資家の保護又は市場の良好な作用のために有用と考えるあらゆる情報を，当該所管庁に通知する義務を負う（13条1項）。

(3) 80年3月17日の証券の証券取引所における上場承認のために開示すべき目論見書の作成，監督及び配布の調整を行う指令

本指令は証券の上場承認のための目論見書の作成，監督及び開示を定めている。

(1) 上場は目論見書の公表が条件である（3条）。目論見書は，発行者及び上場承認が申請されている証券の特徴に従って，投資家及びその投資顧問が発行者の財産，財務状態，成果及び見通し並びに証券に結び付く権利に基づいて判断をなしうるよう必要な情報を含んでいなければならない（4条1項）。目論見書は，株式，社債又は株式代表証券であるかに従って少なくとも各々附属書概要A，B又はCが定める情報を含んでいなければならない（5条1項）。

(2) 目論見書は, 所管庁による承認前には公表することができず (18条2項), 所管庁は, 目論見書が本指令の定める全要件を満たす場合に限り, 公表を承認する (同3項)。建値が有効になる前に生じた, 証券の評価に影響を及ぼす重要事実が発生すると, 目論見書は訂正されなければならず, それは目論見書と同様の条件で監督され, 所管庁が定める方式で公表されなければならない (23条)。同一の証券につき, 同時に又は接近した日に複数の加盟国で上場申請をするときには, 目論見書は, 発行者が定款上の本店を有する国で作成され且つその国の所管庁により承認されなければならない (24条)。この規定は, 85年以後欧州委員会が採用する新アプローチの先駆的な規定である[4]。87年改正はこれを進め, 本国の所管庁により承認を受けると, その他の申請国で承認を受けなくても目論見書は承認され (24条の2第1項), この取扱は公開申込目論見書 ((6)参照) についても同様である (24条の3) としている。そこで, 発行者は他の申請国の所管庁に目論見書案を通知すべきものとされ (24条の2第4項), 本国の所管庁が目論見書を承認するときには, 他の申請国の所管庁に当該承認を証明する証明書を交付するものとされている (同3項)。

(3) 目論見書の公表は, 承認申請がなされている加盟国の新聞に掲載するか, 取引所, 発行者及び発行者の財務サービスを行う金融機関から無料で入手できる小冊子により行われる (20条1項)。完全な目論見書か, それが公表されている場所及びそれを入手できる場所が表示されなければならない (同2項)。目論見書は, 建値が行われる前に, 国内法又は所管庁が定める合理的期間内に公表されることが原則である (21条1項)。発行者が公表する, 上場を告げる広告・ビラ等はあらかじめ所管庁に通知されなければならない (22条)。

(4) 共同体はこの分野で第3国と協定を締結する権限を有する (25条の2)。

(4) 82年2月15日の株式が証券取引所に上場されている会社により開示すべき定期的情報に関する指令

本指令は半期報告諸制度を定めている。

(1) 本指令の施行の前後を問わず, 株式又は株式代表証券の上場会社は (1

---

4) Blanche Sousi-Roubi, Droit bancaire européen, (Dalloz), 1995, p.81.

条),各営業年度の上半期を対象とする,その業務と成果に関する半期報告書を公表しなければならない(2条)。加盟国は本指令より厳格な義務又は追加的義務を会社に課すことができる(3条)。半期報告書は,当該上期の業務と成果に関する数字資料と解説を含むものでなければならない(5条1項)。①数字資料は,一覧形式で示され,少なくとも,取引高正味総額と税控除前又は控除後の成果を示さなければならない(同2項)。②解説は,投資家が,よく事情を心得て,会社の業務の展開及び成果につき判断を下しうる重要なあらゆる資料並びに当期の当該業務及び成果に及ぼした特別のあらゆる要因の報告を含み且つ前営業年度の対応する期間と比較可能なものでなければならず,可能であるなら,現営業年度の会社の展開の見通しを示さなければならない(同6項)。会社が連結計算書を公表しているときには,半期報告書を連結か非連結の形式で公表することができる(6条)。会計情報が会社の法定会計監査人により確認されている場合には,その者により与えられた証明と,妥当と思われる場合には,その留保が,完全に転載されることを要する(8条)。

(2) 半期報告書は,当該半期に続く4ヶ月以内に(4条),新聞又は官報に掲載するか,新聞に掲載された広告で示された場所で書面形式で又は所管庁が認めた同等の他の方法で公衆が入手できる方法で公表される(7条1項)。会社は同時に株式が上場されている各国の所管庁に半期報告書を通知する(同3項)。半期報告書が複数の加盟国で公表されなければならないときには,株式が最初に上場された加盟国により課された要件を満たす報告書を共通のテキストとして受け入れ,同時に複数の加盟国の取引所に上場が認められている場合には本店国の要件に従う報告書を共通のテキストとして受け入れるよう,各加盟国の所管庁は「努める」(10条2項)ものとされている。

(3) 第三国法に属する会社が第三国で半期報告書を開示するときには,そこで提供される情報が本指令の適用から生じる情報と同等であることを条件として,所管庁は,本指令が定める半期報告書の代わりに当該報告書を開示することを許可することができ(9条6項),また会社の本店が第三国にある場合には,当該加盟国の所管庁は,報告書の共通のテキストを受け入れるよう「努める」(10条2項)ものとされている。

(5) 88年12月12日の上場会社に対する重要な資本参加の取得及び譲渡の際に開示すべき情報に関する指令

本指令は上場会社に対し重要な資本参加をしている者に発行会社と所管庁への通知義務を課すと共に通知を受けた発行会社の開示義務を定めている。

(1) 株式が加盟国の証券取引所に上場されている，加盟国の会社に対する資本参加を，直接又は介在者を通して，取得（売買に限定されない）又は譲渡し，その結果，議決権のパーセンテージが，10％，20％，3分の1，50％及び3分の2になるか若しくは超える又はそれ未満になる資本参加を保有する自然人，公法人又は私法人は（1条），当該会社と同時に所管庁に，それを知った時から7日以内に，それが保有する議決権のパーセンテージを通知しなければならない。加盟国は，25％の値を適用するときには，20％と3分の1の値を適用せず，75％の値を適用するときには3分の2の値を適用しないことができる（4条1項）。

(2) 通知を受けた会社は，通知の受領後できるだけ早くしかし遅くとも9日以内に，株式が上場されている国の公衆にその旨を知らせなければならない（10条1項）。当該情報は，新聞に掲載するか，新聞に掲載された広告で示された場所で書面形式で又は所管庁が認めた同等の他の方法で公衆が入手できる方法で開示される。

(3) 加盟国は，これより厳格な義務又は追加的義務を課すことができる（3条）。自然人等及び会社が本指令が定める義務に違反した場合には制裁が科せられる（15条）。

(6) 89年4月17日の証券の公開申込の場合に開示すべき目論見書の作成，監督及び配布の条件を調整する指令

本指令は非上場証券の公開申込目論見書制度を規定している。

(a) 総　　則

証券が当該加盟国の証券取引所にまだ上場されていない場合には，当該国で初めて公開申込の対象となる証券に本指令は適用される（1条1項）。公開申込が同一発行の証券の一部だけを対象としているときには，他の部分がその後の公開申込の対象となっても，加盟国は新しい目論見書の公表を要求する義務

を負わない（同2項）。公開申込者は，目論見書を開示する義務を負う（4条）。完全な目論見書が12月以内に開示されているときには，同一国で同一発行者が作成する，しかし他の証券に関係する，次の目論見書は，目論見書の公表後生じた，当該証券の評価に影響を及ぼす変化のみに説明を限ることができるが，この場合には完全な目論見書又はその記載を伴うことが必要である（6条）。

(b) 上場申請をしている場合

公開申込が，同じ加盟国にある証券取引所への上場申請の対象となっている証券を対象とする場合には，目論見書の内容並びにその監督及び配布の様式は，事情に合った調整がなされるが，(3)で紹介した目論見書に関する指令に従って定められる（7条）。公開申込を，上場申請がなされている国とは異なる加盟国で行う者は，公開申込国で目論見書を作成することができるが，この規定は，当該国が公開申込の目論見書の事前監督を一般的に規定している場合に限って適用される（8条）。目論見書は，遅くとも公開申込開始の時に，開示されるか又は公衆が入手できるものでなければならない（9条）。公開申込を告げる広告，ポスター，ビラ及び文書は事前に所管庁に提出されなければならず，当該文書は，どこで目論見書が開示されるかを示していなければならない（10条1項）。目論見書を入手しうる前に，加盟国が1項の文書の配布を許可する場合には，当該文書は，公衆が目論見書を入手しうる場所を示さなければならない（2項）。目論見書は，新聞に掲載するか又は公開申込の所在地及び公開申込国で公開申込者の金融サービスを担当する金融機関から無料で入手しうる小冊子の形式で開示されなければならない（3項）。完全な目論見書又はそれが公表されているか若しくは入手しうる場所は，公開申込が行われる加盟国が指定した出版物への掲載の対象となる（4項）。

(c) 上場申請がなされていない場合

公開申込が，上場申請がなされていない証券を対象とする場合には，中小発行者に負担をかけないために，目論見書の記載事項は簡略化され，目論見書は，発行者及び対象証券の特徴に従って，投資家が，発行者の財産，財務状態，成果及び見通し並びに当該証券に付着する権利に基づいて判断を下すのに必要な情報を含んでいなければならないとされているが（11条1項），少なくとも11条2項が定める情報を含むことを要する。しかし，加盟国は，公開申込者が(3)

の指令に従った内容の目論見書を作成する裁量権を有すると規定することができる（12条1項）。当該目論見書の事前監督は，加盟国の指定機関により行われる（同2項）。加盟国又は指定機関は，申込者が，発行者でも，発行者の計算で行為する第三者でもない場合には，申込者が普通有しない特定情報の目論見書への挿入を免除することができる（13条2項）。目論見書は，公開の前に，初めて公開申込が行われる各加盟国内の指定機関に提出されなければならず（14条），遅くとも公開申込の開始の時に（16条），加盟国が定める様式で公表されるか，公衆に入手されなければならない（15条）。公開申込を告げる広告，ポスター及び文書は，事前に14条の指定機関（公開申込目論見書の事前監督を行っていることが条件である）に提出されなければならず，文書は目論見書が開示される場所を示していなければならない（17条1項）。証券の評価に影響する，目論見書の公表と公開申込が終了するまでの間に生じた事実等は，少なくとも最初の目論見書の配布の際に適用された規定等に従って，修正目論見書に記載されるか，修正されなければならない（18条）。

(d) 複数国での申込

同一の証券につき，公開申込が同時に又は接近した日に複数の加盟国で行われ，目論見書が7条，8条又は12条に従って作成される場合には，目論見書を承認する所管庁は，当該加盟国が公開申込か，上場承認申請に係るなら，発行者が本店を有する加盟国の所管庁であるが（20条1項。いわゆる本国主義），その国が公開申込目論見書の事前監督を一般的に規定していないときには，公開申込者は，公開申込目論見書の事前監督を一般的に規定している公開申込国の中から監督当局を選択しなければならない（同2項）。当該所管庁により承認された目論見書は，公開申込が行われる他の加盟国の立法に従っているものとみなされる（いわゆる相互承認）。これらの国は，その国の市場に特有な情報等に限って例外的に情報の挿入を請求できる（21条1項）。(3)で述べた指令24条の2の意味の所管庁により承認された目論見書は，本指令の適用の結果認められる免除又は例外がある場合であっても，当該免除又は例外が当該他の加盟国で認められ且つ当該免除又は例外を正当化する同様の事情が当該他の加盟国にあるのであれば，当該他の加盟国の立法に従っているものとみなされる（同2項）。公開申込を行う者は，それを行おうとする他の加盟国に，20条により

承認された目論見書と同一の，利用しようとする目論見書を提出しなければならない（同3項）。加盟国は，20条の適用を，加盟国に定款上の本店を有する発行者の証券に関する目論見書に制限することができる（同4項）。

(e) 共同体の権限

共同体は，本指令が定める分野で第三国と協定を締結することができる（24条）。

(7) 89年11月13日の内部者取引に関する法規の調整に関する指令

本指令は内部情報の利用を禁止している。規制がバラバラであれば，市場の信頼が損なわれるからである[5]。内部情報とは，「公開されていない，正確な性質を有し且つ証券の1人若しくは複数の発行者又は一つ若しくは複数の証券に関係し，それが公開されたなら，著しく当該証券の相場に影響を及ぼしうる情報」である（1条1項）。発行者の経営・指揮・監査機関の構成員としての資格で若しくは資本参加により又はその仕事，職業若しくは任務の行使により当該情報に接近することにより内部情報を有する者は，当該情報を利用して，当該情報に関係する発行者の証券を，自己の計算又は他人の計算で，直接又は間接に，取得又は譲渡することは禁止される（2条1項）。その者が，会社又は法人である場合には，当該法人の計算で取引を行う決定に参加する自然人にのみ禁止は適用される（同2項）。禁止は，職業的仲介を介して行われる証券のあらゆる取得又は譲渡に適用されるが，加盟国は，職業的仲介を介することなく，市場外で行われる証券の取得又は譲渡には適用されない，と定めることができる（3項）。2条の禁止に服する者は，当該情報を通常の職務遂行外で第三者に伝えること及び，当該情報に基づいて，当該証券を取得又は譲渡するよう第三者に勧め又は第三者をして取得若しくは譲渡させることは禁止される（3条）。2条の禁止に服する者から直接又は間接に当該内部情報を得たすべての者にも禁止が課される（4条）。加盟国は，これらより厳格な規定又は補足的規定を定めることができる（6条）。加盟国は，違反の場合の制裁規定を定める（13条）。また，共同体は，本指令が定める分野で第三国と協定を締結す

---

[5] 荒谷裕子「ECにおける内部者取引の規制」商事法務1280号19頁，1283号11頁以下（1992年）で詳細な紹介がなされている。

ることができる(11条)。

3 証券投資信託規制

(1) 総　説

　証券投資信託は，85年12月20日のいくつかの証券投資信託に関する立法規定，法規規定及び行政規定の調整を行う指令により規制されている。本指令は，いわゆる新アプローチを採用した最初の指令である[6]。証券投資信託とは，もっぱら公衆から集めた資金を証券に集合投資することを目的とし，指令が定めるリスク配分の原則に従って機能し，且つその持分が，所持人の請求により，当該信託の負担で，直接又は間接に，買い戻されるか，償還される組織である（1条2項）[7]。持分を公衆に提供する公開の証券投資信託のみが対象であって，クローズド・エンド・タイプ，持分が第三国の公衆にのみなされるもの等は対象外である（2条）。

(2) 単一免許制

　証券投資信託を営むには，本国の加盟国の所管庁の免許を受けることを要する。当該免許は全加盟国で有効である（4条1項。いわゆる単一免許制）。免許を受けるには，以下の要件を満たすことが必要である。

(a) 構造要件

　①組織は，契約型（管理会社により管理される投資共通基金）でも，信託型（ユニット・トラスト）でも，定款型（投資会社）でも良い（1条3項）。投資共通基金という用語はユニット・トラストにも適用される。②投資信託が投資共通基金である場合には，管理会社がその業務を有効に営み且つその責任に対処することができる十分な財源を有していて（5条），所管庁により承認されることが必要である（4条2項）。投資信託が投資会社の場合には，その設立文

---

6) John A. Usher, The Law of Money and Financial Services in the European Community, (Clarendon Press, Oxford), 1994, p.77; Blanche Sousi-Roubi, op. cit., p.235.
7) 指令は，証券投資信託のみを規定しているので，適用範囲を，マネー・マーケット・ファンド，キャッシュ・ファンド，ファンドのファンド及びマスター・フィーダー・ファンドに拡大することが検討されている。Blanche Sousi-Roubi, op. cit., p.242 et 248.

書が所管庁により承認されることを要する（4条2項）。③投資共通基金の場合であれ，投資会社の場合であれ，資産の保管を委託される受託者が選任され，当該選任が所管庁により承認されることが必要である（4条2項）。即ち，同一会社が管理会社又は投資会社と受託者とを兼ねることはできない（10条・17条）。受託者は，公的監督を受ける，十分な財務的且つ職業的保証を提示できる機関でなければならない（8条2項）。受託者は管理会社又は投資会社と同じ国に本店を有することが要求されている（8条1項・15条1項）が，この規定は単一免許制度の趣旨に反するのでその廃止が議論されている[8]。

(b) 業務執行者の要件

管理会社，投資会社及び受託者の業務執行者は，その職務の遂行に要する信望又は経験を有していることが必要である（4条3項）。

以上の要件は最低条件であるから，加盟国は自国の投資信託につきもっと厳格な規定及び追加的規定を定めることができる（1条7項）。所管庁は申請から6ヶ月以内に免許の諾否を決める（51条2項）。

(3) 投資信託の義務

投資政策に関する義務，公衆の情報に関する義務及び一般的義務が定められている。

(a) 投資政策に関する義務

①投資共通基金と投資会社の投資先は，加盟国の上場・店頭市場証券，第3国の上場・店頭市場証券及び新たに発行される上記相当の証券に限定されている（19条）。②投資リスクの配分の観点から22条乃至26条では詳細なリスク配分規定が定められている。

(b) 公衆の情報に関する義務

管理会社及び投資会社は，(a)目論見書，営業年度報告書，半期報告書を公表しなければならない（27条1項）。これらの書類は所管庁に送付される（32条）。①目論見書は，投資家が提案される投資につき正確な判断をするのに必要な情報を含んでいなければならず（28条1項，附属書概要A），基金規則又は

---

[8] B. Sousi-Roubi, op. cit., p. 244 et 245.

投資会社の設立文書が添付され（29条1項），重要項目は最新のものでなければならない（30条）。②年度報告書は営業年度終了後4ヶ月以内に公表される（27条1ダッシュ）。年度報告書は，貸借対照表，財産状態，営業年度の収支計算書，営業報告書及び附属書概要Bの情報並びに投資家が事情を理解した上で投資判断を可能にする重要情報を含んでいなければならない（28条2項）。同報告書は外部監査の対象である（32条）。③半期報告書は，上半期終了後2ヶ月以内に公表される（27条2項2ダッシュ）。同報告書は，附属書概要Bが定める事項を含んでいなければならない（28条3項）。

目論見書，年度報告書及び半期報告書は，契約の前に応募者に無料で提供される（33条1項）。年度報告書・半期報告書は，目論見書に記載された場所で自由に入手することができ（同2項），無料でそれを請求する参加者に交付される（同3項）。

他方(b)①投資信託は，持分を発行するか，売却するか，買い戻すか又は償還する度ごとに，少なくとも月に2度適切な方法で，当該持分の発行，売却，買い戻し又は償還価格を公表しなければならない（34条）。これらの価格の計算方法を定めた規則は，法律，基金規則又は投資会社の設立文書で示されるものとされている（38条）。②持分の購入の勧誘を含むあらゆる開示の際に，目論見書があること及びそれを取得できる場所を示さなければならない（35条）。

(c) 一般的義務

投資会社，投資共通基金の計算で行為する管理会社及び受託者は，①借財をなすこと（36条。例外がある），②信用を供与したり，第三者の計算で保証をすること（41条），③証券の空売り（42条）をなすことを禁止されている。④投資信託は，参加者の請求でその持分を買い戻すか又は償還しなければならない（37条1項）。但し，法律，基金規則又は投資会社の設立文書に定められている例外的場合にはその一時停止をすることができ（同2項a），また加盟国は所管庁に一時停止を要求する権限を認めることができる（同2項b）。投資信託が一時停止を行うときには，直ちに所管庁及び持分が他の加盟国で売り出されている場合には当該国の所管庁に連絡することが必要である（同3項）。

(4) 持分の売出し

投資信託の持分の売出しは，投資信託自身により直接に又は信用機関若しくは投資企業（及び保険会社）を介して行うことができる。投資信託が持分を他の加盟国で売り出そうとする場合には，所管庁と当該他の加盟国の所管庁に予めその旨を通知しなければならない（46条）。他の加盟国の当局には，本国の所管庁により発行された当該投資信託が本指令の条件を満たしていることを証明する証明書，持分の売出し方式に関する情報のほか，基金規則（又は設立文書），目論見書及び年度報告書等を通知することが必要である。他の加盟国の所管庁には2ヶ月の検査期間が認められ，当該売出しが，国内法に抵触するということを証明しない限り，2ヶ月の経過と共に投資信託は当該持分の売出しを開始することができる（46条後段）。持分が売り出される他の加盟国は，本指令の適用範囲外の国内法令の遵守を投資信託に要求することができ（44条1項），投資信託はその国で売出しの広告を行い得るが，その際にはその国の広告に関する規定を遵守しなければならない（同2項）。しかし国内法令は，無差別に適用されなければならない（同3項）。また，本国で公表されなければならない情報は少なくとも持分が売り出される当該他の国の国語で開示しなければならない（47条）。

(5) 本国による監督

証券投資信託がある国の当局は，投資信託の監督権限を有する（49条3項。いわゆる本国による監督主義）。投資信託が他国で持分を売り出している場合にも同様である。その結果本国の当局は，法令及び基金規則又は投資会社の設立文書違反の場合に当該投資信託に対し措置をとることができる唯一の資格者である（52条1項）。但し投資信託がその持分を売り出す他の国の当局も，国内規定が遵守されているか監視する権限を有しており（同項。なお44条・45条参照），国内規定違反の場合には当該証券投資信託に対し措置をとりうる（同2項）。

当局が有効に監督権限を行使するには所管庁間の相互協力が必要であるので，相互協力規定と守秘義務規定が定められ，欧州委員会の傍らに連絡委員会が創設されるが，これらについては2で紹介した諸指令でも同様の定めが置かれて

いる。

4 証券会社規制

(1) 総　説

証券会社規制は，93年5月10日の証券分野における投資サービスに関する指令（以下投資サービス指令と言う）[9]で行われている。本指令は，信用機関につき77年の第1銀行指令と89年の第2銀行指令が2段階で達成した内容を1度に実現しており，第2銀行指令と同様の規定を多く含んでいる。本指令を補完するものとして，93年3月15日の投資企業及び信用機関の適正自己資本に関する指令（以下適正自己資本指令と言う）がある。この指令は，その名称が示すように信用機関にも投資企業にも等しく適用され，両者をひっくるめて「機関」と定義している（2条3ダッシュ）。二つの指令は，同じ官報で公表され，施行日も同じ95年12月31日であり，不可分な関係にある。

(2) 投資サービス指令の内容

(a) 定　義

投資企業とは，第三者に職業的に投資サービスを提供する職業又は業務を通常営むすべての法人であるが，信用機関の場合と異なり，特定の条件を満たすと自然人もこれに含まれる（1条2号）。イギリスでは個人も投資サービスを行っているからである。投資サービスとは，附属書A節に掲げられ，附属書B節に列挙された金融商品のいずれかを対象とする，第三者に提供されるすべてのサービスである（同1条1号）。附属書A節によると，サービスとは，①投資家のためのB節に定める金融商品の注文の受理と伝達，②第三者の計算によるこれらの注文の執行，③B節にいう全金融商品の自己の計算による取引，④投資家から委任された投資ポートフォリオの管理及び⑤B節の金融商品の発行引受・売出しであり，附属書B節によると，金融商品とは，①証券，投資信託の

---

[9] 本指令を紹介する論文として神崎克郎「EU投資サービス指令」『インベストメント』48巻1号4頁（95年），二上季代司「EU投資サービス指令について」『インベストメント』48巻5号2頁（95年）がある。

持分，②マネーマーケット商品，③金融先物契約，④金利先渡契約，⑤スワップ又はエクイティ・スワップ及び⑥オプションを意味する。なお附属書C節は，付随サービスの種類を列挙しており，金融商品の保管・管理，金庫の賃貸，金融商品取引を行うための投資家への信用又は貸付（取引に，信用又は貸付を供与する企業が介入するものに限る），金融商品を対象とする投資顧問サービス，投資サービスの提供と結び付く外国為替サービス等がこれに当たる。投資企業の免許は，付随サービスに及びうるが，付随サービスだけで投資企業の免許を取得することはできない（3条1項）。

(b) アクセスの条件

投資企業は本国から免許を受けることを要する。免許には許可された附属書A節記載の投資サービスの種類と，もし含まれるなら，附属書C節記載の付随サービスの種類が明記される（3条1項）。第1銀行指令及び第2銀行指令に基づき免許を受けた「信用機関」の免許が附属書Aに列挙された投資サービスを含んでいる場合には，当該免許に基づき投資サービスを営むことができ，改めて投資企業の免許を取得することを要しないが，免許の取得を除けば，当該信用機関にも本指令が重畳的に適用される（2条1項）。本指令施行日前に，免許を受けた投資企業は，免許条件が本指令と同等である限り，免許を与えられているものとみなされ（30条1項），免許を受けることなく事業を営んでいた投資企業も，許可を受けると，業務を営み続けることができる（30条2項）。

免許条件は以下の通りである。①投資企業が法人の場合には，本社が定款上の本店と同じ加盟国に位置し，個人の場合には，本社が，免許を受領した加盟国で実際に業務を行うこと（3条2項）。これはいわゆるショッピングを避けるための規定である。②適正自己資本指令3条が定める十分な最低資本金を有していること（3条3項第1ダッシュ）。加盟国はこれより高い額を定めることができる。適正自己資本指令は，投資企業が行う業務の種類に従い最低資本金を730,000エキュ，125,000エキュ及び50,000エキュの三種に区別している。③最低2人の信望と経験を有する業務執行者が存在していること。この点は第1銀行指令の規制（3条2項）と同一であるが，自然人及び1人の自然人により経営される法人の場合には，適切な措置が保証される限り，所管庁は免許を与えることができる（3条3項2ダッシュ）とされている点で異なる。④実効

的資本参加を行う者の氏名・出資額を所管庁に通知し，これらの者が投資企業の健全かつ節度ある経営を保証する適格性を有していることの審査をパスすること（4条）。これは，第2銀行指令（5条）と同一の要件である。

　免許申請には業務計画書が添付されなければならない（3条4項）。所管庁は不備のない申請書の提出から6ヶ月以内に免許を授与するか否かを決定する（同5項）。免許が与えられると，投資企業は直ちに業務を開始することができる（同6項）。

（c）業務遂行の条件

　①投資企業は，最低資本金，業務執行者の適格性の条件を常に満たしていることが必要である（8条1項）。②自己資本は，最低資本金を下回ることができない（適正自己資本指令3条8項）。自己資本の定義は，信用機関の際のそれと同一である。最低資本金に達しない既存の中小投資企業のため，加盟国は，自己資本が指令通告後達成された最高水準をくだらないという条件で，当該投資企業の免許の継続を認めることができる（同3条5項）等の規制も，第2銀行指令の規制（10条）と同じである。③実効的資本参加を処分する場合には，所管庁に通知するだけで足りるが（9条3項），それを新たに取得するか，それを増額し，20％，33％，50％以上とするか投資企業を子会社化する程の取得を行う場合には，事前に所管庁に通知し，その審査を受けなければならず，所管庁が取得者の適格性に満足しない場合には最高3ヶ月の期間その取得に反対することができる（同1項）という規制も，第2銀行指令の規制（11条）と同じである。④投資企業は，本国が定める節度ある運営規則（10条）という行為規則（11条1項）を常時遵守する義務を負う。行為規則が遵守されているか監督する権限は，サービスが提供される加盟国にある（同2項）。

（d）免許の相互承認

　免許の範囲で投資企業は，他の加盟国で支店の設立の方法によっても，サービスの提供の方法によっても業務を営むことができる（14条1項。いわゆる単一免許制度）。相互承認の金融機関への拡大に相当する規定（同2項）がない点は，第2銀行指令と異なっている。また，①投資企業が支店の方法で他の加盟国に進出する際の手続（17条）は，第2銀行指令の手続（19条）と同一であるが，②投資企業がサービスの提供の方法で受入国で業務を営もうとする場合に

は，本国の所管庁にその意図を通知し（18条1項），本国の所管庁がその通知の受領から1ヶ月以内に当該情報を受入国の所管庁に送付し，当該送付後に初めてサービスの提供をなしうる（同2項）。第2銀行指令（20条）は通知の時としているから，規制を異にする。

(e) 規制された市場と店頭市場

従来証券市場は国により異なり，規制された市場を有する国もあれば，ない国もあった。投資サービス指令は，規制された市場と店頭市場の共存を認めて，市場を規制するか否かを各加盟国の判断に任せ，市場を規制する場合には，自己の規制された市場リストと当該規制された市場の組織規則及び運営規則（並びにリスト及び規則のあらゆる変更）を他の加盟国と欧州委員会に連絡すべしとし，欧州委員会は少なくとも年に一度市場リストを欧州共同体官報で公表すると定めている（16条）。これは，相違を調整する大変巧妙な方法である。規制された市場とは，附属書B節にいう金融商品のための市場であって，本国が作成する規制された市場リストに掲載され，本指令が定める報告要件と透明性の要件を遵守し，所管庁が定めるか認めた規定によって定められている条件に従い規則正しく機能している市場である（1条13号）。

(a) 免許を受けた投資企業は，同様のサービスが提供されている受入国の規制された市場の会員となるか又は当該市場に直接又は間接にアクセスし且つ規制された市場の会員に提供される清算及び決済制度の会員になるか又はアクセスすることができる（15条1項1文）。即ち，市場の人数割当制は廃止され，加盟国はアクセスの手段を阻止することもできない。規制された市場の会員資格又はアクセスは，当該投資企業が適正自己資本指令が定める適正自己資本要件を遵守すると共に運営規則の全部を遵守し且つ本国が適正自己資本要件の遵守状況を監督することを前提としている（同条2項1文・3文）。受入国には，適正自己資本指令の対象となっていない事項についてのみ資本金に関する追加的要求を課す権限が認められている（15条2項2文）。受入国は，投資企業に，自己の規制された市場の会員になるか，アクセスするに当たり，直接受入国に支店を設立するか，間接的に子企業を設立するか又は市場の会員である（若しくは既にアクセスしている）企業を取得する選択権を与えなければならない（同3項）。

(b) このような前提の上に，投資サービス指令は，「投資家が常習的に当該加盟国に居住しているか又はそこで設立されていること」，「投資企業が取引を当該加盟国の本店若しくは支店を通じて又は当該加盟国に対するサービスの自由な提供の範囲で行うこと」及び「取引が当該加盟国の規制された市場で取引されている金融商品を対象としていること」の三つの要件全部が満たされる場合には，投資サービス及び付随サービス取引は規制された市場で行われること，即ち，取引を規制された市場で集中的に行うことを，加盟国は要求できると定めている（14条3項）。しかしこれは，投資家保護のための規定であるから，当該義務を規定する国の規制された市場で取引を行う義務を意味しないで，共同体内で当該金融商品のために存在するどれかある規制された市場で取引を行う義務を意味する[10]から注意を要する。

(c) 取引集中義務を定める加盟国は，それにもかかわらず，当該加盟国に常習的に居住するかそこで設立された投資家に，集中義務に従わないで，規制された市場外で，即ち，店頭市場で取引する権利を認めなければならない。その上投資家には専門的投資家からそうでない投資家までおり，後者の場合にはその選択の意味を理解しないで，選択を行う可能性があるので，「加盟国は，当該権利の行使を，投資家の保護に関する様々な要求，特に職業的投資家及び機関投資家の自己の最大限の利益のために行動する能力を考慮に入れて，明確な許可を必要とするよう定めることができる」（14条4項）とされている。この場合であっても許可を，投資家の注文の迅速な執行を阻害するような条件で与えることはできない。

(a)(b)の運用状況に関する報告書は，98年12月31日までに欧州委員会により作成され，妥当と思われる場合には，その修正を提案するとされている（14条5項）。

(f) 市場の透明性の確保

所管庁に監督の任務を達成させる目的と投資家に必要な情報を提供する目的から，透明性を確保するための規定が置かれている。

(a) 所管庁の任務のために，①本国が作成する節度ある運営規則には，投資

---

[10] B. Sousi-Roubi, op. cit., p. 300.; Schimansky/Bunte/Lwowski, Bankrechts-Handbuch, Bd. 3, Beck, 1997, S. 3815.

企業が節度ある運営規則を遵守しているか十分に監督できるよう，行われた取引を記録し，所管庁が定める期間中保管するよう投資企業に義務付ける内容の規定が定められる（10条第4ダッシュ）。また，②投資企業は，規制された市場で取引される金融商品について行った投資サービスと付随サービスに関連する取引関連データを，当該取引が規制された市場で行われたか否かにかかわらず，少なくても5年間当局が使えるように保管しなければならない（20条1項a）。③②で述べた取引に，株式又は資本金へのアクセスを可能にする他の金融商品，社債又は社債と同等の他の金融商品，株式を対象とする標準化された先物契約又は株式を対象とする標準化されたオプションがある場合には，当局が定める期限内に速やかに，売買された金融商品の名称，数量，取引が行われた日時，取引価格を，受入国の規制された市場で行われた取引につき受入国に届け出るべき同じような義務を負っている場合を除き（20条2項），本国の所管庁に届け出なければならない（同1項b）。加盟国は，この届出が，投資企業自ら若しくは注文照合システムにより又は証券取引所若しくは他の規制された市場の当局を通じて行われるよう規定する（同3項）。各加盟国は，その加盟国を本国とする規制された市場において行われた取引又はその加盟国を本国とする投資企業によって行われた取引に関連する記録の保管及び報告につき内容及び形式がより厳格な規定を無差別な方法で採用し，維持することができる（20条5項）。

(b) 投資家保護のために，各加盟国は，規制された市場リストに登録された各規制された市場につき，情報を投資家に提供するための措置をとり，情報が提供される際の形式，時期及び当該情報が利用できる手段を定める（21条1項）。所管庁は少なくとも，各金融商品につき，①市場の取引開始時点において前日の加重平均価格，高値，安値及び出来高を公表し，②注文の突き合わせに基づく継続的市場及び掲示価格市場にあっては，公表前に2時間あるようにして終わる6時間の市場の加重平均価格及び出来高を各取引時間の終わりに，公表前に1時間あるようにして終わる2時間の市場の加重平均，高値及び安値を20分毎に，公表することを要求する（同2項）。所管庁は，例外的市況のため又は小規模の市場のため投資企業又は投資家の匿名性を守るため必要な場合には公表を延期するか停止することができる（同）。各加盟国は，金融商品の

発行者がどこの加盟国に位置していようと，金融商品が最初に上場された市場が加盟国のどこであろうと一様に適用される，情報の内容及び形式がより厳格な規定又は追加的規定を採用し又は維持することができる（同3項）。欧州委員会は，遅くとも97年12月31日までに，この適用に関する報告書を作成し，理事会は，欧州委員会の提案に基づき，本条の修正に関する決定を行うことができるとされている（同4項）。

5　結　　び

証券会社規制については，節度ある運営の監督と投資家保証制度の紹介がまだ残っているが，既に紙面をオーバーしているので，本論文で引用したブランシュ・スジー・ルビ教授の翻訳書（ブランシュ・スズィー・ルビ著　泉田栄一訳『ヨーロッパ銀行法』信山社（平成11年））に譲る。欧州証券市場は既に完成しているから，拡大された市場での激しい生存競争が欧州で展開されているのである。わが国の金融ビッグ・バンの必要性が本稿から読みとることができれば幸いである。

附第3章　信用状における提供証券厳正の原則に関する一考察

1　問題の所在

　信用状の本質的原則の一つに提供証券厳正の原則（英 the doctrine of strict compliance: 独 der Grundsatz der Dokumentenstrenge: 仏 le principe de la rigueur documentaire）があることは[1]，世界の判例[2]・学説で認められている。例えば，ス

---

1) 江頭憲治郎『商取引法（第2版）』142頁注1（弘文堂　平成8年）は，「信用状条件厳格一致の法理」と訳され，橋本喜一「荷為替信用状における提供証券の審査に関する諸問題㈠」民商103巻2号181頁注1（平成2年）は，「提供証券厳正の原則」と訳されておられる。ドイツ・スイスでは der Grundsatz der Dokumentenstrenge という用語が普通であるが，der Grundsatz der Dokumenten-oder Akkreditivstrenge という用語の使用も見受けられる（ドイツについては Koller, Die Dokumentenstrenge im Licht von Treu und Glauben beim Dokumentenakkreditiv, WM1990, S. 293, スイスについては注（3）の[S8]の判例）。信用状条件は，発行依頼人と発行銀行との間の信用状発行契約で定められた発行銀行の委託事務処理の条件をいい，提供証券の審査とは無関係な事項を含むので，提供証券厳正の原則を「信用状請求権の支払のために定められた提供証券が信用状条件に一致しているか点検する際に適用されるべき原則」（（注2）の[G22]の判例）と解すると，信用状条件厳格一致という概念（もっとも［A21］は「厳格一致とは，「紙，書類，船積みの諸指図が信用状で記載されているように従われなければならないことを意味している」と述べている）は，提供証券厳正の概念より広いことになる。概念の問題であるので，いずれの見解に従ってもかまわないが，私は，信用状条件厳格一致の法理を米法，提供証券厳正の原則をイギリス法と大陸法の表現に従ったもの（the doctrine of strict compliance は同じ用語であるが英米で内容が異なる。その原因は英法が UCP に依拠していることによる）と考えている。そしてこれらの用語のわが国の使用に当たっては，信用状条件厳格一致の法理または原則を広義に解し，提供証券厳正の原則を含み，提供証券の審査の無関係な事項にも適用されるが，提供証券厳正の原則は提供証券の審査に関係する事項にのみ適用されると解してはどうかと考えている。このような使い分けは，後述するように（**4**参照），UCP と UCC の表現の相違にも対応し，根拠があると考える。

2) 判例の後の括弧の中のAは発行銀行・受益者間の，Bは発行依頼人・発行銀行間の，Cは指定銀行・発行銀行間の，Dは原因契約の当事者間の争いであることを示している。同原則に関連する判例としてイギリスについては[E1] National Bank of Egypt v.

Hannevig' Bank, Ltd. [1919] 1LI'L. R. 69 (B), [E2] Belgian Grain & Produce Company, Ltd. v. Cox & Co. (France), Ltd. [1919] 1LI'L. R. 256 (A), [E3] London & Foreign Trading Corporation v. British & North European Bank, (1921) 1LI'L. R. 116 (B), [E4] English, Scottish and Australian Bank Ltd. v. Bank of South Africa, (1922) 13LI'L. R. 21 (C), [E5] Equitable Trust Company of New York v. Dawson Partners, Ltd. (1927) 27LI'L. R. 49 (B), [E6] J. H. Rayner & Co. Ltd. and The Oilseeds Trading Company, Ltd. v. Hambros Bank Limited. [1942] 1LI'L. R. 32 (A), [E7] 同上 [1943] 1KB37, [1942] 2All ER694 ([E6] の上訴審判決), [E8] Bank Melli Iran v. Barclays Bank (Dominion Colonial & Overseas). [1951] 2LI'L. R. 367 (C), [E9] Moralice (London), Ltd. v. E. D. & F. Man. [1954] 2LI'L. R. 526 (D), [E10] Midland Bank, Ltd. v. Seymour. [1955] 2LlI'L. R. 147 (B), [E11] Soproma S. p. A. v. Marine & Animal By-Products Corporation. [1966] 1LI'L. R. 367 (D), [E12] Gian Singh & Co. Ltd. v. Banque de l'Indochine. [1974] 2LI'L. R. 1 (B), [E13] Kydon Compania Naviera S. A. v. National Westminster Bank Ltd. and Others. [1981] 1LI'L. R. 68 (A), [E14] United City Merchants (Investments) Ltd. and Glass Fibres and Equipment Ltd. v. Royal Bank of Canada, Vitrorefuerzos S. A. and Banco Continental S. A. [1982] 2LI'L. R. 1 (A), [E15] Banque de L'Indochine et de Suez S. A. v. J. H. Rayner (Mincing Lane) Ltd. [1983] 1LI'L. R. 228 (A), [E16] Westpac Banking Corporation v. South Carolina National Bank, [1986] 1LI'L. R. 311 (A), [E17] Siporex Trade S. A. v. Banque Indosuez. [1986] 2LI'L. R. 146 (A。本件は履行保証にも関連する), [E18] Harlow and Johnes Ltd. American Express Bank Ltd. and Creditanstalt-Bankverein. [1990] 2LI'L. R. 343 (A), [E19] Bankers Trust Co. v. State Bank of India, [1991] 2LI'L. R. 443 (C), [E20] Seaconsar Far East Ltd. v. Bank Makazi Jomkouri Islami Iran [1993] 1LI'L. R. 236 (A), [E21] 同 [1994] 1LI'L. R. 1 ([E20] の上訴審判決), [E22] Glencore International AG v. Bank of China [1996] 1LI'L. R. 135 (A), [E23] Seaconsar Far East Ltd. v. Bank Makazi Jomkouri Islami Iran [1999] 1LI'L. R. 36 (事件自体は [E20] と同一。[E20] は最高法院規則に関係し, [E23] はUCPの解釈に関係) が, アメリカについては [A1] Laudisi v. American Exch. Nat'l Bank, 239 N. Y. 234 (1924) (B), [A2] Banco Esnañol de Credito v. State Street Bank and Trust Company, 385 F. 2d 230 (1st Cir. 1967) (C), [A3] Venizelos, S. A. v. Chase Manhattan Bank, 425F. 2d 462 (2d Cir. 1970) (A), [A4] Talbot v. Bank of Hedersonnville, 452S. W. 2d 548 (Tenn. App. 1972) (B), [A5] CNA Mortgage Investors, Ltd. v. Hamilton National Bank, 540S. W. 2d 238 (Tenn. App. 1975) (A), [A6] Courtauls N. Am. Inc. v. North Carolina Nat'l Bank & Trust Co., 528F. 2d 802 (4th Cir. 1975) (A), [A7] Far Eastern Textile, Ltd. v. City National Bank and Trust Co., 430F. Supp. 193 (S. D. Ohio, 1977) (A), [A8] Chase Manhattan Bank v. Equibank, 550F. 2d 882 (3rd Cir. 1977) (A), [A9] Flagship Cruises, Ltd. v. New England Merchants National Bank of Boston and Chemical Bank, 569F. 2d 699 (1st Cir. 1978) (A), [A10] International Leather Distributors, Inc. v. Chase Manhatan Bank, N. A. 464F. Supp. 1197 (1979) (A), [A11] Insurance Company of North American v. Heritage Bank. N. A., 595F. 2d 171 (3rd Cir. 1979) (A), [A12] First National Bank of Atlanta v. Wynne, 149 Ga. App. 811, 256 S. E., 2d 383 (Ga. Ct. App. 1979) (A), [A13] First Arlington National Bank v. Gus Stathis, 413N. E. 2d 1288

(1st Dist. 1980)（A），[A14] Crocker Commercial Services, Inc. v. Countryside Bank, 538F. Supp 1360（N. D. Ill. 1981）（A），[A15] Transamerica Delaval Inc. v. Citibank, N. A., 545F. Supp. 200（S. D. N. Y. 1982）（B），[A16] Voest-Alpine International Corp. v. Chase Manhattan Bank, N. A., 707F. 2d 680（1983）（A），[A17] Tosco Corporation v. Federal Deposit Insurance Corporation, 723F. 2d 1242（1983）（A），[A18] Peoples State Bank of Clay County v. Gulf Oil Corporation, 446N. E. 2d 1358（1st Ct. App. 1983）（本件は信用状発行依頼人が受益者および発行銀行を相手に，支払を阻止するために本来的差止命令等を求める訴を提起した事件である），[A19] Travis Bank & Trust v. State of Texas, 660 S. W. 2d 851（1983）（A），[A20] Bank of Montreal v. Federal National Bank and Trust Company of Shawnee and Harris Trust & Savings Bank and Barton Valve Company, Inc., 622F. Supp. 6（1984）（A），[A21] United Commodities-Greece v. Fidelity International Bank. 64N. Y. 2d 449（1985）（A），[A22] Beyene v. Irving Trust Co. 762 F. 2d 4（1985）（A。全文の和訳紹介として飯田勝人「信用状に基づく書類の綴字相違と確認銀行の支払拒絶の正当性」金法1235号13頁がある），[A23] Bank of Cochin Limited v. Manufacturers Hanover Trust Company and St. Lucia Enterprises, Ltd., 612F. Supp. 1533（1985）（C。飯田勝人「信用状発行銀行に与えられた相応の時間（reasonable time）（上）」金法1269号18頁に紹介あり），[A24] Willow Bend National Bank v. Commonwealth Mortgage Corporation, 722S. W. 2d 12（1986）（A），[A25] Banque Worms v. Banque Commerciale Privee, 679F. Supp. 1173（S. D. N. Y. 1988）（A），[A26] American National Bank v. Cashman Brothers Marine Contracting, 550 So. 2d 98（1989）（A），[A27] Exotic Traders Far East Buying Office v. Exotic Trading U. S. A., Inc., 717F. Supp. 14（D. Mass. 1989）（A），[A28] Texpor Traders, Inc. v. Trust Company Bank and Oxford Industries, Inc. 720F. Supp. 1100（S. D. N. Y. 1989）（A），[A29] New Braunfels Nat'l Bank v. Odiorne, 780S. W. 2d 313（Tex. Ct. App. 1989）（A）が，ドイツについては [G1] RG, Urteil vom 14. November 1919, RGZ97, 144（A），[G2] RG, Urteil vom 12. Dezember 1922, RGZ106, 26（B），[G3] RG Urteil vom 16. Februar 1923, RGZ106, 304（A），[G4] KG, Urteil vom 3. Juni 1924, JW1924, 2048（B），[G5] RG, Urteil vom 29. Juni 1926, RGZ114, 268（B），[G6] RG Urteil vom 12. März 1934, RGZ144, 133（A），[G7] BGH, Urteil vom 23. März 1955, WM 1955, 765（A），[G8] BGH, Urteil vom 9. Januar 1958, WM 1958, 291（A），[G9] BGH, Urteil vom 24. März 1958, WM 1958, 587（A），[G10] BGH, Urteil vom 24. April 1958, WM 1958, 696（A），[G11] BGH, Urteil vom 30. Oktober 1958, WM 1958, 1542（B），[G12] BGH, Urteil vom 19. November 1959, WM 1960, 38（A），[G13] BGH, Urteil vom 20. Januar 1964, WM 1964, 223（A），[G14] BGH, Urteil vom 15. Januar 1964, WM 1964, 476（C。但し事件は単なるCIF契約に関する），[G15] BGH, Urteil v. 9. Februar 1970, NJW 1970, 992/WM 1970, 552（C），[G16] BGH, Urteil v. 10. Dezember 1970, NJW 1971, S. 558/WM 1971, 158（B。但し事件は振替に関する），[G17] OLG Stuttgart, Urteil vom 25. Januar 1979, WM 1979, 733（B。但し事件は履行保証に関する），[G18] OLG Hamburg, Urteil vom 24. 5. 1983, RIW/AWD 1984, 392（B），[G19] BGH, Urteil vom 2. 7. 1984, NJW 1985, 550, RIW/AWD 1984, 914（[G18]の上告審判決），[G20] BGH, Urteil vom 4. Oktober 1984, WM 1984, 1443（A），[G21] OLG Frankfurt a M., Urteil vom 25. 3 1986, RIW/AWD 1986, 905（B），[G22] OLG Frankfurt a M., Urteil vom 22. September 1987, WM

イス連邦裁判所1989年1月11日判決は[3]、「Der Grundsatz der Dokumenten-

1988, 254 (A), [G23] OLG Frankfurt a M., Urteil vom 6. Oktober 1987, WM 1988, 214 (A), [G24] BGH, Urteil vom 27. Juni 1988, WM 1988, 1298 (A), [G25] BGH, Urteil vom 26. 9. 1989, WM 1989, 1713 (A。但し本件は単純な事務管理契約), [G26] BGH, Urteil vom 26. 4. 1994, W 1994, 1063 (A。但し本件はスタンドバイ信用状に関する) が, フランスについては [F1] Angers 17 novembre 1925, S., IIp. 25 (B), [F2] Cass.-req. 19 octobre 1926, S., I, 1926, p. 380 (C), [F3] Trib. com. Seine, 6 février 1950, D., I, 1950, p. 323, note G. Marais (C), [F4] Paris 5e Ch. 31mai 1966, J. C. P., II, 1967, 14956, note J. Stoufflet (B), [F5] Cass. com. 6 février 1967, J. C, P., II, 1968, 15364, note J. Stoufflet (A), [F6] Cass. Com., 14 octobre 1981, D. S., 1982, p. 301 note M. Vasseur (B), [F7] Com. 19 avr. 1983, D. S., 1984, I. R. p. 80 (A), [F8] Cass com. 5 juillet 1983, D. S., 1984, p. 181. note M. Vasseur (C), [F9] Cass. com., 14 mars 1984, La semaine juridique èd. Générale IV, 1984, p. 159, D. S., 1985, I. R., p. 245, note Vasseur (B), [F10] Paris, 15 mars 1984, D. S., 1985, I. R., p. 245, note Vasseur (B), [F11] Fort-de-France, 12 oct. 1984, D. S., 1987, Som., p. 215, obs. M. Vasseur (B), [F12] Paris, 5 dec. 1984, D. S., 1985, I. R., p. 245, note Vasseur (B), [F13] Paris, 9 mai 1986, D. S., 1987, Som., p. 216, obs. Vasseur (A), [F14] Paris, 10 juill. 1986, D. S., 1987, Som., p. 217, Obs. Vasseur (A), [F15] Cour d' appel de Paris, ler decembre 1986, D. S., 1988, J. p. 111, note M. Vasseur (A), [F16] Cass com. 7 oct. 1987, D. S., 1988, p. 265, obs. Vasseur (B), [F17] Cass com. 24 novembre 1987, D. S., 1988, p. 265, obs. Vasseur (A), [F18] Agen, 27 juin 1988, D. S., 1990, Som., p. 179, obs. M. Vasseu (B), [F19] Paris, 13 juillet 1988, D. S., 1990, Som., p. 178, obs. Vasseur (A), [F20] Paris, 23 sept. 1988, D. S., 1990, Som., p. 179, obs. M. Vasseur (B) が, スイスについては [S1] Urteil vom 22. Januar 1952, BGE 78II42 (C), [S2] Urteil vom 16. Oktober 1962. BGE88II341 (A), [S3] Urteil vom 7. Juli 1964 BGE 90II302 (C), [S4] Urteil vom 26. September 1967, BGE 93II329 (B), [S5] Urteil vom 11. Juni 1974. BGE 100II145 (B), [S6] Urteil vom 11. September 1978. BGE 104II275 (A), [S7] Arrêt du 30 avril 1985. BGE 111II76 (B), [S8] Urteil vom 11. Januar 1989. BGE 115I67 (C) が, イタリアについては [I1] Corte di appello di Palermo, 30 juglio 1951, BBTC II 1951, p. 399 con nota di G. Gionerida (B), [I2] Corte di cassazione, 15 ottobre 1953, BBTC II 1953, p. 397 con nota di D. Maffei (A), [I3] Corte di cassazione, 17 ottobre 1953, BBTC II 1954, p. 139 ([I1] の上告審), [I4] Corte di Appello di Roma, 5 gennaio 1955, BBTC II 1955, p. 62 (A), [I5] Corte di cassazione, 24 settembre 1960, BBTC II 1962, p. 161 (B), [I6] Corte di appello di Genova, 10 decembre 1964, BBTC II 1964, p. 531 (B), [I7] Tribunale di Brescia, 18 marzo 1973, BBTC II 1973, p. 440 (A) が存在している。わが国の判例としては [N1] 東京地判昭和52・4・18判時850号3頁 (B), [N2] 東京高判昭和59・4・26高民集37巻1号39頁 (B) をあげられよう。なお以下では紙面の関係で括弧の数字のみで引用することを許されたい。古い判例については伊澤孝平『商業信用状論』(有斐閣, 昭和61年) 337頁以下が, アメリカの判例については石田裕敏「信用状の条件充足基準と不誠実な支払い拒絶──UCC第5編の下での「見識を備えた実直な書類の点検者──」姫路法学第13号 (平成5年) 71頁以下が詳しい。

3) [S8] BGE 115I67, 70f.

oder Akkreditivstrenge は，書類の点検に関係し，第1に，書類の受領権限がある銀行と信用状依頼人の間で適用される。しかしこの原則は銀行と受益者の間の関係にも準用される[4]。この原則は，提出された書類は銀行によりただ形式的整然性，即ち，信用状条件との一致が点検され，その実質的，内容的な正当性は点検される必要がないことを意味している。銀行はこの点検後信用状に一致していることがわかる書類と引き替えにのみ支払を行うことが許される。……物品取引の完全な且つ秩序正しい履行が確認されても，信用状に一致しない書類は原則として受領することが許されない。逆に，書類に含まれた記載が客観的に適切でないと推測するときにも[5]，銀行は信用状に一致する書類の受領を拒絶することは原則として許されない」と述べている。

同原則の結果，発行銀行（確認銀行または指定銀行である場合にはこれらの銀

---

[4] 同旨 [G12]。従って厳格に考えると，発行銀行・依頼人間と発行銀行・受益者間の二つの点検基準が問題となる。アメリカでは基準を上記二つの場合に分けて分析する文献 (McCullough, Letter of Credit (commercial and standby letters of credit bankers'and trade acceptances), 1999, §3.04 [7] [d], §4.04 [1] [b]) もある。この問題は信用状の構造の理解の仕方にも関連する。理解の仕方は，大陸法系と英米法系の学説・判例で異なる。この問題の検討は紙面の関係で別稿に譲る。

[5] 例えば，① [E14] では，信用状に記載された最終船積日は1976年12月15日で，船荷証券もそのように記載されていた。しかし実際の船積日は1日遅れた16日であったので，偽りの記載を理由に支払を拒絶することができるか争われた。原審は之を肯定したが，Diplock 裁判官は，「この大胆な命題に法的分析がなされればなされるほど，それは受け入れられなくなる。私の見解では，これに賛成することは，荷為替信用状により国際的取引に融資する全制度を害する」と判示し，② [F4] では，信用状発行依頼人が，物品の積込み期限が17日のところ，18日に行われたと主張したが，判決は，「銀行の監督は，もしもそれが有用で且つ注意深くなければならないのであれば，……書類と無関係な要素に及ぶべきではない」，「提出されたいかなる書類も，積込みが17日に終了しなかったと考えさせうる何等の表示も含んでいなかった」として主張を認めなかった。③ [E16] では，船積船荷証券の提出が信用状条件であるところ，受取船荷証券の形式に船積 (shipped on Board) と記載された船荷証券が提出された。オーストラリアのニューサウス・ウェールズ控訴院の多数意見は，物品の受領場所（シドニー）と船積港（メルボルン）とは離れているから，これらの記載に「内部的矛盾がある」としたのに対し，イギリスの枢密院は，上記見解は，事実から推論するという誤りを犯している，ただ書類から判断すると，矛盾はないと判示した。同じように④ [G24] では，商業送り状がハンブルクでディスクレを理由に返却された後2日して新書類が提出されたが，香港の受益者に新しい書類を発行してもらうにはあまりにも短すぎるとして，書類の操作の疑いを支払の拒否理由とすることを認めた控訴裁判所の見解を，上告審は，その前にテレックスで不一致を通知していた事実を見落としているとして否定している。

行)[6]は，受益者から提出された書類（信用状に定められたすべての書類）が，①外観上信用状条件と一致しているか，②書類に欠落がないか，③書類相互間に矛盾がないか[7]（および④偽造されたものでないか）[8]を点検し，これらの要件が満たされていれば支払，引受または買取を行い[9]，そうでないときには，これ

---

6) 非指定銀行たる買取銀行は書類点検義務を負わない（大阪地判昭和51・12・17判時859号91頁）。わが国の判例にはこのことを前提として，再買取銀行から償還請求された買取銀行は，外国向為替手形取引約定書15条2項2号により買取依頼人に買取請求ができる旨の判例が多く存在している。①大阪地判平成2・2・8金法1248号37頁，②東京地判平成2・11・19金法1272号37頁，③東京高判平成3・8・26金法1300号25頁（②の控訴審判決），④東京地判平成4・4・22金法1349号54頁，⑤東京地判平成9・6・30金法1512号34頁。⑥東京地判平成10・3・25金商1056号35頁は，契約にいたった事情，記載の不一致の中に買取銀行の担当者の指示によるものなどの特殊の事実関係があるときには，信義則を理由に買取請求を拒否している。もっとも，①では再買取銀行が点検義務を負っている信用状発行銀行であったことを見落としている点，②③では確認銀行の点検義務を見落としている点で疑問が残る（同旨，浜田道代・判批・金法1364号11頁，14頁）。

7) わが国には，送り状の記載と輸出申告書の記載が一致していない場合に，銀行が手形を買い取ることは，外国為替及び外国貿易管理法12条が定める外国為替公認銀行の確認義務に違反するので，代金相当額の損害賠償が認められるか争われた事件がある。これを肯定する説（高桑昭・判批・ジュリスト859号148頁，塩田親文『外国為替判例研究』76頁）もあるが，控訴審（大阪高判昭和60・7・31金法1104号42頁）及び最高裁判決（最判平成2・3・20金法1259号36頁）は，確認義務は公法上の義務であるとして，否定した。判例に賛成する。同判例の問題点については橋本・前掲注1）103巻3号366頁参照のこと。ちなみに外為法は，平成9年改正により為替主義を廃止したので，現在では輸出申告書制度はない。本件では輸出申告書は信用状条件上提示すべき書類とされていなかったが，UCP500は，「信用状に定めのない書類を点検しない」との規定を新設し（13条(a)），法律状態を明確にしている。

8) 偽造書類の点検義務は紙面の関係で本稿の対象外であるが，これを扱う判例として，[E12]，[G4]，[G5]，[G25]，[F11]および[F18]がある。

9) ①[S1]は，確認銀行が信用状条件一致の書類を発行銀行に提出したが，発行依頼人が発行銀行にある受益者の口座を差押さえたことを理由に，発行銀行が支払を拒否した事件である。スイス連邦裁判所は，①信用状条件たる品質証明書が発行依頼人の代理人から提出された「事実を引き合いに出して（発行銀行が）書類の完全性」を争うのは「明らかに信義則に反する」し，②確認銀行の費用償還請求権は同行の実際の支払の立証を前提とする発行銀行の主張も「不適当」であり，確認信用状は，第1の信用状とは別個のものであるから，確認銀行の費用償還請求権は書類の提出と同時に発生していたと判示した。②[S5]は，別段の定めがなければ，後日支払信用状（Akkreditiv mit aufgeshobener Zahlung）の満期前の支払も委託の正当な履行であると判示している。なお③同じくスイスの[S4]は，詐欺事件に関する判例であるが，停止条件付の取消不能信用状は「信用状制度の慣例に反する」ので，停止条件の無記載は違法であり，「譲渡不能（non assignable）」と記載しても違法性を阻却せず，信用状開設書類に取消不能信

附第3章 信用状における提供証券厳正の原則に関する一考察

を拒否する[10]。しかしながら点検義務の基準については，ICC 信用状統一規

用状と記載したこと自体が「濫用を可能にするのに適している」から，他の銀行が点検の際にこれを見落としたからと言って，因果関係を切断しないので，そのような書類の交付銀行は不法行為責任を負うと判示している。フランスにも，受け取った品物が注文したものと異なることを理由とする発行依頼人の差押は，銀行の支払を妨げることができないとする判例がある（[F6]，[F16]）。

10) Vgl. Lombardini, Droit et pratique du crédit documentaire, 1994, Zürich, p. 132., Bühler, Sicherungsmittel im Zahlungsverkehr (Dokumentenakkreditiv, Bankgarantie, Eigentumsvorbehalt), 1997, Zürich, S. 75, Schütze, Das Dokumentenakkreditiv im International Handelsverkehr, 4. Aufl. 1996, Heidelberg, S. 164, Lücke, Das Dokumentenakkreditiv in Deutschland, Frankreich und der Schweiz. Eine rechtsvergleichende Darstellung, Diss. Kiel, 1976, S. 84ff.

UCP500 によると，ディスクレと判断したときには，受け取りを拒絶する根拠となったディスクレの箇所を明示し（[F14] では，信用状条件は，1から10の番号のついた書類の提出（2と3は合体可）で，4ないし10の書類が欠けているときには，1ないし3の書類と保証状の提出であった。発行銀行が「とりわけ四つの書類が欠けているのでディスクレを示している」とテレックスで知らせたが，これでは，ディスクレの指摘としては不十分であると判示されている），呈示者の指示待ちとして保管中であるか，呈示者に返送中であることを明示して，遅滞なくテレコミュニケーション（テレトランスミッションは電話を除く全通信手段（電信，電報，テレックス，SWIFT システム）を指すが (Nielsen, Die Revision 1983 der "Einheitlichen Richtlinien und Gebrauche für Dokumenten Akkreditive" (ERA), ZIP 1984, 230 [235])，テレコミュニケーションは電話を含む（東京銀行システム部編『貿易と信用状』（実業之日本社　平成8年）251頁）により，それが不可能な場合には他の迅速な方法により（口頭通告も許される。判例 [E22]），書類受取日の翌7銀行営業日（banking days）を超えない相応の時までに通告することが必要である（[S3]，[S6] は拒否しながら，書類を独断で使用した場合の銀行の責任を扱い，[S7] は，逆に，勝手に目的物を横領した信用状発行依頼人に対する，ディスクレであるにも拘わらず支払をした銀行の償還請求権を扱う）。これを怠ると，書類が信用状条件を充足していない旨を主張することができなくなる（13条(b)，14条。これを適用した判例として [F8] がある）。相応の時には顧客に相談する時間も含まれる（同旨，[E19]）。ディスクレがあると判断した場合，銀行は発行依頼人に照会をすることができるが（14条(c)），照会は銀行の義務ではない（同旨 [F17]，[F19]。反対 [F13]）。①ディスクレの場合にも銀行は担保を取って支払等をするか（保証書を差入れたケース。札幌地判昭和49・3・29判時750号86頁），②留保付き支払を行う場合もある（14条(f) 参照。この問題を扱った判例として [E15] と [F19] がある）。③UCP には規定がないが，指定銀行が発行銀行に電信で買取の可否を照会し，買取を認める旨の回答があったときには買取を行う慣習がある。これをケーブル・ネゴ（Cable Negotiation）という（東京銀行システム部編・前掲241頁）。また，④指定銀行は，買取を行わず，取立扱い（Collection）として書類を発行銀行に送り，発行銀行から代金を受領の後，顧客に支払う方法もある（発行銀行が，発行依頼人による手形の引受と交換に書類を依頼人に渡し，発行依頼人が手形の支払をしないときには，発行銀行は，取立である旨を主張できず，受益者に対し責任を負う。[E18]）。14条は，通行銀行にディスクレの書類を拒否する権

則（UCP）が1993年に改訂されるまで必ずしも明確でなく，アメリカでは，統一商法典（UCC）第5章が1995年に改められるまで，基準を定めておらず，裁判所の判断に委ねていたので[11]，世界の判例の多くが厳格充足基準（the

> 限を与えていないが，UCP外でこの権限を与えることを否定するものではない（［E20］）。
> これに対しアメリカのUCC 95年改正前§5-112は，発行者は，「書類の受領から3銀行営業日の終了までに」支払をなすべきとされ，其の期間に支払をしないと，拒絶したとみなされた。拒絶の場合には，書類を返すか，所持していることを通知しなければならないが，拒絶の理由を通知する必要はなかった。またUCC§5-111により，受益者は，発行者を含む全利害関係人に条件一致を保証するので，誤って支払をした発行者は，その顧客が不一致を理由に書類を拒否した場合，受益者に対し保証違反を主張することができた。類似に，発行者は，受益者のその後の不法な拒絶の訴訟における抗弁として不一致を主張することができた。しかしながら発行者の不一致の抗弁又は保証請求は，UCC§1-103で一般的に有効な受益者によるウェーバー（その適用例［A16］。ディスクレが治癒不能でも，ウェーバーは適用される）又はエストッペルの抗弁に服する（その適用例［A14］，［A23］）ので（確認銀行は誤ってディスクレがないと信じていたときには，ウェーバー又はエストッペルの抗弁の適用がないとする判例として［A21］がある），UCPとUCCの規制は異なっていた。Barnes, *Nonconforming presentations under letters of credit: preclusion and final payment*, 56 Brooklyn Law Rev. 103-109 (1990)。95年改正UCCでは，支払うか，ディスクレを提出者に通知するために，発行者は，「書類受取日の翌7営業日（business day）の終了時を超えない相応の時間を有する」（新§5-108(b)）と改められ，「(d)に別段の定めのある場合を除き，発行者は支払拒絶の理由として，適当なときに（timely）通知がなされない場合にはいかなる不一致も又は適当な時に通知がなされた場合には通知に記載されなかった不一致を主張することが妨げられる」（同(c)）と改められ，「(b)で定める通知の懈怠又は通知に詐欺，偽造若しくは満了を記載しないことは，発行者が支払拒絶の基礎として§5-109(a)で定められた詐欺若しくは偽造又は提出前の信用状の満了を主張することを妨げない」（同(d)）と改められている。

11) UCP500 13条(a)は「銀行は，信用状に定められたすべての書類が，文面上，信用状条件と一致しているか確かめるため相応の注意（reasonable care）をもって点検しなければならない。所定の書類が文面上で信用状条件と一致していることは，この規則に表れている国際的な標準銀行実務（international standard practice）によって決められなければならない。文面上相互に矛盾しているとみられる書類は，文面上，信用状条件を充足していないとみなされる」と定めているが（傍点は93年改正で改正された箇所である。立法理由についてはUCP 500 & 400 Compared (ed. by Charles del Busto), ICC Publication No511, p.38ff. を参照されたい），それ以前にはどの基準を採用するのか必ずしも明確ではなかった（基準を定めていないとする説として［A23］，Lombaridini, op. cit., p.138, Costa, Le crédit documentaire (étude comparative), 1998, Paris, p.39, 桑原康生「荷為替信用状におけるDocumentary Complianceに関する諸問題」『(喜多先生退官記念) 商事法の現代的課題』（中央経済社　昭和60年）63頁がある。これに反対する見解として［A25］（「ニューヨーク法とUCPは信用状条件との厳格一致を要求している」），橋本・前掲注1）173頁注9）。同条の元の規定は，33年UCP 10条（「書類が所要の正規の記載（un carectère de régularité voulue）を有するかどうか確かめるため」）である。51

strict compliance standard）をスローガンとして採用していたものの，個々のケースから裁判所が不一致（以下ディスクレという）と判断する基準を導き出すことができず，特に実質充足基準（substantial standard），相当充足基準（reasonable compliance standard），二元的充足基準（bifurcated standard）等を採用する判例のあるアメリカでは事態が深刻であった。そのため UCP500 第13条(a)は，「所定の書類が文面上で信用状条件と一致していることは，この規則に表れている国際的標準銀行実務（international standard banking practice）によって決められなければならない」と定め，改正 UCC §5-108(a)は，「§5-109 に別段の定めのある場合を除き，発行者は，(e)で述べられる標準実務（standard practice）によって決定されるような，文面上信用状条件に厳格に一致しているとみられる呈示（presentation）に支払を行わなければならない」と定めるに至った[12]。その結果，国際的標準銀行実務または標準実務とは何か，

年改訂 UCP 9条は「外観上」（apparement）という用語を付加し，フランス語から英語になった 62年改訂 UCP 7条は，「注意」を「相応の注意」に改め，74年改訂 UCP 7条は，書類が相互に矛盾しないことを要件に付加し，83年改訂 UCP 15条は，74年版の規定をそのまま踏襲した。アメリカの統一商法典（UCC）（95年改正前）§5-109(2)は，「発行者は，文面上信用状と一致していることを確かめるために，注意して書類を点検しなければならない」と定めているが，どの基準を採用したのか定めておらず（Official Code Comment §5-102 : 1.(2)），裁判所の判断に委ねていた（通説・判例。Thier, *Letters of credit: A solution to the problem of documentary compliance*, 50 Fordham Law Rev., 848, 861 (1982); Anderson, Uniform Commercial Code, Vol. §§4-202 to 7-603, 3rd. ed., 1985, New York, p.255; McLaughlin, *On the periphery of letter-of-credit law: softening the rigors of strict compliance*, Banking L. J., Vol.49, N1, 1989, p.4, 10 [A4]，[A15] など）。ところが，UCC 5条は，1995年に改正され，§5-108(a)は，「§5-109 に別段の定めのある場合を除き，発行者は，(e)で述べられる標準実務によって決定されるような，文面上信用状条件に厳格に一致しているとみられる呈示に支払を行わなければならない。§5-113 に別段の定めのある場合を除いて且つ発行依頼人と別段の合意をしたのでなければ，発行者は，そのように一致するようには見られない呈示に支払を拒まなければならない」と定め，厳格充足基準を採用するに至った。その Official Comment については McCullough, *supra* note 4, App B-16 以下を参照されたい。

12) 1995年には国連総会で The United Nations Convention on Independent Guarantees and Stand-by Letter of Credit が採択された。Official Records Supplement No.17 (A/50/17), Report of the United Nations Commission on International Trade Law on the work of its twenty-eighth session 2-26 may 1995 参照。同条約は厳格一致又はこれと類似の用語を使用していないが，generally accepted standards of international practices が書類の点検に適用されると定めている（14条1項・16条1項）。これはアメリカの厳格充足基準と一致すると指摘されている。Turner, *The United Nations Convention on*

UCP, と UCC の間で意味に相違があるかが現在では問題となる。

　本稿では，わが国に「銀行は提供証券について形式的審査のみならず実質的審査の義務を負う」が，「銀行は短時間内に多くの取引をなすものであって個々の取引に多くの時間を費やすことはできないという実際上の立場」等の理由から実質的審査義務は免除されたというような見解[13]もあることから，最初に，提供証券厳正の原則の根拠を明らかにする。次に，UCP500 および改正 UCC 以前の判例（英米独仏伊日及スイス）の態度を整理し，最後に国際的標準銀行実務または標準実務の意味について検討を加えたいと思う。

2　提供証券厳正の原則の根拠

　提供証券厳正の原則の根拠は，以下の理由に求められると考える。第1に，通常の売買の場合，契約に合致した履行がなされないときには，買主は契約不履行の抗弁 (exceptio non adimpleti contractus) を主張することができるが，信用状を利用すると，この抗弁は買主から奪われる。そこで信用状条件に一致する書類の提出があったときにのみ，支払が行われるとして買主（信用状発行依頼人）に最小限の保証を与える必要がある。この保証は，提供証券の売主が債務を適切に履行したことを証明する機能と船荷証券のような特定の証券における権利付与の機能から生じるが，書類が信用状条件に一致しているという要件がなければ，この保証はなくなることである[14]。第2に，銀行は原因契約の当事者でないから，その内容を知る立場にないし，原因取引に対する専門的知識もない。従って書類の外観の点検のみを行うということは銀行の利益にも合することである。この関係で提供証券における信用状条件からの少しの相違であっても信用状発行依頼人に多大な損失を引き起こす可能性があることは想起

International Stand-by Letters of Credit: How Would It Change Existing Letter of Credit in the United States ?, in Banking L. J., Vol. 114, N9, p. 790, 805-806（1997）.

13) 濱田一男「1983年改訂信用状統一規則の諸問題」九州大学法政理論54巻1号1頁以下，32頁（昭和62年）。これに対する橋本・前掲注1) 174頁以下の批判は正当であると考える。濱田教授は理論として発行依頼人の同意を欠く信用状条件の変更は認められないことを強調する。これに対し発行依頼人の同意を不要とする判例として［A25］がある。

14) J. Stoufflet, Les devoirs de la banque qui recoit des documents irreguliers, in Rev. de la Banque, 1965, No5, p. 418, 421.

されなければならない[15]。第3に，信用状は，原因契約とは別個・独立に，銀行が発行するものであり[16]，信用状取引は，書類取引であるから（UCP 4条），書類が信用状条件に一致しているか銀行が点検することは当然であることである[17]。第4に，信用状条件に一致した書類を提出すれば，必ず支払を受けることができるという確実性は受益者にとっても有利であることである。このように同原則は信用状の当事者の相対立する利害の均衡の上に成り立っているのである[18]。これに対し，江頭教授は，「発行銀行は発行依頼人の意思を尊重すべきこと」[19]を同原則の根拠の一つとして挙げておられる。依頼人の意思の尊重は，委任であればどのようなものであれ生じるから，おそらくこの趣旨は，信用状では委任により銀行に点検義務が生じるので[20]，銀行は委任の本旨に従った点検をしなければならないという意味であろう。提供証券厳正の原則は，委任の内容が信用状条件に一致した書類の提出に対する支払であることによる。銀行は，判例［A23］も指摘するように，一致の判断の際には発行依頼人の意思を調査すべきではなく，普通の意味で（UCP500の場合には国際的標準銀行実務に基づいて）書類を解釈しなければならないから，意思の尊重表現は誤解を招くおそれがある[21]。

---

15) この点はドイツの学説・判例で繰り返して指摘されている。これを指摘する判例には［G2］，［G8］，［G12］，［G14］，［G16］および［G19］がある。

16) UCP500 3条(a)およびUCC（95年改正後）§5-103(d)参照。これを信用状の独立・抽象性の原則（仏 le principe de l'autonomie ou de l'indépendance du crédit, 独 der Grundsatz der Abstraktheit des Akkreditivs od. Unabhängigkeit vom Grundgeschäft）という。書類が一致していても発行銀行が権利濫用の抗弁を主張できる場合もある。注（2）で引用した判例にもこの抗弁を扱った判例があるが，紙面の関係で割愛する。

17) イタリアの判例には信用状取引の抽象性，独立性及び文言性［astrattezza, autonomia e letteralità］から提供証券厳正の原則を説明する判例が多い。［I1］，［I4］および［I7］がそうである。これに対し石田・前掲注2）76頁，126頁は，独立原則から必ずしも常に厳格充足基準が導きだされるとは限らない，と主張しておられる。

18) J. Stoufflet, in Rev. de la Banque, 1965, No5, p.422.

19) 江頭・前掲注1）143頁注1。

20) ［G19］は，信用状発行銀行の点検義務は，確認銀行が生じたからと言って消滅するものではないという結論の関係で，次にように述べている。「信用状発行銀行（被告）の点検義務は，信用状統一規則の規定とは独立に，更に，同行が信用状開設のために引き受けた委任からも導き出される。なぜなら，普通の（ordentlich）商人の注意の尺度に従って，信用状委任の展開中に関係しうる信用状依頼人（原告）の利益を図ることはその中に含まれていたからである」。

3 審査基準

(1) 厳格充足基準

世界の多数説[22]と判例の大部分[23]は，2で述べた提供証券厳正の原則の根

---

21) Koller, WM 1990, 293 [298] は，「銀行が買主から信用状開設の委任を受けたという事実は，銀行の表示を最大限買主 ── 売主の同意に一致するよう解釈することを正当化しない」と述べている。

22) わが国で厳格充足基準を採る学説として桑原・前掲注11)61頁以下，橋本・前掲注 1 ）民商103巻 2 号178頁以下，フランスでは Stoufflet, Les devoirs de la banque qui recoit des documents irreguliers, in Rev. de la Banque, 1965, No5, p.419, Vasseur, note sous Cour d'appel de Paris, ler décembre 1986, D. C. 1988, J. p.11, 116, ドイツでは Nielsen, Dokumentenstrenge im Akkreditivgeschäft bei Abweichungen in den vorgelegten Dokumenten, WM 1962, S.778ff.（[G8] を痛烈に批判する），Zahn, Zahlung und Zahlungssicherung im Außenhandel, 6. Aulf. 1986, S.148f., アメリカでは注11)で引用した Thier や McLaughlin の見解。フランスを含む諸外国の学説については Costa, op. cit., p.36 注86が詳しい。

23) イギリス：[E2]（書類が厳密に「in order」でないなら，支払義務なし），[E3]（船荷証券に重量の記載が欠けていたケース），[E4]，[E5]（複数の専門家により発行された品質証明書が条件のとき，1名の専門家では不十分），[E7]，[E8]（「新しい」と「新しく良い」または「新しい状態」とは一致しない），[E9]，[E11]（FREIGHT PREPAID と FREIGHT COLLECT, 指図式の白地裏書された船荷証券と記名式船荷証券，信用状の CHILEAN FISH Full Meal, steamdried, minimum 70% と分析証明書 Fishmeal protein 69.7%, 品質証明書 steamdried fish meal Protein 67% minimum 等は一致しない），[E13]，[E15]（「主義の問題（として）……信用状のケースでは，書類要件との厳格な合致が明らかに強行的である」），[E17]（信用状条件が合衆国産の証明書であるときに，「どこかある原産」等は不一致），[E22]（UCP500に関する判例である。UCP 20条(b)は書類にオリジナルの表示を要求しているから，コピーに署名をしただけでオリジナルにならない）。アメリカ：UCP に関する判例として [A6]，[A8]，[A10]，[A16]（信用状条件が 1 月31日までの船積みであるので，物品が 2 月 2 日から 6 日の間に船積みしたことを示す提出書類は「紛れもないディスクレ」である），[A22]（名前 Mohammed Sofan を船荷証券で Mohammed Soran としたことは重大なディスクレ）および [A25] 注11) 参照），UCC に関する判例として [A3]（「銀行は書類が提出されることだけに利害関係があるので，信用状の本質的要件は厳密に一致されなければならない」），[A11]（「衡平の神聖な牛が信用状の柔らかいつる草をつぶすことを恐れる」。「責任はまだ未解決」という証明書はスタンドバイ信用状の条件と不一致），[A26]（hereby certifies that I have determined that は，thereby certifies that という信用状条件と不一致）。UCC に準拠しているのか，UCP に準拠しているのか不明なもの [A21]（「ニューヨーク州は，より寛大な実質充足基準より，信用状条件の厳格な一致を要求している」），[A28]（ニューヨー

拠より，形式的一致を重視する厳格充足基準を採用した[24]。どの文献でも引

ク州は厳格充足基準を採用している。部屋番号の省略，送り状における住所の誤記，注文書の「Oxford」の用語の省略は，全体として調べると，些細な (trivial) 又は極めて些細な (microscopic) ディスクレではない)。ドイツ：[G1]（銀行は「与えられた，形式的，厳密な (präzis)，純粋に銀行に適用する委任の限度内で振る舞わなければ」ならない)，[G2]，[G3]，[G5]（公職獣医の署名のある食用適格証明書および監督官庁の署名のある輸入・取引自由証明書の条件に反し，市の公務員が署名したケース)，[G8]（ディーゼル燃料「摂氏20度の時0.845を超えない比重」が条件のとき「15度0.841」，「0.845」と記載された工場品質証明書は，他の専門家が品質は同一であると証明しても，不一致)，[G9]（"粉末状の食用に適した脱脂乳（スプレー方法）" は，主題が引用符に含まれているので不一致)，[G15]（送り状にSKFボールベアリングと記載されているときには，他の物と代替できない)，[G16]，[G17]，[G18] (fas Bilbao と ex warehouse Bilbao は不一致。特定の形態の書類が要求されたときには，銀行の「合目的考慮」又は「合理的評価」のためのいかなる余地もない〔kein Raum für 'Zweckmäßigkeitserwägungen' oder 'vernünftige Beurteilung'〕)，[G20]（銀行は書類と信用状条件との一致を「極めて厳格且つ形式的に (auf das genaueste und förmlichste)」点検しなければならない。四つの書類の発送の確認が信用状条件のとき，二つの書類の発送を確認しただけでは条件不一致)，[G21]（航空運送状（AWB）における定められた宛名の無記載，誤った宛名の記載，間違った受取人の記載，フライトの日付の欠如は些細な相違でない)，フランス：[F3]（ディスクレを一々指摘しているが省略)，[F7]，[F15]（「監督会社の監督下にある発行依頼人名の冷凍倉庫寄託証明書」の提出が条件であるとき，監督会社の「報告書」の提出は不一致)，スイス：[S6]（「信用状の表現（Wortlaut）を目指す，……制度それ自体に適用される提供証券厳正)，イタリア：[I4]（「銀行は……同等であっても，他の書類を受け入れる義務はない」)，[I5]（「特に支払に関する限り，銀行は厳格に (rigorosamente)，提出が条件として定められている全ての書類の存在を確認してから支払うようにしなければならず，上記目的のために，客観的に同等であっても，他の書類に代えることはできない」)，[I7]（送り状の「牛の舌」は信用状条件「牛の肉」と不一致)。

[24] UCP500は，UCCと異なり，解釈規定等を設け，厳格性を緩和している事に注意すべきである。
① 「first class」，「well known」等の用語が記載されていても，呈示された通りに受理する（20条)。
② 「about」又はこれと類似の表現の付いた信用状金額・数量・単価については10パーセントの過不足が許容される（UCP 39条1項)。[F5] は本条を適用した例である。
③ 信用状が物品の数量に過不足があってはならないと定めていない限り，5パーセント以内の過不足は許容される（UCP 39条2項)。
④ 送り状以外の書類においては物品の記述は，信用状の物品の記述と矛盾しない限り一般的な用語により示してもよい（UCP 37条(c))。これを適用した判例として [N1]，[E11]，[F4] があり，送り状は信用状の記載と一致しなければならないとする判例として [E13]，[A6] および [I8] がある。[A1] は，依頼人の保護を破壊することもない，また用語より是認されない義務を発行銀行に負わせない普通の且つ常識的意味を用語に与えるのが裁判所の義務であるとし，流通鉄道運送証券（negotiable railroad

用される有名な判例 [E5] において Sumner 裁判官は「ほとんど同じ又は同様に役立つという書類のための余地はない〔There is no room for documents which are almost the same, or which will do just as well〕」と述べた。この文章は，原則を述べたに過ぎないが，イギリス国内だけでなく（[E12]，[E13]，[E17]，[E20]，[E22]），アメリカの判例（[A6]，[A8]，[A11]，[A16]，[A21]，[A28]）でも使用されている。

厳格充足規準を理解するには，[E6][E7]の判例を比較することが有益である。信用状条件がコロマンデル落花生穀類（Coromandel groundnut kernels）の記載であるところ，提出された船荷証券では machineshelled groundnut kernels となっていたため一致の有無が争われた。コロマンデル落花生穀類は，インド東海岸地域で生産される落花生で，油の含有量の関係から高価であった。[E6] は，船会社の証言に基づき，慣習的取引方法及び慣習的用語では「Coromandel groundnuts 売買は例外なく machineshelled groundnut kernels 売買であると理解されている」として一致を肯定した。これに対し，その上訴審判例 [E7] において，Mackinnon 判事は，本取引は，船会社との取引ではなく，デンマーク人との取引であり，デンマーク人は上記慣例又は慣用を知らないし，「銀行が信用状を発行できる取引に関し数千の取引の各々の慣習と慣用的用語により影響されうると示唆することは全く不可能である」とし，Goddard 判事は，たとえ銀行が上記慣行・実務を知っていたとしても，その

---

bill of lading) がブドウの種類を記載していなくても，信用状に同証券は物品の特徴全部を記載せよとの規定がないので，それは，物品を完全に記載した送り状により補充されると判示している。[A1] は，Costa, op. cit., p.27 によると，送り状以外の書類では物品を一般的な用語で示すことができるという原則を初めて表明した判例である。

⑤信用状が提出されるべき書類を記載することなく条件を定めている場合には，銀行はそのような条件は記載されていないものとみなし，これを無視する（UCP 13条(c)）。これは，93年改正で新設された規定である。立法理由については UCP 500 & 400 Compared, *supra* note 11 at 43 を参照されたい。なお95年改正 UCC もこれと同趣旨の規定を定めるに至っている（UCC §5-108(g)）。

⑥信用状に別段の定めがないときには，信用状の発行日より前の発行日の記載のある書類を受理する（UCP 22条）。

⑦所定期間内の分割積出が信用状に定められている場合，信用状に異なる定めのない限り，一部の不履行は，未使用部分をすべて失効させる（UCP 41条）。

⑧信用状が積替を禁じていても，銀行は，運送人が積替える権利を留保する旨を明示している条項を含む船荷証券を受理する（UCP 23条(d)ⅱ）等がある。

顧客の要求したものを正確に行わなければならないとして，ディスクレとした。従ってこれを極端化すると，厳格充足基準では [F3] が述べるように，「銀行は，厳密に且つ厳格にその指図に従い，外部の規則正しさと同様，定められた書類と提出された書類の具体的一致に専心しなければならない。……信用状を与える者は指図を解釈しないで，文字通り執行することが，買主の利益の保護にとって本質的である」ということになるから，「鏡のイメージ（mirror image[25]）」で書類を調べ，些細な違いであっても，相違があれば銀行は拒絶することを要し，拒絶しなければ信用状金額を発行依頼人に請求することができないということになる。

厳格充足基準の支持者は，予見可能性を重視する[26]。それは，銀行が迅速に行動できることを保証し，信用状の流動性を高める機能を有している。この支持者にとって，銀行に約束もしない債務が課されないこと且つその顧客に対する銀行の補償請求権を危うくしないことが本質的である[27]。

しかし「極端な形式主義は信用状制度を侵害するおそれがある[28]」ことは古くから指摘されていた。極端な形式主義は行き過ぎであるので[29]，支配的

---

25) この言葉は，極端な厳格基準を批判するために，Kozolchyk により使用された。Kozolchyk, Strict compliance and the reasonable document checker, *Brooklyn L. Rev.* Vol. 56, No1, 1990, at 50.「鏡のイメージ」は，McLaughlin, *supra*, note 11 at 8 が使用する「絶対的逐語（absolute literal compliance）基準」，ドイツの表現に倣えば逐語的（buchstäblich）基準と言い換えることができる。

26) [A19]。同旨 Nielesen, WM 1962, S. 780.

27) [A16]。なお Costa, op. cit., p. 41 参照。

28) Bontoux, Limite du formalisme en matière de crèdit documentaire, in Rev. de la Banque, 1959, p. 21, 23.

29) 鏡のイメージを実際問題に適用しようとすると，Kozolchyk によれば，次の四つの点において役にたたない。第1に，意味をインコタームズのような提供書類以外のものに求める必要がある場合がしばしばある。第2に，意味が，買主の営業所と受益者および確認銀行の営業所とで異なる場合がある（[E5] では条件がボタビア商業会議所（Chambre of Commerce）の署名のある品質証明書であったが，ボタビアには商業会議所がなかった。そこで機能的に同じボタビア商業協会（Commercial Association）が商業会議所とみなされている）。第3に，UCP では書類相互間に矛盾がないことが要求されているが，鏡のイメージ基準では，この場合にうまく機能しない。第4に，銀行又は顧客に悪意がある場合である。この場合には，信用状は誠意のない支払手段となる。Kozolchyk, *supra* note 25 at 50-55. ICC は，各国の銀行等から提出された質問を専門家グループで検討し，意見を公表することで，UCP が機能するよう配慮している。その質問

立場は,鏡のイメージを採用しないで,[A19]などが示すように疑いがある場合には解釈を認め[30],コマーシャル・テストではなくて,リーガル・テストに注目する[31]。

の中には当然ながらディスクレの書類の扱いもある(Opinions of the ICC Banking Commission 1984-1986 (ICC Publication No434), 同1987-1988 (ICC Publication No469), 同1989-1991 (ICC Publication No494), Case Studies on Documentary Credits under UCP (ICC Publication No535)の該当個所参照)。1980—1981年の意見書は手元にないので,確認の術がないが,Schmitthoff, Discrepancy of Documents in Letter of Credit Transactions, J. B. L, 1987, March, p.97によると同意見書では,「銀行はロボットのように行動することができず,各ケースを個別的にチェックし,その判断を働かせねばならない」と述べている。

30) [G22]では,信用状に受益者として「O. W. Z. Straße, 2, Köln」と記載され,売主の名が記載されていなかった。上級地方裁判所は,解釈により受益者は売主であると判示したが,提供証券厳正の原則の領域では解釈は許されないと判定した。これに対し,[G27]は解釈を肯定している。

31) Schmitthoffは,[E16]とGolodetz & Co. Inc. v. Czarnikouw-Rionda Co. Inc. The Galatia [1980] 1W. L. R. 495 (この事件は,火事と消火による水のため貨物が船から降ろされているという但書のある船荷証券は無故障(clean)なのか争われた事件であり,極めて複雑であるが,興味深い事件である)を検討した後,「銀行は,書類が形式の観点から普通でないという理由だけでは書類を拒絶すべきでなくて,実質の問題として,純粋に法的に重要な不一致があるかどうかを吟味する義務がある」というのが結論であると述べている。Schmitthoff *supra* note 29 at 99. [A29]では,信用状条件が,提出される手形に「X銀行取消不能信用状Number 86-122-Sにより振り出された」と記載されていることであったが,信用状原本と同時に「No.86-122-5」と記載された手形が提出された。86年は発行年,122は今まで銀行が発行した信用状の通し番号,Sはスタンドバイ信用状を意味していた。原審はディスクレと判断したが,テキサス州地方裁判所は,厳格充足基準は「抑圧的な完全主義を要求することを意味しない。ある有名な論者(J. F. Dolan)は,原因取引のビジネスに関するディスクレと銀行自身のビジネスに関するディスクレの間に論理的な区別を認めている。厳格充足のルールは,発行者がディスクレは商取引の当事者にとって重大であるかどうか知る立場にないことを前提としている。この前提には,発行者が自分のビジネスに対してディスクレの意味を知ることから裁判所が免除することを要求するものは何もない」。本件のディスクレはそれだけでは重大であるか否か決定できないが,「本件では,手形に信用状原本が添付されており,両方を共に考えると,本件ディスクレが単なる印刷上あるいは筆写上の誤りであり,重大なものである可能性がないことは,思慮があろうとなかろうと,どの銀行の書類点検者にも明らかである」ったと判示している。このように今日の「支配的な」厳格基準は,鏡のイメージを採用しておらず,Smithのタイプライターの打ち違いであるSmithhや(なお[A22]参照),dueの代わりにmatureを使用するというような明らかに同義のものを別な言葉で表した場合まで不一致と解してはいない(McLaughlin, *supra* note 1 at 8-9)。イギリスの判例には,LimitedとLtd (Stacey & Co., Ltd. v. Wallis, (1912) 106LT544), CompanyとCo., CorporationとCorp. (Banque de l'Indochine v. Euroseas Finance, [1981] 3All

附第3章　信用状における提供証券厳正の原則に関する一考察

その点で問題となるのは，——特定の書類に特定の事項を記載すべきことが要求されている場合に，特定の事項が記載されていなければ，ディスクレであることは当然であるが[32]——信用状が「どの明細がどの書類に記載されるべきか明確に述べていない」場合の対応である。この場合は全体で要件が満たされればよく，各書類が各々要件を満たす必要はないと判示した判例がある[33]。厳格充足基準を推し進めて考えて行くと，書類の解釈ではなくて，信用状自体の解釈を問題としている判例にしばしば遭遇する[34]。この点は，別な論点を含むので，別稿で考察を加えるのが適当であろう[35]。極端な厳格充足基準を

ER 198) を一致しているとしたものがある（飯田勝人「信用状の受益者名の正式表示と省略表示」金法1233号4頁・5頁）。

[32] [A6] では100% Acrylic Yarnと記載された送り状が信用状条件であるところ，送り状には Imported Acrylic Yarnと記載されていた。パッキング・リストで商品が「catons marked : -100% acrylic」であると記載されていたことから，原告は，送り状はリストと共に一つのものとして読まれるべきであると主張したが，裁判所は，銀行は送り状と記載された書類のみを送り状として扱えば足り，「銀行は，パッキング・リストのような付帯的紙を吟味することは期待されていない」と判示した。正当な判決である。

[33] [E10]。Hedley, Bills of Exchange and bankers' Documentary Credits, 3rd. ed., 1997, London, p.313も同判例を引用し同旨。[E10] は [E22] において UCP500の解釈として確認されている。[N2] は，わが国の判例であるが，船積書類として包装明細書が要求されていたが，その作成様式について具体的指示がなかった場合において，重量，包装及び品質証明書と題する1通の書面が作成され，包装明細書と目すべき記載を具備しているときには，条件一致と判示している。

[34] [A24] は UCC に関する判例であるが，信用状条件である「手形金額は手形の裏面に買取銀行により裏書されなければならない（must be endorsed……by a negotiating bank）」という文章は，手形の呈示前の裏書を強制したものか否かが争われた。強制していると解釈できれば，条件不一致となり，手形が買い取られる場合にのみ，裏書を要求していると読むことができれば，条件一致となる。裁判所は，合理的解釈により停止条件の発見による失権を回避することができるのであれば，それによるべきであるとして，上記表現を後者に解釈した。このような解釈方法を McLaughlin は，the "Render Performance Possible" Rule と呼んでいる。McLaughlin, *supra* note 11, at 15ff. また [A20] は，信用状の開設条項で Blow Out Products, Ltd. ほか2社とされる一方，確認条項では Blow Out Prevention, Ltd. ほか2社とされて，前者が正しく，後者が誤りのため，矛盾があり，受益者は正しい方の会社名を記載した申立書を提出したが，銀行が厳格基準を理由に支払を拒否したため争われたケースである。裁判所は，「信用状のより合理的な解釈」として「信用状を全体として読む」と，Blow Out Prevention, Ltd. は起草者の誤りであるとして，銀行の支払拒否を不当を判示している。

[35] 信用状の表現が曖昧な場合，発行者に不利に解釈される。これをアメリカでは rule of contra proferentem という（McLaughlin, *supra* note 11 at 10）。これを適用した事件として [A3] が，否定した事件として [A25] がある。なお飯田勝人「アメリカの判例に見

附　国際金融法の論点研究

放棄すると，次に検討するドイツの支配的判例の見解との境界線は不明確になる[36]。

(2) ドイツの判例の立場

(一) ドイツの判例には，上記厳格充足基準を前提としつつ，全ての判断者に，ある種の専門的知識を引き合いに出すことなく，「相違が重要でなく」且つ「委任者に相違から何等の損害も生じない」ことが明らかな場合に「のみ」，相違の援用は信義則に反し許されない，という立場を採用しているものが多い（[G8]，[G12]，[G19][37]）。但し要件が満たすとされた事件は[G12]のみで，[G8]および[G19]ではこの要件を満たしてないと判示されている[38]。なお

　るあいまいな信用状の解釈原則（上・中・下）」手形研究375号4頁，376号4頁（1985年），377号36頁以下（1986年）参照のこと。
36) Ellingerは，「現代では，提供証券厳正の原則は，ドキュメンタリー信用状の下で行われる請求を挫折させるために特定の銀行及び商人によって見境なく利用される無遠慮な方便であるという評判を得つつあると信じる。不一致の些細さが明白な場合，不一致は無意味であることを全くの常識が示している場合，裁判所は，純粋に形式的観点よりも商事的観点に基づいてそれを自由に考えるべきであると信じる」と主張しているが（Ellinger, *New problems of strict compliance in letter of credit in* J. B. L., 1988, July, p. 321f.），これはドイツの判例の立場と同一であると言っても良かろう。
37) そのほか①[G20]は，「指図からの相違は，銀行が相違はとるに足りないことを専門家を使用することなく完全に明白に評価できるときにのみ例外的に且つ狭い範囲で銀行に許される」とし，②[G24]は，通知銀行を香港のD銀行，信用状は「香港での」一覧払とする指図に反して，発行銀行が通知銀行をH.-Banking Corpとし，発行銀行が自ら（ourselves）支払をする信用状を開設したケースにおいて，相違は依頼人に不利益をもたらさなかったのに，信用状の代金を免れるためだけに発行依頼人が売買契約の実施後不一致を主張することは，信義則に反し，認められないと判示している。
38) 判例の中で引用されたLiesecke, Neuere Theorie und Praxis des Dokumentenakkreditivs, WM 1976, S. 258, 263f.は，フランスの学説・判例を引用しつつ，「相違が取るに足らず，依頼人に明らかに無害で，信用状条件の目的が達成されるときには，相違の援用は濫用である」と述べている。Pertersen, Die Verpflichtung der Akkreditivbanken zur Aufnahme und Honorierung bei Abweichungen in den vorgelegten Dokumenten, WM 1962, S. 622は，判例を支持し，「提出された書類の合理的判断が，信用状条件の目的が達成される確かな結果に導くときには，些細な相違は受益者に許される」との見解を採っている。これに対しNielsen in Schimansky/Bunte/Lwowski, Bankrechts-Handbuch, Bd. II, 1997, §120RdNr. 147は，ドイツの支配的判例の立場を「銀行は信用状取引におけるその経済的経験により調停の仲立人の役割を引き受けうるという不適当な観念がその命題の基礎になっている」として批判している。

附第3章　信用状における提供証券厳正の原則に関する一考察

[A17] の事件は，この基準に合するものとしてドイツでも認められるように思われる。

[G12] では，信用状条件は，2通の受取書（Récépisse d'expédition en double exemplaire）「又は」発送駅のスタンプの押された運送状の1通の複本の提出であったが，駅のスタンプの押された鉄道荷物受取証（Récépissé à remettre à l'expéditeur）と運送業者の発送報告書が提出された。連邦通常裁判所は，鉄道荷物受取証は信用状で要求された運送状の複本と証拠の評価におい同等とみなすことができ，控訴審は，銀行が専門家を使用することなしに，相違が重大でなく且つ物品の受取人にも無害であることを完全に非難の余地なく判断できるときには，銀行自ら条件の意味と意義を考えて，書類がすべての点で一致しなくても，十分と言うべきであると言っているのであって，提出証券厳正の原則を否定していない。本件では証書が1部提出されたか，2部提出されたかは，決定的相違を引き起こさない。提出された証書の合理的判断が，信用状の目的が達せられているという確かな結果に導くときには，微々たる相違〔Geringfügige Abweichungen〕は受益者（及び委任者に対し銀行）にも許されなければならない，と判示した。この事件は，厳格充足基準の支持者から批判されることが多いが[39]，Récépissé d'expédition なるものが実際には存在するものではなかったという特殊事情があったことに注意すべきであろう[40]。

㈡　ドイツ以外の国でも些細の相違を理由に一致を認める判例が存在している。[E11]（但し一裁判官の述懐），[F5] および [F20] がそうである。

[E11] はイギリスの判例であるが，船荷証券に船積みの時の温度は摂氏37½度を超えないと記載されているべきところ，華氏100度を超えないと記載されていた。二つの式には華氏0.5度の不一致がある。信用状には deminimis

---

39) Nielsen, WM 1962, S. 779. Nielsen a. a. O. (Fn. 38), §120RdNr. 147, 桑原・前掲注11) 68頁。
40) Koller, WM 1990, 293. イタリアの判例 [I2] やドイツの [G11] も似た事案である。[I2] では，信用状条件が，イタリア国鉄 [FF. SS.] による物品の品質証明を含む鉄道出荷状〔lettere di vettura ferroviarie〕の提出であったが，国鉄は品質証明を行っていなかった。控訴裁判所は，本件信用状が見返り信用状（bank-to-bank credit）であることに注目し，上記要件がない第1の信用状と同じように解した。破棄院は，国鉄が品質証明を行っていないのは周知の事実であり，依頼人が問い合わせに普通の預り証（reversali normali）でよいと回答した事実などを認定した上で，控訴審判決を認容した。

non curat praetor（法官は些事に心を労せず）ルールは適用されないのがイギリスの判例であり（[E9] 参照），「私は厳格な法ではこの異議を実施すべきであると考えるが，ただそれだけであったなら，そうすることに気が進まないことを告白する」（McNair 裁判官）と述べている。

[F5] と [F20] はフランスの判例である。[F5] では，ひまし油 40 トンを 20 トンずつ 2 回に分けて運送することとされていた場合の最初の運送書類が 20,000 キログラムでなく 19,680 キログラムと記載されていたことがディスクレであるか争われた。本件は，受益者がディスクレを主張している点に特色がある。裁判所は，「最初の発送に関する重量の相違は《取るに足りなかった〔insignifiante〕》。……最初の積み荷に関する重量の些細な相違〔minime difference〕は，第 2 の送付の際に《容易に補完することができた》。……その上取引契約〔marche〕は《正quantity約〔environ〕40,000 キログラム》と定めていた。これに関する（1951 年改訂版）信用状統一規則 35 条の表現によれば，《約〔environ〕》《およそ〔circa〕》の表現は，10％を超えない過不足を許している」として一致を肯定した。本件は UCP が定める緩和規定の適用事例と評価できよう。

[F20] は，船荷証券の船舶名が「Yakasse 38」（38 は船舶の航海数を意味）であるのに対し，他の書類では「Yakasse 又はそれに代わる船舶」となっていたケースであるが，不一致は些細（minime）として一致を認めている。

㈢　これらの見解を基礎付ける根拠は信義則である。この代表的な支持者はドイツの Koller[41]であり，彼は，法発展の今日の情況では個別的正義のため相当程度の法的不安定性を甘受されなければならないのであって，法的安定性か信義則のどちらを選ぶかではなくて，法的安定性に対する高められた必要の光の中で信義則を考慮する必要があると主張している。

(3) 厳格充足基準を原則としながら，解釈にある程度の余裕を認める見解

これは，イタリアの [I3] が採用した立場である。本件では「小型のマリガ

---

41) Koller, WM 1990, 293, 297ff. ドイツにおける信義則説の実定法の根拠は，信用状取引が，不真正な問屋にあたり（独商法典 406 条 1 項 2 文），委託者の指図に従わなければならないが（同 385 条），同条の適用の際信義則の適用を認めるが通説であるということである。

ンド計量器（al piccolo Malligand）で測定された17度のマルサラ・ワイン」と記載された書類が，単に「17度のマルサラ・ワイン」と定めている信用状条件と合致するか争われた。控訴裁判所判決である［I1］は，提供証券厳正の原則は，信用状発行依頼人の「指図を銀行が技術的又は経験的共通規則と一般的又は地方的商業慣習に従って解釈することを排除しない」とし，一致を認めたが，［I3］は，指図人の意思を調査することは受任銀行の権限に属するという［I1］の主張は，「行き過ぎである」と共に，厳格説も誤りであるとして，「中間の主張が優勢でなければならず，形式に拘束されるとはいえ，委任の履行は，ある程度安息の幅（una certa ampiezza di respiro）を認めなければならないと考えるべきである。即ち，銀行の行員が一般的経験の基準に従って所有しなければならない通常の認識（conoscenze normali）に基づいて行うべき証券と書類の間の形式的一致の知的な，自動的でない評価（accertamento intelligente e non automatico）に言い換えられなければならず」，この立場に立てば，一致が認められるとした。

　詳細な比較法的考察を行ったフランスのCostaは，「銀行のみが信用状制度を守ることができる」のであり，「銀行家の合理的判定のみが対立する当事者の相反する，即ち，敵対する利害の均衡を保証しうる」から，同判例の使用する「知的な，自動的でない」点検の公式は，「望ましい」と述べている[42]。

　この点で注目されるのは，アメリカの判例が採用する「普通の意味基準[43]」（plain meaning rule）である［A19］は，UCCに関連する，テキサス州控訴裁判所判決である。「信用状番号No.140およびNo.184に基づいて振り出された（drawn under）」ことを示す「draft」の提出という信用状条件に対して，「参照：取消不能信用状No.140およびNo.184」と記載された「手紙（letter）」が提出された。トラビス県地方裁判所は，(4)で述べる実質充足基準を採用した上で，一致を肯定したが，控訴裁判所は，厳格充足基準は予知可能性のために明らかに重要である一方，「幾つかの管轄権で採用されている実質充足基準または相応充足基準は，信用状の利用を抑制するという理由で批判されている」と

---

[42] Costa, op. cit. p.54. は，**4**で引用するKozolchykの論文やアメリカ法曹協会特別委員会の報告書を引用している。

[43] McLaughlin, *supra* note 11 at 17.

して，後者の方法を排除した上で，draft という言葉それ自体は，流通性の属性も，その欠如も示すものではなく，「信用状に流通性の要件を欠いていることは，draft の流通性が当事者に重要でなかったことを示唆している」から，それに「通常の意味を与えて」，手紙と解釈することは可能であり，上記参照段落は，番号が関連する信用状の「下で作成されている」と解釈するほかないので一致していると判示した。同裁判所によれば，draft を手形と理解するのは，銀行の一方的な解釈の押しつけである。

ドイツの判例 [G11] もこの範疇に分類できるように思われる。信用状発行委託契約は「公認の」検査会社による物品検査証明書の提出であったが，アメリカには公認の会社はないので「Good Control Certificate issued by a legalized controlfima」と翻訳し，支払銀行に連絡した。これに対し Certificate of Inspection が提出され，支払が行われた。信用状発行依頼人は，銀行は不正確な通知で，指図に違反したと主張したが，裁判所は，「公認の」検査会社を法的に認められた検査会社と解釈することは，「一般的言語の慣用」から許され，Certificate of Inspection は Good Control Certificate に相当すると判示した。

(4) アメリカの少数判例の立場

(一) アメリカの判例を分析する際には，UCP の適用を受ける信用状と，UCC の適用を受ける信用状があるので，当該判例がどちらの事件であったのか，確認することを要するが[44]，UCP の事件でも UCC の事件の判例を引用する判例が見られ，逆の場合も同様であるので[45]，違いは重大なものとは考えられていないようである。判例の多数説は厳格充足基準を採用しているものの，これと異なる基準を採用した少数の判例が存在している。現在では 4 で明らか

---

44) UCP と（95 年改正前の）UCC の間の関係については石田・前掲注 2）78 頁以下に詳しい。95 年改正 UCC では，UCP500 が信用状の本文に盛り込まれると，§5-103(c)で定められている不変更規定（the nonvariable provisions）を除き，UCP500 が適用される（UCC §5-116(c)）との明文規定を置いている。

45) 例えば [A13] は [A4] と [A5] を引用しているが，[A13] は UCC の判例で，[A4] と [A5] は UCP に依拠する判例である。逆に，UCP に準拠する事件で，UCC に準拠する判例 [A3] を挙げる例として [A6] がある。

なように，UCP・UCC ともにこの立場を採用していないが，歴史的に重要であるので，簡単に紹介しておく。

(二) [A2] と [A9[46]] は，第1区連邦控訴裁判所の判決であって，実質充足基準を採用している。[A2] では，信用状条件が「商品が注文書（order）と一致している」という記載のある検査証明書の提出であったが，「10％の当てずっぽの見本が選ばれ，その全部が仕入表（Order-Stock-sheets）に規定された条件と一致していることがわかった」と記載された検査証明書が提出された。裁判所は「本件検査証明書はあらゆる重要な点で信用状の要件と一致していた……幾つかの裁判所は今では一つの書類以上の広い状況に目を注いでいる。我々は，全利害関係当事者の相互の満足のために増大した取引目標が増やされるべきであるなら，国際取引の完全性（即ち重大な事柄の厳格な固執）はその流動性の要求（即ち，付随的な事柄に関する合理的な柔軟性）とのバランスを発見しなければならないという数人の法学者の訓戒に心をとめる」と判示した。

[A9] では，信用状条件が，「NEMNB 信用状 No. 18506 のもとで振り出された」と記載された手形とその「手形は合意書及び補遺に関連する旨の署名入りの通知書」の呈示であった。受益者は，本信用状が合意書及び補遺に関連するとの手紙と共に，信用状と手形を呈示したが，手形には発行銀行のすぐ下に No. 18506 とだけ記載され，振出人は受益者（Flagship Cruises, Ltd.）ではなくて代理人（Flagship Cruises, Inc.）であった。裁判所は，①本件手形が合意書・補遺に関連する旨の通知書を欠いているディスクレについては，「信用状全体——手形はそれに基づいている——が，その特定の合意書に関係して」いるので，「大は小を兼ねる」により，「当該要件は満たされている」し，②発行銀行のすぐ下に No. 18506 と記載されているので，NEMNB 信用状 No. 18506 のもとでの振出という「要件に従っていると言うことにいかなる困難もな」く，③手形の振出人が受益者でないというディスクレについては，手紙の頭部，本文，署名において受益者の代理人であることが示されているので，受益者が「あたかも手形それ自体の上に再現されているのと同じくらい明瞭である」とし，

---

46) [A2] は，UCC に関するマサチューセッツ州法事件である。裁判所は，UCP の規定が実質的に UCC と同一である旨を指摘している。これに対し [A9] は，1962年改訂 UCP に関する事件である。

「これらの判示を信用状条件一致の厳格な主張からの後退と考えない。判示は，指定された書類と提供された書類の間の相違は，書類が支払銀行に不利になる形で誤解させる可能性がない場合には，重大でないということを認めているにすぎ」ず，「我々の結論は，受益者が全ての重大な点で信用状の要件に従ったということである」と判示した。

　[A12] は，62年改訂版 UCP に関する，ジョージア州控訴裁判所判決である。スタンドバイ信用状の条件は，「約束手形又は担保証書に債務不履行が生じた旨の受益者の署名がなされた，信用状 S-3753 番の記載のある申立書」と「アトランタ第1国立銀行信用状 S-3753 番による振出」と記載された受益者振り出しの一覧払手形の提出であったが，上記記載のない手形が提出された。裁判所は，本件は [A2] と「著しく類似」し，その考えに賛成であり，「受益者により発行者に提出された全書類から信用状条件との実質的な一致があり，提出された書類が発行者に不利な形で誤解させる可能性がないなら，信用状と一致していたと考える」と判示した。

　[A18] は，74年改正 UCP に関するインディアナ州控訴裁判所判決であるが，「信用状条件からの逸脱を認める判決が存在している ([A9] [A12] [A14])。政策の問題として信用状の本質的要件が全部一致しているなら，そのような書類 (drafts) の完全性は，技術的な又はくだらない理由によって挑戦されるべきではないように思われる」と判示した。

　[A27] はマサチューセッツ地区連邦地方裁判所判決であるが，商業送り状が信用状条件である F. O. B Seoul ではなくて F. O. B (Korea) となっていた。「マサチューセッツ地区の二つの判例 ([A2] [A9]) は，銀行が信用状を過度に技術的に読むことによって支払請求を拒否できないことを明らかにしている。……全体として且つ状況において考えると各取引のための書類は各々の信用状条件に一致し，誰も過ちに導きえなかった。従って信用状発行銀行が支払を拒否する有効な理由がない」と判示した。

　㈢　他方 [A13]，[A14] および [A17] は相当充足基準を採用している。①[A13] は，UCC に関するイリノイ上訴裁判所判決であるが，スタンドバイ信用状の信用状条件は「期限の利益を失い早められた満期に従って支払要求が約束手形の振出人になされ，そのような要求に当該要求を郵送した後少なく

ても10日間応じられなかった」という受益者の署名の認証された証書の提出であったが,「貴殿は当該約束手形に基づき支払うべき利息の最初の分割払いの支払をしなかった事実の故に,貴殿は現在債務不履行である。従って,貴殿が……支払を行わないと,……元金と全利息は自動的に期限の利益を失い直ちに満期となり,貴殿に通知することなく支払われなければならないことを通知します」と記載された証書が提出された。裁判所は,「幾つかの裁判所は信用状条件とそれに従って提出された書類との間の些細な食い違いは許されると判示している」とし,[A1][A2][A4][A5][A9]等を例として挙げた後,「本件書類は信用状の条件に相応(reasonably)に一致している」とし,「事情の全体を考えると,受益者によって提出された書類は,信用状の要件から著しくは(significantly)逸脱していなかったと結論」した。②[A14]は,UCPに関するイリノイ北地区連邦地方裁判所の判決である。スタンドバイ信用状の条件は,「発行依頼人が受益者により発行された送り状に対する支払をしない」旨の確認書の提示であったが,受益者はファクタリング業者で衣類販売業者から発行依頼人に対する売掛債権を買い取り,送り状の譲渡を受けたので,発行銀行に提出された確認書は「発行依頼人が受益者のファクタリングの顧客により発行され,受益者に譲渡された送り状」となっていた(傍点は筆者挿入)。裁判所は,判例[A13]は伝統的な厳格一致の基準を放棄しており,「[A13]の相当充足の法理(reasonable compliance doctrine)を正しく適用すると,受益者は明らかに支払を受ける資格がある」と判示した。③[A17]は第6巡回区連邦控訴裁判所判決である。手形は「Bank of Clarksville Letter of Credit Number 105」に基づいて振り出されたと記載されることが信用状条件であるところ,提出された手形では「Bank of Clarksville, Clarksville, Tennessee letter of Credit No. 105」(……は筆者挿入)と記載されていた。テネシー中間地区連邦地方裁判所は,テネシー州は厳格充足基準(ニューヨーク・ルール)を採用していないが([A4][A5]),上記相違は,たとえ厳格充足基準を適用したとしても,銀行の立場を危険にしないほど空虚であり,銀行が損害に誤って導かれる可能性はないので,一致していると判示した。[A17]は,「しかし,テネシー州は,不当な不払いのため発行者に対し受益者により起こされた訴訟において要求された一致の基準の問題を直接には扱わなかった([A5]など[47])。

我々は、地方裁判所が、厳格一致の抗弁が本件の事実では支配しないと結論したとき誤りをおかさなかったと考える」、「受益者は信用状に信頼したとき相応に行為した (acted reasonably)」からであると判示した[48]。

(四) アメリカの一部の判例は、二元的充足基準を採用している ([A7], [A15], [A23][49])。これは、「(銀行が) 取引当事者の基礎的議論に巻き込まれることは期待できない」こと及び「信用状の機能は、銀行が受益者の権利の拡張的解釈により無理強いされるなら、くじかれる」ので、信用状発行銀行と受益者間では厳格充足基準が合理的であるが、他方「顧客は、銀行に要件を知らせた当事者で」、「曖昧は、最も強く顧客に反して解決されるべきで」あり、「訴訟原因は、信用状契約ではなく、信用状発行契約に基づいてお」り、「信用状の機能は、善意で義務を履行する銀行の能力を抑制することによってくじかれる」ので、実質的充足基準によるべきであるとする[50]。

---

47) [A5] は、62年改訂版 UCP に関連する、テネシー州控訴裁判所判決である。スタンドバイ信用状の条件が「本信用状に付され、その一部となる……貸付申込書の条件に従った」一覧払手形の提出であったが、貸付申込書が作成されていないので、受益者は手形だけを提出した。裁判所は、理由はどうであれ、信用状発行銀行は、付されるべき申込書を作成しないままに、信用状を発行しているのであるから、手形に申込書が付いていないと不平をいうことができないと判示した。

48) [A17] を飯田勝人号「書類が信用状条件を充足しているかどうかの判断基準に関する準則」手形研究 446 号 (平成 2 年) 7 頁は実質充足基準に分類しておられるが、Costa, op. cit., p. 49 は、相応充足基準に分類している。

49) ① [A7] はオハイオ州判決である。信用状条件が「Larry Fannin により署名された購入注文書の原本」の提出であるところ、受益者が「Larry Fannin by Paul Thomas により署名された購入注文書の原本」を提出した。判決は厳格充足基準を適用し、ディスクレと判示した。ちなみに Larry Fannin は受益者たる会社の社長で、Paul Thomas は国内販売取締役であった。② [A15] は、ニューヨーク南地区連邦地方裁判所判決である。受益者の請求は、厳密には信用状の用語と一致していないものの、実質的に信用状条件に一致していた。発行依頼人の訴訟原因は、信用状ではなく、信用状発行契約に基づくものであり、依頼人は信用状の用語を定めなかったので、発行銀行が善意で選択し、決定した用語の厳格な一致を主張することは不合理であるから、発行銀行の支払は適当と判示。③ [A23] もニューヨーク南地区連邦地方裁判所判決である。確認銀行は支払を行ったが、発行銀行が書類を拒絶した。厳格充足基準を適用し、カバー・ノートの番号の誤りと受益者の名称の誤り (St. Lucia Enterprises, Ltd. とすべきところ St. Lucia Enterprises と記載されている) は、ディスクレに当たると判示した。③の判例は (74 年改訂) UCP に関するが、①および②の判例は UCC に関する判例と推測される。

50) 学説におけるこの説の支持者として Fama, *Letters of Credit: The role of issuer discretion in determining documentary compliance*, 53 Fordham Law Rev., 1519, 1536-

4 UCPの「国際的標準銀行実務」とUCCの「標準実務」

(一) アメリカでは上述のように実質充足基準や二元的充足基準等が生じた結果，信用状の支払・拒絶に関する訴訟が著しく増加し[51]，コストの増加とリスクの負担を嫌って銀行が信用状の開設に消極的となるという現象が80年代になってから生じた。そこに見られるのは，判断のガイドラインを示すことができなかった裁判所に対する不信である。一致するか否かの決定は，特殊な専門的知識を要するが，裁判所は稀にしかこれを有していないので，見識を備えた実直な書類点検者（合理的な書類の点検者）(knowledgeable diligent document checker (reasonable document checker))が状況下でどのような評価を行うのかを先ず確立し，しかる後裁判所はそれに基づき厳格充足基準を適用し判断を下すべきであるという意見が唱えられるようになった[52]。1995年改正UCCはこの意見を採用し，UCPの基準に歩み寄った。

UCC §5-108(e)は，「発行者は，定期的に信用状を発行する金融機関の標準実務を遵守しなければならない。標準実務の発行者の遵守の決定は，裁判所の解釈問題である。裁判所は，当事者に標準実務の証拠を提出する相応 (reasonable) の機会を提供しなければならない」と定め，§5-108(f)は「発行者は，(e)で述べられた標準実務以外の特殊な取引慣習の遵守又は情報に責任を

1539 (1985), 飯田・前掲注48) 9頁がある。この説の批判について Kozolchyk, *supra* note 25 at 71-72 参照。
51) Kozolchyk, *supra* note 25, at 47 note 4 によると，アメリカでは，75年までは信用状に関する判決は300件を超えなかったが，75年以来判決は約1400件に跳ね上がり，その約350件は，信用状条件厳格一致の問題に関するものであった。
52) Kozolchyk, *supra* note 25, at 46, 75. ここに厳格一致とは，今まで裁判所が採用して来た厳格基準に基づいて一致しているということではなく，見識を備えた実直な書類点検者が信用状条件と外観上 (facial) 一致していると認めることを意味し，伝統的概念を止揚した概念である。この概念はアメリカ法曹協会特別委員会 (Task Force) の報告書が提唱した概念である。同委員会は1986年に J. Byrne を委員長として創設され，委員会報告書は厳格基準を採用すべきことを提案した (An Examination of U. C. C. Article 5 (Letters of Credit), A Report of the Task Force on the Study of U. C. C. Article 5, 45 Bus. Law. 1521 (1990) 参照)。UCC 95年の改正は9年に及ぶ作業の成果である。cf. Turner, *supra* note 12, at 802.

負わない」と定めている。ここに標準実務とは，Official Comment[53]によると，「(i)信用状統一規則で述べられているか又は引用されている国際的慣習，(ii)金融機関の協会により出版されたその他の慣習諸規則[54]及び(iii)地方の慣習 (local and regional practice) を含む。標準慣習は地方によって変化しうる。対立する慣習が存在する場合には，当事者はどの慣習が当事者の権利を支配するのかを示さなければならない。慣習は，契約又は取引の過程 (course of dealing) により無視されうる」。UCC §5-108(a)は，「呈示」が厳格に一致していることを要求しているので，「提出書類それ自体が文面上一致しているように見えることだけでなく，提出の時間及び場所のような信用状のその他の条件も厳格一致していることを要求している[55]」。

㈡　他方，UCP500によると上述のように「書類点検の基準 (Standard for Examination of Documents)」は，国際的標準銀行実務による (23条(a))。この規定は93年改正で新設されたが，立法理由は，UCCの改正理由と同一であって，判例が機能的標準を提供しえなかったことに基づく訴訟の増殖とそれに伴う費用の不確定が生じたという事実に求められる[56]。国際的標準銀行実務とは何か問題となるが，「その多くは既にUCPに盛り込まれている[57]」とされている。Gustavusは，判断の具体的なよりどころとして(1)UCP500, (2)UCP500の規定を解釈するICCの出版物，(3)ICC銀行技術・慣習委員会 (ICC Commission on Banking Technique and Practice) の決定と意見，(4)ICCと提携した各国銀行協会の意見，決定及び出版物，そして(5)副次的よりどころとして信用状に関する条約と専門家の証言を挙げている[58]。

---

53) UCC §5-108, comment 8 (1995).
54) 合衆国では，国際貿易取引に関わる銀行約450行の組織である合衆国国際銀行業協議会 (the United States Council on International Banking ; USCIB) の出版物である「白書 (White Book)」がこれに属する。Gustavus, *Letter of Credit Compliance Under Revised UCC Article 5 and UCP500*, Banking L. J. Vol.114, N1, p.55, 56 (1997).
55) UCC §5-108, comment 1 (1995), Gustavus, *supra* note 54 at p.59f.
56) UCC §5-108, comment 1 (1995).
57) UCP500 & 400 Compared, *supra* note 11 at 39. 浦野直義「書類点検の基準」金法1371号35頁は，国際的標準銀行実務を，UCPの改訂のたびに培われてきた，常識的な銀行実務を指すとされておられる。
58) Gustavus, *supra* note 5 at 62. 例えば [E22] では，商業送り状における原産地表示が「Any Western Brand-Indonesia (Inalum Brand)」で，信用状条件にない Indonesia

従ってUCP500とUCCが異なる点は次の三つである。第1に，UCP第13条のタイトル（「書類点検の基準」）が示すように，国際的標準銀行実務が適用されるのは書類の点検に限られている。その意味において，「提出」に銀行実務を適用しようとしているUCCの規制より適用範囲は狭い。第2に，判例の推移を見なければならないが，UCPは，UCCと異なり，地方の慣習を引き合いに出すことを禁止しているように思われる。第3に，UCP500では20条ないし38条で個々の書類につき一致に関する要件を定めているが，UCCにはこのような要件が定められていないことである。

5　結　び

書類の点検には，複雑なものになると1日を要するものも存在している（[E19]証言を見られたい）。そして，書類には，受益者自らが作成しない書類もあるので，最初に提出されるものの半分以上は，ディスクレであるのが普通である[59]。従ってこれを訂正するために要する費用も相当な額に上る[60]。その判断基準につき今までの検討から明らかなように判例はゆらいでいた。93年・95年の改正で，銀行の標準実務が判断基準であり，裁判所は，銀行の判断がその基準に合致したものであるか判断する役割しかないことが明確化された。今までの反省に立って，一歩前進させたものと評価できよう。判例の推移に注目したい。ディスクレを減少させるには，差し当たり受益者に対する教育

　（Inalum Brand）が追加されていた。控訴院は，送り状に表れる追加情報は信用状条件と矛盾すると考えることができないと述べる UCP 500 & 400 Compared, *supra* note 11 at 100を引用し，原審と反対に，条件一致と判示している。

59)　Costa, op. cit., p. 37 note 90 et p. 41 note 115が引用する文献によると，ブラジルでは60％が返却され，イギリスの約2500の銀行の調査では，65％から85％がディスクレであるとしたものがある。イギリスにおける83年（49％）と86年（51.4％）の調査については Schmitthoff, *supra* note 29 at 94-95を参照されたい（70年代香港では85％，オーストラリアでは90％が最初ディスクレがあったと指摘している）。Eberth, Rechtsfragen der Zahlung unter Vorbehalt im Akkreditiv-Geschäft, WM 1983, S. 1302によると，スイスで活動する大銀行のアンケートでは提出書類の40％から50％が瑕疵ある書類であり，Kozolchyk, *supra* note 25 p. 48によると，アメリカでは，最初に提出された書類の90％がディスクレであると解答者の過半数が答えたとの結果が，87年に公表されている。

60)　Kozolchyk, *supra* note 25 at 45.参照。

と提出される書類の標準化しかない[61]。信用状のフォームは ICC から公表しているが，書類についてはまだ公表されていない。しかし書類要件に関する UCP の規定は，改正のたびごとに時代に合わせて少しずつ詳細なものになってきている。今後も推移を見守りたい。

---

61) Schmitthoff, *supra* note 29 at 110.

〈著者紹介〉

泉 田 栄 一（いずみだ えいいち）

1947年3月生まれ
富山大学経済学部教授，新潟大学法学部教授をへて
現在，明治大学法科大学院専任教授
〈著　書〉
概説商法（共著）（令文社・1987年）
有価証券法理と手形小切手法（中央経済社・1995年）
現代企業法の新展開（編著）（信山社・2001年）など多数。

〈訳書〉
ヨーロッパ銀行法（ブランシュ・スズイー・ルビ著；泉田訳，1999年・信山社）
国際電子銀行業（ジョゼフ・J. ノートン／クリス・リード／イアン・ウォルデン編著；泉田訳，2002年・信山社）

会社法の論点研究
―― 附・国際金融法の論点 ――

2005年(平成17年)6月20日　第1版第1刷発行
3223-01011；p328，600，¥6000E

著　者　泉　田　栄　一
発行者　今　井　　　貴
発行所　信山社出版株式会社
〒113-0033　東京都文京区本郷6-2-9-102
電　話　03（3818）1019
ＦＡＸ　03（3818）0344

出版契約No.3223-01011　　　　　Printed in Japan

Ⓒ IZUMIDA Eiichi, 2005. 印刷・製本／松澤印刷・大三
ISBN4-7972-3223-4 C3332
分類325.022-a000
禁コピー　信山社　2005Ⓒ

法学研究双書

福 永 有 利
倒産法研究
5557-01010　360頁／4,200円

川 田　　昇
親権と子の利益
5580-01010　368頁／5,200円

泉 田 栄 一
会社法の論点研究
―附・国際金融法―
3223-01010　324頁／6,000円

〈商法研究〉菅原 菊志 著　　（全五巻セット）七九三四〇円

取締役・監査役論 [商法研究Ⅰ]　　　　　　　　八〇〇〇円

企業法発展論 [商法研究Ⅱ]　　　　　　　　　一九四一七円

社債・手形・運送・空法 [商法研究Ⅲ]　　　　一六〇〇〇円

判例商法（上）—総則・会社— [商法研究Ⅳ]　一九四一七円

判例商法（下）[商法研究Ⅴ]　　　　　　　　一六五〇五円

手形・小切手法の民法的基礎　安達三季生 著　八八〇〇円

手形抗弁論　　　　　　　　　庄子 良男 著　一八〇〇〇円

信山社

現代企業・金融法の課題（上）（下）
平出慶道・髙窪利一先生古稀記念
青竹正一著　各一五〇〇〇円

閉鎖会社紛争の新展開
青竹正一著　一〇〇〇〇円

商法改正［昭和25・26年］GHQ/SCAP文書
中東正文編著　予価三八〇〇〇円　近刊

金融の証券化と投資家保護
山田剛志著　二一〇〇円

企業形成の法的研究
大山俊彦著　一二〇〇〇円

会社営業譲渡・譲受の理論と実際
山下眞弘著　二六〇〇円

―――― 信山社 ――――